Zhiren Xu

Der Missbrauch einer kollektiven marktbeherrschenden Stellung in der digitalen Wirtschaft

Schriften zum Wettbewerbsrecht

herausgegeben von

Prof. Dr. Christian Alexander
(Universität Jena)

Prof. Dr. Jörg Fritzsche
(Universität Regensburg)

Prof. Dr. Tobias Lettl
(Universität Potsdam)

Band 13

LIT

Zhiren Xu

Der Missbrauch einer kollektiven marktbeherrschenden Stellung in der digitalen Wirtschaft

LIT

∞

Gedruckt auf alterungsbeständigem Werkdruckpapier entsprechend
ANSI Z3948 DIN ISO 9706

Bibliografische Information der Deutschen Nationalbibliothek
Die Deutsche Nationalbibliothek verzeichnet diese Publikation in der Deutschen Nationalbibliografie; detaillierte bibliografische Daten sind im Internet über https://dnb.dnb.de abrufbar.

ISBN 978-3-643-91869-7 (br.)
ISBN 978-3-643-96869-2 (PDF)
Zugl.: Jena, Univ., Diss., 2023

Flössergasse 10
CH-8001 Zürich
Tel. +41 (0) 78-307 91 24
E-Mail: zuerich@lit-verlag.ch https://www.lit-verlag.ch

Auslieferung:
Deutschland: LIT Verlag, Fresnostr. 2, D-48159 Münster
Tel. +49 (0) 2 51-620 32 22, E-Mail: vertrieb@lit-verlag.de

INHALTSVEICHNIS

1 EINLEITUNG

1.1 Problemaufriss

Mehrere Unternehmen können auf einem Markt gemeinsam eine marktbeherrschende Stellung innehaben. Diese kollektive Marktbeherrschung kann den Anknüpfungspunkt für eine kartellrechtliche Kontrolle dieser Unternehmen bilden. Die kollektive Marktbeherrschung steht in einem Zusammenhang mit dem „Oligopolproblem", das Juristen und Ökonomen seit langem beschäftigt. Das Oligopolproblem bezieht sich darauf, dass die oligopolistische Marktstruktur und der daraus resultierende wirtschaftliche Zwang die Oligopolmitglieder in die Lage versetzen, ein kartellähnliches wettbewerbsbeschränkendes Ergebnis zu erzielen, ohne dass eine Vereinbarung oder ein abgestimmtes Verhalten erforderlich ist (stillschweigende Kollusion).

Ein Großteil der Forschung und Diskussion über das Oligopolproblem wurde im Kontext traditioneller industrieller Volkswirtschaften geführt. Mit anderen Worten: Die Auswirkungen des Aufstiegs der bilateralen oder multilateralen Plattformen, der Einsatz der Algorithmen und Big Data sowie die Besonderheiten der digitalen Wirtschaft sind in diesen Untersuchungen nicht berücksichtigt.

Die Märkte der digitalen Wirtschaft weisen oftmals nur schwer umkehrbaren Trend zur Konzentration auf, was insbesondere auf Netzwerkeffekte, Vorteile der Datenaggregation und Großfusionen zurückzuführen ist. Unternehmen in der digitalen Wirtschaft, insbesondere digitale Plattformen, können von positiven Netzwerkeffekten profitieren und so ihre bereits erlangte Marktmacht selbst verstärken. Infolgedessen haben sich die digitalen Märkte in vielen Fällen auf ein oder wenige große Unternehmen gekippt.

Das Oligopolproblem ist also auch auf den Märkten der digitalen Wirtschaft zu erwarten. Wettbewerbsbeschränkungen durch Oligopole aufgrund hochintelligenter Algorithmen, großer Datenmengen und der Gatekeeper-Eigenschaften von Plattformen können sogar noch schädlicher werden.

In der Wissenschaft und Praxis wird der Lehre der kollektiven Marktbeherrschung leider nur eine geringe Aufmerksamkeit gewidmet, weder in der Industriewirtschaft noch in der Digitalwirtschaft. Insbesondere ist die Lehre des Missbrauchs einer kollektiven Marktbeherrschung noch unterentwickelt.

1.2 Forschungsfragen und -methoden

Die vorliegende Arbeit untersucht und analysiert die Anwendung des Wettbewerbsrechts in der Europäischen Union, der Bundesrepublik Deutschland und Volksrepublik China (nachstehend „VR China" genannt) auf die Feststellung einer kollektiven Marktbeherrschung und deren Missbrauch, insbesondere unter Berücksichtigung der Besonderheiten der digitalen Wirtschaft.

Da eine kollektive Marktbeherrschung sowohl durch wirtschaftliche Verbindungen zwischen den betreffenden Unternehmen als auch durch stillschweigende Kollusion („tacit collusion") entstehen kann, überschneidet sich die Lehre der kollektiven Marktbeherrschung mit den drei Säulen des Kartellrechts, d. h. dem Kartellverbot, dem Missbrauch einer marktbeherrschenden Stellung und der Fusionskontrolle.

Insbesondere der Missbrauch einer kollektiven marktbeherrschenden Stellung von Unternehmen bedarf weiterer Untersuchungen. Der Grund liegt zum einen darin, dass diese Konstellation bislang vergleichsweise wenig untersucht ist. Die Identifizierung und die Erscheinungsformen von missbräuchlichem Verhalten innerhalb einer kollektiven Marktbeherrschung sind nicht ausreichend geklärt. Zum anderen ist das Missbrauchsverbot einer kollektiven Marktbeherrschung ein mächtiges Instrument in der digitalen Wirtschaft. Eine eingehende Untersuchung erleichtert eine wirksamere Kontrolle durch das Kartellrecht, um sich an die neuen Herausforderungen der digitalen Wirtschaft anzupassen.

Die vorliegende Arbeit verfolgt einen qualitativen Ansatz, der sich auf die Rechtsprechung und die behördliche Praxis stützt, um induktiv auf die allgemeinen Kriterien für die Feststellung einer kollektiven Marktbeherrschung und für die Identifizierung des Missbrauchs einer kollektiven Marktbeherrschung zu schließen. Die Arbeit folgt auch der deduktiven Logik. Ausgehend von den allgemeinen Kriterien für die Feststellung einer kollektiven Marktbeherrschung und deren Missbrauch werden die Erscheinungsformen des missbräuchlichen Verhaltens in der digitalen Wirtschaft ermittelt, wobei die Besonderheiten der digitalen Wirtschaft berücksichtigt werden.

Des Weiteren folgt diese Arbeit einem vergleichenden Forschungsansatz. Die Arbeit betrachtet die kollektive Marktbeherrschung innerhalb verschiedener Rechtsordnungen. Die Behandlung kollektiver Marktbeherrschung wird auf EU-Ebene und auf deutscher Ebene, im Rahmen des Missbrauchsverbots und im Rahmen der Fusionskontrolle verglichen. Ergänzend wird die Rechtslage in der VR China ebenfalls untersucht.

1.3 Zielsetzung und Gang der Untersuchung

Die Ziele dieser Arbeit bestehen darin zu erklären, unter welchen Voraussetzungen eine kollektive Marktbeherrschung vorliegt und auf welche Weise die Verhaltensweise der Mitglieder eines beherrschenden Oligopols den Missbrauch einer kollektiven Marktbeherrschung darstellt. Die Besonderheiten der digitalen Märkte stehen auch im Mittelpunkt der Überlegung, um festzustellen, ob hier nochmals besondere Anforderungen gelten.

Aufgrund des globalen und grenzüberschreitenden Charakters der digitalen Wirtschaft zielt dieser Arbeit auch darauf ab, die Ähnlichkeiten und Unterschiede zwischen dem Wettbewerbsrecht der Europäischen Union, dem deutschen Gesetz gegen Wettbewerbsbeschränkungen („GWB") und dem chinesischen Antimonopolgesetz („AMG") im Umgang mit kollektiver Marktbeherrschung zu vergleichen.

In dieser Arbeit werden zunächst die Grundlagen der Lehre einer kollektiven Marktbeherrschung untersucht. Das Konzept der kollektiven Marktbeherrschung wird mit zwei ähnlichen Konzepten, nämlich der Oligopolstruktur und der stillschweigenden Kollusion, verglichen und analysiert. Hier werden die Fragen beantwortet, was kollektive Marktbeherrschung in der Theorie und in der Praxis bedeutet, wann sie auftritt und warum eine kartellrechtliche Regulierung erforderlich ist. Im Verlauf der Argumentation ist es unerlässlich, die Erkenntnisse der Wirtschaftswissenschaften über die Verhaltenstheorie des Oligopols heranzuziehen und die Besonderheiten der digitalen Wirtschaft zu berücksichtigen.

Zweitens werden die Voraussetzungen für die Feststellung einer kollektiven Marktbeherrschung im Rahmen der Missbrauchs- und der Fusionskontrolle auf der Grundlage einer Zusammenstellung der Unionsrechtsprechung und der behördlichen Praxis zusammengefasst und verglichen. Typische Missbrauchsverhalten für Fälle kollektiver Marktbeherrschung und Varianten in der digitalen Wirtschaft werden analysiert. Hier wird ferner untersucht, ob und wie sich die digitale Wirtschaft auf die Feststellung einer kollektiven Marktbeherrschung und die Identifizierung des missbräuchlichen Verhaltens im Rahmen des Art. 102 AEUV auswirkt.

Anschließend wird die Rechtslage und Entscheidungspraxis bezüglich einer kollektiven Marktbeherrschung im deutschen GWB analysiert. Die Gemeinsamkeiten und Unterschiede zwischen dem GWB und dem EU-Wettbewerbsrecht werden aus rechtsvergleichender Sicht betrachtet.

Da die kollektive Marktbeherrschung an der Schnittstelle zwischen Kartellverbot, Missbrauchsverbot und Fusionskontrolle liegt, sind weiterhin Abgrenzungen vorzunehmen. Die kollektive Marktbeherrschung wird auch von der einzelnen Marktbeherrschung unterschieden.

Angesichts des länderübergreifenden Charakters der digitalen Wirtschaft wird auch die Rechtslage und die Praxis im chinesischen Antimonopolgesetz untersucht. Eine vergleichende Analyse der Art und Weise, wie die Union, Deutschland und China mit kollektiver Marktbeherrschung umgehen, wird hier ebenfalls vorgestellt.

Am Schluss der Arbeit werden die wesentlichen Ergebnisse in Form von Thesen zusammengefasst.

2 GRUNDLAGEN KOLLEKTIVER MARKTBEHERRSCHUNG

2.1 Bedeutung der kollektiven Marktbeherrschung im Kartellrecht

2.1.1 Oligopolproblem und kartellrechtliches Kontrollbedürfnis

Nach der Definition der Industrieökonomie beschreibt ein Oligopol eine Marktsituation, in der es eine geringe Anzahl von Unternehmen gibt und diese Unternehmen sich der Interdependenz ihres Entscheidungsverhaltens bewusst sind.[1] Jedes von ihnen hat zwar keine marktbeherrschende Stellung, verfügt aber über eine gewisse Marktmacht.[2] Auf oligopolistischen Märkten herrscht in der Regel ein Mangel an Wettbewerb.[3]

Das Oligopol kennzeichnet eine besondere Marktsituation, die im Bereich zwischen einem Monopol und einem Wettbewerbsmarkt im gedachten Modellzustands eines vollkommenen Wettbewerbs liegt.[4] Im Gegensatz zu den beiden letztgenannten kann ein Oligopolist weder wie ein Monopolist ohne Rücksicht auf das Verhalten seiner Konkurrenten handeln,[5] noch kann er sich so frei wie ein Unternehmen in einem Markt mit vollkommenem Wettbewerb zur Gewinnmaximierung verhalten.[6] Vielmehr ist sich jeder Oligopolist bewusst, dass seine Marktstrategie von den Marktstrategien der anderen Wettbewerber abhängt und daher seine beste Entscheidung sich am Verhalten und den erwarteten Reaktionen der anderen Wettbewerber orientieren muss, was als oligopolistische Interdependenz oder oligopolistische Reaktionsverbundenheit bekannt ist.[7]

Das Hauptargument für das Wettbewerbsrecht zur Regulierung des Oligopols ergibt sich aus dem Oligopolproblem. Die Oligopolisten können die wettbewerbsüberlegenen Gewinne bekommen, ohne dass ausdrückliche Vereinbarung oder Kommunikation erforderlich ist.[8] Dieses Phänomen ist darauf zurückzuführen, dass sich die Oligopolisten auf der Grundlage ihrer

---

[1] Vgl. *Bester*, S. 83.
[2] Vgl. *Whish/Sufrin*, Yearb. Eur. Law 1992, 59, 59.
[3] Vgl. *Whish/Sufrin*, Yearb. Eur. Law 1992, 59, 59.
[4] Vgl. *Shapiro*, in: Handb. Ind. Organ., S. 330.
[5] Vgl. EuGH 14.2.1978, Rs. 27/76, Slg. 1978, 207, Rn. 65 „United Brands".
[6] Vgl. *Raffaelli*, Fordham Int. Law J. 1995, 915, 916.
[7] Vgl. *Scherer/Ross*, S. 226; *Jungermann*, S. 3ff.
[8] Vgl. *Rodger*, Columbia J. Eur. Law 1996, 25, 26.

gegenseitigen Interdependenz und gegenseitiges Bewusstseins an das Verhalten der anderen anpassen.[9] Selbst wenn die Oligopolisten die ähnlichen hyperkompetitiven Ergebnisse erzielen wie Kartellmitglieder, unterliegen sie daher kaum dem allgemeinen Kartellverbot.[10]

Die Ursache des Oligopolproblems ist gerade die oligopolistische Interdependenz. Es führt zu einem „Gefangenen-Dilemma", dass Oligopolisten einerseits Angst vor einseitiger Preissenkung und dem resultierenden Gewinnverlust haben, weil ihre Wettbewerber voraussichtlich alsbald nachziehen würden.[11] Andererseits können Oligopolisten die Preise nicht unilateral erhöhen, da dies zum Verlust von Kunden führen würde.[12] Unter solchen Marktbedingungen konkurrieren Oligopole nicht über den Preis oder andere Elemente, sondern passen ihr Entscheidungsverhalten einander an.[13] Selbst wenn die Oligopolisten vollständig unabhängig wären, würde das Gleichgewichtsergebnis im Bewusstsein der oligopolistischen Interdependenz nicht anders ausfallen als beim Abschluss der Kartellvereinbarung.[14]

2.1.2 Oligopolstruktur, stillschweigende Kollusion und kollektive Marktbeherrschung

Zwei Konzepte, die eng mit der kollektiven Marktbeherrschung verbunden sind, sind die Marktstruktur des Oligopols und stillschweigende Kollusion. Der Zweck, die Beziehung zwischen den drei zu klären, ist die Beantwortung der Fragen, wann und warum die kollektive Marktbeherrschung auftritt.

2.1.2.1 Kollektive Marktbeherrschung versus Oligopolstruktur

Das Konzept der kollektiven Marktbeherrschung ist ein Rechtsinstrument, das zur Regulierung von Oligopolen entwickelt wurde. Die kollektive Marktbeherrschung im rechtlichen Sinn ist eine marktbeherrschende Stellung, die von zwei oder mehr Unternehmen gemeinsam als kollektive Einheit auf dem relevanten Markt eingenommen wird.[15] Unternehmen sind entsprechend dem funktionalen Unternehmensbegriff des Kartellrechts, rechtlich voneinander unabhängige wirtschaftliche Einheiten anzusehen.

---

[9] Vgl. *Whish/Bailey*, S. 590f.; *Kelly*, Univ. Coll. Dublin Law Rev. 2008, 84, 85.

[10] Vgl. *Chamberlin*, S. 31 und 47; *Flint*, Leg. Issues Econ. Integr. 1978, 21, 55; *Fuchs*, in: Immenga/Mestmäcker, Wettbewerbsrecht, Art. 102 AEUV Rn. 102; *Whish/Bailey*, S. 591.

[11] Vgl. *Whish/Bailey*, S. 590.

[12] Vgl. *Whish/Bailey*, S. 590.

[13] Vgl. *Rodger*, Columbia J. Eur. Law 1996, 25, 26; *Whish/Bailey*, S. 590.

[14] Vgl. *Chamberlin*, Q. J. Econ. 1929, 63, 85.

[15] Vgl. EuGH 16.3.2000, Rs. C-395/96 P und C-396/96 P, Slg. 2000, I-1365, Rn. 36 „Compagnie Maritime Belge".

Die kollektive Marktbeherrschung findet ihre Grundlage in der Analyse des Verhaltens von Oligopolisten in den Wirtschaftswissenschaften. Auf den oligopolistischen Märkten können einige wenige Oligopolisten erkennen, dass aufgrund der wirtschaftlichen und ideologischen Interdependenz Wettbewerbsvorstöße für alle schädlich sind, was ihnen einen Anreiz gibt, ihr Verhalten untereinander anzupassen und überhöhte Preise zu verlangen.[16] Die Marktmacht, die die Mitglieder des Oligopols durch solches parallele Verhalten gemeinsam ausüben können, bildet die kollektive Marktbeherrschung.[17]

Kollektive Marktbeherrschung und oligopolistische Marktbeherrschung werden oft in der Literatur als Synonyme angesehen.[18] Zu beachten ist jedoch, dass oligopolistische Marktstruktur bzw. die oligopolistische Reaktionsverbundenheit nicht mit einer kollektiven Marktbeherrschung gleichgesetzt werden darf.

Die Argumente, die dafür sprechen, beruhen auf der Komplexität der oligopolistischen Märkte. Zwar besteht die Möglichkeit, dass die Mitglieder eines Oligopols durch stillschweigend koordiniertes Verhalten überdurchschnittliche Gewinne erzielen können, doch ist dies keine unvermeidliche Folge oligopolistischer Märkte.[19] Da andere Mitglieder unterschiedlich reagieren können, kann ein oligopolistischer Markt auch zu einem erheblichen Wettbewerb führen[20] oder dazu, dass kein einzelner Oligopolist in der Lage ist, seine Gewinne zu maximieren.[21] Die Stärke der oligopolistischen Interdependenzen variiert von Markt zu Markt und verändert sich im Laufe der Zeit.[22] In der Tat sind oligopolistische Märkte nach der Erkenntnis der Spieltheorie so komplex, dass alles passieren kann.[23] In wiederholten spieltheoretischen Modellen kann es zu mehreren Gleichgewichtsergebnissen

[16] Vgl. *Kokkoris*, World Compet. 2007, 419, 420; *Eilmansberger/Bien*, in: Säcker/Bien/Meier-Beck/Montag, Münchener Kommentar zum Wettbewerbsr., Art. 102 AEUV Rn. 212.

[17] Vgl. *Winckler/Hansen*, Common Mark. Law Rev. 1993, 787, 789.

[18] Vgl. *Kantzenbach/Kruse*, S. 10; *Monti*, Common Mark. Law Rev. 2001, 131, 131; *Haupt*, Eur. Wirtschafts- und Steuerr. 2002, 361, 362; *Haupt*, S. 16f.

[19] Vgl. *Böni/Palzer*, Wirtschaft und Wettbewerb 2009, 477, 483.

[20] Vgl. *Amstutz*, S. 11; *Briones/Padilla*, World Compet. 2001, 307, 308; *Whish/Bailey*, S. 593.

[21] Vgl. *Kantzenbach/Kruse*, S. 13f.

[22] Vgl. *Flint*, Leg. Issues Econ. Integr. 1978, 21, 50.

[23] Vgl. *Scherer/Ross*, S. 199; *Viljoen*, S. 202.

kommen („Folk Theorem“).[24] Somit kann die kollektive Marktbeherrschung nach den bislang vorherrschenden Rechtsauffassungen durch Oligopolstruktur bzw. oligopolistische Interdependenz allein, also durch das bloße parallele Verhalten, nicht zustande kommen.[25] Um genau zu sein, stellt die oligopolistische Interdependenz nur ein starkes Indiz für kollektive Marktbeherrschung dar,[26] rechtfertigt aber keine zwingende Schlussfolgerung.

2.1.2.2 Kollektive Marktbeherrschung versus stillschweigende Kollusion

Es stellt sich die Frage, welche Bedingungen für ein paralleles Verhalten in einem engen Oligopol erfüllt sein müssen, aus dem eine kollektive Marktbeherrschung abgeleitet werden kann.

Hier muss der Begriff der stillschweigenden Kollusion eingeführt werden. Stillschweigende Kollusion[27] beschreibt ein Phänomen, bei dem eine kleine Anzahl von Marktteilnehmern in der Lage ist, aufgrund bestimmter Marktmerkmale parallel zu handeln und von ihrer kollektiven Marktmacht zu profitieren, ohne gegen das Kartellverbot zu verstoßen oder verstoßen zu müssen.[28]

In der Praxis und Theorie des EU-Wettbewerbsrechts wurden die stillschweigende Kollusion und die kollektive marktbeherrschende Stellung bereits miteinander vermengt. Insbesondere im Rahmen der Fusionskontrolle

---

[24] Vgl. *Amstutz*, S. 38; *Hawk/Motta*, Oligopolies and Collective Dominance: A Solution in Search of a Problem, S. 61; *Carlton/Perloff*, S. 213. Für eine Einführung in die „Folk Theorem“ siehe *Fudenberg/Maskin*, Econometrica 1986, 533, 533ff.

[25] Vgl. *Niels*, Eur. Compet. Law Rev. 2001, 168, 172; *Weiß*, in: Calliess/Ruffert, EUV/AEUV, Art. 102 AEUV Rn. 20; *Jung*, in: Grabitz/Hilf/Nettesheim, Das R. der Eur. Union, Art. 102 AEUV Rn. 79; *胥*, 比较法研究 2021, 188, 196.

[26] Vgl. *Flint*, Leg. Issues Econ. Integr. 1978, 21, 55f.; *Haupt*, S. 75; *Klees/Hauser*, Eur. Wirtschafts- und Steuerr. 2008, 7, 11; *Eilmansberger/Kruis*, in: Streinz, EUV/AEUV, Art. 102 AEUV Rn. 15; *Fuchs*, in: Immenga/Mestmäcker, Wettbewerbsrecht, Art. 102 AEUV Rn. 120.

[27] Die folgenden Ausdrücke sind gleichbedeutend mit stillschweigender Kollusion, „implizite Kollusion“ siehe BGH, Beschl. 6.12.2011, KVR 95/10, Total/OMV, BGHZ 192, 18, 32 Rn. 49; „stillschweigendes Parallelverhalten“ siehe *Haupt*, Eur. Wirtschafts- und Steuerr. 2002, 361, 362; „bewusstes Parallelverhalten“ siehe *Niels*, Eur. Compet. Law Rev. 2001, 168, 171; *Khemani/Shapiro*, Glossary of Industrial Organisation Economics and Competition Law, S. 26; „stillschweigende oder implizite Koordinierung“ siehe BKartA, Leitfaden zur Marktbeherrschung in der Fusionskontrolle, Rn. 81.

[28] Vgl. *Posner*, Stanford Law Rev. 1968, 1562, 1562; *Ivaldi/Jullien/Rey/Seabright/Tirole*, The Economics of Tacit Collusion, S. 4; *Whish/Bailey*, S. 587.

ist die Europäische Kommission bei der Feststellung einer kollektiven Marktbeherrschung dem Weg der „koordinierten Wirkungen" gefolgt. Erhöht ein Zusammenschluss die Wahrscheinlichkeit einer stillschweigenden Kollusion oder erleichtert ein Zusammenschluss die Aufrechterhaltung einer stillschweigenden Kollusion, wird davon ausgegangen, dass der Zusammenschluss geeignet ist, wirksamen Wettbewerb durch Begründung oder Verstärkung einer kollektiven marktbeherrschenden Stellung im Gemeinsamen Markt erheblich zu verhindern.[29]
Dieser Gedankengang findet sich in der bisherigen Rechtsprechung wieder. In der Rechtssache *Airtours*, einem Grundsatzurteil in der Entwicklung des Konzepts der kollektiven Marktbeherrschung, wurden die drei Tatbestandsvoraussetzungen der kollektiven Marktbeherrschung auf die Doktrin der stillschweigenden Kollusion gestützt. Erstens muss die Markttransparenz hoch sein. Zweitens darf es keinen Anreiz geben, vom gemeinsamen Vorgehen auf dem Markt abzuweichen, da wirksame Abschreckungsmechanismen existieren. Drittens mangelt es an Wettbewerbsdruck seitens der nicht am Oligopol beteiligten Marktteilnehmer.[30]
In der Folge hat die Rechtssache *Piau* bestätigt, dass die drei Airtours-Kriterien auch im Rahmen des Art. 102 AEUV zur Prüfung einer kollektiven Marktbeherrschung anwendbar sind.[31]
Die in der Literatur vertretenen Auffassungen stimmen mit der Praxis überein, kollektive Marktbeherrschung im Sinne einer stillschweigenden Kollusion entstehen zu lassen.
Haupt argumentierte, dass es im Falle einer kollektiven Marktbeherrschung wichtig sei, zu untersuchen, ob die strukturellen Marktbedingungen einen konstanten und wiederkehrenden Zyklus der Interaktion zwischen Oligopolisten ermöglichen, d. h. ob ein Umfeld geschaffen werde, das die Bildung einer stabilen stillschweigenden Kollusion begünstige.[32]
Niels vertrat eine ähnliche Auffassung, wonach die kollektive Marktbeherrschung das Ergebnis einer stillschweigenden Kollusion sei, d. h. eines Gleichgewichts, das durch das wiederholte, ständige und vielfache Spiel

---

[29] Vgl. Leitlinien zur Bewertung Horizontaler Zusammenschlüsse gemäß der Ratsverordnung über die Kontrolle von Unternehmenszusammenschlüssen, ABl. 2004, C 31/5, Rn. 39ff. (zitiert: Europäische Kommission, Leitlinien für horizontale Zusammenschlüsse, Rn.).
[30] Vgl. EuG 6.6.2002, Rs. T-342/99, Slg. 2002, II-2585, Rn. 62. „Airtours".
[31] Vgl. EuG 26.1.2005, Rs. T-193/02, Slg. 2005, II-209, Rn. 111 „Piau"; bestätigt durch EuGH 23.2.2006, Rs. C-171/05 P, Slg. 2006, I-37, „Piau".
[32] Vgl. *Haupt*, Eur. Wirtschafts- und Steuerr. 2002, 361, 363.

erreicht werde und keineswegs das Ergebnis einer statischen, rein oligarchischen Reaktionsverbundenheit sei.[33]
Viele Juristen haben auch betont, dass kollektive Marktbeherrschung nur dann abgeleitet werden könne, wenn das aus der oligopolistischen Interdependenz resultierende Parallelverhalten hinreichend stabil sei.[34]
Um es mit den Worten von *Whish & Bailey* zusammenzufassen: Das Wesen der kollektiven Marktbeherrschung sei die stillschweigende Kollusion im Oligopol.[35]
Nach der vorherrschenden Auffassung des Kartellrechts verstößt reine oligopolistische Interdependenz oder stillschweigende Kollusion nicht gegen das Kartellrecht,[36] während eine (kollektive) Marktbeherrschung auch nicht per se verboten ist.[37] In diesem Sinne scheint es, die beiden als gleichwertig betrachtet werden zu können.
Eine solche Gleichsetzung ist indes ungenau. Es besteht ein grundlegender Unterschied zwischen der kollektiven Marktbeherrschung und der stillschweigenden Kollusion. Ersteres bezieht sich auf einen statischen Zustand, d. h. eine wirtschaftliche Marktstellung von Unternehmen, während letzteres ein dynamisches Gleichgewicht darstellt.
Darüber hinaus kann eine kollektive Marktbeherrschung nicht nur durch stillschweigende Kollusion entstehen („oligopolistische kollektive Marktbeherrschung“), sondern auch durch wirtschaftliche oder strukturelle Verbindungen zwischen Unternehmen („nicht-oligopolistische kollektive Marktbeherrschung“).[38] In beiden Fällen sollte der rechtliche Test für die

---

33 Vgl. *Niels*, Eur. Compet. Law Rev. 2001, 168, 170f.

34 Vgl. *Briones/Padilla*, World Compet. 2001, 307, 309; *Albors-Llorens*, in: Cambridge Yearb. Eur. Leg. Stud., S. 166f.; *Mestma ̈cker/Schweitzer*, in: Mestmäcker/Schweitzer, Eur. Wettbewerbsr., § 17 Rn. 59; *Fuchs*, in: Immenga/Mestmäcker, Wettbewerbsrecht, Art. 102 AEUV Rn. 120; *Jung*, in: Grabitz/Hilf/Nettesheim, Das R. der Eur. Union, Art. 102 AEUV Rn. 77.

35 Vgl. *Whish/Bailey*, S. 606.

36 Vgl. EuGH 14.7.1981, Rs. C-172/80, Slg. 1981, I-2021, Rn. 14 „Züchner“; *Monti*, Common Mark. Law Rev. 2001, 131, 145; *Kelly*, Univ. Coll. Dublin Law Rev. 2008, 84, 103f.; *Mezzanotte*, Eur. Law J. 2011, 495, 496f.; *Gjendemsjø/Hjelmeng/Sørgard*, World Compet. 2013, 355, 371; *Whish/Bailey*, S. 607f.; OECD, Algorithms and Collusion, S. 19; *Eilmansberger/Bien*, in: Säcker/Bien/Meier-Beck/Montag, Münchener Kommentar zum Wettbewerbsr., Art. 102 AEUV Rn. 222.

37 Vgl. EuGH 9.11.1983, Rs. 322/81, Slg. 1983, 3461, Rn. 57 „Michelin I“; EuGH 16.3.2000, Rs. C-395/96 P und C-396/96 P, Slg. 2000, I-1365, Rn. 36 „Compagnie Maritime Belge“; *Monti*, Common Mark. Law Rev. 2001, 131, 136.

38 Vgl. *Faull/Nikpay*, S. 378 Rn. 4.220.

Feststellung einer kollektiven Marktbeherrschung derselbe sein, da dies sonst zu rechtlichen Unstimmigkeiten führen würde.[39]
Die stillschweigende Kollusion erklärt also nur einen der Gründe für das Entstehen einer kollektiven Marktbeherrschung. Die Gleichsetzung würde den Anwendungsbereich der kollektiven Marktbeherrschung bis zu einem gewissen Grad einschränken.

2.2 Praktische Bedeutung der kollektiven Marktbeherrschung

2.2.1 Im Rahmen des Missbrauchsverbots

Der Wortlaut von Art. 102 AEUV bringt eindeutig zum Ausdruck, dass das Wettbewerbsrecht der Europäischen Union missbräuchliche Verhaltensweisen von einem oder mehreren Unternehmen regelt. Der Missbrauch einer marktbeherrschenden Stellung durch mehrere Unternehmen setzt voraus, dass sie gemeinsam eine marktbeherrschende Stellung einnehmen, also eine kollektive marktbeherrschende Stellung.
Mit der Generalklausel erkennt der Gesetzgeber die Möglichkeit des Missbrauchs einer kollektiven Marktbeherrschung an. In der typischen Fallgruppe der Missbrauchsverhalten in Art. 102 AEUV schränkt der Gesetzgeber die Anzahl der Unternehmen nicht ein. Dies deutet darauf hin, dass zumindest die aufgeführten Missbrauchsverhaltensweisen bereits unter das Missbrauchsverbot einer kollektiven Marktbeherrschung fallen könnten.
Der praktische Wert der Doktrin der kollektiven Marktbeherrschung in der Missbrauchsaufsicht besteht hauptsächlich darin, dass sie wettbewerbswidriges bewusstes Parallelverhalten (stillschweigende Kollusion) abdeckt, das nicht unter das Kartellverbot fällt.
In diesem Sinne scheint jedoch das Verbot des Missbrauchs einer kollektiven Marktbeherrschung nur als ergänzendes Rechtsinstrument in Fällen zu dienen, in denen das Kartellverbot nicht angewandt werden kann.[40]
Dies ist die Hauptgrundlage für die Argumente in der Literatur, die die Praxisrelevanz der kollektiven Marktbeherrschung in Frage stellen.
Es wird beispielsweise argumentiert, dass in der Entscheidungspraxis des Art. 102 AEUV Unternehmen mit einer kollektiven Marktbeherrschung häufig durch gegenseitige Vereinbarungen miteinander verbunden seien. Es

---

[39] Vgl. *O'Donoghue/Padilla*, S. 237.
[40] Vgl. *Eilmansberger/Bien*, in: Säcker/Bien/Meier-Beck/Montag, Münchener Kommentar zum Wettbewerbsr., Art. 102 AEUV Rn. 220ff.; siehe auch *Gormsen*, e-Competitions, N° 72449 2016, 1, 2.

gebe keinen Fall, in dem eine kollektive Marktbeherrschung allein aufgrund der oligopolistischen Marktstruktur bzw. oligopolistischen Reaktionsverbundenheit festgestellt wurde.[41] Dies erkläre, warum die kollektive Marktbeherrschung neben Art. 101 AEUV nur einen geringen Mehrwert habe.[42]
Das obige Argument hat jedoch seine Grenzen. Die zusätzlichen Vorteile einer kollektiven Marktbeherrschung gehen weit über das bloße Auffangen von nicht kollusivem Marktversagen hinaus. Das Missbrauchsverbot einer kollektiven Marktbeherrschung kann ebenfalls eingreifen, wenn die Vereinbarungen durch Art. 101 Abs. 3 AEUV freigestellt sind. Auch rechtmäßige Vereinbarungen oder andere wirtschaftliche Beziehungen, die nicht von vornherein mit der Kartellvereinbarung verbunden sind, können die Grundlage einer kollektiven Marktbeherrschung bilden.
Zugegebenermaßen gibt es in einer traditionellen industriellen Wirtschaft keine Fälle in der Missbrauchskontrolle, in denen eine kollektive Marktbeherrschung allein aufgrund stillschweigender Kollusion festgestellt wurde. Dies kann sich jedoch in der digitalen Wirtschaft ändern.
Mit der starken Einbeziehung von Technologien wie Algorithmen, Big Data und maschinellem Lernen in die Wirtschaftstätigkeit entwickeln sich die Wettbewerbsbedingungen der digitalen Märkte zudem in eine Richtung, die eine stillschweigende Kollusion begünstigt.[43] In der digitalen Wirtschaft kann dasselbe Problem der traditionellen industriellen Wirtschaft in oligopolistischen Märkten auftreten, d. h. (algorithmische) stillschweigende Kollusion. Einerseits haben Algorithmen die Häufigkeit der Interaktionen zwischen den Marktteilnehmern erhöht und die Markttransparenz grundlegend verbessert. Andererseits sind Algorithmen durch schnelle Such- und Abgleichsfunktionen in der Lage, Überwachungs- und Bestrafungsmechanismen zu schaffen und so Anreize für Abweichungen zu verringern. In hochinformativen und digitalen Szenarien ist es daher wahrscheinlicher, dass die Mitglieder einer kollektiven Marktbeherrschung mit Hilfe von Algorithmen zu einer stabilen stillschweigenden Kollusion gelangen können.

---

[41] Vgl. *Haupt*, Eur. Compet. Law Rev. 2002, 434, 438; *O'Donoghue/Padilla*, S. 237.

[42] Vgl. *Eilmansberger/Bien*, in: Säcker/Bien/Meier-Beck/Montag, Münchener Kommentar zum Wettbewerbsr., Art. 102 AEUV Rn. 220ff.; siehe auch *Gormsen*, e-Competitions, N° 72449 2016, 1, 2.

[43] Vgl. *Ezrachi/Stucke*, S. 56ff.; *Mehra*, Minn. Law Rev. 2016, 1323, 1339; OECD, Algorithms and Collusion, S. 34; *Ezrachi/Stucke*, Northwest. J. Technol. Intellect. Prop. 2020, 217, 220; *Beneke/Mackenrodt*, J. Antitrust Enforc. 2021, 152, 155.

Man kann sich ein Szenario vorstellen, in dem einige wenige oligopolistische Plattformunternehmen dieselben oder ähnliche Algorithmen verwenden, um Datensätze von denselben oder großen, sich überschneidenden Gruppen von Nutzern zu analysieren. Dies könnte zu einem stabilen und stillschweigenden Parallelverhalten führen. Das Entstehen einer kollektiven Marktbeherrschung auf der Grundlage der stillschweigenden Kollusion ist in der digitalen Wirtschaft daher zu erwarten.
Das Missbrauchsverbot einer kollektiven Marktbeherrschung kommt dann ins Spiel, wenn der Oligopolist versucht, seine kollektive marktbeherrschende Stellung mit Hilfe von Algorithmen noch weiter zu verstärken, indem er die Interaktion künstlich weiter erhöht oder das Preissenkungsverhalten weiter einschränkt.

2.2.2 Im Rahmen der Fusionskontrolle

Im Bereich der Fusionskontrolle auf der unionsrechtlichen Ebene ist ein Zusammenschluss mit dem Gemeinsamen Markt nach der Fusionskontrollverordnung („FKVO") 44 unvereinbar, wenn er wirksamen Wettbewerb erheblich behindert („SIEC-Test"), indem er beispielsweise zur Begründung oder Verstärkung einer (kollektiven) marktbeherrschenden Stellung führt. Mit der achten GWB-Novelle wurde der SIEC-Test auch in § 36 Abs. 1 S. 1 GWB eingeführt.
Die Vorhersage dynamischer Marktveränderungen infolge eines Zusammenschlusses kann in Form von unkoordinierten oder koordinierten Wirkungen bewertet werden. Die Koordinierungswirkungen können in Form der Begründung oder Verstärkung einer kollektiven Marktbeherrschung auftreten, wenn ein Zusammenschluss die Wahrscheinlichkeit erstmals erhöht, dass Unternehmen ihr Verhalten koordinieren, oder wenn ein Zusammenschluss ein bestehendes Koordinierungsverhalten erleichtert, stabilisiert oder erfolgreicher macht.[45] Folglich ist zentraler Bezugspunkt für die praktische Umsetzung der kollektiven Marktbeherrschung im Fusionskontrollverfahren der Ansatz „koordinierte Wirkungen".

---

[44] Verordnung (EG) Nr. 139/2004 des Rates vom 20. Januar 2004 über die Kontrolle von Unternehmenszusammenschlüssen („EG-Fusionskontrollverordnung"), ABl. 2004 L 24/1.

[45] Vgl. Europäische Kommission, Leitlinien für horizontale Zusammenschlüsse, Rn. 39.

2.2.3 Im Telekommunikationsbereich

Die EU hat das Konzept der kollektiven Marktbeherrschung im Sinne von Art. 102 AEUV auf die Regulierung der Telekommunikation übertragen, d. h. die kollektive beträchtliche Marktmacht.

Im Jahr 2002 erließ die EU eine „Rahmenrichtlinie“[46], mit der das Konzept „beträchtliche Marktmacht“ eingeführt wurde, wobei die nationalen Regulierungsbehörden nur bei Unternehmen mit beträchtlicher Marktmacht angemessene Verpflichtungen auferlegen. Gemäß Art. 14 Abs. 2 in der Rahmenrichtlinie bedeutet beträchtliche Marktmacht, dass ein Unternehmen allein oder zusammen mit anderen eine Stellung innehat, die einer beherrschenden Stellung gleichkommt.

Abgesehen von der begrifflichen Umstellung ähnelt die kollektive beträchtliche Marktmacht der kollektiven Marktbeherrschung auch in Bezug auf die Beurteilungskriterien. Der Anhang II der Rahmenrichtlinie folgt der Liste der Marktstrukturen, die die Kommission im Rahmen der Fusionskontrolle für die Prüfung der koordinierten Effekte anwendet. Die Liste umfasst unter anderem Elemente wie Marktkonzentration, Transparenz, reife Märkte, stagnierendes oder moderates Nachfragewachstum, geringe Nachfrageelastizität, homogene Produkte usw.

Um den nationalen Regulierungsbehörden eine klarere Orientierungshilfe zu geben, hat die Kommission Leitlinien zur Marktanalyse und zur Bewertung der beträchtlichen Marktmacht (nachstehend „SMP-Leitlinien“ genannt) herausgegeben.[47] Die Kommission hat jedoch keine neuen Erkenntnisse zur Bewertung kollektiver beträchtlicher Marktmacht geliefert. Vielmehr hat sie die Grundsätze und Bewertungsmethoden bestätigt, die in den wegweisenden Fällen zur kollektiven Marktbeherrschung im Wettbewerbsrecht aufgestellt wurden. Um eine kollektive beträchtliche Marktmacht zu ermitteln, muss geprüft werden, ob die Merkmale des Marktes eine stillschweigende Koordinierung begünstigen und ob diese Form der Koordinierung nachhaltig ist.

---

[46] Richtlinie 2002/21/EG des Europäischen Parlaments und des Rates vom 7. März 2002 über einen gemeinsamen Rechtsrahmen für elektronische Kommunikationsnetze und -dienste (Rahmenrichtlinie), ABl. 2002 L 108/33.

[47] Europäische Kommission: Leitlinien zur Marktanalyse und Ermittlung beträchtlicher Marktmacht nach dem EU-Rechtsrahmen für elektronische Kommunikationsnetze und –dienste, ABl. 2018 C 159/1.

Am 17. Dezember 2018 wurde die „EKEK-Richtlinie"[48] veröffentlicht. Die EKEK-Richtlinie führt keine wesentlichen Änderungen der Bestimmungen über gemeinsame (bzw. kollektive) beträchtliche Marktmacht ein, sondern betont in Art. 63 Abs. 2, dass die nationalen Regulierungsbehörden bei der Beurteilung der gemeinsamen beträchtlichen Marktmacht insbesondere im Einklang mit dem EU-Recht handeln und dabei so weit wie möglich die SMP-Leitlinie berücksichtigen sollten.

Zusammenfassend lässt sich sagen, dass im Bereich der Telekommunikationsregulierung die einschlägigen Richtlinien und Kommissionsdokumente, die sich mit kollektiver beträchtlicher Marktmacht befassen, lediglich eine Zusammenfassung früherer Kriterien für die kollektive Marktbeherrschung ohne weitere Analyse darstellen. Obwohl es keinen theoretischen Durchbruch gibt, ist es jedoch festzustellen, dass die Telekommunikationspolitik immer versucht hat, mit dem Wettbewerbsrecht in Einklang zu stehen. Die Einführung des Konzepts der kollektiven beträchtlichen Marktmacht unter Bezugnahme auf das Konzept der kollektiven Marktbeherrschung veranschaulicht eindrucksvoll den praktischen Wert der kollektiven Marktbeherrschung auf spezifischen Märkten, auf denen stillschweigende Kollusion anfällig ist.

[48] Richtlinie 2018/1972/EU des Europäischen Parlaments und des Rates vom 11. Dezember 2018 über den europäischen Kodex für die elektronische Kommunikation, ABl. 2018 L 321/36.

2.2.4 In der digitalen Wirtschaft

Die Lehre der kollektiven Marktbeherrschung ist für die digitale Wirtschaft von grundlegender Bedeutung. Hierfür gibt es drei Gründe.

2.2.4.1 Häufig auftretende Oligopol-Struktur

In der heutigen Welt ist die Marktstruktur des Oligopols allgegenwärtig.[49] Viele digitale Märkte sind durch die Tendenz gekennzeichnet, dass sich die Märkte von einer Vielzahl von Unternehmen zu einem Monopol oder einer hohen Konzentration wandeln (sog. „tipping“ von Märkten).[50] Das Ergebnis ist, dass der Großteil des Marktanteils von wenigen Unternehmen gehalten wird und dass diese Marktpositionen dauerhaft und gefestigt sind.[51] Hochkonzentrierte Märkte in der digitalen Wirtschaft weisen oligopolistische Strukturen auf und können einen Nährboden für das Entstehen einer kollektiven Marktbeherrschung bilden.

Auf dem U.S. Markt für soziale Plattformen haben zum Beispiel Unternehmen Google/Alphabet und Unternehmen Facebook/Meta eine erhebliche Marktmacht.[52]

Der Markt für mobile Betriebssysteme ist ein hartnäckiges Duopol (Android von Google und iOS von Apple), bei dem die Nutzer mit starken Lock-in-Effekten und Wechselkosten konfrontiert sind.[53]

Zu den Marktführern im Bereich von Cloud-Computing gehören „Google Cloud Platform“, Amazon Web Services (AWS) und Microsoft Azure.[54]

Statistiken zufolge halten Googles Chrome und Apples Safari zwischen Dezember 2021 und Dezember 2022 gemcinsam mehr als 80 % des U.S.-Browser-Marktanteils.[55]

In der digitalen Wirtschaft hat sich vielfach eine oligopolistische Marktstruktur herausgebildet. Dies liegt zuerst daran, dass die digitale Wirtschaft

---

[49] Vgl. *Böni/Palzer*, Wirtschaft und Wettbewerb 2009, 477, 477; *Petit*, in: Handb. Eur. Compet. Law Subst. Asp., S. 259.

[50] Vgl. *Schweitzer/Haucap/Kerber/Welker*, Modernisierung der Missbrauchsaufsicht für marktmächtige Unternehmen, S. 12.

[51] Vgl. United States Congress/House of Representatives/Committee on the Judiciary, Investigation of Competition in Digital Markets, S. 11; Europäische Kommission, Vorschlag für Gesetz über digitale Märkte, COM(2020) 842 final, S. 1.

[52] Vgl. United States Congress/House of Representatives/Committee on the Judiciary, Investigation of Competition in Digital Markets, S. 92.

[53] Vgl. *Bostoen/Mândrescu*, Eur. Compet. J. 2020, 431, 437f.

[54] Vgl. United States Congress/House of Representatives/Committee on the Judiciary, Investigation of Competition in Digital Markets, S. 114.

[55] Vgl. Statcounter, U.S. Browser Market Share.

starken Netzwerkeffekten, hohen Größenvorteile sowie steigenden Skalenerträge unterliegt und somit eine Konzentrationstendenz darstellt.[56] Der positive Netzwerkeffekt macht die Starken stärker und erfolgreiche Plattformen profitieren von steigenden Skalenerträgen.

Darüber hinaus können positive Netzwerkeffekte bezüglich der Anzahl der Nutzer auch zu positiven Netzwerkeffekten in den Daten führen. Die Plattformen als Infrastruktur der digitalen Wirtschaft können große Datenmengen sammeln. Mehr Daten ermöglichen ein wettbewerbsfähigeres Dienstleistungsangebot, das wiederum mehr Nutzer anzieht und mehr Daten liefert, wodurch sich der gesamte Markt zu ihren Gunsten kippt.[57]

Die Vielseitigkeit der Plattform führt zu hohen Marktzutrittsschranken. Denn es reicht nicht aus, dass neue Marktteilnehmer nur Zugang zu einer Plattformseite der Nutzerbasis erhalten. Alle Seiten der Plattform sind voneinander abhängig, und der Erfolg der Plattform hängt von der Anzahl der Nutzer auf jeder Seite der Plattform ab. Neue Marktteilnehmer müssen sich Zugang zum Kundenstamm der jeweils anderen Seite verschaffen, um mit Plattformen konkurrieren zu können, die bereits einen Erstanbietervorteil haben.

Der zweite Grund für die Zunahme der Marktkonzentration ist auf Großfusionen zurückzuführen. In den letzten zwei Jahrzehnten waren riesige Plattformunternehmen aktiv an einer Vielzahl von Fusionen und Übernahmen beteiligt.[58] Solche anhaltenden und häufigen Fusionen können die Marktdominanz der großen digitalen Plattformen stärken und den Wettbewerb sowie die Innovation einschränken, indem sie potenzielle und neue entstehende Wettbewerber präventiv ausschalten („Killer-Akquisitionen“[59]).[60] Es ist daher nicht unwahrscheinlich, dass sich am Ende nur wenige große Plattformen in diesen Märkten durchsetzen werden.

---

[56] Vgl. *Evans/Schmalensee*, Compet. Policy Int. 2007, 151, 164f.; *Stucke/Grunes*, S. 162ff.; *Barwise/Watkins*, in: Digit. Domin. Power Google, Amaz. Facebook, Apple, S. 26ff.

[57] Vgl. *Khan*, Yale Law J. 2016, 710, 783.

[58] Vgl. United States Congress/House of Representatives/Committee on the Judiciary, Investigation of Competition in Digital Markets, S. 149, 174, 261 und 337.

[59] Siehe dazu *Cunningham/Ederer/Ma*, J. Polit. Econ. 2021, 649, 649ff.

[60] Vgl. United States Congress/House of Representatives/Committee on the Judiciary, Investigation of Competition in Digital Markets, S. 11.

2.2.4.2 Besonderheiten digitaler Wirtschaft zur Begünstigung stillschweigender Kollusion

Die oligopolistische Struktur begünstigt nicht-kollusives Parallelverhalten (stillschweigende Kollusion). Wie bereits erwähnt, ist der Markt der digitalen Wirtschaft selbst ein Markt, der tendenziell oligopolistisch oder monopolistisch ist. In diesem Zusammenhang stellt sich die Frage, ob und inwieweit der Markt der digitalen Wirtschaft den Anreiz und die Fähigkeit zur Bildung und Aufrechterhaltung einer stillschweigenden Kollusion beeinflussen kann.

Das erste Element für die Prüfung des Mechanismus der stillschweigenden Kollusion bzw. der koordinierten Effekte ist Übereinstimmung über Koordinierungsmodalitäten. In Märkten der digitalen Wirtschaft ist Konsens über ein koordiniertes Vorgehen dank des Geschäftsmodells der Plattformen, der zunehmenden Verfügbarkeit von Online-Daten und der immer mehr intelligenten Algorithmen leichter zu erzielen.

Plattformen sind als Intermediäre in der Lage, mehrere Nutzergruppen zu integrieren, den Informationsaustausch zu erleichtern und die Informationssymmetrie zu verbessern.

Die immer lauter werdenden Rufe nach „Data Sharing“[61] und „Datenfluss“[62] zielen in erster Linie darauf ab, Datenmonopole aufzubrechen, Markteintrittsbarrieren zu senken und die Verbraucher an der Datendividende teilhaben zu lassen. Die gemeinsame Nutzung und Verbreitung von Daten haben jedoch auch dazu geführt, dass immer mehr wichtige Informationen über das Internet verfügbar sind. Dies verringert die Undurchsichtigkeit des Marktes und hilft den Unternehmen, sich explizit oder implizit zu koordinieren.

Darüber hinaus ist es wichtig hervorzuheben, dass die Tatsache, dass Algorithmen weit verbreitet sind und kontinuierlich in der Richtung Deep-Learning-Algorithmen optimiert werden, zur Konsensbildung über die Modalitäten des Funktionierens beigetragen hat.

---

[61] Europäische Kommission, Vorschlag für Daten-Governance-Gesetz, COM(2020) 767 final; Staatsrat des Zentralkomitees der Kommunistischen Partei Chinas, Stellungnahmen für die marktorientierte Allokation von Faktoren, 2020 („中共中央 国务院关于构建更加完善的要素市场化配置体制机制的意见“); OMB der Vereinigten Staaten, Federal Data Strategy 2020 Action Plan, S. 9.

[62] OECD, The OECD Privacy Framework; APEC, APEC Privacy Framework; Verordnung (EU) 2018/1807 des Europäischen Parlaments und des Rates vom 14. November 2018 über einen Rahmen für den freien Verkehr nicht-personenbezogener Daten in der Europäischen Union, ABl. 2018 L 303/59; VR. China, Datensicherheitsgesetz der Volksrepublik China (Dieses Gesetz tritt am 1. September 2021 in Kraft).

Das zweite Element – Überwachung der Abweichungen – hat eine hohe Anforderung an die Markttransparenz. Algorithmen können aufgrund der leistungsstarken Speicher- und Rechenfunktionen digitaler Technologien Änderungen in der Geschäftsstrategie von Minute zu Minute erfassen und darauf zeitnah reagieren. Zudem sind Algorithmen geeignet, um zu unterscheiden, ob es sich bei einer Preissenkung um eine Abweichung von der Kollusion handelt, oder um eine natürliche Reaktion auf die Marktbedingungen oder nur eine Fehleinschätzung.[63]
Die riesige Menge an verfügbaren Daten kann kritische Referenzwerte für Algorithmen liefern, um die richtigen Entscheidungen zu treffen.
Das dritte Element – Abschreckungsmechanismus – muss glaubwürdig sein. Einerseits erhöht die schnelle Reaktionsfähigkeit der Algorithmen den Anreiz für das koordinierende Unternehmen, Vergeltungsmaßnahmen zu ergreifen. Weil das Unternehmen darauf vertraut, dass die Bewertungsergebnisse des Algorithmus objektiv sind, was durch die Zusammenarbeit von Mathematik und Computern erreicht wird.
Andererseits verhindern Algorithmen den Anreiz, von der Koordinierung abzuweichen. Nach der mathematischen Darstellung stellt *Mehra* fest, dass die Algorithmen bei einem bestimmten Abzinsungssatz die durch die Abweichungen in der frühen Phase erzielten Gewinne geringer.[64] Die Reaktionsfähigkeit des Algorithmus nimmt infolgedessen den Wettbewerbern effektiv die Möglichkeit, durch abweichendes Verhalten eine signifikante Anzahl von Verkäufen zu erzielen.[65] Daher ist der von den Algorithmen implementierte Vergeltungsmechanismus plausibel.
Bei der Prüfung des letzten Elements – Reaktionen von Außenstehenden – kommt die Ungleichheit der Marktmacht der koordinierenden Unternehmen und potenziellen Wettbewerbern oder Kunden in Betracht.
Der wirtschaftliche Wert von Daten und die hohe Leistungsfähigkeit, die Algorithmen mit sich bringen, stärken einerseits die Marktmacht von Plattformen und vergrößern andererseits die Kluft zwischen Plattformen und Verbrauchern in Bezug auf die Menge an den gehaltenen Daten und die Fähigkeit zur Verwertung der Daten.

---

[63] Vgl. OECD, Algorithms and Collusion, S. 22; Monopolkommission, Algorithmen und Kollusion, S. 68.
[64] Vgl. *Mehra*, Minn. Law Rev. 2016, 1323, 1347ff.
[65] Vgl. BKartA/Autorité de la concurrence, Competition Law and Data, S. 14 f.; *Ezrachi/Stucke*, Northwest. J. Technol. Intellect. Prop. 2020, 217, 227.

Es ist unbestreitbar, dass Algorithmen auch zum Nutzen des Verbrauchers eingesetzt werden können. Algorithmen können Preise und Qualität vergleichen, was die Such- und Transaktionskosten für die Verbraucher erheblich reduziert und ihnen hilft, ihre Voreingenommenheit zu überwinden, so dass sie rationalere Entscheidungen treffen können.[66] In gewissem Maße wird die Marktmacht des Käufers gestärkt.
Allerdings kam es in den letzten Jahren in den wichtigsten Kartellrechtsordnungen häufig zu kartellrechtlichen Untersuchungen und Geldbußen gegen digitale Plattformgiganten. Aus heutiger Sicht ist es nicht möglich, verlässliche Aussagen darüber zu machen, inwieweit Algorithmen den Verbrauchern helfen können, einige der negativen Auswirkungen der Algorithmen auszugleichen.
Es wurde argumentiert, dass der weit verbreitete Einsatz von Algorithmen und künstlicher Intelligenz sogar zu stillschweigender Kollusion auf Märkten führen kann, die ansonsten nicht einfach oder stabil sind (nicht-oligopolistische Märkte).[67] In diesem Zusammenhang wird erwartet, dass die kollektive Marktbeherrschung eine größere Rolle spielen wird.

2.2.4.3 Ein wirksames kartellrechtliches Instrument

Die Wettbewerbsbedenken im Zusammenhang mit der digitalen Wirtschaft und der Marktmacht der Plattformen sind Gegenstand einer lebhaften wettbewerblichen Diskussion. Sie lassen sich in vier Kategorien zusammenfassen: Marktabgrenzung, Bewertung der Marktmacht, Identifizierung des Missbrauchs und Abhilfemaßnahmen gegen die algorithmische stillschweigende Kollusion. In den vier oben genannten Bereichen ist die Lehre der kollektiven Marktbeherrschung ein wirksames kartellrechtliches Instrument.

Marktabgrenzung

Die Marktabgrenzung ist nach traditionellen Methoden aufgrund der besonderen Merkmale der digitalen Märkte (z. B. Vielseitigkeit der Plattformen, Multi-Homing, unentgeltliche Leistung) mit Unsicherheiten und Schwierigkeiten verbunden.
Das Konzept der funktionellen Substitution aus der Sicht der Abnehmer kann dazu führen, dass die Marktabgrenzung enger gefasst wird, als sie tatsächlich ist. Der Grund liegt drin, dass digitale Produkte oft sehr vielfältig und technisch komplex sind, was die Verbraucher zu der Annahme verleitet,

---

[66] Vgl. OECD, Algorithms and Collusion, S. 17.

[67] Vgl. OECD, Algorithms and Collusion, S. 49f.; Monopolkommission, Algorithmen und Kollusion, S. 68; *Zheng/Wu*, J. Compet. Law Econ. 2019, 123, 145; *Ezrachi/Stucke*, Northwest. J. Technol. Intellect. Prop. 2020, 217, 225.

dass sie nicht austauschbar sind, obwohl sie preislich substituierbar sein können.[68]

Die verschiedenen Seiten einer Plattform weisen eine gewisse Interdependenz auf, was auch zu Schwierigkeiten bei der Abgrenzung des relevanten Marktes führen kann.[69] Aufgrund des dynamischen Charakters des digitalen Marktes kann die Marktabgrenzung Schwierigkeiten bereiten, da sich diese Märkte stetig wandeln.[70] Infolgedessen ist eine Marktabgrenzung mit hohem Aufwand hinsichtlich der dafür notwendigen Zeit sowie der erforderlichen Kosten verbunden. Zudem besteht eine erhöhte Fehleranfälligkeit. Daraufhin haben Kommentatoren vorgeschlagen, dass der relevante Markt nicht genau definiert werden müsse[71] oder dass die Bedeutung der Marktdefinition verringert werden soll.[72]

Die oben genannten Ansichten wurden von der Kommission jedoch entschieden abgelehnt. Die Kommission sieht bei kartellrechtlichen Entscheidungen eine exakte Marktabgrenzung aufgrund einer klaren Definition des relevanten Marktes als unverzichtbar an.[73] Die Definition des relevanten Marktes sei eine normative Vorgabe und ihre Notwendigkeit werde durch die europäischen Gerichte in Verfahren zum Missbrauchsverbot, Fusionskontrolle und Kartellverbot bestätigt.[74]

Die Kommission ist sich jedoch auch der Herausforderungen bewusst, die die Digitalisierung für die Marktdefinition mit sich bringt. In der jüngsten Praxis der Kommission wurden indirekte Netzeffekte, Multihoming und Interoperabilität sowie die Nutzung von Daten bei der Abgrenzung des relevanten Markts berücksichtigt.[75]

---

[68] Vgl. *Faull/Nikpay*, S. 386 Rn. 4.250.

[69] Vgl. *Shelanski*, Univ. PA. Law Rev. 2013, 1663, 1678.

[70] Vgl. *Crémer/Montjoye/Schweitzer*, Competition Policy for the Digital Era, S. 3.

[71] Vgl. *Podszun/Franz*, Neue Zeitschrift für Kartellr. 2015, 121, 126f.; *Shao*, Berkeley Technol. Law J. 2021, 353, 399. Die Marktdefinition spielt eine untergeordnete Rolle, wenn dennoch direkte Beweise für Marktmacht oder wettbewerbswidrige Auswirkungen vorliegen und überzeugend sind, siehe *Baker*, Antitrust Law J. 2007, 129, 131.

[72] Vgl. *Crémer/Montjoye/Schweitzer*, Competition Policy for the Digital Era, S. 3f.

[73] Vgl. Europäische Kommission, Staff Working Document, Evaluation of the Commission Notice on the Definition of Relevant Market for the Purposes of Community Competition Law of 9 December 1997 v. 12.7.2021, SWD(2021) 199 final, S. 26ff.

[74] Vgl. Europäische Kommission, Staff Working Document, Evaluation of the Commission Notice on the Definition of Relevant Market for the Purposes of Community Competition Law of 9 December 1997 v. 12.7.2021, SWD(2021) 199 final, S. 27.

[75] Vgl. Kommission Entsch. 18.7.2018 – AT.40099 „Google Android“; Kommission Entsch. 27.6.2017 – AT.39740 „Google Search (Shopping)“.

Wie der relevante Markt auf dem digitalen Markt genau zu definieren ist, ist ein Thema, das ständige Diskussionen und mehr Aufwand und Zeit für die Analyse im Einzelfall erfordert. Im Falle der kollektiven Marktbeherrschung scheint die Kontroverse über die Definition des relevanten Marktes in der digitalen Wirtschaft jedoch etwas entschärft zu werden.
Dies liegt dran, dass die Rechtsprechung zur kollektiven Marktbeherrschung gezeigt hat, dass die Mitglieder einer kollektiven Marktbeherrschung auf verschiedenen wirtschaftlichen Ebenen und unabhängigen räumlich begrenzten Märkte tätig sein können. Dies bedeutet, dass bei der Definition eines relevanten Marktes, auf dem mehrere Unternehmen mit einer kollektiven beherrschenden Stellung aktiv sind, eine große Flexibilität besteht.
Einerseits können Unternehmen, die auf der gleichen wirtschaftlichen Ebene, aber nicht in der gleichen Region tätig sind, gemeinsam eine beherrschende Stellung einnehmen.
Die frühe Rechtssache *Almelo*[76] beispielsweise betraf eine Reihe von regionalen Stromversorgern in den Niederlanden, die gemeinsam eine beherrschende Stellung innehatten.
Ein weiteres Beispiel ist die Rechtssache *La Crespelle*[77], in der der EuGH eine Reihe von Zentren für künstliche Befruchtung als Inhaber einer kollektiven beherrschenden Stellung behandeln zu schien, da ihnen jeweils ein lokales Monopol nach französischem Recht in einer Reihe von benachbarten Regionen gewährt worden war.
Andererseits können Unternehmen auf verschiedenen Ebenen der Wirtschaft auch gemeinsam eine beherrschende Stellung einnehmen.
In der Rechtssache *Irish Sugar*[78] stellte das EuG fest, dass der marktbeherrschende vorgelagerte Zuckerlieferant und der nicht marktbeherrschende nachgelagerten Händler, die beide in hinreichend enger Beziehung zueinanderstanden, eine kollektive Marktbeherrschung innehatten.

---

[76] EuGH 27.4.1994, Rs. C-393/92, Slg. 1994, I-1477, „Almelo“.
[77] EuGH 5.10.1994, Rs. C-323/93, Slg. 1994, I-5077, „ la Crespelle“.
[78] EuG 7.10.1999, Rs. T-228/97, Slg. 1999, II-2969, „Irish Sugar“.

Bewertung der Marktmacht

Das Konzept der kollektiven Marktbeherrschung erweitert die Normadressaten des Missbrauchsverbots auf nicht beherrschende Unternehmen. Die Voraussetzung für eine kollektive Marktbeherrschung besteht darin, dass einige unabhängige Unternehmen in ihrer Gesamtheit eine beherrschende Stellung haben. Das einzelne Oligopolmitglied muss nicht marktbeherrschend sein.[79]

Dies ist eine gute Nachricht für die Kartellregulierung in der digitalen Wirtschaft, da die Schwelle für ein Eingreifen gesenkt wird.[80] Selbst wenn eine Plattform selbst nicht stark genug ist, um eine beherrschende Stellung allein einzunehmen, können die Kartellbehörden dennoch gegen sie ermitteln. Denn die Mitglieder einer kollektiven Marktbeherrschung haben die gleiche Pflicht wie der Einzelbeherrscher, den bestehenden Wettbewerb nicht missbräuchlich zu schädigen.[81]

Identifizierung des Missbrauchs

Das Spektrum der missbräuchlichen Verhaltensweisen im Zusammenhang mit einer kollektiven Marktbeherrschung ist sehr breit. Eine kollektive Marktbeherrschung wird von mehreren Unternehmen gemeinsam begründet, aber der Missbrauch einer kollektiven Marktbeherrschung muss nicht von allen Mitgliedern des Oligopols gemeinsam begangen werden. Sowohl das gemeinsame Verhalten durch mehrere Mitglieder des Oligopols als auch das einzelne Verhalten durch ein Mitglied können nach den ständigen Rechtsprechungen als Missbrauch einer kollektiven Marktbeherrschung eingestuft werden.[82] Dadurch werden die Eingriffsmöglichkeiten der Kartellbehörde erweitert.[83]

---

[79] Vgl. *Schröter/Bartl*, in: von der Groeben/Schwarze/Hatje, Eur. Unionsr., Art. 102 AEUV Rn. 79; *Jung*, in: Grabitz/Hilf/Nettesheim, Das R. der Eur. Union, Art. 102 AEUV Rn. 72.

[80] Vgl. *胥*, 竞争政策研究 2022, 81, 92.

[81] Vgl. *Monti*, Common Mark. Law Rev. 2001, 131, 143.

[82] Vgl. EuG 7.10.1999, Rs. T-228/97, Slg. 1999, II-2969, Rn. 66 „Irish Sugar"; EuG 30.9.2003, Rs. T-191/98, T-212/98 bis T-214/98, Slg. 2003, II-3275, Rn. 633 „TACA".

[83] Vgl. *胥*, 竞争政策研究 2022, 81, 92.

Abhilfemaßnahmen gegen algorithmische stillschweigende Kollusion

Algorithmische stillschweigende Kollusion („algorithmic tacit collusion") haben weltweit kartellrechtliche Aufmerksamkeit erregt.[84] Das Hauptaugenmerk liegt auf der verstärkenden und erleichternden Wirkung von Algorithmen auf die stillschweigende Kollusion.

Die experimentellen Ergebnisse von *Calvano* et al. haben gezeigt, dass in einem dynamischen Spiel selbst bei asymmetrischem Kosten oder Nachfrage, bei Variationen in der Anzahl der Unternehmen und bei anderen Unwägbarkeiten der Q-Learning-Algorithmus, der ein Reinforcement-Learning-Algorithmus ist, in der Lage sei, stillschweigende Kollusion und hohe Preise ohne Kommunikation zu erreichen.[85]

Waltman/Kaymak stellten fest, dass der Q-Learning-Algorithmus auch dann zu stillschweigender Kollusion führen könne, wenn es keinen Sanktionsmechanismus gebe und eine klare Kommunikation zwischen den Unternehmen nicht möglich sei.[86]

Infolgedessen ist das Kartellrecht mit größeren Beweisschwierigkeiten konfrontiert, wenn es um algorithmische stillschweigende Kollusion geht.

Sowohl *Petit/Henry*[87] als auch *Hemphill/Wu*[88] haben die Kartellbehörden aufgefordert, sich auf die Durchführbarkeit und Zweckmäßigkeit von dem Missbrauchsverbot im Umgang mit stillschweigender Kollusion zu konzentrieren.

Callery vertrat die Auffassung, dass eine spezifische Regelung gegen die stillschweigende Kollusion neue Auslegungsproblcmc schaffen könnte und dass daher ein ausgereifter Art. 102 AEUV vorzuziehen sei.[89]

Das Verbot des Missbrauchs einer kollektiven Marktbeherrschung kann gelten, wenn es keine Beweise für einen Verstoß gegen das Kartellverbot

---

[84] Vgl. OECD, Algorithms and Collusion, S. 49ff.; CMA, Pricing Algorithms, S. 3ff.; BKartA/Autorité de la concurrence, Algorithms and Competition, S. 1ff.; Antimonopolkommission des Staatsrats der VR China, Kartellrechtliche Leitlinien für den Sektor der Plattformökonomie („中华人民共和国国务院反垄断委员会：关于平台经济领域的反垄断指南"); *Hansen/Misra/Pai*, J. Eur. Compet. Law Pract. 2021, 334, 334ff.

[85] Vgl. *Calvano/Calzolari/Denicolò/Pastorello*, Am. Econ. Rev. 2020, 3267, 3267. Siehe auch *Calvano/Calzolari/Denicolò/Pastorello*, Rev. Ind. Organ. 2019, 155, 165; *Ittoo/Petit,* Algorithmic Pricing Agents and Tacit Collusion: A Technological Perspective, S. 5 ff.

[86] Vgl. *Waltman/Kaymak*, J. Econ. Dyn. Control 2008, 3275, 3284.

[87] Vgl. *Petit/Henry*, in: Chang. Compet. Policy over Last Two Decad., S. 196f.

[88] Vgl. *Hemphill/Wu*, Yale Law J. 2013, 1182, 1251ff.

[89] Vgl. *Callery*, in: Domin. Monop., S. 253.

gibt oder wenn es schwierig ist, entsprechende Beweise zu finden („unproved cartel gap").[90] Der Missbrauch einer marktbeherrschenden Stellung ist ein objektiver Begriff, der bedeutet, dass die Absichten oder Motive der Unternehmensleitung für die Beurteilung eines solchen Verhaltens irrelevant sind.[91]

Nach *Shi* bezieht sich die kollektive Marktbeherrschung auf ein Ergebnis oder ein Gleichgewicht, das keinen Nachweis von Vereinbarung, Kommunikation oder Fühlungnahme usw. erfordert.[92] Dies bietet eine neue Möglichkeit, über die Regulierung von der algorithmischen stillschweigenden Kollusion nachzudenken.

Algorithmische stillschweigende Kollusion kann nicht per se als missbräuchlich angesehen werden. Das Missbrauchsverbot einer kollektiven Marktbeherrschung kann aber beispielsweise dann eingreifen, wenn Oligopolunternehmen eine Reihe von Praktiken anwenden, um wettbewerbsübersteigende Preise wiederherzustellen, nachdem eine stillschweigende Kollusion z. B. durch eine Naturkatastrophe, eine Änderung der Steuersätze, die Einführung neuer technologischer Standards, neue rechtliche Verpflichtungen usw. beeinträchtigt wurde.[93]

Eine weitere Fallgruppe, die in den Anwendungsbereich des Missbrauchsverbots fällt, bezieht sich darauf, dass Algorithmen zur Förderung einer bereits bestehenden stillschweigenden Kollusion eingesetzt werden. Die Missbräuchlichkeit ist auf die Verstärkung einer kollektiven Marktbeherrschung zurückzuführen.

---

[90] Vgl. *Stroux*, World Compet. 2000, 3, 43; *Monti*, Common Mark. Law Rev. 2001, 131, 131. Kritik dazu, siehe *Hawk/Motta*, Oligopolies and Collective Dominance: A Solution in Search of a Problem, S. 64 und 104. Wegen der erheblichen Nachweisprobleme, siehe *Mezzanotte*, World Compet. 2010, 77, 101; *Mezzanotte*, Eur. Law J. 2011, 495, 497; Monopolkommission, Algorithmen und Kollusion, S. 76.

[91] Vgl. EuGH 19.4.2012, Rs. C-549/10 P, EuZW 2012, 741, Rn. 19ff. „Tomra"; *Huttenlauch*, in: LMRKM, Kartellrecht, Art. 102 AEUV Rn. 6; *Khan*, in: Geiger/Khan/Kotzur/Kirchmair, EUV/AEUV, Art. 102 AEUV Rn. 12.

[92] Vgl. *时*, 中国法学 2020, 89, 105f.

[93] Vgl. *Petit*, World Compet. 2016, 119, 119.

2.3 Ökonomische Grundlagen

2.3.1 Theorie des oligopolistischen Verhaltens

Die kartellrechtliche Analyse der kollektiven Marktbeherrschung kann nicht ohne einen Rückgriff auf die Erkenntnisse der Ökonomie behandelt werden. Wirtschaftstheorien und nicht-kooperative Oligopol-Modelle[94], die die strategischen Interaktionen von Oligopolisten beschreiben, helfen zu erklären, wie sich die Oligopolisten in wiederholten Interaktionen stillschweigend koordinieren können. Daraus ergibt sich die Notwendigkeit, dass das Kartellrecht in oligopolistische Märkte eingreift.

Es gibt eine Vielzahl von Theorien des Oligopolverhaltens und es ist schwer möglich, ihre umfangreichen komplexen Ansätze und Erkenntnisse zu erfassen. Im Folgenden werden einige für die Analyse des Oligopols wesentlichen Modelle dargestellt.

2.3.1.1 Cournot-Modell

Als klassisches Oligopolmodell beschreibt das Cournot-Modell (1838) die Strategieentscheidung von Anbietern bei der Festlegung der Angebotsmenge zum Zweck der Gewinnmaximierung.[95]

Das Cournot-Modell stellt eine Reihe von Bedingungen.[96] *Cournot* ging davon aus, dass Güter homogen sind. Jeder einzelne Anbieter antizipiert die Outputwahl der anderen und betrachtet sie als gegeben. Der Anbieter bestimmt eigene Angebotsmenge zur Gewinnmaximierung simultan[97] und unabhängig („one-shot game“). Der Marktpreis wird durch das „Gesetz von Angebot und Nachfrage“ festgestellt. Die Nachfragekurve ist linear fallend und die Grenzkosten steigen mit dem Output.

Wenn jeder Anbieter die für ihn optimale Angebotsmenge wählt, liegt ein Nash-Gleichgewicht in Mengenstrategien vor, sog. „Cournot-Nash-Gleichgewicht“. Ein Nash-Gleichgewicht ist eine Kombination von Strategien, bei der kein Teilnehmer einen Anreiz hat, einseitig von seiner eigenen Strategie abzuweichen, d.h. Strategien, die angesichts der angegebenen Strategien der anderen Teilnehmer wechselseitig beste Antworten sind.[98]

---

[94] Wenn es keine verbindliche Vereinbarung zwischen den Spielern gibt, ist das Spiel nicht-kooperative, siehe *Vickers*, Oxford Rev. Econ. Policy 1985, 39, 45.

[95] Vgl. *Shapiro*, in: Handb. Ind. Organ., S. 334.

[96] Vgl. *Bester*, S. 83ff.

[97] „Simultan“ bedeutet nicht unbedingt „zur gleichen Zeit“. Entscheidend ist vielmehr, dass jeder Spieler die von ihm angebotene Menge festlegt, ohne die von den anderen Spielern angebotene Menge zu kennen. Siehe *Ewald*, in: Wiedemann, Handb. des Kartellrechts, § 7 Rn. 46 Fn. 138.

[98] Vgl. *Werden*, Antitrust Law J. 2004, 719, 721; *Schwalbe/Zimmer*, S. 38.

Nach dem Cournot-Modell hängt der Gewinn eines jeden Anbieters nicht nur von seinem eigenen Angebot, sondern auch vom Angebot aller seiner Wettbewerber ab. Die Anbieter müssen daher bei ihren Entscheidungen die Reaktionen ihrer Konkurrenten berücksichtigen und diese Interdependenz ist ein grundlegendes Merkmal des oligopolistischen Wettbewerbs.[99] Der Anbieter weiß, dass angesichts der angegebenen Mengenentscheidung der Konkurrenten die einseitige Mengenausweitung zu einer Preissenkung führen würde und der verursachende Preiseffekt aus seiner Sicht auf seinen Gewinn negativ auswirken würde.[100] In der Konsequenz bemerkt jeder Anbieter, dass die durch die Ausweitung der Produktionsmenge resultierenden Preissenkungen allen zum Nachteil gereichen würden, wohingegen die Mengenreduktion die „beste Strategie" ist.[101] Die Strategie der Produktionsverringerung stellt ein Cournot-Nash-Gleichgewicht dar.

Das Cournot-Nash-Gleichgewicht ist nicht das kollusive Ergebnis, sondern ein nicht-kooperatives Gleichgewicht.[102] Das Cournot-Nash-Gleichgewicht ist jedoch aus der Sicht der Anbieter nicht Pareto-optimal.

Eine wirtschaftliche Situation ist Pareto-effizient bzw. Pareto-optimal, wenn es nicht möglich ist, den Wohlstand eines Wirtschaftssubjekts zu erhöhen, ohne den Wohlstand eines anderen zu verringern, indem man die Tausch- oder Produktionsbeziehungen ändert.[103]

Einerseits übersteigen die Preise in einem Cournot-Nash-Gleichgewicht wie beim Monopol die Grenzkosten der Produktion, so dass die Gesamtproduktion geringer ist als die sozial effektive Produktion.[104]

Da sich andererseits eine Erhöhung des Angebots eines einzelnen Anbieters gleichzeitig (und negativ) auf die Gewinne seiner Wettbewerber auswirken kann, macht diese „negative Externalität" das Cournot-Nash-Gleichgewicht auch wettbewerbsfähiger als ein Monopol.[105]

Das Cournot-Nash-Gleichgewicht liegt somit in einem Bereich zwischen dem Modellzustand eines vollkommenen Wettbewerbs und dem Monopol. Der Cournot-Gleichgewichtspreis und der Cournot-Gleichgewichtsoutput

---

[99] Vgl. *Bester*, S. 84.

[100] Vgl. *Ewald*, in: Wiedemann, Handb. des Kartellrechts, § 7 Rn. 46.

[101] Vgl. *Ewald*, in: Wiedemann, Handb. des Kartellrechts, § 7 Rn. 46.

[102] Vgl. *Shapiro*, in: Handb. Ind. Organ., S. 337.

[103] Vgl. *Khemani/Shapiro*, Glossary of Industrial Organisation Economics and Competition Law, S. 65.

[104] Vgl. *Bester*, S. 89.

[105] Vgl. *Shapiro*, in: Handb. Ind. Organ., S. 337.

sind zwar vorteilhafter als ein Monopol, aber schlechter als das Ergebnis bei vollkommenem Wettbewerb.[106]
Als das Benchmark-Modell des Oligopols, liefert das Cournot-Modell die maßgeblichen Bezugspunkte für die Bewertung der Marktmacht für solcher Anbieter, der beispielsweise relativ homogene Massengüter in einem weitgehend anonymen Marktprozess anbietet.[107]
Das Cournot-Modell zeigt auch die Notwendigkeit, dass das Kartellrecht in die subkompetitive Leistung von Oligopolen eingreift.
In der Literatur hat das Cournot-Modell jedoch auch teilweise Kritik erfahren, weil es statisch ist und nur Vorhersagen über das kurzfristige Verhalten des Oligopols liefern kann.[108] Im Fall des einmaligen Spiels nehmen die Oligopolisten die künftige Angebotsmenge der Wettbewerber und ihre künftige Reaktion auf die Menge der anderen nicht in Rücksicht.[109] Daher beschreibt das ein periodisches Courtnot-Modell keine Interaktion der Konkurrenz und erfasst daher keine gegenseitige Reaktionsverbundenheit.[110]
In Bezug auf die kollektive Marktbeherrschung zeigt das Cournot-Modell zwar ein wettbewerbswidriges Marktergebnis durch nichtkooperatives Verhalten, aber es reicht bei weitem nicht aus, um zu zeigen, dass die Oligopolisten zusammen ein enges Ganzes bilden und der wirksame Innenwettbewerb bis zu einem gewissen Grad fehlt.

2.3.1.2 Bertrand-Modell

Das Bertrand-Modell ging davon aus, dass die Anbieter jeweils simultan über den Preis entscheiden anstatt über die Menge.[111] Das Bertrand-Modell wird auch wie das Cournot-Modell von einigen vereinfachenden, aber sehr engen Voraussetzungen angenommen.[112] Es geht um Preiswettbewerb bei homogenen Gütern. Die konkurrierenden Anbieter verfügen stets über ausreichende Kapazitäten. Die Anbieter betrachten in erster Linie die den eigenen Gewinn maximierenden Preisentscheidungen. Die Stückkosten sind konstant und die Anbieter sind gleich effizient.
Bertrand vertrat der Ansicht, dass in einem homogenen Markt ein einzelnes Unternehmen die gesamte Marktnachfrage durch die Reduzierung des Wettbewerbspreises in beliebig kleinen Einheiten anziehen könne, daher

---

106 Vgl. *Niels*, Eur. Compet. Law Rev. 2001, 168, 170; *Bester*, S. 83ff.
107 Vgl. *Ewald*, in: Wiedemann, Handb. des Kartellrechts, § 7 Rn. 46.
108 Vgl. *Shapiro*, in: Handb. Ind. Organ., S. 332f.
109 Vgl. *Schuchmann*, S. 29.
110 Vgl. *Wied-Nebbeling*, S. 131.
111 Vgl. *Bester*, S. 104.
112 Vgl. *Bester*, S. 102ff.

sei der niedrigste Preis unter allen verfügbaren Preisen entscheidend für die Nachfrager.[113] Da jeder Anbieter vorhersagt, dass der jeweils andere Wettbewerber motiviert ist, den über den Grenzkosten liegenden Produktpreis minimal zu unterschreiten, ist die beste Preisstrategie für alle Anbieter das Produktangebot zu Grenzkostenpreisen (Bertrand-Nash-Gleichgewicht).[114] Sind die Stückkosten der Anbieter gleich, so entspricht das Bertrand-Gleichgewicht dem Wettbewerbsgleichgewicht bei perfektem Wettbewerb und der Gewinn jedes Anbieters beträgt null.[115]
Das Bertrand-Modell ist ein wichtiger theoretischer Ausgangspunkt für die möglichen Quellen und Bestimmungsfaktoren der oligopolistischen Marktmacht im Preiswettbewerb.[116]
Die Kontroverse besteht jedoch darin, dass es schwer zu glauben ist, dass unter bestimmten Bedingungen, selbst wenn es nur zwei Anbieter auf dem relevanten Markt gibt, das gleiche Marktergebnis wie bei vollkommenem Wettbewerb erzielt werden kann, d. h. die Anbieter sind nicht in der Lage, einen Gewinn zu erzielen („Bertrand-Paradoxon“).[117] Aufgrund der strikten Voraussetzungen ist das grundlegende Bertrand-Modell mit homogenen Gütern in der Realität nur in Ausnahmefällen anwendbar. Das nächstgelegene Beispiel ist der typische Bieter- und Ausschreibungsmarkt.[118]

2.3.1.3 Chamberlin-Fellner-Bain-Stigler

Chamberlin ging davon aus, dass jeder Oligopolist rational und intelligent sei, um seinen maximalen Gewinn anzustreben.[119] Wenn es nur zwei oder wenige Anbieter auf dem relevanten Markt gebe, würde jeder Anbieter erkennen, dass seine eigene Entscheidung erhebliche Auswirkungen auf seine Konkurrenten haben. Da die Preissenkung durch irgendjemanden zwangsläufig zu seinem eigenen Gewinnverlust führe, würde niemand einen Preisvorstoß durchsetzen. Obwohl jeder Anbieter völlig unabhängig sei, sei das Gleichgewichtsergebnis dasselbe, als ob zwischen ihnen eine monopolistische Vereinbarung bestehe.
Darüber hinaus betonte *Chamberlin*, dass es erst dann zu einem wettbewerblichen Preis kommen werde, wenn es so viele Anbieter gebe, dass alle ihren Einfluss auf die Preise ignorieren.

---

[113] Vgl. *Bester*, S. 102.
[114] Vgl. *Ewald*, in: Wiedemann, Handb. des Kartellrechts, § 7 Rn. 49.
[115] Vgl. *Bester*, S. 104.
[116] Vgl. *Bester*, S. 105.
[117] Vgl. *Bester*, S. 105.
[118] Vgl. *Schwalbe/Zimmer*, S. 75.
[119] Vgl. *Chamberlin*, Q. J. Econ. 1929, 63, 85.

Fellner kam zu einer ähnlichen Einschätzung wie Chamberlain. Er argumentierte, dass es in Oligopolen eine Tendenz zur Maximierung der gemeinsamen Gewinne gebe.[120] *Fellner* wies weiter darauf hin, dass die spontane Koordination nicht nur ein mögliches Ergebnis des Oligopols, sondern vielmehr ein fast unvermeidliches Ergebnis sei.[121]
In den 1950er Jahren fand *Bain* als einer der Vertreter der Harvard-School in einer empirischen Studie einen positiven Zusammenhang zwischen Marktkonzentration und überkompetitiven Gewinnen.[122]
Der Vertreter der Chicago-School, *Stigler*, kritisierte jedoch die Annahme der Unvermeidlichkeit des monopolistischen Marktergebnisses. Er argumentierte, dass ein Oligopolist, der heimlich von der Kollusion abweiche, einen größeren Gewinn erziele als die Teilnahme an der Kollusion.[123] Die Stabilität der Kollusion werde häufig auch durch heimliche Preissenkungen gefährdet. Es sei daher wichtig, dass Abweichungen von kooperativem Verhalten erkannt und bestraft werden können.
Stigler veranschaulichte auch, dass sich die Koordinierung in den oligopolistischen Märkten als viel schwieriger erweist als ursprünglich angenommen.
Wie *Chamberlin* auch selbst angab, gibt es noch „Unsicherheiten“ in seiner Theorie.[124] Diese Unsicherheiten machen es schwierig für einen Oligopolist zu bestimmen, ob und inwieweit sowie wann andere Oligopolisten sein Verhalten verfolgen. Die Entwicklung der Spieltheorie hat einen Durchbruch bei diesem Problem gebracht.

---

[120] Vgl. *Fellner*, S. 33.
[121] Vgl. *Fellner*, S. 309f.; *Werden*, Antitrust Law J. 2004, 719, 726.
[122] Vgl. *Bain*, Q. J. Econ. 1951, 293, 293ff.; *Hawk/Motta*, Oligopolies and Collective Dominance: A Solution in Search of a Problem, S. 61.
[123] Vgl. *Stigler*, J. Polit. Econ. 1964, 44, 46.
[124] Vgl. *Chamberlin*, Q. J. Econ. 1929, 63, 87ff.

2.3.1.4 Unendliches wiederholtes Oligopolspiel: Supergames

Die klassischen frühen Oligopolmodelle wurden im Rahmen von statischen, einmaligen Spielen durchgeführt, die eindeutig von der Realität abwichen. In der realen Welt treffen sich die Unternehmen auf dem Markt sehr oft. Seit den 1980er Jahren hat sich der Schwerpunkt der Spieltheorie auf die strategische Interaktion von Oligopolisten in dynamischen wiederholten Spielen verlagert, anstatt auf die statischen Ergebnisse eines einmaligen Spiels.[125]

In der Spieltheorie wird jeder Entscheidungsträger als Spieler bezeichnet. Die Spieltheorie geht davon aus, dass jeder Spieler rational ist und unabhängig seine beste (den Gewinn maximierende) Strategie auf der Grundlage der Berücksichtigung der Strategie seiner Konkurrenten und der Reaktionen auf seinen Handlungen wählt.[126]

Das einfachste Szenario des Duopols gilt als Beispiel. Die strategischen Interaktionen von Duopolisten können in Form von „Gefangenen-Dilemma" ausgedrückt werden, dass die Oligopolisten in einer ambivalenten Situation eintreten, bei der einerseits jeder Oligopolist aggressiv konkurrieren will, um seinen eigenen Marktanteil zu erhöhen, aber andererseits, wenn alle Oligopolisten dies tun, leiden sie alle.[127]

Tab. 1: Gewinn Matrix[128]

	Spieler B		
Spieler A		Preiserhöhung	Preissenkung
	Preiser-höhung	(80_A, 80_B)	(20_A, 100_B)
	Preissen-kung	(100_A, 20_B)	(40_A, 40_B)

Während eines einmaligen Spiels, d.h. wenn jeder Spieler nur eine Entscheidung trifft, ist Preiserhöhung („Leugnen"/Kollusion) die für beide Spieler günstigere Strategie, während die Preissenkung („Gestehen"/Abweichung von Kollusion) für beide Spieler ungünstigere Strategie ist ($80_A + 80_B > 40_A + 40_B$).

Die Strategie der Preiserhöhung wird jedoch nicht von beiden Spielern gewählt. Denn unabhängig davon, ob der andere Spieler B den Preis senkt

[125] Vgl. *Fisher*, RAND J. Econ. 1989, 113, 122; *Dibadj*, San Diego Law Rev. 2010, 589, 610.

[126] Vgl. *Sagi*, Columbia Bus. Law Rev. 2008, 269, 277; *Bester*, S. 217.

[127] Vgl. *Van den Bergh*, S. 190.

[128] Die in der Tabelle angegebenen Werte sollen dabei lediglich der Illustration dienen.

oder nicht, wird die Preissenkung für Spieler A selbst immer zu einem höheren Gewinn führen ($40_A > 20_A$, $100_A > 80_A$).
Da A und B identisch sind, gilt die Schlussfolgerung auch für B. Die Preissenkung stellt daher nicht nur ein Nash-Gleichgewicht dar, sondern auch ein Gleichgewicht einer dominanten Strategie.[129]
Aufgrund der fehlenden Kommunikation und Verhandlung beim einmaligen Spiel muss sich der Spieler selbst in Ausnahmefällen von Kollusion die Frage stellen, ob sein Gegner zuverlässig und vertrauenswürdig ist.[130] Daher ist Strategie der Preiserhöhung bzw. Kollusion unwahrscheinlich und instabil.
Die Wahrscheinlichkeit der stillschweigenden Kollusion ist jedoch im unendlichen wiederholten Spiel („Supergame“[131]) höher geworden.[132] Bei diesen mehrfachen dynamischen Interaktionen bezieht der Oligopolist das Verhalten der anderen Wettbewerber in früheren Spielrunden, d. h., ob sie sich an Kollusion gehalten haben oder nicht, in die nachfolgenden Entscheidungen mit ein.[133] Solange in der Vergangenheit keine Abweichung von der kollusiven Absprache vorliegt, neigen die Spieler dazu, kollusiv vorzugehen.[134]
Ebenfalls bedeutet das Superspiel, dass es in zukünftige Periode immer die Möglichkeit einer Vergeltung oder Bestrafung gegen ein von der Absprache abweichende Unternehmen gibt.[135] Dies macht Abweichung unattraktiv, und Kollusion wäre die rationale Wahl.[136]
Ob ein kollusives Verhalten tatsächlich stabil ist, hängt davon ab, ob der erwartete Gewinn aus der Kollusion größer als der kurzfristige Gewinn aus der Abweichung ist.[137] Die Kollusion ist stabil, wenn Abweichungen

---

129 Vgl. *Van den Bergh*, S. 190. Eine dominante Strategie bedeutet: Ich tue das Beste, was ich kann, egal was du tust. Ein Gewicht einer dominanten Strategie ist ein Spezialfall des Nash-Gleichgewichts. Siehe *Etter*, World Compet. 2000, 103, 115f.

130 Vgl. *Ewald*, in: Wiedemann, Handb. des Kartellrechts, § 7 Rn. 43.

131 Siehe *Friedman*, Rev. Econ. Stud. 1971, 1, 1.

132 Vgl. *Van den Bergh*, S. 191; *Ewald*, in: Wiedemann, Handb. des Kartellrechts, § 7 Rn. 43.

133 Vgl. *Bester*, S. 150.

134 Vgl. *Bester*, S. 150.

135 Vgl. *Werden*, Antitrust Law J. 2004, 719, 730; *Niels*, Eur. Compet. Law Rev. 2001, 168, 171f.

136 Vgl. *Bester*, S. 150.

137 Vgl. *Ivaldi/Jullien/Rey/Seabright/Tirole*, The Economics of Tacit Collusion, S. 5; *Bester*, S. 150f.

schnell aufgedeckt werden und Reaktionen hervorrufen können, d. h., wenn der Bestrafungsmechanismus glaubwürdig ist.[138]

Die Supergame-Spieltheorie zeigt, dass Unternehmen im Laufe wiederholter Interaktionen ein implizites kollusives Gleichgewicht erreichen können. Sie illustriert jedoch auch das „Folk Theorem" in der Oligopoltheorie, dass eine Vielzahl an Gleichgewichten in den unendlichen wiederholten Spielen besteht und das vollständige kollusive Ergebnis nur eines davon ist.[139] Unternehmen, die sich stillschweigend absprechen, können bei jedem Preisniveau, von Wettbewerbspreisen bis hin zu monopolistischen (oder vollständig kollusiven) Preisen, ein Gleichgewicht erzielen.[140] Die herkömmliche Meinung, dass ein Oligopol zwangsläufig zu Wohlfahrtsverlusten führt, wird revidiert.

2.3.1.5 Evolutionäre Spieltheorie

Trotz der großen Fortschritte in den Erkenntnissen und in der Methodik zum Verständnis oligopolistischen Verhaltens steht die klassische Spieltheorie auch vor einer Reihe von Herausforderungen.

Die deutlichste Kritik richtet sich gegen ihre rationale Grundlage, d. h., dass die Spieler völlig rational sind und alle Details des Spiels kennen, einschließlich der Leistungen der anderen Spieler über die Ergebnisse.[141]

In der Realität verhalten sich Menschen jedoch nicht völlig rational. Das menschliche Wettbewerbs- und Kooperationsverhalten sowie das intuitiv gesteuerte Verhalten als Reaktion auf komplexe Entscheidungen und die Nachahmung erfolgreicher Individuen sind tatsächlich denen der Tiere sehr ähnlich.[142] Es ist daher möglich, das menschliche Verhalten anhand der Gesetze des biologischen Verhaltens zu analysieren.[143]

In der von der biologischen Evolutionstheorie inspirierten evolutionären Spieltheorie werden die Spieler zufällig aus einer Population ausgewählt.[144] Das zentrale Gleichgewichtskonzept in der evolutionären Spieltheorie ist die evolutionär stabile Strategie („evolutionarily stable strategy, ESS")[145], eine genetisch bedingte Strategie, die dazu neigt, sich zu halten, sobald sie

---

[138] Vgl. *Shapiro*, in: Handb. Ind. Organ., S. 364; *Bester*, S. 152.

[139] Vgl. *Fudenberg/Maskin*, Econometrica 1986, 533, 533; *Fisher*, RAND J. Econ. 1989, 113, 116; *Devlin*, Stanford Law Rev. 2007, 1111, 1120; *Friederiszick/Maier-Rigaud*, J. Compet. Law Econ. 2008, 89, 91.

[140] Vgl. *O'Donoghue/Padilla*, S. 228.

[141] Vgl. *Van Damme*, in: Econ. Beyond Millenn., S. 203.

[142] Vgl. *谢*, 上海财经大学学报 2001, 3, 4f.

[143] Vgl. *谢*, 上海财经大学学报 2001, 3, 4f.

[144] Vgl. *Van Damme*, in: Econ. Beyond Millenn., S. 201.

[145] Eine detaillierte Darstellung siehe *Maynard Smith*, S. 54ff.

in einer Population verbreitet ist.[146] Dies ist der Fall, wenn eine kleine Gruppe von Eindringlingen, die eine andere Strategie verwenden, schließlich über mehrere Generationen hinweg aussterben wird, wenn die gesamte Population die evolutionär stabile Strategie verwendet.[147]

Im Vergleich zur traditionellen Spieltheorie weist die evolutionäre Spieltheorie folgende Vorteile auf.

Erstens nimmt die evolutionäre Spieltheorie einen Spieler mit endlicher Rationalität als Studienobjekt.[148] Dies ist ein Beitrag zur Lösung oder zumindest der Milderung des Problems der Realitätsferne.

Zweitens legt sie das einzelne stabile Ergebnis, das in einem bestimmten Kontext geschehen muss, fest. [149] Ein evolutionäres Verständnis von Gleichgewicht löst daher in gewisser Weise die Schwierigkeiten der Gleichgewichtsauswahl bei einem unendlich wiederholten Spiel.[150]

Es wird argumentiert, dass die evolutionäre Spieltheorie aufgrund ihrer unvermeidlichen Argumentationsergebnisse der Schlüssel zu einer zukünftigen Theorie der kollektiven Marktbeherrschung sein könnte.[151]

---

[146] Vgl. *Easley/Kleinberg*, S. 191.

[147] Vgl. *Weibull*, S. 36; *Easley/Kleinberg*, S. 192.

[148] Vgl. *Tanimoto*, S. 3.

[149] Vgl. *Etter*, World Compet. 2000, 103, 123.

[150] Tirole kommentiert dies folgendermaßen: „The supergame theory is, in a sense, too successful in explaining tacit collusion. The large set of equilibria is an embarrassment of riches", siehe *Tirole*, S. 247.

[151] Vgl. *Etter*, World Compet. 2000, 103, 123.

2.3.2 Ökonomische Besonderheiten der Digitalwirtschaft

2.3.2.1 Definition

Die Europäische Kommission hat darauf hingewiesen, dass

> „[w]ir […] am Beginn einer „Netzwerkrevolution", einer wirtschaftlichen und sozialen Veränderung [stehen], die mit der industriellen Revolution vergleichbar ist. Diese Revolution spiegelt die Verlagerung wider, die bei vielen kommerziellen und sozialen Aktivitäten stattfindet und sich von der physischen Welt hin zu interaktiven, digitalen Netzwerken bewegt, die auf offenen Standards (z.B. das Internet, einige Online-Dienste, einige interaktive Fernsehsysteme) beruhen".[152]

Im Zuge dieses Wandels haben die Nutzung von digitalem Wissen und Informationen, moderne Informationsnetze als wichtige Träger und die Entwicklung von Informations- und Kommunikationstechnologien es ermöglicht, die Effizienz einer Vielzahl von wirtschaftlichen Aktivitäten zu steigern und die Struktur der Wirtschaft zu optimieren.[153] Dies wird als „digitale Wirtschaft" bezeichnet.[154]

Hohe Geschwindigkeit, Komplexität, Interdisziplinarität und Globalität sind die bestimmenden Merkmale der digitalen Wirtschaft.[155]

2.3.2.2 Besonderheiten

In der digitalen Wirtschaft kommt Daten und digitalen Plattformen eine zentrale Bedeutung zu.

Daten sind ein wichtiger Produktionsfaktor. Die Nutzung von Daten ist nicht konkurrierend, und der Besitz von oder der Zugang zu Daten durch ein Unternehmen schließt nicht notwendigerweise den Besitz von und den Zugang zu denselben Daten durch andere Unternehmen aus.[156]

Daten sind weiterhin eine wichtige Quelle der Wertschöpfung.[157] Durch die Verarbeitung der Daten (Filtern, Aggregieren oder Ordnen) mit Hilfe von Algorithmen können Unternehmen das in den Daten enthaltene nützliche

---

[152] Europäische Kommission, Inhalt- und handelgetriebene Strategien in globalen Netzen – Aufbau der Network Economy in Europa, S. 1, zitiert nach: *Latzer/Schmitz*, Literaturbericht zu übergreifenden ökonomischen Konzepten und Fragestellungen des elektronischen Handels, S. 31.

[153] Vgl. G20, G20 Digital Economy Development and Cooperation Initiative, S. 1.

[154] Die Internetwirtschaft und die digitale Wirtschaft können als Synonyme betrachtet werden, siehe *Kollmann*, in: Handb. Digit. Wirtschaft, S. 22.

[155] Vgl. *Saueressig/Oswald*, in: Digit. Transform. Fallbeispiele und Branchenanalysen, S. 8ff.

[156] Vgl. BKartA/Autorité de la concurrence, Competition Law and Data, S. 36.

[157] Vgl. UNCTAD, Digital Economy Report 2019, S. 27ff.

Wissen in einen Wettbewerbsvorteil umwandeln.[158] Insbesondere können personenbezogene Daten Geschäftsentscheidungen und Marktpositionen eines Unternehmens erheblich beeinflussen. Die Erstellung von Benutzerporträts, personalisierte Preisgestaltung und Preisdiskriminierung sind wichtig für ein Unternehmen, um die Nutzerbasis anzusprechen und die Wettbewerbsfähigkeit zu gewährleisten.

Die digitalen Plattformen sind wichtige Akteure auf dem Markt der digitalen Wirtschaft. Plattformen sind Intermediäre, die die unmittelbare Interaktion von zwei oder mehr Nutzerseiten ermöglichen, um für mindestens eine dieser Nutzergruppen einen Mehrwert zu schaffen.[159] Plattformen sind allerdings kein Geschäftsmodell, das erst in der digitalen Wirtschaft entstanden ist. Alte Landmärkte haben bereits damit begonnen, als Plattformen zu dienen, um Verkäufer und Käufer zusammenzubringen.

Wichtige Marktteilnehmer in der digitalen Wirtschaft sind digitale Plattformen. Sie kontrollieren die Daten und können den wirtschaftlichen Wert erfassen, der sich aus der Umwandlung der Daten in Informationen und Wissen ergibt.[160] In diesem Sinne kann die Wertschöpfung in der digitalen Wirtschaft als der Prozess der Monetarisierung von Daten interpretiert werden, bei dem digitale Plattformen Algorithmen nutzen, um den kommerziellen Wert von Daten zu erschließen.[161]

Die digitalen Plattformen haben zwei oder mehrere Seiten. Eine Seite bietet oftmals eine unentgeltliche Dienstleistung an und wird durch den Gewinn anderer Seiten (in der Regel die Werbeseite) subventioniert, oder sie bietet ein kostenpflichtiges Premiumprodukt an.[162] Die verschiedenen Nutzerseiten der digitalen Plattform interagieren miteinander und sind Netzwerkeffekten ausgesetzt.[163]

Neben der wirtschaftlichen Nutzung von Daten und digitalen Plattformen sind weitere charakteristische Merkmale der digitalen Wirtschaft die Netzwerkeffekte.

---

[158] Vgl. UNCTAD, Digital Economy Report 2019, S. 33.

[159] Vgl. *Caillaud/Jullien*, RAND J. Econ. 2003, 309, 309f.; *Evans/Schmalensee*, The Antitrust Analysis of Multi-sided Platform Businesses, S. 2.

[160] Vgl. UNCTAD, Digital Economy Report 2019, S. 30.

[161] Vgl. UNCTAD, Digital Economy Report 2019, S. 29f.

[162] Vgl. OECD, Abuse of Dominance in Digital Markets, S. 7f.; *Affeldt/Kesler*, J. Eur. Compet. Law Pract. 2021, 471, 472.

[163] Vgl. ICN, Report on the Results of the ICN Survey on Dominance/Substantial Market Power in Digital Markets, S. 5; OECD, Abuse of Dominance in Digital Markets, S. 7.

Der sogenannte indirekte Netzwerkeffekt bezieht sich darauf, dass je mehr Nutzer auf der einen Seite sind, desto größer ist der Nutzen auf der anderen Seite.[164] Der Netzwerkeffekt kann auch direkt sein. Der direkte Netzwerkeffekt entsteht, wenn mehr Nutzer das Produkt für andere Nutzer desselben Netzes wertvoller machen können.[165]
Große digitale Plattformen profitieren von Größenvorteile und höheren Erträgen aufgrund von Netzwerkeffekten. Ein besonderes Merkmal der Digitaltechnik sind die Fixkosten, die mit steigendem Output pro Einheit sinken.[166] Digitale Produkte (z. B. Online-Musik, Prime-Videos, E-Books und herunterladbare Apps) haben niedrige oder gar keine Grenzkosten.[167] Die Fixkosten für den Aufbau einer großen Plattform und die Entwicklung eines neuen digitalen Produkts sind hoch, da sie ausreichende Datenressourcen, Personal und technische Unterstützung erfordern. Die Grenzkosten für den Vertrieb und die Vervielfältigung einer Einheit des digitalen Produkts sind jedoch gering. Aufgrund von Netzeffekten steigt der Nutzen digitaler Produkte überproportional mit der Zahl der Nutzer, was die Erträge von Größen- und Verbundvorteile für die Plattformen erhöht.[168]
Die digitalen Märkte entwickeln sich dynamisch, wobei Innovation eine wichtige Rolle spielt.[169] Die technologischen Entwicklungen haben neue Märkte und neue Wettbewerber hervorgebracht, wodurch die Marktteilnehmer der digitalen Wirtschaft einem dynamischen Wettbewerbsdruck ausgesetzt sind. Die Plattformen konkurrieren in der digitalen Wirtschaft um den Markt und nicht auf dem Markt.[170]

---

[164] Vgl. *Barwise/Watkins*, in: Digit. Domin. Power Google, Amaz. Facebook, Apple, S. 26f.
[165] Vgl. *Katz/Shapiro*, Am. Econ. Rev. 1985, 424, 424.
[166] Vgl. *Hovenkamp*, Yale Law J. 2021, 1952, 2015.
[167] Vgl. *Holzweber*, Eur. Compet. J. 2018, 342, 352.
[168] Vgl. OECD, Data-Driven Innovation, S. 184.
[169] Vgl. ICN, Report on the Results of the ICN Survey on Dominance/Substantial Market Power in Digital Markets, S. 5.
[170] Vgl. UNCTAD, Restoring Competition in „winner-took-all“ Digital Platform Markets, S. 1.

2.4 Zwischenergebnis

Die Lehre von der kollektiven Marktbeherrschung beruht auf den wettbewerblichen Bedenken, die für oligopolistische Märkte spezifisch sind, d. h. auf dem Oligopolproblem. Das Oligopolproblem besteht darin, dass es den Unternehmen in einem engen Oligopol möglich ist, ihr Verhalten stillschweigend zu koordinieren und den Wettbewerb auf der Grundlage oligopolistischer Interdependenz ohne Kommunikation einzuschränken. Die Oligopolisten sind in der Lage, aus diesem koordinierten Verhalten kollektiv Marktmacht abzuleiten.

Die Theorie des oligopolistischen Verhaltens liefert den logischen Ausgangspunkt für die oligopolistische Interdependenz und die daraus resultierende nicht wettbewerbsfähige Leistung sowie die Notwendigkeit kartellrechtlicher Eingriffe.

Die klassischen Oligopolmodelle von *Cournot* und *Bertrand* sind bereits in der Lage, die aus der oligopolistischen Interdependenz resultierenden suprakompetitiven Preise zu erklären. Jedoch sind das Cournot-Modell und das Bertrand-Modell statische einperiodige Spielmodelle. Sie eignen sich nicht für die Analyse kollektiver Marktbeherrschung, da es keine wiederholten Interaktionen und somit keine Vergeltungsmechanismen gibt.

Chamberlin, *Fellner* und *Bain* haben erklärt, warum das Oligopol ein Wettbewerbsproblem darstellt und eine Regulierung erfordert, nämlich weil die gegenseitige oligopolistische Interdependenz zu über dem Wettbewerb liegenden Preisen und Monopolgewinnen führen kann.

Stigler kritisierte jedoch die Annahme der Unvermeidlichkeit des wettbewerbswidrigen Marktergebnisses aufgrund oligopolistischer Interdependenz. Er betonte, dass die Mitglieder eines Oligopols einen Anreiz haben, von einem koordinierten Verhalten abzuweichen, da Abweichungen zu höheren Gewinnen führen könnten.

Wie *Posner* auch argumentierte, dass die oligopolistische Interdependenz nicht erklärt, wie die über dem Wettbewerb liegenden Preise zustande kommen, sondern warum.[171]

Die Spieltheorie hat dazu beigetragen, das „Wie“ zu verstehen. Die kollektive Marktbeherrschung ist das Ergebnis einer stabilen stillschweigenden Kollusion, eines nicht-kooperativen und stabilen Gleichgewichts, das durch wiederholte und aufeinanderfolgende Spiele erreicht wird. Durch ein stabiles Parallelverhalten sind die Oligopolisten in der Lage, überdurchschnittliche Gewinne aus der kollektiven Marktmacht zu erzielen.

---

[171] Vgl. *Posner*, Stanford Law Rev. 1968, 1562, 1568.

Klassische Modelle des oligopolistischen Verhaltens und die Spieltheorie sind hilfreich, um die strategischen Interaktionen der Oligopolisten zu verstehen und insbesondere die Strategien zu bestimmen, die geeignet sind, eine stillschweigende Kollusion zu erreichen und zu stabilisieren. Die aus Theorien über oligopolistisches Verhalten abgeleiteten Beurteilungen stimmen jedoch möglicherweise nicht mit der Realität überein, weil in der Realität Unternehmen auch irrationales Verhalten an den Tag legen oder in einer gegebenen Situation nicht die Gewinnmaximierung anstreben können. Die stillschweigende Kollusion und die daraus resultierenden überhöhten Preise sind also nur ein mögliches Ergebnis auf einem oligopolistischen Markt, und die Theorie des oligopolistischen Verhaltens muss noch mit anderen industrieökonomischen Ansätzen kombiniert werden, um den Stand des Wettbewerbs zu bestimmen.

Die Besonderheiten der digitalen Wirtschaft begünstigen das Entstehen und Verstärken einer kollektiven Marktbeherrschung. Dies liegt daran, dass die digitalen Märkte aufgrund positiver Netzwerkeffekte und Großfusionen bereits als hoch konzentrierte oligopolistische Märkte auftreten.

Darüber hinaus tragen Technologien wie Big Data, Cloud-Computing, Algorithmen der künstlichen Intelligenz und maschinelles Lernen zur Automatisierung und Transparenz bestimmter Märkte bei, was die Bedingungen für die Wahrscheinlichkeit und Stabilität stillschweigender Kollusion tiefgreifend und positiv beeinflusst. Es ist daher denkbar, dass eine kollektive Marktbeherrschung wahrscheinlich immer häufiger im Markt der Digitalwirtschaft vorkommen wird.

Die Lehre der kollektiven Marktbeherrschung ist ein wirksames Instrument in der Digitalwirtschaft.

In gewissem Maße kann die Lehre der kollektiven Marktbeherrschung die Schwierigkeiten bei der Marktabgrenzung in der digitalen Wirtschaft verringern. Dies liegt daran, dass nach der Rechtsprechung der Unionsorgane die Mitglieder einer kollektiven Marktbeherrschung auf verschiedenen wirtschaftlichen Ebenen und unabhängigen räumlich begrenzten Märkte tätig sein können. Dies bedeutet, dass bei der Definition eines relevanten Marktes, auf dem mehrere Unternehmen mit einer kollektiven beherrschenden Stellung aktiv sind, eine große Flexibilität besteht.

Die Eingriffsschwelle in Bezug auf die Marktmacht wird auch gesenkt. Die Mitglieder eines beherrschenden Oligopols müssen nicht so stark sein, dass sie eine individuelle marktbeherrschende Stellung einnehmen, um Normadressaten des Missbrauchsverbots zu sein.

Darüber hinaus ist das Spektrum der Verhaltensweisen, die als Missbrauch einer kollektiven beherrschenden Stellung angesehen werden können, relativ breit. Sowohl das individuelle Verhalten als auch das gemeinsame Verhalten kann einen Missbrauch einer kollektiven Marktbeherrschung begründen.

Bei der algorithmischen stillschweigenden Kollusion hat die Lehre der kollektiven Marktbeherrschung in der Missbrauchskontrolle den Vorteil, dass das Vorliegen einer direkten oder indirekten Kommunikation nicht nachgewiesen werden muss.

Um die Kartellrechtsregulierung besser und zielgenauer auszurichten, kann die Lehre der kollektiven Marktbeherrschung eine große Rolle in der digitalen Wirtschaft spielen

3 KOLLEKTIVE MARKTBEHERRSCHUNG IM EU WETTBEWERBSRECHT

3.1 Überblick über die Rechtsgrundlagen

Art. 102 AEUV verbietet die missbräuchliche Ausnutzung einer beherrschenden Stellung durch ein oder mehrere Unternehmen. Obwohl laut Text dieser Vorschrift kein Wortlaut der kollektiven Marktbeherrschung erscheint, ist jedoch anerkannt, dass der Missbrauch einer marktbeherrschenden Stellung durch mehrere Unternehmen eine kollektive Marktbeherrschung voraussetzt.[1]

Die Kriterien für die Feststellung einer kollektiven Marktbeherrschung auf der Ebene des europäischen Wettbewerbsrechts ergeben sich aus der Entscheidungspraxis von Kommission und Gerichten. Diese Kriterien umfassen einen zweistufigen Test zur Prüfung der Innen- und Außenbeziehungen eines marktbeherrschenden Oligopols.

3.1.1 Fehlender wirksamer Innenwettbewerb

Voraussetzung ist zunächst, dass zwischen den beteiligten Unternehmen kein wirksamer Innenwettbewerb besteht.[2] Als Indiz dafür kommt das Vorhandensein einer kollektiven Einheit in Betracht. Dies ist der Fall, wenn die Inhaber einer kollektiven Marktbeherrschung (zwei oder mehrere rechtlich voneinander unabhängige wirtschaftliche Einheiten) im wirtschaftlichen Sinne auf einem bestimmten Markt gemeinsam auftreten oder handeln.[3] Es ist zu prüfen, ob die betroffenen Unternehmen insbesondere aufgrund der zwischen ihnen bestehenden Bindungen so eng miteinander verbunden sind, dass auf dem Markt in gleicher Weise handeln können.[4] Solche engen Bin-

---

[1] Vgl. *Jung*, in: Grabitz/Hilf/Nettesheim, Das R. der Eur. Union, Art. 102 AEUV Rn. 70.

[2] Vgl. *Haupt*, S. 56; *Eilmansberger/Bien*, in: Säcker/Bien/Meier-Beck/Montag, Münchener Kommentar zum Wettbewerbsr., Art. 102 AEUV Rn. 205f.

[3] Vgl. EuGH 16.3.2000, Rs. C-395/96 P und C-396/96 P, Slg. 2000, I-1365, Rn. 36 „Compagnie Maritime Belge".

[4] Vgl. EuG 10.3.1992, Rs. T-68/89, 77/89 und 78/89, Slg. 1992, II-1403, Rn. 358 „Flachglas"; EuGH 27.4.1994, Rs. C-393/92, Slg. 1994, I-1477, Rn. 42 „Almelo"; EuGH 17.10.1995, Rs. C-140/94, C-141/94, C-142/94, Slg. 1995, I-3257, Rn. 26 „DIP"; EuGH 16.3.2000, Rs. C-395/96 P und C-396/96 P, Slg. 2000, I-1365, Rn. 42

dungen müssen es ihnen ermöglichen, ein bestimmtes Maß an Gruppendisziplin durchzuführen.[5]
Das Erfordernis des Fehlens eines wirksamen Innenwettbewerbs bedeutet jedoch nicht, dass der interne Wettbewerb in kollektiver Einheit völlig ausgeschlossen ist.[6]
Diese Interpretation kann auch Unterstützung von dem Urteil *TACA*[7] finden. Das EuG hat angeführt, dass

> „[d]ie Möglichkeit eines Unternehmens, sein Verhalten an dasjenige eines oder mehrerer Wettbewerber anzupassen, [...] zwar zwangsläufig [impliziert], dass der Wettbewerb zwischen ihnen erheblich eingeschränkt wird. Diese Möglichkeit einer Anpassung des Wettbewerbsverhaltens bedeutet jedoch keineswegs, dass der Wettbewerb zwischen den betroffenen Unternehmen vollständig ausgeschaltet wird“.[8]

3.1.2 Fehlender wirksamer Außenwettbewerb

Die zweite Voraussetzung für das Vorliegen einer kollektiven marktbeherrschenden Stellung ist das Fehlen des wirksamen Außenwettbewerbs.[9] Mit anderen Worten: Die kollektive Einheit muss eine beherrschende Stellung haben. Dabei ist zu prüfen, ob die Beteiligten zusammen stark genug sind, um in der Lage zu sein, sich gemeinsam den Wettbewerbern, Abnehmern und letztlich den Verbrauchern gegenüber in einem nennenswerten Umfang unabhängig zu verhalten.[10]

„Compagnie Maritime Belge“; EuG 30.9.2003, Rs. T-191/98, T-212/98 bis T-214/98, Slg. 2003, II-3275, Rn. 652 „TACA“.

[5] Vgl. *Eilmansberger/Bien*, in: Säcker/Bien/Meier-Beck/Montag, Münchener Kommentar zum Wettbewerbsr., Art. 102 AEUV Rn. 206.

[6] Vgl. *Schröter/Bartl*, in: von der Groeben/Schwarze/Hatje, Eur. Unionsr., Art. 102 AEUV Rn. 80; *Fuchs*, in: Immenga/Mestmäcker, Wettbewerbsrecht, Art. 102 AEUV Rn. 121 Fn. 580.

[7] EuG 30.9.2003, Rs. T-191/98, T-212/98 bis T-214/98, Slg. 2003, II-3275, „TACA“.

[8] EuG 30.9.2003, Rs. T-191/98, T-212/98 bis T-214/98, Slg. 2003, II-3275, Rn. 653 „TACA“.

[9] Vgl. *Fuchs*, in: Immenga/Mestmäcker, Wettbewerbsrecht, Art. 102 AEUV Rn. 115; *Eilmansberger/Bien*, in: Säcker/Bien/Meier-Beck/Montag, Münchener Kommentar zum Wettbewerbsr., Art. 102 AEUV Rn. 205.

[10] Vgl. EuGH 31.3.1998, Rs. C-68/94 und C-30/95, Slg. 1998, I-1375, Rn. 221 „Kali+Salz“; EuG 7.10.1999, Rs. T-228/97, Slg. 1999, II-2969, Rn. 46 „Irish Sugar“; EuGH 16.3.2000, Rs. C-395/96 P und C-396/96 P, Slg. 2000, I-1365, Rn. 42 „Compagnie Maritime Belge Transports“.

Zur Ermittlung dieser Fähigkeit kommt es wie bei der Einzelmarktbeherrschung auf die allgemeinen Marktbeherrschungsindikatoren an, wobei der gemeinsam gehaltene Marktanteil von der Bedeutung ist.[11]

3.2 Kollektive Marktbeherrschung und Missbrauchsverbot

3.2.1 Rechtsprechungs- und Kommissionspraxis

3.2.1.1 Frühe Entscheidungspraxis

Bereits in den 1970er Jahren versuchte die Europäische Kommission, das Konzept der kollektiven Marktbeherrschung in ihr Durchsetzungsinstrumentarium aufzunehmen.

Im Fall *Europäische Zuckerindustrie* stellte die Kommission in ihrer Entscheidung fest, dass zwei niederländische Zuckerhersteller gemeinsam eine marktbeherrschende Stellung auf dem niederländischen Zuckermarkt innehatten.[12] Sie kooperierten und koordinierten eng bei verschiedenen Produktionsaktivitäten, legten das gleiche Verhalten an den Tag, traten stets als Einheit auf.[13]

In Bezug auf die externen Wettbewerbsbeziehungen wies die Kommission hin, dass sie die gesamte niederländische Produktion ausmachten und ihr Absatz 85 % der niederländischen Nachfrage deckte und dass sie auf verschiedene Weise direkt oder indirekt fast den gesamten in die Niederlande eingeführten Zucker kontrollierten. Sie nutzten ihre kollektive beherrschende Stellung nach Auffassung der Kommission missbräuchlich aus, indem sie die Händler zwangen, ausbeuterische Vereinbarungen einzugehen.[14]

Im Berufungsverfahren bezog sich der EuGH in seinem Urteil jedoch nicht auf eine kollektive marktbeherrschende Stellung, da er feststellte, dass kein Missbrauch vorlag.[15]

---

[11] Vgl. *Haupt*, S. 51ff.

[12] Vgl. Kommission Entsch. v. 2.1.1973 – IV/26.918, ABl. 1973 L 140/17, S. 38 „Europäische Zuckerindustrie“.

[13] Vgl. Kommission Entsch. v. 2.1.1973 – IV/26.918, ABl. 1973 L 140/17, S. 38 „Europäische Zuckerindustrie“.

[14] Vgl. Kommission Entsch. v. 2.1.1973 – IV/26.918, ABl. 1973 L 140/17, S. 39 „Europäische Zuckerindustrie“.

[15] Vgl. EuGH 16.12.1975, Rs. 40/73 et al., Slg. 1975, 1663 „Suiker Unie“.

In der Rechtssache *BP-ABG*[16] von 1977 ging es um die Frage, ob einige Ölgesellschaften, die in den Niederlanden raffinieren oder raffinieren lassen, eine beherrschende Stellung auf dem niederländischen Markt für Motorenbenzin missbraucht hatten, indem sie sich weigerten, Öl an ABG, die eine Einkaufszentrale in den Niederlanden ist, zu liefern. In ihrer vorläufigen Untersuchung dieses Falles stellte die Kommission fest, dass die Ölgesellschaften eine kollektive Marktbeherrschung innehatten. Die Frage der kollektiven Marktbeherrschung wurde jedoch in der endgültigen Entscheidung nicht erwähnt, sondern es wurde festgestellt, dass jede dieser Ölgesellschaften eine beherrschende Stellung gegenüber ihren Abnehmern hatte. Die Entscheidung von Kommission wurde vom EuGH aufgehoben, da nach seiner Auffassung kein Missbrauch vorlag.[17]
In der Rechtssache *Alsatel* von 1988 versuchte die Kommission, den Anwendungsbereich von Art. 102 AEUV auf das bewusste parallele Verhalten auszudehnen. Die Kommission war der Ansicht, dass der Gerichtshof das parallele Verhalten mehrerer unabhängiger Unternehmen prüfen sollte, die zu einer kollektiven Marktbeherrschung (Kollektivmacht) führen konnten.[18] Der EuGH ging jedoch in seiner Entscheidung nicht auf die Frage der kollektiven Marktbeherrschung ein.
In der Rechtssache *Magill* aus dem Jahr 1989 verweigerten drei Produzenten von TV-Guide (ITP, BBC und RTE) Magill, ein Unternehmen, das Fernsehzeitschriften herausgibt, den Zugang zu wöchentlichen Programmzeitschriften. Dieser Fall eignet sich für die Feststellung des Vorliegens einer kollektiven Marktbeherrschung. Denn die Kommission stellte zu den internen Wettbewerbsbeziehungen fest, dass die drei Unternehmen weder untereinander noch mit anderen Fernsehprogrammführern in einem wirksamen Wettbewerb standen.[19] In Bezug auf die externen Wettbewerbsbeziehungen stellte die Kommission fest, dass ITP, die BBC und RTE de facto ein Monopol hinsichtlich der Zusammenstellung und des Erstvertriebs ihrer wöchentlichen Programme hatten.[20] Der Dritte befand sich in einer Situation wirtschaftlicher Abhängigkeit, da er darauf angewiesen war, die Pro-

---

[16] Vgl. Kommission Entsch. v. 19.4.1977 – IV/28.841, ABl. 1977 L 117/1 „BP-ABG".
[17] Vgl. EuGH 29.6.1978, Rs. 77/77, Slg. 1978, 1513 „BP".
[18] Vgl. EuGH 5.10.1988, Rs. 247/86, Slg. 1988, 5987, Rn. 21 „Alsatel".
[19] Vgl. Kommission Entsch. 21.12.1988 – IV/31.851, ABl. 1989 L 78/43, Rn. 23 „Magill".
[20] Vgl. Kommission Entsch. 21.12.1988 – IV/31.851, ABl. 1989 L 78/43, Rn. 22 „Magill".

grammlisten von ITP, BBC und RTE zu beziehen. Die Kommission hat jedoch festgestellt, dass sie alle drei eine einzige beherrschende Stellung auf ihrem eigenen Markt haben.[21]
Wie aus den vorstehenden Ausführungen hervorgeht, hat die Europäische Kommission wiederholt versucht, wettbewerbswidriges Verhalten auf oligopolistischen Märkten durch das Konzept der kollektiven Marktbeherrschung zu negieren. Dies stieß jedoch auf Hindernisse bei den Gerichten.
Der EuGH hat in seinem Urteil *Hoffmann-La Roche* zwischen dem Verhalten eines Inhabers einer beherrschenden Stellung und dem parallelen Verhalten im Oligopol mit der Begründung unterschieden, dass letzteres sich gegenseitig beeinflusst, während ersteres weitgehend einseitig bestimmt wird.[22] Dies schien darauf hinzudeuten, dass der Gerichtshof die Anwendung des Missbrauchsverbots auf mehr als ein Unternehmen damals nicht akzeptiert.[23]
Ferner wurde diese Interpretation durch die Schlussanträge des Generalanwalts *Slynns* im Urteil *Zücher*[24] bestätigt, dass ein Merkmal der beherrschenden Stellung deren Einseitigkeit ist.[25]
Der EuGH vertrat in der Rechtssache *Züchner* die Auffassung, dass sich der Art. 102 AEUV auf den Missbrauch einer marktbeherrschenden Stellung und nicht auf ein abgestimmtes Verhalten bezieht, das eine Form der Koordinierung zwischen Unternehmen ist.[26]
Die beiden oben genannten Entscheidungen schienen den Eindruck zu erwecken, dass Oligopole nicht durch das Missbrauchsverbot erfasst werden können. Ein solcher Eindruck wäre jedoch unzutreffend. In beiden Entscheidungen wollte der Gerichtshof in der Tat verhindern, dass das aufgrund der oligopolistischen Interdependenz entstehende rationale, sogar unvermeidliche parallele Verhalten durch das Missbrauchsverbot und Kartellverbot verurteilt wird. Der Standpunkt, dass Art. 102 AEUV zur Bekämpfung von Oligopolen verwendet werden kann, wurde schnell geklärt.

---

[21] Vgl. Kommission Entsch. 21.12.1988 – IV/31.851, ABl. 1989 L 78/43, Rn. 22 „Magill".

[22] Vgl. EuGH 13.2.1979, Rs. 85/76, Slg. 1979, 461, Rn. 39 „Hoffmann-La Roche".

[23] Vgl. *Stroux*, World Compet. 2000, 3, 17; *Withers/Jephcott*, Eur. Compet. Law Rev. 2001, 295, 296; *Haupt*, S. 66.

[24] EuGH 14.7.1981, Rs. 172/80, Slg. 1981, 2021 „Züchner".

[25] Vgl. *Slynns*, Schlussanträge des Generalanwalts Sir Gordon Slynns vom 3. Juni 1981, 2035, 2039.

[26] Vgl. EuGH 14.7.1981, Rs. 172/80, Slg. 1981, 2021, Rn. 10ff. „Züchner".

In der Rechtssache *Ahmed Saeed* aus dem Jahr 1989 stellte der Gerichtshof fest, dass die gleichzeitige Anwendung der Art. 101 und Art. 102 AEUV unter bestimmten Umständen nicht ausgeschlossen werden kann.[27]
Diese Auffassung wurde ein Jahr später vom EuG in der Rechtssache *Tetra Pak* bekräftigt.[28]
Da der Art. 101 AEUV sich an mehrere wirtschaftlichen Einheiten richtet, begann das europäische Wettbewerbsrecht anzuerkennen, dass sowohl das Kartellverbot als auch das Missbrauchsverbot geeignet sind, Wettbewerbsbeziehungen zwischen zwei oder mehreren Unternehmen zu regeln. Dies eröffnete die Möglichkeit, durch kollektive Marktbeherrschung in oligopolistische Märkte einzugreifen.

3.1.1.2 Italien Flachglas

Die Entscheidung in der Rechtssache *Italien Flachglas* ist von besonderer Bedeutung, da sich das EuG zum ersten Mal mit kollektiver Marktbeherrschung im Rahmen des Missbrauchsverbots befasst hat.[29] Dies betrifft auch die gleichzeitige Anwendung von Art. 101 und Art. 102 AEUV.
In diesem Fall ging es um eine Reihe problematischer Wettbewerbspraktiken der drei italienischen Flachglashersteller, Fabbrica Pisana SpA („FP“), Società Italiana Vetro SpA („SIV“) und Vernante Pennitalia SpA („VP“) auf den italienischen Flachglasmärkten.
Die Kommission stellte fest, dass die drei Hersteller Vereinbarungen und abgestimmte Verhaltensweisen praktiziert hatten, die nach Art. 101 AEUV verboten waren.[30]
Auf der Grundlage derselben Beweise stellte die Kommission weiterhin fest, dass die Verhaltensweisen der drei Unternehmen gleichzeitig auch die Voraussetzungen des Missbrauchs einer kollektiven marktbeherrschenden Stellung erfüllten.[31]
Die Kommission stützte die Feststellung einer kollektiven Marktbeherrschung auf die Reaktionsverbundenheit im engen Oligopol und die engen Verbindungen zwischen den Hersteller.

---

[27] Vgl. EuGH 11.4.1989, Rs. 66/86, Slg. 1989, 803, Rn. 37 „Ahmed Saeed“.
[28] Vgl. EuG 10.7.1990, Rs. T-51/89, Slg 1990, II-309, Rn. 21 „Tetra Pak“.
[29] Vgl. *Rodger*, Columbia J. Eur. Law 1996, 25, 43; *Hawk/Motta*, Oligopolies and Collective Dominance: A Solution in Search of a Problem, S. 81; *Faull/Nikpay*, S. 377 Rn. 4.218; *Gjendemsjø u. a.*, World Compet. 2013, 355, 359.
[30] Vgl. Kommission Entsch. 07.12.1988 – IV/31.906, ABl. 1989 L 33/44, Rn. 43ff. „Italien Flachglas“.
[31] Vgl. Kommission Entsch. 07.12.1988 – IV/31.906, ABl. 1989 L 33/44, Rn. 80ff. „Italien Flachglas“.

Einige Indizien sprachen nach der Ermittlung der Kommission für das Vorhabensein einer kollektiven marktbeherrschenden Stellung.[32] Die von FP, SIV und VP gemeinsam gehaltenen hohen Marktanteile waren seit Jahren unverändert. Sie gehörten zu multinationalen Konzernen. Die Markteintrittsbarrieren waren aufgrund der umfangreichen Investitionserfordernisse sehr hoch. Diese drei Hersteller hatten eine besondere Partnerschaft mit einer Gruppe führender italienischer Glasvertriebsunternehmen. Die wirtschaftlichen Entscheidungen dieser drei Hersteller zeigten ein hohes Maß an Interdependenz in Bezug auf Preise und Verkaufsbedingungen sowie Kundenbeziehungen und Handelsstrategien. Zusammenfassend stellte die Kommission fest, dass die drei Unternehmen auf dem italienischen Flachglasmarkt als Einheit und nicht als individuelle Marktteilnehmer auftraten.[33]

Die Kommission bestätigte ferner, dass die von den drei Herstellern gebildete Einheit eine kollektive marktbeherrschende Stellung begründete, weil FP, SIV und VP Teilnehmer an einem festen Oligopol waren, so dass sie in gewissem Maße vom Wettbewerbsdruck abgeschirmt waren, war es ihnen möglich, einen wirksamen Wettbewerb zu verhindern, ohne das Verhalten anderer Marktteilnehmer in großem Umfang berücksichtigen zu müssen.[34]

Das EuG hob die Entscheidung der Kommission bezüglich des Verstoßes gegen Art. 101 AEUV teilweise auf, da die Kommission nicht hinreichend nachgewiesen hatte, dass VP an der angeblichen Zuwiderhandlung beteiligt war.[35] Der Teil der Kommissionsentscheidung bezüglich des Missbrauchs einer kollektiven marktbeherrschenden Stellung wurde ganz aufgehoben, da die Kommission die Behauptung, die drei Hersteller hätten als Einheit und nicht als getrennte Marktteilnehmer gehandelt, nach Auffassung des EuG nicht ausreichend belegen konnte.[36]

Als wegweisende Rechtsprechung gibt die Analyse der kollektiven Marktbeherrschung von EuG in vier Aspekte wichtige Hinweise.

---

[32] Vgl. Kommission Entsch. 07.12.1988 – IV/31.906, ABl. 1989 L 33/44, Rn. 79 „Italien Flachglas".

[33] Vgl. Kommission Entsch. 07.12.1988 – IV/31.906, ABl. 1989 L 33/44, Rn. 79 „Italien Flachglas".

[34] Vgl. Kommission Entsch. 07.12.1988 – IV/31.906, ABl. 1989 L 33/44, Rn. 78 „Italien Flachglas".

[35] Vgl. EuG 10.3.1992, Rs. T-68/89, T-77/89 und T-78/89, Slg. 1992, II-1403, Rn. 325 „Italien Flachglas".

[36] Vgl. EuG 10.3.1992, Rs. T-68/89, T-77/89 und T-78/89, Slg. 1992, II-1403, Rn. 365ff. „Italien Flachglas".

Erstens klärte das EuG die Eigenschaft bzw. Qualifikation der Zugehörigkeit eines Unternehmens zu einer kollektiven Marktbeherrschung. Das EuG hat hingewiesen, dass es keinen rechtlichen oder wirtschaftlichen Grund für die Annahme gibt, dass der Begriff „Unternehmen" in Art. 102 AEUV eine andere Bedeutung als in Art. 101 AEUV hat.[37] Nach ständiger Rechtsprechung können Vereinbarungen oder aufeinander abgestimmte Verhaltensweisen zwischen zwei oder mehr wirtschaftlichen Einheiten, die miteinander konkurrieren können, ein verbotenes Kartell begründen.[38] Daher stellte das EuG fest, dass der Begriff der kollektiven Marktbeherrschung im Sinn von Art. 102 AEUV auch nur für mehrere unabhängige wirtschaftliche Einheiten gilt. Die Inhaber einer kollektiven Marktbeherrschung unterscheiden sich daher von den Mitgliedern eines Konzernunternehmens, die nur eine wirtschaftliche Einheit bilden.

Zweitens definierte das EuG die kollektive Marktbeherrschung. Eine solche ist anzunehmen, wenn

> „zwei oder mehr unabhängige wirtschaftliche Einheiten auf einem spezifischen Markt durch wirtschaftliche Bande so miteinander verknüpft sind, dass sie infolgedessen eine beherrschende Stellung im Verhältnis zu den anderen Marktteilnehmern einnehmen".[39]

Das EuG nannte Beispiele für solche wirtschaftliche Bindung, d.h. Vereinbarung oder Lizenzvergabe über einen technologischen Vorsprung.[40]

Dritten enthält die Entscheidung wichtige Aussagen zum Verhältnis der Tatbestandsvoraussetzungen gemäß Art. 101 AEUV zu den Anforderungen, die gemäß Art. 102 AEUV erfüllt sein müssen.

Zum einen hat das EuG die parallele Anwendung von Art. 101 AEUV und Art. 102 AEUV anerkannt. Um dies zu begründen, hat das EuG darauf hingewiesen, dass die gemäß Art. 101 Abs. 3 AEUV vom Kartellverbot freigestellten Verhaltensweisen eigenständig nach Art. 102 AEUV zu beurteilen sind und gegen Art. 102 AEUV verstoßen können.[41]

---

[37] Vgl. EuG 10.3.1992, Rs. T-68/89, T-77/89 und T-78/89, Slg. 1992, II-1403, Rn. 358 „Italien Flachglas".

[38] Vgl. EuGH 31.10.1974, Rs. 16/74, GRUR Int. 1974, 456, Rn. 41 „Centrafarm".

[39] EuG 10.3.1992, Rs. T-68/89, T-77/89 und T-78/89, Slg. 1992, II-1403, Rn. 358 „Italien Flachglas".

[40] Vgl. EuG 10.3.1992, Rs. T-68/89, T-77/89 und T-78/89, Slg. 1992, II-1403, Rn. 358 „Italien Flachglas".

[41] Vgl. EuG 10.3.1992, Rs. T-68/89, T-77/89 und T-78/89, Slg. 1992, II-1403, Rn. 359 „Italien Flachglas".

Zum anderen hat das EuG betont, dass dieselben Tatsachen, die den Vorwurf eines Verstoßes gegen das Kartellverbot begründen, nicht für die Anwendung des Missbrauchsverbots einer kollektiven Marktbeherrschung herangezogen werden können.[42] Das Gericht stellte fest, dass es für die Feststellung des Missbrauchs wichtig ist, zu prüfen, inwieweit das Phänomen, dass mehrere Unternehmen als Einheit auftreten, den Wettbewerb ausschaltet.[43]

Viertens hat das Gericht neben der internen Wettbewerbssituation der Mitglieder der kollektiven beherrschenden Stellung auch die externen Wettbewerbsbedingungen untersucht. Hierzu hat das EuG hervorgehoben, dass die Berücksichtigung der Marktmacht von der anderen Marktseite wichtig ist, da sie einer kollektiven Marktbeherrschung entgegenwirken kann.[44]

Die Rechtssache *Italien Flachglas* lieferte den Prototyp für den rechtlichen Test zur Feststellung einer kollektiven Marktbeherrschung. Der interne Wettbewerb zwischen den Mitgliedern einer kollektiven Marktbeherrschung wird durch enge wirtschaftliche Beziehungen beschränkt, während die Mitglieder in ihren Außenbeziehungen eine beherrschende Stellung gegenüber anderen Marktteilnehmern einnehmen. Außerdem soll das Vorhaben einer kollektiven Marktbeherrschung nicht von ihren Marktpartnern beeinträchtigt werden.

Wenngleich das EuG in der Entscheidung wichtige Aussagen getroffen hat, blieben einige Fragen offen. Das EuG hat sich weder ausdrücklich dazu geäußert, ob das Vorliegen der wirtschaftlichen Bindungen eine notwendige Voraussetzung für das Vorliegen einer kollektiven Marktbeherrschung ist, noch hat es den Begriff der wirtschaftlichen Bindungen klar definiert. Das EuG beantwortete auch nicht die Frage, wie eng die wirtschaftliche Bindung sein muss, damit Unternehmen eine beherrschende Stellung im Verhältnis zu den anderen Marktteilnehmern einnehmen können.

---

[42] Vgl. EuG 10.3.1992, Rs. T-68/89, T-77/89 und T-78/89, Slg. 1992, II-1403, Rn. 360 „Italien Flachglas".

[43] Vgl. EuG 10.3.1992, Rs. T-68/89, T-77/89 und T-78/89, Slg. 1992, II-1403, Rn. 363 „Italien Flachglas".

[44] Vgl. EuG 10.3.1992, Rs. T-68/89, T-77/89 und T-78/89, Slg. 1992, II-1403, Rn. 366 „Italien Flachglas".

3.2.1.3 Compagnie Maritime Belge

Der Fall *Compagnie Maritime Belge* betraf hauptsächlich die Praktiken einer Linienkonferenz Associated Central West African Lines („Cewal"), die Routen zwischen Europa und West- und Zentralafrika betreibt.

Eine Linienkonferenz ist eine Gruppe von Schifffahrtsunternehmen, die internationale Liniendienste für ein bestimmtes Fahrtgebiet oder bestimmte Fahrtgebiete innerhalb eines festgelegten geografischen Gebiets anbieten und einheitliche oder gemeinsame Frachtraten festlegen. Gemäß der Verordnung (EWG) Nr. 4056/86 gilt für die Linienkonferenzen unter bestimmten Voraussetzungen eine Gruppenfreistellung von der Anwendung des Art. 101 AEUV.

Die Kommission ging davon aus, dass die Linienkonferenzen Cewal, Cowac und Ukwal sowie einige ihrer Mitglieder gegen Art. 101 Abs. 1 AEUV verstoßen hatten, indem sie die wettbewerbsverbotenen Vereinbarungen erzielt hatten, um den Frachtverkehr räumlich aufzuteilen.[45]

Darüber hinaus stellte die Kommission einen Missbrauch einer kollektiven Marktbeherrschung gemäß Art. 102 AEUV fest.

Nach der Feststellung der Kommission hatten die Mitglieder der Linienkonferenz Cewal (Dafra, CMB und CMBT) eine kollektive Marktbeherrschung auf den von ihr betriebenen Seeverkehrsstrecken zwischen Nordeuropa und Zaire inne. Diese Schlussfolgerung wurde nach Auffassung der Kommission durch die Tatsache gestützt, dass das Cewal-Konferenzabkommen eine starke Verbindung zwischen den Mitgliedern bewirkte, dass der Marktanteil von Cewal wesentlich höher war als der seiner Wettbewerber und dass Cewal in Bezug auf Kapazität und Frequenz und Einflussbereich überlegen war.[46]

Was die Frage des Missbrauchs betrifft, so stellte die Kommission drei Verhaltensweisen fest.[47] Erstens waren die Mitglieder von Cewal an der Umsetzung der Kooperationsvereinbarung beteiligt und setzten sich durch verschiedene Maßnahmen wiederholt für dessen strikte Einhaltung ein.

[45] Vgl. Kommission Entsch. 23.12.1992 – IV/32.448, 32.450, ABl. 1993 L 34/20, Rn. 119 „Cewal".

[46] Vgl. Kommission Entsch. 23.12.1992 – IV/32.448, 32.450, ABl. 1993 L 34/20, Rn. 57ff. „Cewal".

[47] Vgl. Kommission Entsch. 23.12.1992 – IV/32.448, 32.450, ABl. 1993 L 34/20, Rn. 119 „Cewal".

Zwietens änderten die Mitglieder von Cewal ihre Preise in Abweichung vom geltenden Frachttarif, um einen gemeinsamen Preis oder einen niedrigeren Preis anbieten zu können. Diese Maßnahme wurde als „Kampfschiffeinsatz“ bezeichnet.
Drittens schlossen sie Treuevereinbarungen ab, die über das nach Art. 5 Abs. 2 der Verordnung (EWG) Nr. 4056/86 zulässige Maß hinausgingen, und verwendeten eine schwarze Liste „unzuverlässiger“ Verlader.
Der kartellrechtliche Vorwurf lautete, dass diese Praktiken die Konkurrenten von CEWAL in dem betreffenden Frachtverkehr ausschlossen und die Handelspartner von CEWAL (Verlader) im Wettbewerb benachteiligten.
Im Berufungsverfahren schlossen sich sowohl das EuG als auch der EuGH der rechtlichen Beurteilung an, dass Cewal als eine kollektive Einheit eine marktbeherrschende Stellung innehatte[48] und dass ein Missbrauch vorlag.[49] Bei der Feststellung der kollektiven Marktbeherrschung nahm der Gerichtshof eine detaillierte Analyse vor. Der EuGH legte eine dreistufige Prüfung bei der Anwendung des Missbrauchsverbots zugrunde.[50] Die erste Stufe besteht darin, das Vorliegen einer kollektiven Einheit festzustellen. Auf zweiter Stufe ist festzustellen, dass diese kollektive Einheit eine beherrschende Stellung einnimmt. Die letzte Stufe bezieht sich auf die Feststellung des Missbrauchs einer kollektiven Marktbeherrschung.
Im Einklang mit den Grundsätzen in der Rechtssache *Italien Flachglas* verstand der EuGH eine kollektive Marktbeherrschung von mehreren Unternehmen im Sinne von Art. 102 AEUV als „eine beherrschende Stellung von zwei oder mehreren rechtlich voneinander unabhängigen wirtschaftlichen Einheiten“.[51] Voraussetzung dafür ist, dass „sie in wirtschaftlicher Hinsicht auf einem bestimmten Markt gemeinsam als kollektive Einheit auftreten oder handeln.“[52]

---

[48] Vgl. EuG 8.10.1996, Rs. T-24 bis T26 und T28/93, Slg. 1996, II-1201, Rn. 66 und 79 „Compagnie Maritime Belge“; EuGH 16.3.2000, Rs. C-395/96 P und C-396/96 P, Slg. 2000, I-1365, Rn. 59 „Compagnie Maritime Belge“.

[49] Vgl. EuG 8.10.1996, Rs. T-24 bis T26 und T28/93, Slg. 1996, II-1201, Rn. 109, 153 und 186 „Compagnie Maritime Belge“; EuGH 16.3.2000, Rs. C-395/96 P und C-396/96 P, Slg. 2000, I-1365, Rn. 137 „Compagnie Maritime Belge“.

[50] Vgl. EuGH 16.3.2000, Rs. C-395/96 P und C-396/96 P, Slg. 2000, I-1365, Rn. 39 „Compagnie Maritime Belge“.

[51] EuGH 16.3.2000, Rs. C-395/96 P und C-396/96 P, Slg. 2000, I-1365, Rn. 36 „Compagnie Maritime Belge“.

[52] EuGH 16.3.2000, Rs. C-395/96 P und C-396/96 P, Slg. 2000, I-1365, Rn. 36 „Compagnie Maritime Belge“.

Der EuGH leistet mit seiner Entscheidung einen wesentlichen Beitrag für die Erklärung der Bedeutung der Bindungen zwischen den Unternehmen. Nach Einschätzung von EuGH ist es für die Feststellung einer kollektiven Einheit erforderlich, die zwischen den betreffenden Unternehmen bestehenden und diese verknüpfenden wirtschaftlichen Bindungen oder Faktoren zu untersuchen.[53]

Der EuGH stellte weiter klar, welche Merkmale oder Funktionen solche Verbindungen haben müssen, um den betreffenden Unternehmen einen kollektiven Charakter zu verleihen. EuGH stellte fest, dass diese Verbindungen so beschaffen sein müssen, dass sie es den beteiligten Unternehmen ermöglichen, gemeinsam und unabhängig von Wettbewerbern, Kunden und Verbrauchern zu handeln.[54]

In diesem Zusammenhang ist das bloße Vorhandensein einer unter Art. 101 AEUV fallenden Vereinbarung nach der Würdigung von EuGH nicht ausreichend,[55] wenn ein einheitliches Vorgehen aufgrund dieser Vereinbarungen nicht zu erwarten ist.

Der Gerichtshof führte aus, dass

> „[e]ine kollektive beherrschende Stellung […] sich […] aus der Natur und dem Wortlaut einer Vereinbarung, der Art ihrer Durchführung und folglich aus den daraus erwachsenden Bindungen oder verbindenden Faktoren zwischen Unternehmen ergeben [kann]“.[56]

Durch die Einführung des Begriffs der kollektiven Einheit und die Klärung der Bedeutung von „mehreren Unternehmen“ mit einer kollektiven Marktbeherrschung erörterte der EuGH in der Tat eine Frage, wie eng die wirtschaftliche Verbindung, die die betreffenden Unternehmen verbindet, sein muss, damit eine kollektive Marktbeherrschung festgestellt werden kann.

Aus der Definition zur kollektiven Marktbeherrschung in Rn. 36 der Urteilsbegründung geht klar hervor, dass sich die kollektive Marktbeherrschung aus mehreren wirtschaftlichen Einheiten (mehreren Unternehmen) zusammensetzt, die aufgrund der wirtschaftlichen Verbindungen als eine kollektive Einheit handeln. Daher müssen die wirtschaftlichen Verbindun-

---

[53] Vgl. EuGH 16.3.2000, Rs. C-395/96 P und C-396/96 P, Slg. 2000, I-1365, Rn. 41 „Compagnie Maritime Belge“.

[54] Vgl. EuGH 16.3.2000, Rs. C-395/96 P und C-396/96 P, Slg. 2000, I-1365, Rn. 42 „Compagnie Maritime Belge“.

[55] Vgl. EuGH 16.3.2000, Rs. C-395/96 P und C-396/96 P, Slg. 2000, I-1365, Rn. 43 „Compagnie Maritime Belge“.

[56] EuGH 16.3.2000, Rs. C-395/96 P und C-396/96 P, Slg. 2000, I-1365, Rn. 45 „Compagnie Maritime Belge“.

gen so eng sein, dass mehrere Unternehmen nicht mehr als getrennte Marktteilnehmer auftreten, sondern als eine kollektive Einheit existieren. Jedoch dürfen sie nicht so eng sein, dass ein Unternehmen seine wirtschaftliche Selbstständigkeit verliert und mit anderen Unternehmen nur noch eine wirtschaftliche Einheit bildet.[57]

Im Übrigen beantwortete der Gerichtshof eine Frage, die in der Rechtssache *Italien Flachglas* offengeblieben war. Das Vorliegen der Vereinbarung oder sonstigen rechtlichen Verbindungen stellt nach dem EuGH keine notwendige Voraussetzung für die Feststellung einer kollektiven beherrschenden Stellung dar; die kollektive marktbeherrschende Stellung kann auch auf die Struktur des Marktes zurückzuführen sein.[58]

Im Zusammenhang mit dem Missbrauchsverbot äußerte sich der Gerichtshof zur Anwendung der Art. 101 und 102 AEUV. Nach Ansicht des Gerichtshofs schließt die Anwendung von Art. 101 AEUV die Anwendung von Art. 102 AEUV nicht aus, solange die beiden vorgeschriebenen Voraussetzungen erfüllt sind.[59] Dies gilt auch, wenn eine Freistellung gemäß Art. 101 Abs. 3 AEUV vorliegt.[60]

Der wichtige Beitrag des Falles *Compagnie Maritime Belge* ist eine eingehende Analyse der Gründe, die zur Entstehung einer kollektiven Marktbeherrschung führen können. Dies könnte auf die Verbindungen zwischen den Unternehmen zurückzuführen sein. Eine kollektive beherrschende Stellung kann sich auch aus einer Beurteilung der bestimmten Marktstruktur ergeben. Diese Formulierung bedeutet, dass der Gerichtshof die Möglichkeit eröffnet hat, die reine oligopolistische Reaktionsverbundenheit in die Feststellung einer kollektiven Marktbeherrschung einzubeziehen.

Wie der Generalanwalt in dieser Rechtssache sagte, dass es nicht notwendig ist, die Art der Verbindungen erschöpfend oder überhaupt zu spezifizieren.[61] Sie können nur anhand ihrer Ergebnisse definiert werden, d. h. dass

[57] Vgl. *胥*, 比较法研究 2021, 188, 194f.

[58] Vgl. EuGH 16.3.2000, Rs. C-395/96 P und C-396/96 P, Slg. 2000, I-1365, Rn. 45 „Compagnie Maritime Belge“.

[59] Vgl. EuGH 16.3.2000, Rs. C-395/96 P und C-396/96 P, Slg. 2000, I-1365, Rn. 130 „Compagnie Maritime Belge“.

[60] Vgl. EuGH 16.3.2000, Rs. C-395/96 P und C-396/96 P, Slg. 2000, I-1365, Rn. 130 „Compagnie Maritime Belge“.

[61] Vgl. *Fennelly*, Schlussanträge des Generalanwalts Nial Fennelly vom 29. Oktober 1998, I-1371, Rn. 28.

sie so eng sind, dass die betreffenden Unternehmen im Verhältnis zu anderen Marktteilnehmern als eine kollektive Einheit gemeinsam handeln.[62]

3.2.1.4 Irish Sugar

In diesem Fall ging es um zwei Unternehmen in einer vertikalen Beziehung, die eine kollektive marktbeherrschende Stellung auf dem Zuckermarkt in Irland einnahmen. Sie waren keine direkten Wettbewerber.

Irish Sugar plc („Irish Sugar“) war das einzige Unternehmen in Irland, das Zuckerrüben verarbeitete, und zugleich der wichtigste Zuckerlieferant. Sugar Distributors Ltd („SDL“) war sein Vertriebshändler.

Mit einem hohen Marktanteil von über 90 % zwischen 1985 und 1995, einem gut etablierten Vertriebssystem und keinem Wettbewerb mit importiertem Zucker kam die Kommission zu dem Schluss, dass Irish Sugar eine (einzelne) beherrschende Stellung auf dem Markt für Kristallzucker für den Einzelhandel und für gewerbliche Zwecke in Irland innehatte.[63]

Anstelle der Prüfung, ob SDL auch eine beherrschende Stellung einnahm, versuchte die Kommission festzustellen, dass SDL und Irish Sugar zusammen eine kollektive marktbeherrschende Stellung innehatten, indem sie nachwies, dass zwischen ihnen eine enge Beziehung bestand. Für diese Argumentation stützte sich die Kommission auf die folgenden Tatsachen:[64] Irish Sugar war zu 51 % an der Muttergesellschaft von SDL beteiligt und stellte die Hälfte des Boards der Muttergesellschaft. Die Entscheidungsstruktur und die Kommunikationsprozesse, die die Entscheidungsfindung zwischen den beiden Unternehmen erleichterten, deuteten auf eine enge Beziehung zwischen den beiden Unternehmen hin. Darüber hinaus bestanden zwischen den beiden Unternehmen noch direkte wirtschaftliche Verbindungen. SDL musste seinen gesamten Zucker von Irish Sugar beziehen, und Irish Sugar bezahlte alle Werbeaktionen und Rabatte, die SDL für einzelne Kunden anbot. Die Kommission ging in ihrer Entscheidung davon aus, dass beide Unternehmen aufgrund der direkten wirtschaftlichen Verbindungen ein klares gemeinsames Interesse an Geschäften mit Dritten hatten.[65]

Auf der Grundlage der obengenannten Begründungen stellte die Kommission schließlich fest, dass Irish Sugar alleine oder zumindest – vor Februar

---

[62] Vgl. *Fennelly*, Schlussanträge des Generalanwalts Nial Fennelly vom 29. Oktober 1998, I-1371, Rn. 28.

[63] Vgl. Kommission Entsch. 14.5.1997 – IV/34.621, 35.059/F-3, ABl. 1997 L 258/1, Rn. 99ff. „Irish Sugar“.

[64] Vgl. Kommission Entsch. 14.5.1997 – IV/34.621, 35.059/F-3, ABl. 1997 L 258/1, Rn. 111f „Irish Sugar“.

[65] Vgl. Kommission Entsch. 14.5.1997 – IV/34.621, 35.059/F-3, ABl. 1997 L 258/1, Rn. 112 „Irish Sugar“.

1990 – eine kollektive beherrschende Stellung auf dem Kristallzuckermarkt hatte.[66]
Die Kommission äußerte sich auch zu Missbrauchstatbeständen. Sie stellte missbräuchliche Praktiken von Irish Sugar in Bezug auf Frachtbeschränkungen vor 1990, von Irish Sugar und SDL in Bezug auf Grenzrabatte, Ausfuhrrabatte und Treuerabatte, und von SDL in Bezug auf Produktaustausch und selektive Preisgestaltung fest, die alle im Zusammenhang mit der Einnahme einer kollektiven Marktbeherrschung standen.[67] Die Kommission gelangte zu dem Schluss, dass Irish Sugar und/oder SDL eine Reihe von rechtswidrigen Verhaltensweisen ausgeführt hatten, um die Marktposition von Irish Sugar auf dem irischen Kristallzuckermarkt zu schützen.[68] Die Folge war, dass die Aufrechterhaltung oder Entwicklung des auf dem Markt noch bestehenden Wettbewerbs verhindert wurde.[69]
Die Kommission verhängte eine Geldbuße, aber nur gegen Irish Sugar, weil dieses Unternehmen — entweder allein oder gemeinsam — eine beherrschende Stellung innehatte und für die eigenen Verstöße und die Verstöße, die es als Nachfolger von SDL beging, verantwortlich war.[70]
Das EuG bestätigte die Feststellung der Kommission, dass eine vertikale kollektive Marktbeherrschung vorlag. Nach der Auffassung des EuG können die Verbindungen zwischen den kollektiven beherrschenden Unternehmen nicht nur horizontale Beziehungen, sondern auch vertikale Verbindungen zwischen vor- und nachgelagerten Unternehmen auf verschiedenen Ebenen umfassen.[71] Entscheidend ist, dass die Verbindung so eng ist, dass die betreffenden Unternehmen in der Lage sind, in gleicher Weise auf dem Markt vorzugehen.[72]
Das EuG hat wichtige Feststellungen darüber getroffen, wie der Missbrauch einer kollektiven Marktbeherrschung zu erkennen ist. Das EuG hat ausdrücklich festgestellt, dass

[66] Vgl. Kommission Entsch. 14.5.1997 – IV/34.621, 35.059/F-3, ABl. 1997 L 258/1, Rn. 113 „Irish Sugar".
[67] Vgl. Kommission Entsch. 14.5.1997 – IV/34.621, 35.059/F-3, ABl. 1997 L 258/1, Rn. 117 „Irish Sugar".
[68] Vgl. Kommission Entsch. 14.5.1997 – IV/34.621, 35.059/F-3, ABl. 1997 L 258/1, Rn. 135 „Irish Sugar".
[69] Vgl. Kommission Entsch. 14.5.1997 – IV/34.621, 35.059/F-3, ABl. 1997 L 258/1, S. 28 „Irish Sugar".
[70] Vgl. Kommission Entsch. 14.5.1997 – IV/34.621, 35.059/F-3, ABl. 1997 L 258/1, Rn. 167 „Irish Sugar".
[71] Vgl. EuG 7.10.1999, Rs. T-228/97, Slg. 1999, II-2969, Rn. 63 „Irish Sugar".
[72] Vgl. EuG 7.10.1999, Rs. T-228/97, Slg. 1999, II-2969, Rn. 47ff. „Irish Sugar".

„[z]war […] sich das Vorliegen einer kollektiven beherrschenden Stellung aus der Stellung, die die betreffenden wirtschaftlichen Einheiten auf dem betreffenden Markt gemeinsam innehaben [ergibt], doch muß der Mißbrauch nicht notwendig allen betreffenden Unternehmen zuzurechnen sein. Er muß sich lediglich als eine der Äußerungen des Besitzes einer kollektiven beherrschenden Stellung ermitteln lassen können. Folglich können Unternehmen, die eine kollektive beherrschende Stellung innehaben, gemeinsame oder individuelle Verhaltensweisen an den Tag legen. Diese mißbräuchlichen Verhaltensweisen müssen lediglich auf die Ausnutzung der kollektiven beherrschenden Stellung zurückzuführen sein, die die Unternehmen auf dem Markt innehaben".[73]

Wie aus den oben genannten Grundsätzen hervorgeht, hat das EuG für den Missbrauch einer kollektiven Marktbeherrschung durch ein Unternehmen die Prämisse aufgestellt, dass das individuelle Missbrauchsverhalten als eine der Erscheinungsformen des Besitzes einer kollektiven Marktbeherrschung identifizierbar sein muss. Daraus folgt, dass ein Kausalzusammenhang zwischen dem Besitz einer kollektiv beherrschenden Stellung und dem Missbrauch bestehen muss. Dies ist der Fall, wenn die kollektive Einheit ohne ihre kollektive Marktbeherrschung keinen Anreiz gehabt hätte, die betreffende Tätigkeit auszuüben.[74] In diesem Zusammenhang kann jede Praktik, die bewirkt, eine kollektive Marktbeherrschung zu verstärken oder aufrechtzuerhalten, Anlass zu Missbrauchsvorwürfen geben.

Die Rechtssache *Irish Sugar* ist eine mutige Neuerung bezüglich der Einführung einer kollektiven Marktbeherrschung. Sie erkennt nicht nur die Möglichkeit einer vertikalen kollektiven Marktbeherrschung an, sondern auch eine Konstellation, in der ein individueller Missbrauch einer kollektiven Marktbeherrschung vorliegt.

In der Literatur wurden jedoch Zweifel an dem Konzept einer vertikalen kollektiven Marktbeherrschung geäußert. Es wurde argumentiert, dass eine kollektive Marktbeherrschung Interaktionen zwischen horizontalen Wettbewerbern betreffe, da sie davon ausgehe, dass Unternehmen unter bestimmten Bedingungen auf demselben relevanten Markt koordiniert handeln können.[75] *O'Donoghue/Padilla* argumentierten ferner, dass die an einer vertikalen Beziehung beteiligten Unternehmen in der Regel auf unter-

---

[73] EuG 7.10.1999, Rs. T-228/97, Slg. 1999, II-2969, Rn. 66 „Irish Sugar".

[74] Vgl. *Nazzini*, S. 385.

[75] Vgl. *O'Donoghue/Padilla*, S. 249.

schiedlichen Märkten tätig seien, dass aber die Feststellung einer kollektiven Marktbeherrschung voraussetze, dass die Unternehmen sich auf demselben Markt horizontal koordinieren.[76]
Callery wandte ein, dass es völlig ungerecht wäre, eine kollektive Marktbeherrschung zwischen vertikal verbundenen Unternehmen festzustellen, wenn sich ihre engen Beziehungen lediglich in einer oligopolistischen Reaktionsverbundenheit manifestieren.[77]
Faull/Nikpay sprachen zwar nicht direkt gegen das Konzept einer vertikalen kollektiven Marktbeherrschung, aber sie waren der Ansicht, dass Fälle von vertikaler kollektiver Marktbeherrschung in der Praxis selten seien.[78]
Das Konzept der vertikalen kollektiven Marktbeherrschung ist von praktischem Wert. Denn die Tatsache, dass die Kommission und das EuG anerkannten, dass SDL und Irish Sugar eine vertikal marktbeherrschende Stellung innehatten, trägt dazu bei, den Missbrauch umfassender zu erfassen. Zweck und Wirkung des von SDL durchgeführten Produktaustauschs und der selektiven Preisgestaltung bestanden allein darin, den Wettbewerb einzuschränken und die Festigung einer beherrschenden Stellung zu ermöglichen. Ohne die Annahme des Konzepts der vertikalen kollektiven Marktbeherrschung würde ein solches individuelles Verhalten die Anwendung des Missbrauchsverbots erschweren.
Ein anderer möglicher Ansatz besteht darin, Irish Sugar und SDL als eine wirtschaftliche Einheit zu betrachten. Im vorliegenden Fall war jedoch umstritten, ob Irish Sugar die Geschäftsführung von SDH kontrollierte. Die Einführung einer vertikalen kollektiven Marktbeherrschung schien daher der sicherere Weg zu sein, um den Fall kartellrechtlich zu erfassen.

---

[76] Vgl. *O'Donoghue/Padilla*, S. 250.
[77] Vgl. *Callery*, in: Domin. Monop., S. 251.
[78] Vgl. *Faull/Nikpay*, S. 381 Rn. 4.230.

3.2.1.5 TACA

Im September 1998 verhängte die Kommission eine Geldbuße in Höhe von 273 Mio. € gegen die Parteien einer Transatlantik-Konferenz-Vereinbarung („TACA") zwischen Reedereien wegen Verstößen gegen den Art. 101 und Art. 102 AEUV.[79] Diese Reedereien boten Liniendienste zwischen Europa und den Vereinigten Staaten an. In ihrer Vereinbarung legten sie die Raten, Gebühren und sonstigen Beförderungsbedingungen für ihre Mitglieder im Rahmen ihres gemeinsamen Tarifs fest.

Die Kommission stellte fest, dass die TACA gegen Art. 101 Abs. 1 AEUV verstießt. Die Vereinbarung enthielt zudem eine Reihe von Elementen, die einer Freistellung nach Art. 101 Abs. 3 AEUV entgegenstand.

Darüber hinaus hatten die TACA-Parteien nach der Auffassung der Kommission eine kollektive beherrschende Stellung inne und sie waren für Missbräuche verantwortlich.

Um das Bestehen einer kollektiven Einheit zu bejahen, stellte die Kommission fest, dass die TACA-Parteien durch eine große Anzahl enger wirtschaftlicher Beziehungen miteinander verbunden waren, was die individuelle Autonomie erheblich einschränkte und somit den internen Preiswettbewerb ausschaltete.[80]

Die Kommission prüfte dann, ob die kollektive Einheit beherrschend war. Die relevanten Nachweise, die für das Vorliegen einer kollektiven Marktbeherrschung sprachen, waren zuerst der konstant hohe Marktanteil (ca. 60 %) und die hohe Kapazität (über 70 %) von TACA-Parteien. [81]

Außerdem war es den TACA-Parteien gelungen, eine diskriminierende Preisstruktur aufrechtzuerhalten, die normalerweise nur auf Märkten anzutreffen ist, auf denen ein oder mehrere Unternehmen eine starke Machtposition innehaben.[82] Der TACA-Tarif für Seefrachtdienste enthielt je nach Warenwert unterschiedliche Raten, wobei hochwertige Waren bis zu fünfmal teurer sind als geringwertige Waren. Die Kommission war der Ansicht, dass dieses System der Preisdifferenzierung zur Gewinnmaximierung das Vorliegen einer individuellen oder kollektiven Marktbeherrschung implizierte.

---

[79] Kommission Entsch. 16.9.1998 – IV/35.134, ABl. 1999 L 95/1 „TACA".

[80] Vgl. Kommission Entsch. 16.9.1998 – IV/35.134, ABl. 1999 L 95/1, Rn. 525ff. „TACA".

[81] Vgl. Kommission Entsch. 16.9.1998 – IV/35.134, ABl. 1999 L 95/1, Rn. 533 und 539 „TACA".

[82] Vgl. Kommission Entsch. 16.9.1998 – IV/35.134, ABl. 1999 L 95/1, Rn. 534 „TACA".

Darüber hinaus stellte die Kommission fest, dass die Kunden nur begrenzte Möglichkeiten hatten, auf andere Dienstleister auszuweichen, und dass es in der Schifffahrtsbranche für potenzielle Wettbewerber hohe Marktzutrittsschranken gab.[83] Aufgrund der oben genannten Faktoren ging die Kommission davon aus, dass die TACA-Mitglieder von 1994 bis 1996 im direkten Linienschiffsverkehr zwischen Nordeuropa und den Vereinigten Staaten über eine kollektive beherrschende Stellung verfügten.[84]
Die Kommission ging davon aus, dass die kollektive marktbeherrschende Stellung auf zweierlei Weise missbraucht wurde. Die erste Art des Missbrauchs bestand in der Auferlegung der Beschränkungen des Zugangs zu Servicekontrakten.[85] Die zweite Art des Missbrauchs bestand in der Ausschaltung des potenziellen Wettbewerbs in einer Weise, die potenzielle Wettbewerber dazu ermutigte, unter dem Dach der TACA in den Markt einzutreten.[86] Die Kommission war der Ansicht, dass die Wettbewerbsstruktur des Marktes missbräuchlich verändert wurde.
Die strenge Haltung der Kommission ist darauf zurückzuführen, dass die genannten Beschränkungen und Auflagen darauf abzielten, den Preiswettbewerb auszuschalten und die kollektive Marktbeherrschung zu stärken.[87]
Im Berufungsverfahren bestätigte das EuG die Feststellung der Kommission, dass die TACA-Mitglieder eine kollektiv marktbeherrschende Stellung einnahmen.[88] Außerdem wurde das erste Missbrauchsverhalten bejaht. Das Gericht verneinte jedoch das zweite Missbrauchsverhalten, da die Kommission nicht rechtlich hinreichend nachgewiesen habe, dass die aufgeteilte Ratenstruktur in den Konferenz-Servicekontrakten potenzielle Wettbewerber tatsächlich dazu veranlasst habe, sich TACA anzuschließen.[89]

---

[83] Vgl. Kommission Entsch. 16.9.1998 – IV/35.134, ABl. 1999 L 95/1, Rn. 538 und 545 „TACA".
[84] Vgl. Kommission Entsch. 16.9.1998 – IV/35.134, ABl. 1999 L 95/1, Rn. 549 „TACA".
[85] Vgl. Kommission Entsch. 16.9.1998 – IV/35.134, ABl. 1999 L 95/1, Rn. 551ff. „TACA".
[86] Vgl. Kommission Entsch. 16.9.1998 – IV/35.134, ABl. 1999 L 95/1, Rn. 559ff. „TACA".
[87] Vgl. Kommission Entsch. 16.9.1998 – IV/35.134, ABl. 1999 L 95/1, Rn. 550 „TACA".
[88] Vgl. EuG 30.9.2003, Rs. T-191/98, T-212/98 bis T-214/98, Slg. 2003, II-3275, Rn. 1088 „TACA".
[89] Vgl. EuG 30.9.2003, Rs. T-191/98, T-212/98 bis T-214/98, Slg. 2003, II-3275, Rn. 1347 „TACA".

In dieser Rechtssache folgte das EuG nicht nur den Präzedenzfällen, sondern leistete auch einen neuen Beitrag zur Entwicklung der Rechtsprechung zur kollektiven Marktbeherrschung.
Als Erstes hat das Gericht zum Ausdruck gebracht, dass ein gewisses Maß an Wettbewerb zwischen den Unternehmen das Vorliegen einer kollektiven Marktbeherrschung nicht entgegenstand.
Die TACA-Mitglieder hatten behauptet, dass die Kommission Beweise für den Preiswettbewerb zwischen ihnen nicht berücksichtigt habe, insbesondere das Vorhandensein des eigenständigen Vorgehens und der Servicekontrakte. Das Gericht stellte jedoch fest, dass

> „[d]ie Möglichkeit eines Unternehmens, sein Verhalten an dasjenige eines oder mehrerer Wettbewerber anzupassen, [...] zwar zwangsläufig [impliziert], dass der Wettbewerb zwischen ihnen erheblich eingeschränkt wird. Diese Möglichkeit einer Anpassung des Wettbewerbsverhaltens bedeutet jedoch keineswegs, dass der Wettbewerb zwischen den betroffenen Unternehmen vollständig ausgeschaltet wird".[90]

Es sei daher nicht erforderlich, dass die beteiligten Unternehmen in allen Wettbewerbsbereichen das gleiche Verhalten an den Tag legen und damit jeglichen Wettbewerb zwischen ihnen ausschalten.[91]
Für das EuG kommt es bei der Verneinung des Bestehens einer kollektiven Marktbeherrschung darauf an, ob der bestehende Wettbewerb erheblich ist. In Bezug auf den Preiswettbewerb räumte das Gericht ein, dass die von den TACA-Parteien vorgelegten Beweise ein gewisses Maß an Wettbewerb erkennen ließen. Jedoch stellte das EuG fest, dass die Beweise nicht ausreichten, um die Schlussfolgerung in Frage zu stellen, dass es aufgrund gemeinsamer oder einheitlicher Tarifpreise keinen erheblichen internen Preiswettbewerb gab.[92]
In Bezug auf den nicht-preislichen Wettbewerb untersuchte das EuG die verschiedenen Einzelstrategien der TACA-Parteien, um zu beurteilen, ob das Ausmaß und die Intensität des Wettbewerbs den fehlenden Preiswettbewerb ausgleichen können. Das EuG stellte jedoch erneut fest, dass der nicht-preisliche Wettbewerb nicht erheblich war.[93]

---

[90] Vgl. EuG 30.9.2003, Rs. T-191/98, T-212/98 bis T-214/98, Slg. 2003, II-3275, Rn. 653 „TACA".

[91] Vgl. EuG 30.9.2003, Rs. T-191/98, T-212/98 bis T-214/98, Slg. 2003, II-3275, Rn. 655 „TACA".

[92] Vgl. EuG 30.9.2003, Rs. T-191/98, T-212/98 bis T-214/98, Slg. 2003, II-3275, Rn. 711 „TACA".

[93] Vgl. EuG 30.9.2003, Rs. T-191/98, T-212/98 bis T-214/98, Slg. 2003, II-3275, Rn. 729 „TACA".

Zweitens zeigt dieser Fall, dass der Missbrauch einer kollektiven Marktbeherrschung nicht nur durch die weitere Ausschaltung des externen Wettbewerbs, sondern auch durch die weitere Ausschaltung des internen Wettbewerbs bewirkt werden kann.
Bei ersteren besteht eine häufige Konstellation darin, potenzielle Konkurrenten vom Markt durch Geschäftsverweigerung oder Kampfpreise auszuschließen.
Letzteres ist eine besondere Form des Missbrauchs einer kollektiven Marktbeherrschung. Dies kann in einer Weise geschehen, die die gemeinsamen Interessen der Mitglieder der kollektiven beherrschenden Stellung weiter stärkt.
In diesem vorliegenden Fall wollten die TACA-Parteien durch die TACA-Vereinbarung sicherstellen, dass potenzielle Wettbewerber nur dann in den Markt eintreten konnten, wenn sie sich der TACA-Vereinbarung anschlossen. Es wurde davon ausgegangen, dass die TACA-Parteien aktive Maßnahmen unternommen hatten, um unabhängige Schifffahrtsunternehmen dazu zu bewegen, in den Markt unter dem Dach der TACA einzutreten, anstatt als unabhängige Wettbewerber.
Eine derartige Geschäftsstrategie konnte einerseits als weitere Einschränkung des externen Wettbewerbs verstanden werden, da die unabhängigen Wettbewerber, die externen Druck ausüben konnten, nicht mehr existieren. Andererseits konnte sie auch als eine weitere Einschränkung des internen Wettbewerbs interpretiert werden, da die Unternehmensgruppe mit einer kollektiven Marktbeherrschung (TACA-Parteien) durch die Aufnahme neuer Mitglieder gestärkt würde.
In diesem Fall fand das Gericht keine Beweise dafür, dass die Reeder, die an der Linienkonferenz teilnahmen, durch die gespaltene Ratenstruktur in den Konferenz-Servicekontrakten zum Beitritt zu TACA veranlasst wurden.[94] Das Gericht stellte hingegen fest, dass die meisten potenziellen Wettbewerber durch die fragliche Maßnahme nicht zum Beitritt zu TACA veranlasst wurden.[95]
Das Gericht wies die Feststellungen der Kommission aufgrund von Beweisproblemen zurück. Es akzeptierte jedoch grundsätzlich, dass ein solcher Akt der Ausschaltung unabhängiger Wettbewerber durch die Veranlassung,

---

94 Vgl. EuG 30.9.2003, Rs. T-191/98, T-212/98 bis T-214/98, Slg. 2003, II-3275, Rn. 1340ff. „TACA".

95 Vgl. EuG 30.9.2003, Rs. T-191/98, T-212/98 bis T-214/98, Slg. 2003, II-3275, Rn. 1340ff. „TACA".

sich einer kollektiven Einheit anzuschließen, einen Missbrauch darstellen könnte.
Der dritte Beitrag in diesem Fall besteht darin, dass aus der Entscheidung des Gerichts klar hervorgeht, dass die Voraussetzungen für die Feststellung einer kollektiven Marktbeherrschung nach Art. 102 AEUV und der FKVO übereinstimmen. Zur Beurteilung der kollektiven Marktbeherrschung stützte sich das Gericht auf die einschlägigen Grundsätze, die in führenden Fällen im Rahmen der Fusionskontrolle aufgestellt wurden.[96] Das EuG stellte fest, dass sich eine kollektive Marktbeherrschung aus der Fähigkeit zum einheitlichen Vorgehen ergeben kann und dass sich diese Fähigkeit aus engen internen Bindungen ergeben kann. Diese Würdigungen stimmen mit denen überein, die in Fusionskontrollfällen aufgestellt wurden.

3.2.1.6 Piau

Die Fédération internationale de football association („FIFA“) ist ein am 21. Mai 1904 gegründeter Verein schweizerischen Rechts, dessen Mitglieder die nationalen Verbände sind. Im Jahr 1998 hatte der Kläger Laurent Piau („Piau“) eine Beschwerde gegen ein Reglement betreffend Spielervermittler von FIFA (ursprüngliches Reglement) bei der Kommission eingereicht.
Zuvor hatte die Kommission bereits die Beschwerde erhalten, dass die Vereinbarkeit dieses Reglements mit den Art. 101 und Art. 102 AEUV in Frage gestellt wurde. Danach hatte die Kommission ein Verfahren eingeleitet.
Aufgrund des von der Kommission eingeleiteten Verwaltungsverfahrens erließ die FIFA im Jahr 2000 ein neues Spielervermittler-Reglement. Die Kommission teilte Piau dann mit, dass aufgrund der Beseitigung der wichtigsten beschränkenden Aspekte des ursprünglichen Reglements die verbleibenden Beschränkungen eine Freistellung nach Art. 101 Abs. 3 AEUV gewährt werden können und Art. 102 AEUV im vorliegenden Fall nicht anwendbar sei.[97]
In der Folge hielt der Kläger Piau seine Beschwerde gleichwohl aufrecht und reichte weiterhin eine Klage vor EuG ein. Er machte gelten, dass die wettbewerbswidrigen Wirkungen des ursprünglichen Reglements wegen des Verstoßes Art. 101 Abs.1 AEUV im geänderten Reglement fortbestünden; daneben seien neue Beschränkungen in Form von Berufsordnungen

---

[96] Vgl. EuG 30.9.2003, Rs. T-191/98, T-212/98 bis T-214/98, Slg. 2003, II-3275, Rn. 652 „TACA“.
[97] Vgl. EuG 26.1.2005, Rs. T-193/02, Slg. 2005, II-209, Rn. 22 „Piau“.

und Musterverträgen sowie in Bezug auf die Festlegung der Vergütung gegeben worden.[98] Diese Beschränkungen könnten keine Freistellung nach Art. 101 Abs. 3 AEUV rechtfertigen.
Außerdem erhob er gegenüber der Kommission den Vorwurf, dass die Kommission die fragliche Regelung nicht im Hinblick auf Art. 102 AEUV geprüft habe. [99]
Entgegen der Auffassung des Klägers, hat das EuG die Entscheidung der Kommission, die Freistellung nach Art. 101 Abs. 3 AEUV zu gewähren, bestätigt.[100]
Die Feststellung der Kommission bezüglich der Unanwendbarkeit des Art. 102 AEUV wurde jedoch vom EuG beanstandet, weil die Fußballvereine sowie die FIFA als Interessenvertreterin eine kollektive Marktbeherrschung haben.[101] Im Ergebnis vereinte das Gericht jedoch eine Rechtsverletzung, weil nach seiner Auffassung kein Missbrauch vorlag.
Unter Bezugnahme auf den Fall *Compagnie Maritime Belge* stellte das EuG fest:

> „Die Durchführung eines Beschlusses wie des Spielervermittler-Reglements der FIFA kann dazu führen, dass sich auf dem relevanten Markt tätige Unternehmen, hier die Fußballvereine, hinsichtlich ihres Verhaltens auf einem bestimmten Markt so gebunden haben, dass sie auf diesem ihren Konkurrenten, ihren Geschäftspartnern und den Verbrauchern gegenüber als kollektive Einheit auftreten“.[102]

Anschließend beurteilte das EuG den marktbeherrschenden Charakter dieser kollektiven Einheit im Rahmen des Mechanismus einer stillschweigenden Koordinierung anhand der in der Rechtssache *Airtours*[103] aufgestellten drei Kriterien, also eine hinreichende Markttransparenz zur Überwachung der anderen Oligopolisten, ein glaubwürdiges Risiko von Vergeltungsmaßnahmen, und fehlender Außenwettbewerbsdruck.
Da dieses Reglement öffentlich ist, hat das Gericht nicht kommentiert, ob die Mitglieder das Verhalten des anderen kennen könnten, da die Antwort offensichtlich ist.
Die Verbindlichkeit des Reglements überzeugten das Gericht davon, dass die Mitglieder der FIFA (die nationalen Verbände) und die Vereine, die in

---

[98] Vgl. EuG 26.1.2005, Rs. T-193/02, Slg. 2005, II-209, Rn. 21 „Piau“.
[99] Vgl. EuG 26.1.2005, Rs. T-193/02, Slg. 2005, II-209, Rn. 21 „Piau“.
[100] Vgl. EuG 26.1.2005, Rs. T-193/02, Slg. 2005, II-209, Rn. 104 „Piau“.
[101] Vgl. EuG 26.1.2005, Rs. T-193/02, Slg. 2005, II-209, Rn. 113ff. „Piau“.
[102] Vgl. EuG 26.1.2005, Rs. T-193/02, Slg. 2005, II-209, Rn. 113 „Piau“.
[103] Vgl. EuG 6.6.2002, Rs. T-342/99, Slg. 2002, II-2585, Rn. 62 „Airtours“.

ihnen zusammengeschlossen sind, keinen Anreiz hatten, vom gemeinsamen Verhalten abzuweichen, da ihre Verhaltensweisen dauerhaft durch die von ihnen angenommenen Regeln und Vorschriften gebunden waren.[104]
Das Reglement sieht eine Reihe von Sanktionsregelungen vor, und die Vereine, Spieler und Spielervermittler unterliegen einem System von Sanktionen. In Anbetracht dieser Situation stellte das EuG fest, dass die anderen Marktteilnehmer (Spieler und Spielervermittler) das Reglement akzeptieren müssen und dass eine Ablehnung zum Ausschluss des Marktes führen würde.[105]
Schließlich kam das Gericht zum Schluss, dass die Fußballvereine aufgrund des FIFA-Reglements eine kollektiv beherrschende Stellung auf dem Markt für Spielervermittlungsdienste hatten.[106]
Das EuG stellte weiter fest, dass die FIFA als eine von den nationalen Verbänden und Vereinen geschaffene Struktur angesehen werden kann und die FIFA im Namen der Fußballvereine handelt.[107] In diesem Zusammenhang verfügte die FIFA nach der gerichtlichen Würdigung auch über eine kollektive Marktbeherrschung auf dem Markt der Dienstleistungen der Spielervermittler.[108]
Trotz des Vorliegens einer kollektiven marktbeherrschenden Stellung verneinte das EuG einen Missbrauch einer kollektiven Marktbeherrschung.
Angesichts des Inhalts des geänderten Reglements und der Freistellung gemäß Art. 101 Abs. 3 AEUV verneinte das Gericht die missbräuchliche Ausnutzung einer beherrschenden Stellung, die sich aus den Bestimmungen des Reglements ergeben soll.[109] Das EuG entschied, dass das Reglement keine einschränkenden quantitativen Beschränkungen des Zugangs zur Tätigkeit der Spielervermittler auferlegte, sondern vielmehr angemessene qualitative Einschränkung.[110]
Darüber hinaus wies das Gericht die Klage über den Missbrauch der kollektiven beherrschenden Stellung durch die lizenzierten Spielervermittler auch zurück, da Piau die für die Feststellung einer kollektiven Marktbeherrschung erforderlichen strukturellen Verbindungen zwischen den lizenzierten Spielervermittler nicht nachgewiesen hat.[111] Das Gericht stellte fest,

---

[104] Vgl. EuG 26.1.2005, Rs. T-193/02, Slg. 2005, II-209, Rn. 114 „Piau".
[105] Vgl. EuG 26.1.2005, Rs. T-193/02, Slg. 2005, II-209, Rn. 114 „Piau".
[106] Vgl. EuG 26.1.2005, Rs. T-193/02, Slg. 2005, II-209, Rn. 114 „Piau".
[107] Vgl. EuG 26.1.2005, Rs. T-193/02, Slg. 2005, II-209, Rn. 112 „Piau".
[108] Vgl. EuG 26.1.2005, Rs. T-193/02, Slg. 2005, II-209, Rn. 115 „Piau".
[109] Vgl. EuG 26.1.2005, Rs. T-193/02, Slg. 2005, II-209, Rn. 117 „Piau".
[110] Vgl. EuG 26.1.2005, Rs. T-193/02, Slg. 2005, II-209, Rn. 117 „Piau".
[111] Vgl. EuG 26.1.2005, Rs. T-193/02, Slg. 2005, II-209, Rn. 118 „Piau".

dass die Tatsache, dass der Spielervermittler über dieselbe Lizenz verfügt, denselben Mustervertrag verwendet und die Vergütung des Spielervermittlers nach denselben Kriterien festlegt, nicht beweist, dass der lizenzierte Spielervermittler eine kollektive beherrschende Stellung innehat.[112] Außerdem fand das Gericht keine Beweise auf ein einheitliches Vorgehen oder eine stillschweigende Aufteilung des Marktes.[113]
Das Urteil vom EuG wurde vom EuGH im Jahr 2006 bestätigt.[114]
Die Entscheidung von EuG in diesem vorliegenden Fall bringt etwas Klarheit in das Konzept der kollektiven Marktbeherrschung.
Aus dem Sachverhalt geht hervor, dass die zur kollektiven Marktbeherrschung führenden Verbindungen auch institutionelle Verflechtung umfassen können. Die FIFA stellt eine institutionelle Verflechtung zwischen mehreren Fußballverbänden dar. Die nationalen Verbände, die Mitglieder der FIFA sind, nehmen aufgrund des rechtlichen Spielervermittler-Reglements von FIFA eine kollektive marktbeherrschende Stellung ein.
Die Analyse des Gerichts zeigt auch, dass der Test zur Feststellung einer kollektiven Marktbeherrschung bei der Missbrauchs- und Fusionskontrolle einheitlich ist. Um eine kollektive beherrschende Stellung zu bejahen, wendete das EuG die drei im Rahmen von Fusionsverfahren entwickelten Airtours-Kriterien an. Es wird gefolgert, dass eine stillschweigende Kollusion die Grundlage für eine kollektive Marktbeherrschung sowohl im Rahmen von Art. 102 AEUV als auch im Rahmen der Fusionskontrolle sein kann.
Die Entscheidung in dieser Rechtssache ist nicht unumstritten. Der erste Einwand ist, dass der Anwendungsbereich der kollektiven Marktbeherrschung unangemessen erweitert wurde. Es wird argumentiert, dass sich die für die Feststellung einer kollektiven Marktbeherrschung erforderliche Verbindung in der Zugehörigkeit der nationalen Verbände zur FIFA und in dem FIFA-Reglement widerspiegele, die sich nicht wesentlich von der Verbindung innerhalb anderer Unternehmensverbände zu unterscheiden scheint.[115] Daher könnte sich die kollektive Marktbeherrschung von FIFA auf alle Sportverbände und auf alle Berufsverbände (und sogar auf alle Unternehmensverbände) erstrecken.[116]
Gegen diese Auffassung spricht, dass die Unionsrechtsprechung strenge Bedingungen für die Verbindungen aufstellt, die zu einer kollektiven

[112] Vgl. EuG 26.1.2005, Rs. T-193/02, Slg. 2005, II-209, Rn. 118 „Piau".
[113] Vgl. EuG 26.1.2005, Rs. T-193/02, Slg. 2005, II-209, Rn. 118 „Piau".
[114] EuGH 23.2.2006, Rs C-171/05 P, Slg. 2006, I-37 „Piau".
[115] Vgl. *Waelbroeck/Ibáñez Colomo*, Common Mark. Law Rev. 2006, 1743, 1755.
[116] Vgl. *Waelbroeck/Ibáñez Colomo*, Common Mark. Law Rev. 2006, 1743, 1755.

Marktbeherrschung führen können. Die Verbindung muss so eng sein, dass mehrere Unternehmen als eine kollektive Einheit gemeinsam handeln oder auftreten können. Ob eine organisatorische Verbindung zwischen Unternehmen die Anforderungen erfüllen kann, muss von Fall zu Fall geprüft werden. Selbst wenn festgestellt wird, dass eine Handelsorganisation eine kollektive marktbeherrschende Stellung innehat, führt diese Tatsache an sich nicht zu einer kartellrechtlichen Verurteilung.

Der zweite Einwand ist, dass das EuG eine kollektive Marktbeherrschung anhand der drei Airtours-Kriterien festgestellt habe, bei denen das Motiv und die Fähigkeit zu einer stillschweigenden Kollusion geprüft werden, aber im vorliegenden Fall gehe es nicht um eine stillschweigende Kollusion.[117] Die Verbindung zwischen der FIFA und dem Verein sei in der Tat rechtlich und vertraglich.[118]

Dieser Einwand regt zum Nachdenken an. Das Vorliegen von Tatsachen, die auf eine stillschweigende Kollusion hindeuten, ist in diesem Fall nicht ersichtlich. Es hat zu einer gewissen Unklarheit hinsichtlich der Entwicklung des Begriffs der kollektiven Marktbeherrschung im Rahmen des Missbrauchsverbots geführt. Auch wenn in der Rechtssache *Piau* anerkannt wird, dass Marktbedingungen, die die Bildung und Stabilisierung einer stillschweigenden Kollusion begünstigen, die Grundlage für die Feststellung einer kollektiven Marktbeherrschung in Missbrauchsfällen sein können, gibt es derzeit – soweit ersichtlich – keinen Missbrauchsfall auf Unionsebene, in dem die Gerichte eine kollektive Marktbeherrschung allein auf eine stillschweigende Kollusion gestützt haben.

3.2.2 Beispiel aus der Praxis in den Mitgliedstaaten: Llamadas Móviles (Spanien)

Die Rechtssache *Llamadas Móviles* (Spanien) ist einer der wenigen Fälle von mutmaßlichem Missbrauch einer kollektiven marktbeherrschenden Stellung innerhalb der EU in den letzten Jahren. Es ist auch die erste unionsweite Rechtsprechung zum Missbrauch einer kollektiven Marktbeherrschung durch eine Kosten-Preis-Schere.

Ausgelöst wurde die Ermittlung der CNMC („Comisión Nacional de los Mercados y la Competencia"), bei der es sich um die spanische Wettbewerbsbehörde handelt, durch eine Beschwerde von British Telecommunications PLC und BT España Compañía de Servicios Globales de Telecomunicaciones S.A.U. (Zusammen sind sie bekannt als BT).

---

[117] Vgl. *Mezzanotte*, Eur. Compet. Law Rev. 2009, 137, 140.
[118] Vgl. *Mezzanotte*, Eur. Compet. Law Rev. 2009, 137, 140.

In diesem Fall ging es um zuerst die Frage, ob die drei Telekommunikationsunternehmen, Telefónica Móviles de España, S.A.U. („TME“), Vodafone España, S.A.U. („VODAFONE“) und France Telecom España, S.A. („ORANGE“) über eine kollektive beherrschende Stellung auf dem spanischen Markt für Mobilfunkdienste verfügten.
Es geht ferner darum, ob TME, VODAFONE und ORANGE im Zeitraum 2008-2010 durch die Festsetzung bestimmter Vorleistungspreise für die Zustellung und den Verbindungsaufbau von Mobilfunkanrufen in Verträgen mit vollständigen MVNOs[119] sowie durch die Festsetzung bestimmter Endkundenpreise für Mobilfunkanrufe gemeinsam einen nach Art. 2 LDC[120] und Art. 102 AEUV verbotenen Missbrauch begangen haben.[121] Insbesondere muss festgestellt werden, ob die Preispolitik auf der Vorleistungs- und Endkundenebene zu einer Kosten-Preis-Schere bei tatsächlichen oder potenziell ebenso effizienten Wettbewerbern geführt hat, wodurch deren Fähigkeit, auf dem nationalen Mobilfunkmarkt zu konkurrieren, unangemessen eingeschränkt wurde.[122]
Die Untersuchung hat ergeben, dass die drei Unternehmen bei den Preisen ein gewisses Maß an Konsistenz aufweisen. Die von TME, VODAFONE und ORANGE für bestimmte Dienste berechneten Verkehrspreise ähneln sich in Bezug auf Höhe und Variation.[123]
Was die strukturellen Merkmale anbelangt, hat die CNMC festgestellt, dass der Vorleistungsmarkt für den Zugang und den Verbindungsaufbau zu Mobiltelefonen durch eine sehr geringe Anzahl von Betreibern, einen sehr hohen und stabilen Konzentrationsgrad, ein hohes Maß an Markttransparenz und hohe Marktzutrittsschranken, insbesondere rechtliche Marktzutrittsschranken, gekennzeichnet ist.[124] Die CNMC betonte, dass die unüberwindbaren Schranken für den Zugang zu Funkfrequenzen bedeuten, dass wesentliche Einrichtungen vorhanden sind und kein nennenswerter potenzieller Wettbewerb besteht.[125] In diesem Zusammenhang wurde festgestellt, dass TME, VODAFONE und ORANGE einen Anreiz haben, ihr Wettbe-

[119] Vollständige MVNOs sind Betreiber, die öffentlich zugängliche Mobilfunkdienste anbieten, aber keine Rechte zur Nutzung des Funkspektrums besitzen.
[120] The Spanish Competition Act (LDC).
[121] Vgl. CNMC, Decision of 6 March 2014, Case S/0391/11, Llamadas Móviles, S. 43.
[122] Vgl. CNMC, Decision of 6 March 2014, Case S/0391/11, Llamadas Móviles, S. 43.
[123] Vgl. CNMC, Decision of 6 March 2014, Case S/0391/11, Llamadas Móviles, S. 42.
[124] Vgl. CNMC, Decision of 6 March 2014, Case S/0391/11, Llamadas Móviles, S. 33.
[125] Vgl. CNMC, Decision of 6 March 2014, Case S/0391/11, Llamadas Móviles, S. 33.

werbsverhalten anzupassen und den bestehenden Status quo beizubehalten.[126] Außerdem war ein abweichendes Verhalten leicht zu erkennen und es gab Vergeltungsmechanismen.
Die CNMC stellte ferner fest, dass es keine nennenswerte Gegenkraft von vollständigen MVNOs gibt, die den drei großen Betreibern etwas entgegensetzen könnte.[127] Auch die Marktmerkmale des Endkundenmarktes für Mobilfunkdienste ließen die Feststellung einer kollektiven Marktbeherrschung zu.[128]
In Anbetracht dessen kommt die CNMC zu dem Schluss, dass TME, VODAFONE und ORANGE gemeinsam eine beherrschende Stellung auf dem spanischen Markt für Mobilfunkdienste.
Als Nächstes untersuchte die CNMC, ob die drei Betreiber mit kollektiver Marktbeherrschung eine Kosten-Preis-Schere mit Ausschlusswirkungen vorgenommen hatten.
Das Ausgangsinstrument zur Ermittlung einer Kosten-Preis-Schere ist der AEC-Test.[129] Der AEC-Test beurteilt, ob ebenso effiziente Wettbewerber mit den gleichen Kostenstrukturen wie die eigenen nachgelagerten Einheiten von TME, VODAFONE und ORANGE auf dem nachgelagerten Markt anhand der Einzel- und Großhandelspreise dieser drei vertikal integrierten beherrschenden Unternehmen rentabel sein könnten.[130]
Die Testergebnisse zeigen, dass ein vollständiger MVNO, der so effizient ist wie der gastgebende Netzbetreiber, in keinem der Jahre 2008-2010 eine positive Rendite erzielt hätte.[131] Es wurde auch festgestellt, dass ein ebenso effizienter Betreiber noch negativere Margen im Geschäftssegment erzielt hätte.[132] Infolgedessen wurde eine landesweite Kosten-Preis-Schere im Endkundenmarkt und im Geschäftssegment der mobilen Sprachtelefonie im Zeitraum 2008-2010 durch die CNMC bestätigt.[133]
Dies führte jedoch nicht zu der endgültigen Feststellung der CNMC, dass ein Missbrauch einer kollektiven Marktbeherrschung vorlag. Die CNMC hat einen sog. Kreuztest („Crossed-Test“) weiter eingeführt. Der erste

---

[126] Vgl. CNMC, Decision of 6 March 2014, Case S/0391/11, Llamadas Móviles, S. 33 and 57.
[127] Vgl. CNMC, Decision of 6 March 2014, Case S/0391/11, Llamadas Móviles, S. 58.
[128] Vgl. CNMC, Decision of 6 March 2014, Case S/0391/11, Llamadas Móviles, S. 59.
[129] „The as-efficient competitor test “.
[130] Vgl. CNMC, Decision of 6 March 2014, Case S/0391/11, Llamadas Móviles, S. 61.
[131] Vgl. CNMC, Decision of 6 March 2014, Case S/0391/11, Llamadas Móviles, S. 62.
[132] Vgl. CNMC, Decision of 6 March 2014, Case S/0391/11, Llamadas Móviles, S. 62.
[133] Vgl. CNMC, Decision of 6 March 2014, Case S/0391/11, Llamadas Móviles, S. 62.

Schritt des Kreuztests ist genau der oben beschriebene traditionelle AEC-Test.
In einem zweiten Schritt wird der niedrigste der von allen Mitgliedern einer kollektiven Marktbeherrschung dem MVNO angebotenen Vorleistungspreis mit dem höchsten der von allen Mitgliedern einer kollektiven Marktbeherrschung dem MVNO angebotenen Endkundenpreise verglichen.[134]
Die CNMC stellte fest, dass jeder MVNO, der die Vorleistungsdienste von ORANGE (der niedrigste Vorleistungspreis) nutzt, in der Lage wäre, mit TME (der höchste Endkundenpreis) auf dem Endkundenmarkt zu konkurrieren.[135] Ungefähr die Hälfte des Endkundenmarktes wäre für vollständige MVNOs bestreitbar.[136] Dies bedeutet, dass die einzelnen Praktiken von TME, VODAFONE und ORANGE nicht in der Lage gewesen wären, ausreichende Ausschlusswirkungen auf dem Endkundenmarkt zu erzielen.[137]
Die CNMC kam schließlich zu dem Schluss, dass trotz des Vorliegens einer kollektiven Marktbeherrschung und der negativen Gewinne im Rahmen des AEC-Tests kein Missbrauch vorlag, da es keine hinreichend stichhaltigen Beweise für die ausreichenden Ausschlusswirkungen der Kosten-Preis-Schere gab.[138] Die betroffenen MVNOs hätten die begrenzten Ausschlusswirkungen durch die Ausweichung auf ORANGE vermeiden können.
BT legte daraufhin gegen die Entscheidung der CNMC beim nationalen Gerichtshof von Spanien (Audiencia Nacional) Berufung ein. Diese Berufung wurde jedoch zurückgewiesen.[139]
Einer der zentralen Streitpunkte war die Frage, ob die Verdrängungseffekte/Ausschlusswirkungen nachgewiesen werden müssten, um die Missbräuchlichkeit der Kosten-Preis-Schere festzustellen.
Unter Bezugnahme auf die einschlägigen Entscheidungen der Unionsgerichte stellte der nationale Gerichtshof von Spanien fest, dass eine Prüfung der wettbewerbswidrigen Auswirkungen erforderlich war. Es genügte jedoch, dass die Kosten-Preis-Schere zumindest potenzielle Ausschlusswirkungen hatte und dass solche potenziellen Ausschlusswirkungen nachgewiesen wurden.[140]

---

[134] Vgl. *González de Zárate Catón*, J. Eur. Compet. Law Pract. 2020, 267, 270f.
[135] Vgl. CNMC, Decision of 6 March 2014, Case S/0391/11, Llamadas Móviles, S. 63.
[136] Vgl. CNMC, Decision of 6 March 2014, Case S/0391/11, Llamadas Móviles, S. 63.
[137] Vgl. CNMC, Decision of 6 March 2014, Case S/0391/11, Llamadas Móviles, S. 63.
[138] Vgl. CNMC, Decision of 6 March 2014, Case S/0391/11, Llamadas Móviles, S. 63 und 67f.
[139] Audiencia Nacional, ECLI: ES:AN:2017:2110.
[140] Vgl. Audiencia Nacional, ECLI: ES:AN:2017:2110, S. 11.

Der zweite Kernpunkt des Streits war die Frage, ob die Verwendung des Kreuztests gegen das Gesetz und die einschlägige Rechtsprechung der Gemeinschaft verstieß.
In dieser Frage erkannte der nationale Gerichtshof von Spanien zunächst an, dass die derzeitige Rechtsprechung nur den AEC-Test als geeigneter Ansatz zur Prüfung des Vorliegens einer Kosten-Preis-Schere anerkennte.[141]
Der Gerichtshof betonte jedoch, dass die bisherige Rechtsprechung jedoch im Zusammenhang mit der Einzelmarktbeherrschung entwickelt wurde. Der Gerichtshof vertrat daher die Auffassung, dass dies die Möglichkeit einschränkte, in diesem vorliegenden speziellen Fall bezüglich der kollektiven Marktbeherrschung die Anwendung des AEC-Tests zur Kosten-Preis-Schere nachzuahmen.[142]
Unter Berücksichtigung der Tatsache, dass die CNMC bei der Beurteilung der wirtschaftlichen Natur ein Ermessensspielraum zustand, hielt der nationale Gerichtshof die in der angefochtenen Entscheidung angestellten Angemessenheit der Anwendung des Kreuztests für ausreichend und angemessen.[143]
Der dritte zentrale Punkt des Rechtsstreits war die Frage, ob der Missbrauch einer kollektiven Marktbeherrschung durch eine Kosten-Preis-Schere unter der Berücksichtigung des Kreuztests von allen marktbeherrschenden Unternehmen gemeinsam begangen werden musste.
In dieser Frage zitierte der nationale Gerichtshof von Spanien die Urteile *Irish Sugar* und *TACA* vom EuG und schloss sich ihnen an, indem es feststellte, dass im Fall einer kollektiven Marktbeherrschung ein Verstoß im Sinne von Art. 102 AEUV nicht voraussetzte, dass er von allen Unternehmen gemeinsam begangen wurde.[144]
Der Gerichtshof betonte jedoch, dass es einen „qualitativen Unterschied" zwischen diesem Fall und den oben zitierten Fällen gab, da der Missbrauch einer kollektiven Marktbeherrschung durch Kosten-Preis-Schere mit potenziellen oder tatsächlichen Ausschlusswirkungen vom Markt manifestiert werden musste.[145]

---

[141] Vgl. Audiencia Nacional, ECLI: ES:AN:2017:2110, S. 15.
[142] Vgl. Audiencia Nacional, ECLI: ES:AN:2017:2110, S. 12.
[143] Vgl. Audiencia Nacional, ECLI: ES:AN:2017:2110, S. 15.
[144] Vgl. Audiencia Nacional, ECLI: ES:AN:2017:2110, S. 18.
[145] Vgl. Audiencia Nacional, ECLI: ES:AN:2017:2110, S. 18.

Der Gerichtshof stellte fest, dass die Stärke des Ausschlusseffekts nur dann hinreichend nachgewiesen werden kann, wenn alle kollektiv marktbeherrschenden Unternehmen die Kosten-Preis-Schere praktizieren.[146] Dies ist anzunehmen, wenn der niedrigste vorgelagerte Vorleistungspreis, den ein ebenso effizienter nachgelagerter Wettbewerber erzielen kann, immer noch höher ist als der höchste Einzelhandelspreis, den der nachgelagerte Sektor des kollektiv marktbeherrschenden Unternehmens auf dem Einzelhandelsmarkt verlangt. Der nachgelagerte Einzelhandelsmarkt ist daher nicht angreifbar.

Daraus folgt, dass nach Ansicht des Gerichtshofs bei Anwendung des Kreuztests eine Kosten-Preis-Schere nur dann einen Missbrauch darstellt, wenn alle kollektive marktbeherrschenden Unternehmen ein solches missbräuchliches Verhalten an den Tag legen.[147]

Diese Auslegung durch den nationalen Gerichtshof mag oberflächlich betrachtet im Widerspruch zu dem in der Rechtsprechung *Irish Sugar* und *TACA* aufgestellten Grundsatz stehen, dass eine kollektive marktbeherrschende Stellung von einigen (aber nicht allen) Unternehmen missbraucht werden kann.

Diese Unstimmigkeit stellt jedoch keinen wesentlichen Widerspruch dar. Hohe Anforderungen an die Feststellung missbräuchlicher Auswirkung der Kosten-Preis-Schere steht im Einklang mit dem Ziel des Art. 102 AEUV. Das Wettbewerbsrecht schützt nicht davor, dass Konkurrenten vom Markt verschwinden oder an den Rand gedrängt werden, die weniger effizient und daher für die Verbraucher insbesondere in Bezug auf Preis, Auswahl, Qualität oder Innovation weniger interessant sind.[148] Nicht jedes Verhalten mit Verdrängungseffekten ist daher ein wettbewerbsverzerrender Missbrauch.[149]

Der Grund, warum die missbräuchliche Auswirkung in einer Konstellation, in der die kollektive Marktbeherrschung in Form von Kosten-Preis-Schere missbraucht wird, anspruchsvoller ist, liegt darin, dass eine Marktgegenpartei im Fall einer kollektiven Marktbeherrschung die Möglichkeit, zwischen mehreren Unternehmen zu wechseln. Eine hinreichende wettbewerbswidrige Ausschlusswirkung kann daher nur bejaht werden, wenn alle

---

[146] Vgl. Audiencia Nacional, ECLI: ES:AN:2017:2110, S. 18.

[147] Vgl. *González de Zárate Catón*, J. Eur. Compet. Law Pract. 2020, 267, 272.

[148] Vgl. EuGH 27.3.2012, Rs. C-209/10, EuZW 2012, 540, Rn. 22 „Post Danmark I"; EuGH 6.9.2017, Rs. C-413/14 P, EuZW 2017, 850, Rn. 134 „Intel".

[149] Vgl. EuGH 27.3.2012, Rs. C-209/10, EuZW 2012, 540, Rn. 22 „Post Danmark I"; EuGH 6.9.2017, Rs. C-413/14 P, EuZW 2017, 850, Rn. 134 „Intel".

Mitglieder an der Auferlegung einer Kosten-Preis-Schere beteiligt sind. Mit anderen Worten, Ausweichmöglichkeit ist völlig ausgeschlossen. Dies ist der Fall, wenn der niedrigste Vorleistungspreis immer noch höher ist als der höchste nachgelagerte Einzelhandelspreis.

BT legte gegen die Entscheidung von dem nationalen Gerichtshof von Spanien bei dem Obersten Spanischen Gerichtshof (Tribunal Supremo) weiter ein. Am 9. Oktober 2018 bestätigte der Oberste Spanische Gerichtshof die Entscheidung vom nationalen Gerichshof.[150] Der Oberste Gerichtshof hat erneut die wichtige Feststellung getroffen, dass der Kreuztest ein geeignetes Analyseinstrument ist, um die potenzielle und tatsächliche Ausschlusswirkung von Kosten-Preis-Schere in Fällen kollektiver Marktbeherrschung zu überprüfen.[151]

Zusammenfassend lassen sich vier Schlussfolgerungen aus der Rechtssache *Llamadas Móviles* (Spanien) ziehen.

Erstens ist dieser Fall wichtig, weil er eine Lücke in der Rechtsprechung zur Analyse von Kosten-Preis-Schere im Zusammenhang mit dem Missbrauch einer kollektiven Marktbeherrschung schließt. Der Oberste Gerichtshof hat die Angemessenheit des Kreuztests bei der Prüfung der Missbräuchlichkeit einer Kosten-Preis-Schere im Zusammenhang mit kollektiver Marktbeherrschung anerkannt.

Zweitens unterscheidet sich der Kreuztest von dem AEC-Test. Der AEC-Test erfolgt im Zusammenhang mit einer Einzelmarktbeherrschung. Er vergleicht nur den Vorleistungs- und Endkundenpreise des beherrschenden Unternehmens, um festzustellen, ob die Gewinnspannen die Kosten ebenso effizienter nachgelagerter Wettbewerber decken können.

Im Falle einer kollektiven Marktbeherrschung haben die Vorleistungs- und Endkundenpreise mehrerer Unternehmen mehrere Werte. Beim Kreuztest werden nicht nur die Vorleistungspreise der einzelnen kollektiv marktbeherrschenden Unternehmen mit ihren jeweiligen Endkundenpreisen verglichen, wie es im traditionellen AEC-Test vorgesehen ist, sondern auch die von allen kollektiv marktbeherrschenden Unternehmen angebotenen Vorleistungs- und Endkundenpreise. Ziel ist es, aus diesen den niedrigsten Vorleistungspreis und den höchsten Endkundenpreis zu ermitteln.

Drittens kann der Kreuztest die Ergebnisse des AEC-Tests korrigieren. Nach dem AEC-Test liegt ein Missbrauch vor, wenn negative oder unzureichende Gewinnspannen ebenso effiziente Wettbewerber verdrängen

[150] Tribunal Supremo, ECLI: ES:TS:2018:3481.

[151] Vgl. Tribunal Supremo, ECLI: ES:TS:2018:3481. S. 10.

können. Für den Kreuztest reicht dies jedoch nicht aus, um die Missbräuchlichkeit einer Kosten-Preis-Schere zu bestätigen. Solange nämlich der niedrigste Vorleistungspreis unter dem höchsten Einzelhandelspreis liegt, bedeutet dies, dass ebenso effiziente Wettbewerber die Möglichkeit haben, mit mindestens einem anderen Unternehmen auf dem Einzelhandelsmarkt zu konkurrieren. Mangels ausreichender Auswirkungen auf den Marktausschluss wird der Missbrauch daher nicht festgestellt.
Viertens wurde vorgebracht, dass beim Kreuztest mehr Gewicht auf die Bewertung der Auswirkungen gelegt wird, was hohe Anforderungen an die Feststellung eines Missbrauchs einer kollektiven Marktbeherrschung durch Kosten-Preis-Schere stellt.[152] Der Kreuztest erfordert den Vergleich zwischen dem niedrigsten Vorleistungspreis und dem höchsten Endkundenpreis, um festzustellen, ob ein ebenso effizienter nachgelagerter Wettbewerber ganz vom Markt ausgeschlossen werden würde. In dieser Fallgruppe müssen daher alle kollektiven Marktbeherrscher am Missbrauch beteiligt sein.
Es wird behauptet, dass die Entwicklung der Doktrin des Missbrauchs einer kollektiven Marktbeherrschung daher aufgrund der hohen Anforderung weiter eingeschränkt werden könnte.[153] Dennoch ist Vorsicht geboten.
Wie der spanische Oberste Gerichtshof festgestellt hat, würde jeder Zweifel an der Verantwortlichkeit des verurteilten Unternehmens Sanktionen verhindern, weshalb hinreichend starke Beweise vorgelegt werden müssen.[154] Die hohen Anforderungen an die Ausschlusswirkung tragen dazu bei, Wohlfahrtsverluste aufgrund von Fehlalarmen zu vermeiden.

---

[152] Vgl. *González de Zárate Catón*, J. Eur. Compet. Law Pract. 2020, 267, 272.
[153] Vgl. *González de Zárate Catón*, J. Eur. Compet. Law Pract. 2020, 267, 267.
[154] Vgl. Tribunal Supremo, ECLI: ES:AN:2017:2110, S. 12.

3.2.3 Begriff der kollektiven Marktbeherrschung im Rahmen des Missbrauchsverbots

Eine beherrschende Stellung, die von mehreren Unternehmen auf einem relevanten Markt gemeinsam eingenommen wird, ist eine kollektive beherrschende Stellung.

Eine kollektive Marktbeherrschung setzt voraus, dass es keinen wirksamen internen und externen Wettbewerb gibt. Ein wirksamer interner Wettbewerb gilt als nicht gegeben, wenn mehrere Unternehmen aufgrund ihrer Verbindungen untereinander oder aufgrund oligopolistischer Reaktionsverbundenheit (genauer gesagt: stillschweigender Kollusion) als eine kollektive Einheit auf dem Markt auftreten oder gemeinsam handeln.

Ein wirksamer externer Wettbewerb ist nicht gegeben, wenn diese kollektive Einheit weitgehend unabhängig von anderen Marktteilnehmern handeln kann.

3.2.3.1 Fehlender wirksamer Innenwettbewerb: Auftreten oder Handeln als kollektive Einheit

Kollektive Einheit

Eine kollektive marktbeherrschende Stellung setzt zuerst das Vorhandensein einer kollektiven Einheit im Kontext des Missbrauchsverbots voraus.[155] Ein wichtiges Merkmal einer kollektiven Einheit ist das Fehlen eines wirksamen Innenwettbewerbs, was auf das Vorhandensein der engen Verbindungen und das daraus resultierende gleichförmige Vorgehen zurückzuführen ist.

Im Folgenden wird der wichtige Begriff der engen Verbindungen in zwei Kategorien unterteilt, nämlich Verbindungen zwischen betreffenden Unternehmen und enge Verbindungen aufgrund der Marktstruktur bzw. einer stillschweigenden Kollusion.

Verbindung zwischen den betroffenen Unternehmen

Nach der ständigen Rechtsprechung sowie nach der Auffassung im Schrifttum ist der Umfang der Verbindungen zwischen den Unternehmen sehr weit gefasst. Hier geht es um die rechtlichen Beziehungen zwischen Unternehmen und die Art und Weise, in der sie wirtschaftliche Entscheidungen

---

[155] Vgl. EuGH 16.3.2000, Rs. C-395/96 P und C-396/96 P, Slg. 2000, I-1365, Rn. 36 „Compagnie Maritime Belge".

beeinflussen. Sie können z. B. vertragliche Vereinbarung oder sonstige Formen der Kooperation,[156] Vorschriften bestimmter Verbände,[157] personelle Verflechtungen,[158] Kapitalbeteiligung sowie Kommunikationsprozess,[159] die Art der Durchführung der Vereinbarung[160] und die Verfolgung einer gemeinsamen Marktstrategie oder Absatzpolitik[161] umfassen.
Neben den Verbindungen zwischen Unternehmen in derselben Produktionskette können auch vertikale Verbindungen zwischen vor- und nachgelagerten Unternehmen eine kollektive Einheit begründen.[162]
Es ist nicht erforderlich, die Art der wirtschaftlichen Verbindungen erschöpfend oder überhaupt zu spezifizieren.[163] Entscheidend ist, dass die zur Bildung einer kollektiven Einheit erforderliche Verbindung zwei Voraussetzungen erfüllen muss.
Erstens muss die Verbindung zwischen den betreffenden Unternehmen es ihnen ermöglichen, auf einem bestimmten Markt gemeinsam aufzutreten oder zu handeln.[164]
Es stellt sich somit eine Frage, wie eng die Verbindung sein muss. Die Antwort ergibt sich aus dem Ausdruck „wirtschaftliche Einheiten". Die Rechtsprechung verlangt, dass die Mitglieder einer kollektiven marktbeherr-

---

[156] Vgl. *Haupt*, S. 57; EuG 10.3.1992, Rs. T-68/89, T-77/89 und T-78/89, Slg. 1992, II-1403, „Italien Flachglas".

[157] Vgl. EuGH 27.4.1994, Rs. C-393/92, Slg. 1994, I-1477, „Almelo"; EuGH 16.3.2000, Rs. C-395/96 P und C-396/96 P, Slg. 2000, I-1365, „Compagnie Maritime Belge"; EuG 30.9.2003, Rs. T-191/98, T-212/98 bis T-214/98, Slg. 2003, II-3275, „TACA"; EuG 26.1.2005, Rs. T-193/02, Slg. 2005, II-209 „Piau".

[158] Vgl. *Fennelly*, Schlussanträge des Generalanwalts Nial Fennelly vom 29. Oktober 1998, I-1371, Rn. 28; EuG 7.10.1999, Rs. T-228/97, Slg. 1999, II-2969, Rn. 51 „Irish Sugar".

[159] Vgl. EuG 7.10.1999, Rs. T-228/97, Slg. 1999, II-2969, Rn. 51 „Irish Sugar".

[160] Vgl. EuGH 16.3.2000, Rs. C-395/96 P und C-396/96 P, Slg. 2000, I-1365, Rn. 45 „Compagnie Maritime Belge".

[161] Vgl. EuGH 4.5.1988, Rs. 30/87, Slg. 1988, 2479, Rn. 20 „Bodson".

[162] Vgl. EuG 7.10.1999, Rs. T-228/97, Slg. 1999, II-2969, Rn. 63 „Irish Sugar".

[163] Vgl. *Fennelly*, Schlussanträge des Generalanwalts Nial Fennelly vom 29. Oktober 1998, I-1371, Rn. 28.

[164] Vgl. EuGH 27.4.1994, Rs. C-393/92, Slg. 1994, I-1477, Rn. 42 „Almelo"; EuGH 5.10.1995, Rs. C-96/94, Slg. 1995, I-2883, Rn. 33 „Centro Servizi Spediporto Srl"; EuGH 17.10.1995, Rs. C-140/94 bis C-142/94, Slg. 1995, I-3257, Rn. 26 „DIP"; EuGH 31.03.1998, Rs. C-68/94 und C-30/95, Slg. 1998, I-1375, Rn. 221 „Kali+Salz"; EuGH 16.3.2000, Rs. C-395/96 P und C-396/96 P, Slg. 2000, I-1365, Rn. 42 „Compagnie Maritime Belge".

schenden Stellung mehrere rechtlich voneinander unabhängige wirtschaftliche Einheiten (mehrere Unternehmen) sind.[165] Deshalb müssen die Verbindungen so eng sein, dass mehrere unabhängige Unternehmen auf dem Markt in gleicher Weise handeln können, so dass sie im Verhältnis zu anderen Marktteilnehmern als „ein Unternehmen“ (kollektive Einheit) auftreten. Sie darf aber nicht so eng sein, dass die Unabhängigkeit der betreffenden Unternehmen nicht mehr gegeben ist und sie lediglich als eine wirtschaftliche Einheit identifiziert werden.

Zweitens muss die Verbindung es den betreffenden Unternehmen ermöglichen, sich weitgehend unabhängig von anderen Marktteilnehmern zu verhalten.[166] Dies verleiht die kollektive Einheit den beherrschenden Charakter, d. h. die kollektive Einheit ist keinem wirksamen externen Wettbewerb ausgesetzt.

Marktstruktur und stillschweigende Kollusion

Oligopolistische Marktstrukturen und die erforderlichen Marktbedingungen für eine stillschweigende Kollusion sind ebenfalls von entscheidender Bedeutung.

Nach der ständigen Rechtsprechung sind Vereinbarungen oder andere rechtliche Verbindungen zwischen den Beteiligten für die Feststellung der kollektiven Marktbeherrschung nicht zwangsläufig notwendig.[167] Vielmehr kann eine kollektive Marktbeherrschung für die Zwecke des Art. 102 AEUV auch aus einer wirtschaftlichen Beurteilung und insbesondere einer Beurteilung der Struktur des fraglichen Marktes abgeleitet werden.[168] Daraus folgt, dass das Vorliegen einer kollektiven Marktbeherrschung auch auf eine oligopolistische Reaktionsverbundenheit zurückzuführen kann.

Mit dem Verweis auf die Rechtssache *Airtours* in einem Fusionskontrollverfahren hat die Rechtssache *Piau* in der Missbrauchskontrolle bestätigt, dass die Marktbedingungen, die die Entstehung und Aufrechterhaltung einer stillschweigenden Kollusion begünstigen, auch als Grundlage für die

---

[165] Vgl. EuG 10.3.1992, Rs. T-68/89, T-77/89 und T-78/89, Slg. 1992, II-1403, Rn. 357 „Italien Flachglas“; EuGH 16.3.2000, Rs. C-395/96 P und C-396/96 P, Slg. 2000, I-1365, Rn. 35 „Compagnie Maritime Belge“.

[166] Vgl. EuG 10.3.1992, Rs. T-68/89, 77/89 und 78/89, Slg. 1992, II-1403, Rn. 358 „Flachglas“; EuGH 31.03.1998, Rs. C-68/94 und C-30/95, Slg. 1998 I-1375, Rn. 221 „Kali+Salz“.

[167] Vgl. EuGH 16.3.2000, Rs. C-395/96 P und C-396/96 P, Slg. 2000, I-1365, Rn. 45 „Compagnie Maritime Belge“.

[168] Vgl. EuGH 16.3.2000, Rs. C-395/96 P und C-396/96 P, Slg. 2000, I-1365, Rn. 45 „Compagnie Maritime Belge“.

Ermittlung einer kollektiven Marktbeherrschung im Rahmen des Missbrauchsverbots dienen können.[169] Es ist wichtig zu beurteilen, ob der Markt in hohem Maße transparent ist, ob es einen Anreiz gibt, nicht von einem einheitlichen Verhalten abzuweichen, und ob die Marktkräfte der Oligopol-Außenseiter die Einheitlichkeit des Verhaltens nicht gefährden.

Einheitliches Auftreten oder Handeln

Die wichtige Bedingung für die Feststellung einer kollektiven Marktbeherrschung ist nicht das bloße Vorliegen der „Verbindungen" im weiteren Sinne[170], sondern die Macht zum einheitlichen Auftreten oder Handeln. Es gibt verschiedene Arten von Verbindungen. Um eine kollektive Marktbeherrschung zu begründen, müssen die Verbindungen eng genug und geeignet sein, die miteinander verbundenen Unternehmen als eine kollektive Einheit erscheinen zu lassen und ihnen die Möglichkeit verschaffen, gemeinsam zu handeln.

In Bezug auf das einheitliche Vorgehen sind folgende Klarstellungen vorzunehmen.

Erstens wenden die Mitglieder einer kollektiven Marktbeherrschung gemeinsame Praktiken an, weil sie eine allgemeine Interessenkonvergenz haben. Dies bedeutet aber nicht, dass ihr Verhalten in jeder Hinsicht identisch sein muss. Denn die Mitglieder einer kollektiven marktbeherrschenden Stellung sind immer noch rechtlich und wirtschaftlich unabhängig Einheiten mit unterschiedlichen Geschäfts-, Profit- und Entwicklungsmodellen. Das EU-Wettbewerbsrecht verlangt nur, dass die enge Verbindung den Unternehmen erlaubt, gemeinsam aufzutreten oder zu handeln.[171] Es ist nicht erforderlich, dass sie tatsächlich in irgendeiner Hinsicht gemeinsam handeln.[172]

Dies steht im Einklang mit dem Erfordernis des Fehlens eines wirksamen Innenwettbewerbs und nicht des Fehlens jeglichen Wettbewerbs. Die Unternehmen können in Bezug auf die Preissetzung als eine kollektive Einheit

---

[169] Vgl. EuG 26.1.2005, Rs. T-193/02, Slg. 2005, II-209, Rn. 111 „Piau".

[170] Verbindungen zwischen den Unternehmen und Marktstruktur sowie stillschweigende Kollusion.

[171] EuGH 16.3.2000, Rs. C-395/96 P und C-396/96 P, Slg. 2000, I-1365, Rn. 42 „Compagnie Maritime Belge"; EuGH 31.03.1998, Rs. C-68/94 und C-30/95, Slg. 1998, I-1375, Rn. 221 „Kali+Salz"; EuG 7.10.1999, Rs. T-228/97, Slg. 1999, II-2969, Rn. 47 „Irish Sugar".

[172] Vgl. EuG 30.9.2003, Rs. T-191/98, T-212/98 bis T-214/98, Slg. 2003, II-3275, Rn. 631 „TACA".

auftreten, was jedoch nicht ausschließt, dass sie in anderen nicht-preislichen Bereichen (z. B. bezüglich der Qualität) konkurrieren.[173]

Zweitens können viele Erklärungsmöglichkeiten für das Parallelverhalten im engen Oligopol bestehen. Es kann beispielsweise auf eine rationale Reaktion auf Veränderungen der Kosten oder des Marktangebots und der Nachfrage zurückzuführen sein.

Parallele Formen des Verhaltens können auch auf stillschweigende Kollusion zurückgeführt werden. Dies ergibt sich aus der Tatsache, dass strategische Entscheidungen eines Oligopolmitglieds unter Berücksichtigung der Aktionen und möglichen Reaktionen der Wettbewerber getroffen werden sollten.

Es ist zu betonen, dass ein einheitliches Vorgehen oder Handeln zur Feststellung einer kollektiven Marktbeherrschung herangezogen werden kann. Dies unterscheidet sich von der Feststellung, dass ein Missbrauch vorliegt. Die Missbräuchlichkeit sollte auf der Tatsache beruhen, dass die zusätzliche Ausnutzung des Mangels an wirksamem Wettbewerb den Wettbewerb weiter einschränkt. Dies gilt zum Beispiel für die weitere Förderung der Aufrechterhaltung einheitlicher Verhaltensweisen.

3.2.3.2 Fehlender wirksamer Außenwettbewerb: marktbeherrschende kollektive Einheit

Damit mehrere Unternehmen eine kollektive marktbeherrschende Stellung einnehmen können, müssen sie gegenüber ihren Kunden und Wettbewerbern die gleiche Stellung einnehmen wie im Fall der Einzelmarktbeherrschung.[174]

Es ist daher notwendig, zunächst den Begriff der marktbeherrschenden Stellung im Fall der Einzelmarktbeherrschung zu verstehen. Unter der beherrschenden Stellung im Sinne von Art. 102 AEUV versteht man

> „die wirtschaftliche Machtstellung eines Unternehmens […], die dieses in die Lage versetzt, die Aufrechterhaltung eines wirksamen Wettbewerbs auf dem relevanten Markt zu verhindern, indem sie ihm die Möglichkeit verschafft, sich seinen Wettbewerbern, seinen Abnehmern und letztlich den Verbrauchern gegenüber in einem nennenswerten Umfang unabhängig zu verhalten“.[175]

Ein marktbeherrschendes Unternehmen verfügt über zwei Fähigkeiten: die Fähigkeit, die Aufrechterhaltung eines wirksamen Wettbewerbs auf dem

---

[173] Vgl. *Monti*, Common Mark. Law Rev. 2001, 131, 137.

[174] Vgl. *Monti*, Common Mark. Law Rev. 2001, 131, 136.

[175] EuGH 13.2.1979, Rs. 85/76, Slg. 1979, 461, Rn. 38 „Hoffmann-La Roche“.

Markt zu verhindern, und die Fähigkeit, mit einem erheblichen Maß an Unabhängigkeit zu handeln. Das Letztere isoliert die beteiligten Unternehmen von wirksamem Wettbewerbsdruck; die beteiligten Unternehmen können ihr strategisches Marktverhalten ohne Rücksicht auf den Wettbewerb selbst bestimmen und werden dadurch nicht benachteiligt.[176]
Die Definition von Marktbeherrschung in den Wirtschaftswissenschaften betont ebenfalls die Unabhängigkeit des Handelns. Marktmacht ist danach die Fähigkeit von Unternehmen, die Preise gewinnbringend über das Wettbewerbsniveau hinaus anzuheben und zu halten.[177] Eine marktbeherrschende Stellung ist die dauerhafte wesentliche Marktmacht.[178] Wenn ein marktbeherrschendes Unternehmen seine Preise über das Wettbewerbsniveau hinaus anheben kann, dann kann es bis zu einem gewissen Grad unabhängig von den Wettbewerbspreisen handeln.
Eine kollektive Marktbeherrschung liegt vor, wenn eine kollektive Einheit in der Lage ist, gemeinsam und unabhängig von ihren Wettbewerbern, Kunden und Verbrauchern in spürbarem Maße zu handeln.[179] Dies bedeutet, dass es an einem wirksamen Außenwettbewerb mangelt.
Wie bei der Beurteilung der Einzelmarktbeherrschung ist der Marktanteil von Bedeutung. Ein großer gemeinsamer Marktanteil ist ein starkes Indiz für die Annahme des Vorliegens einer kollektiven Marktbeherrschung. In Missbrauchsfällen liegt der gemeinsame Marktanteil der Mitglieder einer kollektiven Marktbeherrschung in der Unionsentscheidungspraxis in Bezug auf kollektive Marktbeherrschung in der Regel bei 60 % oder mehr.[180]
Das Konzept der kollektiven Marktbeherrschung kann jedoch nicht auf einige wenige Unternehmen in einem engen Oligopol angewandt werden, nur

---

[176] Vgl. Europäische Kommission, DG Discussion Paper on the Application of Art. 82 EGV, Rn. 23; EuG 14.12.2005, Rs. T-210/01, Slg. 2005, II-5575, Rn. 117 „General Electric“.

[177] Vgl. OECD, Abuse of Dominance in Digital Markets, S. 13; *Jung*, in: Grabitz/Hilf/Nettesheim, Das R. der Eur. Union, Art. 102 AEUV Rn. 33.

[178] Vgl. Europäische Kommission, DG Discussion Paper on the Application of Art. 82 EGV, Rn. 23.

[179] Vgl. EuG 10.3.1992, Rs. T-68/89, T-77/89 und T-78/89, Slg. 1992, II-1403, Rn. 358 „Italien Flachglas“; EuG 7.10.1999, Rs. T-228/97, Slg. 1999, II-2969, Rn. 46 „Irish Sugar“.

[180] Vgl. Kommission Entsch. 07.12.1988 – IV/31.906, ABl. 1989 L 33/44, Rn. 79 „Italien Flachglas“; Kommission Entsch. 23.12.1992 – IV/32.448, 32.450, ABl. 1993 L 34/20, Rn. 57 „Cewal“; Kommission Entsch. 14.5.1997 – IV/34.621, 35.059/F-3, ABl. 1997 L 258/1, Rn. 99ff. „Irish Sugar“; EuG 30.9.2003, Rs. T-191/98, T-212/98 bis T-214/98, Slg. 2003, II-3275, Rn. 908 „TACA“.

weil sie einen hohen gemeinsamen Marktanteil haben.[181] Ein hoher Marktanteil muss mit anderen Faktoren kombiniert werden, um festzustellen, ob Mitglieder in einer kollektiven marktbeherrschenden Stellung die Möglichkeit haben, in den Markt gemeinsam einzutreten oder zu handeln.
Wie im Falle der Einzelmarktbeherrschung sind Marktzutrittsschranken und Marktkonzentration auch relevant.
Darüber hinaus sollten die Marktmacht der Wettbewerber außerhalb des Oligopols und die Marktmacht der Abnehmer auch berücksichtigt werden.[182] Eine Fehleinschätzung in diesem Punkt könnte dazu führen, dass die Feststellung einer kollektiven Marktbeherrschung aufgehoben oder bestätigt wird.
Starke Marktmacht von oligopolistischen Außenseitern kann die Fähigkeit der Oligopolmitglieder zur Ausübung einer kollektiven Marktbeherrschung beeinträchtigen.
In der Rechtssache *Italien Flachglas* stellte das EuG fest, dass das Vorhandensein eines mächtigen Käufers die wirtschaftliche Macht eines kollektiven marktbeherrschenden Oligopols neutralisieren könnte, aber die Kommission hat dies nicht bewertet.[183]
Umgekehrt können schwächere externe Marktkräfte die Existenz einer kollektiven Marktbeherrschung unterstützen. In der Rechtssache *TACA* stellte das Gericht fest, dass die Anzahl der Wettbewerber und die Zunahme ihres Marktanteils darauf hindeuten, dass der tatsächliche externe Wettbewerb nicht wirksam ist.[184]

---

181 Vgl. EuG 10.3.1992, Rs. T-68/89, T-77/89 und T-78/89, Slg. 1992, II-1403, Rn. 350 „Italien Flachglas".
182 Vgl. *O'Donoghue/Padilla*, S. 245.
183 Vgl. EuG 10.3.1992, Rs. T-68/89, T-77/89 und T-78/89, Slg. 1992, II-1403, Rn. 366 „Italien Flachglas".
184 Vgl. EuG 30.9.2003, Rs. T-191/98, T-212/98 bis T-214/98, Slg. 2003, II-3275, Rn. 998 „TACA".

3.2.3.3 Besondere Anforderungen auf digitalen Märkten?

Die digitale Wirtschaft hat zwar Innovation und Wettbewerb in die globale Entwicklung gebracht, doch die dadurch ausgelösten Wettbewerbsprobleme schwelen weiter. Zahlreiche Wettbewerbsbehörden haben darauf hingewiesen, dass es starke Anhaltspunkte dafür gibt, dass die Marktstellung der großen digitalen Plattformen oft schwer zu erschüttern ist.[185] Um diese marktstarke oder marktbeherrschende Stellung ausreichend zu beurteilen, sollen die Besonderheiten von digitalen Märkten berücksichtigt werden.

Ausgehend von den Ergebnissen der Studien über zweiseitige und mehrseitige Märkte werden neben den traditionellen Faktoren auch Netzwerkeffekte, Multihoming, Nutzerwechselkosten, Größenvorteile, der Zugang zu wettbewerbsrelevanten Daten, und der Innovationsdruck in die Prüfung der Marktmacht einbezogen.

Da die Oligopolisten in ihrer Gesamtheit die gleichen Voraussetzungen in externen Wettbewerbsbeziehungen erfüllen müssen wie im Falle der Feststellung einer individuellen Marktbeherrschung, sollten die oben genannten Elemente auch bei der Beurteilung der kollektiven Marktbeherrschung berücksichtigt werden.

Netzwerkeffekte

Im Gegensatz zu traditionellen Märkten wird die Intensität des Wettbewerbs auf digitalen Märkten häufig (wenn auch nicht immer) durch direkte und indirekte Netzwerkeffekte bestimmt.[186] Bei der Feststellung der Marktbeherrschung ist daher zu ermitteln, inwieweit ein Unternehmen durch Netzwerkeffekte begünstigt oder geschützt wird.

Einerseits kann der positive Netzwerkeffekt die bestehende Marktmacht kontinuierlich und signifikant stärken, da die aus dem Netzwerkeffekt resultierenden Vorteile häufig unabhängig von der Qualität des zugrunde liegenden Produkts sind.[187] Stattdessen hängen die Vorteile eines Produktes oder einer Dienstleistung von der Anzahl der Nutzer ab.

---

[185] Vgl. Stigler Center, Stigler Committee on Digital Platforms Final Report, S. 43; UK Digital Competition Expert Panel, Unlocking Digital Competition, S. 75; *Crémer/Montjoye/Schweitzer*, Competition Policy for the Digital Era, S. 112; ACCC, Digital Platforms Inquiry, S. 35; *Schweitzer/Haucap/Kerber/Welker*, Modernisierung der Missbrauchsaufsicht für marktmächtige Unternehmen, S. 40.

[186] Vgl. Monopolkommission, Sondergutachten 68, S. 33.

[187] Vgl. *Eilmansberger/Bien*, in: Säcker/Bien/Meier-Beck/Montag, Münchener Kommentar zum Wettbewerbsr., Art. 102 AEUV Rn. 633; *Lemley/McGowan*, CALIF. L. REv. 1998, 479, 479ff.; *Evans*, Yale J. on Regulation 2003, 325, 325ff.; *Shao*, Berkeley Technol. Law J. 2021, 353, 369.

Der direkte Netzwerkeffekt beinhaltet die Tatsache, dass je mehr Nutzer auf einer Seite sind, desto vorteilhafter ist es für die Nutzer auf derselben Seite der Plattform.[188]
Der indirekte Netzeffekt besteht darin, dass je mehr Nutzer auf einer Seite sind, desto mehr Nutzen können die Nutzer auf der anderen Seite daraus ziehen.[189]
Wenn also ein Unternehmen ein bestimmtes Maß an Marktmacht erreicht hat, führen mehr Nutzer zu einer größeren Attraktivität und einem höheren Wert für das Unternehmen, was wiederum mehr Nutzer anzieht, was zu einer größeren Marktmacht führt.
Andererseits erhöhen Netzwerkeffekte die Marktzutrittsschranken und tragen so zur Stabilität etablierter Marktmacht bei. Dies ist auf den „Huhn und Ei"-Problem[190] zurückzuführen. Für eine neue Plattform reicht es nicht aus, die für eine Seite der Plattform erforderliche Nutzerbasis anzuziehen, um in den betreffenden Markt einzutreten. Das liegt daran, dass eine Seite der Plattform nicht unabhängig von den anderen Seiten existieren kann. Die Anzahl der Nutzer auf den verschiedenen Seiten der Plattform und die Nützlichkeit des Dienstes stehen in Wechselwirkung zueinander. Die Marktzutrittsschranken sind daher hoch, weil ein neuer Wettbewerber eine bestimmte Anzahl von Nutzern auf beiden oder multilateralen Seiten anziehen muss, um mit der führenden Plattform auf dem Markt konkurrieren zu können.

Multihoming und Nutzerwechselkosten

Während positive Netzwerkeffekte die Konzentration auf den digitalen Märkten fördern können, ist das Multihoming ein Faktor, der die Marktmacht einschränkt.[191] Maßnahmen, die die Kosten für den Wechsel zu konkurrierenden Diensten erhöhen (z. B. Beschränkungen der Dateninteroperabilität), können genutzt werden, um ein Multihoming einzuschänken und Nutzer davon abzuhalten, auf alternative Angebote zurückzugreifen.
In der Regel ist Multihoming nicht von einer Plattform erwünscht, da die Nutzer wahrscheinlich zum Wettbewerber wechseln werden, was zu einem harten Wettbewerb um die Nutzer führt. In diesem Zusammenhang kann Multihoming ein Zeichen für enge Substituierbarkeit und starker Wettbewerb sein.[192]

---

[188] Vgl. *Ewald*, in: Wiedemann, Handb. des Kartellrechts, § 7 Rn. 70.
[189] Vgl. *Evans*, Yale J. on Regulation 2003, 325, 350f.
[190] Vgl. *Evans*, Yale J. on Regulation 2003, 325, 350.
[191] Vgl. *Hovenkamp*, Yale Law J. 2021, 1952, 1963.
[192] Vgl. OECD, Rethinking Antitrust Tools for Multi-Sided Platforms, S. 19.

Wenn die Zahl der Nutzer eines Unternehmens eine „kritische Masse“ überschreitet, haben die Nutzer hohe Wechselkosten.[193] In diesem Zusammenhang ist die etablierte Marktmacht stabil.

Größenvorteile

Größenvorteile spielen eine wichtige Rolle bei der Entstehung und Erhaltung von Marktmacht. In der Kostenstruktur einer Plattform sind die Fixkosten relativ hoch und die variablen Kosten relativ niedrig, so dass die Grenzkosten relativ niedrig oder sogar gleich Null sind. Je mehr Nutzer die Plattform hat und je größer das Transaktionsvolumen ist, desto geringer sind die durchschnittlichen Gesamtkosten und größer sind die Größenerträge.

Der Netzwerkeffekt und der Größeneffekt können dazu beitragen, die Selbstverstärkung einer Plattform zu erleichtern und den „tipping point“ zu beschleunigen. Wenn ein Anbieter die „kritische Masse“ der Nutzer überschreitet, tendiert der Markt relativ dynamisch in Richtung Monopol (tipping).[194]

Zugang zu wettbewerbsrelevanten Daten

Der wirtschaftliche Wert von Daten ist mittlerweile allgemein anerkannt. Die Verfügbarkeit ausreichender Datenressourcen und angemessener Analysetechniken sind zu wichtigen Faktoren bei der Messung der Wettbewerbsfähigkeit digitaler Plattformen geworden.

Die alleinige Betrachtung der Datenmenge führt jedoch nicht zu einer belastbaren Aussage über die Marktmacht derjenigen Unternehmen, die Kontrolle über Daten haben. Denn der Wert von Daten hängt in hohem Maße von ihrem Inhalt, ihrer Aktualität und den Algorithmen ab, die zu ihrer Analyse und Auswertung verwendet werden.

Wie bei den Netzwerkeffekten kann sich die Anhäufung umfangreicher Daten selbst verstärken und ein Hindernis für den Zugang zum Markt darstellen. Unternehmen, die über einen umfassenden Zugang zu Daten verfügen, können ihre Dienstleistungen und Produkte verbessern, um mehr Nutzer anzuziehen und somit mehr Daten zu generieren. Marktzutrittsschranken entstehen, wenn Unternehmen einen Anreiz haben, den Zugang von Wettbewerbern zu Daten durch Technologie oder Gesetzgebung zu beschränken.

---

[193] Vgl. *Ewald*, in: Wiedemann, Handb. des Kartellrechts, § 7 Rn. 70.

[194] Vgl. *Evans/Schmalensee*, S. 36; *Höppner/Werber*, Kommun. und R. 2020, 24, 25; *Ewald*, in: Wiedemann, Handb. des Kartellrechts, § 7 Rn. 70.

Innovationsdruck

In einer hochdynamischen digitalen Wirtschaft müssen Unternehmen, die bereits über eine beträchtliche Marktmacht verfügen, ständig auf den Innovationsdruck des Wettbewerbs reagieren. So war beispielsweise das 2003 gegründete MySpace die weltweit größte Sozial-Networking-Plattform und wurde 2008 von dem 2004 gegründeten Facebook als Weltmarktführer abgelöst.

Yahoo, das einst eine Marktkapitalisierung von 100 Milliarden Dollar hatte, wurde 2016 von Verizon für nur 4,8 Milliarden Dollar übernommen. Der Yahoo-Browser, eines der ursprünglichen Kerngeschäfte, verschwand auf dem Browsermarkt und Google Chrome wurde zu einem Marktführer.

Inwieweit der innovationsbedingte Wettbewerbsdruck zu einer abstrakten und unklaren Angreifbarkeit der Marktposition führt, muss in jedem Einzelfall sorgfältig geprüft werden. Die bloße Aussicht, dass eine beherrschende Stellung irgendwann verschwinden könnte, reicht nicht aus, um das Vorliegen einer Marktbeherrschung zu verneinen. [195]

In Bezug auf kollektive Marktbeherrschung

Die Auswirkungen der digitalen Wirtschaft auf die kollektive Marktbeherrschung liegen in erster Linie in den internen Wettbewerbsbeziehungen zwischen den Mitgliedern der kollektiven marktbeherrschenden Stellung.

In einer traditionellen Wirtschaft ermöglicht die besondere Marktstruktur des Oligopols den Mitgliedern eine stillschweigende Koordinierung, was dazu führt, dass es keinen wesentlichen internen Wettbewerb gibt.

Die kombinierte Nutzung von Algorithmen und Daten kann jedoch das Risiko stillschweigender Koordinierung, das sonst auf einem oligopolistischen Markt besteht, auf ein Marktumfeld ausweiten, in dem Algorithmen der künstlichen Intelligenz weit verbreitet sind. Es ist also denkbar, dass die kollektive Marktbeherrschung in der digitalen Wirtschaft sehr wahrscheinlich auf der Grundlage einer (algorithmischen) stillschweigenden Kollusion besteht.

Was die externen Wettbewerbsbeziehungen betrifft, so begünstigen positive Netzwerkeffekte eine Marktneigung zugunsten der wenigen bestehenden großen Plattformen. Da ein Kippen des Marktes zugunsten eines Unternehmens nur schwer wieder rückgängig gemacht werden kann, besteht die Gefahr der Verfestigung einer kollektiven Marktbeherrschung.

Wenn ein Wettbewerber jedoch über Daten bzw. Technologien verfügt, die von erheblicher wettbewerblicher Bedeutung sind, kann dies das Oligopol

---

[195] Vgl. BGH, Beschl. 23.6.2020, KVR 69/19, Facebook, GRUR 2020, 1318, Rn. 51.

im Hinblick auf die Außenbeziehungen destabilisieren und somit die Feststellung einer kollektiven Marktbeherrschung verhindern.

3.2.4 Missbrauch

3.2.4.1 Gleicher Missbrauchsbegriff wie bei Einzelmarktbeherrschung?

Eine marktbeherrschende Stellung an sich ist nach dem EU-Wettbewerbsrecht nicht verboten.[196] Allerdings trägt das marktbeherrschende Unternehmen eine besondere Verantwortung, dass es „es durch sein Verhalten einen wirksamen und unverfälschten Wettbewerb auf dem Gemeinsamen Markt nicht beeinträchtigt".[197] Der Grund dafür ist, dass „der Wettbewerb gerade wegen der Anwesenheit des fraglichen Unternehmens bereits geschwächt ist".[198]

Die besondere Verantwortung gilt auch für die Unternehmensgruppe, die eine kollektive marktbeherrschende Stellung innehat.

Im Vergleich zu den Fällen des Missbrauchs einer Einzelmarktbeherrschung ist die Lehre des Missbrauchs einer kollektiven Marktbeherrschung anhand der begrenzten Anzahl von Rechtsprechungen noch vergleichsweise weniger entwickelt.[199] Es ist daher sinnvoll zu untersuchen, ob der Begriff des Missbrauchs bei individueller und kollektiver Marktbeherrschung derselbe ist.

Das Unionswettbewerbsrecht verbietet den Missbrauch durch ein oder mehrere Unternehmen, aber der Begriff des Missbrauchs ist in Art. 102 AEUV nicht eindeutig definiert. Die Vorschrift zählt eine Reihe von missbräuchlichen Praktiken auf, die aber lediglich als Beispiele genannt werden, so dass es sich nicht um eine erschöpfende Aufzählung handelt.[200]

Der Begriff des Missbrauchs ist in einer Reihe von Entscheidungen der Unionsgerichte erläutert worden. Der Gerichtshof hat im Urteil *Continental Can* festgestellt, dass

> „[e]in mißbräuchliches Verhalten [...] vorliegen [kann], wenn ein Unternehmen in beherrschender Stellung diese dergestalt verstärkt, daß der erreichte Beherrschungsgrad den Wettbewerb wesentlich behindert, daß also nur noch Unternehmen auf dem Markt bleiben, die in

---

[196] Vgl. EuGH 9.11.1983, Rs. 322/81, Slg. 1983, 3461, Rn. 57 „Michelin I".

[197] EuGH 9.11.1983, Rs. 322/81, Slg. 1983, 3461, Rn. 57 „Michelin I"; Europäische Kommission, Erläuterungen zu den Prioritäten der Kommission bei der Anwendung von Artikel 82 des EG-Vertrages auf Fälle von Behinderungsmissbrauch durch marktbeherrschende Unternehmen, ABl. 2009, C 45/02, Rn. 1 (zitiert: Europäische Kommission, Prioritätenmitteilung zu Art. 82 EGV, Rn.)

[198] EuGH 13.2.1979, Rs. 85/76, Slg. 1979, 461, Rn. 91 „Hoffmann-La Roche".

[199] Vgl. *Callery*, in: Domin. Monop., S. 249; *Whish/Bailey*, S. 607.

[200] Vgl. EuGH 21.2.1973, Rs. 6/72, Slg. 1973, 215, Rn. 26 „Continental Can".

ihrem Marktverhalten von dem beherrschenden Unternehmen abhängen".[201]

Bezüglich des Missbrauchs führte der Gerichtshof in der Rechtssache *Hoffmann-La Roche* aus, dass

> „[d]er Begriff der mißbräuchlichen Ausnutzung [...] vielmehr ein objektiver Begriff [ist]. Er erfaßt die Verhaltensweisen eines Unternehmens in beherrschender Stellung, die die Struktur eines Marktes beeinflussen können, auf dem der Wettbewerb gerade wegen der Anwesenheit des fraglichen Unternehmens bereits geschwächt ist, und die die Aufrechterhaltung des auf dem Markt noch bestehenden Wettbewerbs oder dessen Entwicklung durch die Verwendung von Mitteln behindern, welche von den Mitteln eines normalen Produkt- oder Dienstleistungswettbewerbs auf der Grundlage der Leistungen der Marktbürger abweichen".[202]

Ein objektiver Begriff des Missbrauchs bedeutet, dass ein Missbrauch einer marktbeherrschenden Stellung ohne Verschulden oder wettbewerbswidrige Absicht des Unternehmens angenommen werden kann.[203]

Die Definition von missbräuchlichem Verhalten bezieht sich in beiden obengenannten Entscheidungen des EuGH auf die Beeinträchtigung des bestehenden Wettbewerbs oder der Marktstrukturen. Darüber hinaus umfasst die besondere Verantwortung des marktbeherrschenden Unternehmens auch die Unfähigkeit, ein Verhalten an den Tag zu legen, das die Verbraucher unmittelbar schädigt.[204]

Mit der Verallgemeinerung des wirkungsorientierten Ansatzes („effects-based approach") in Art. 102 AEUV[205] wird ein Verhalten, das eine wettbewerbswidrige Wirkung hat, als missbräuchlich angesehen, unabhängig von den Mitteln und Verfahren, die zur Erreichung dieser Wirkung eingesetzt werden.[206]

Das Wettbewerbsrecht verbietet allgemein den Missbrauch einer marktbeherrschenden Stellung, unabhängig davon, ob sie von einem oder mehreren Unternehmen gehalten wird. In der Literatur werden die Kriterien für den

---

[201] EuGH 21.2.1973, Rs. 6/72, Slg. 1973, 215, Rn. 26 „Continental Can".

[202] EuGH 13.2.1979, Rs. 85/76, Slg. 1979, 461, Rn. 91 „Hoffmann-La Roche".

[203] Vgl. EuG 1.4.1993, Rs. T-65/89, Slg. 1993, II-389, Rn. 70 „BPB"; EuG 9.9.2009, Rs. T-301/04, Slg. 2009, II-3155, Rn. 142 „Clearstream".

[204] Vgl. EuGH 21.2.1973, Rs. 6/72, Slg. 1973, 215, Rn. 26 „Continental Can".

[205] Siehe Europäische Kommission, Prioritätenmitteilung zu Art. 82 EGV.

[206] Vgl. EuGH 21.2.1973, Rs. 6/72, Slg. 1973, 215, Rn. 27 „Continental Can"; EuG 30.9.2003, Rs. T-203/01, Slg. 2003, II-4071, Rn. 237 „Michelin II"; EuG 17.9.2007, Rs. T-201/04, Slg. 2004, II-2977, Rn.867 „Microsoft".

Missbrauch im Fall einer kollektiven Marktbeherrschung und im Fall einer Einzelmarktbeherrschung im Prinzip als dieselben angesehen.[207]
So regelt auch der Art. 102 AEUV, wobei der Gesetzgeber eine nicht abschließende Aufzählung des Missbrauchsverhaltens von einem Unternehmen und von mehreren Unternehmen zusammen vornimmt. Dies scheint nahezulegen, dass die Erscheinungsformen des Missbrauchsverhaltens in beiden Fällen in gleicher Weise sein können, der Unterschied liegt nur in der Anzahl der Unternehmen.
In der Praxis der Missbrauchskontrolle bezüglich der kollektiven Marktbeherrschung haben Gerichtsentscheidungen die Konsistenz des Missbrauchskriteriums dadurch untermauert, dass sie sich immer wieder auf Fälle des Missbrauchs einer Einzelmarktbeherrschung beruft.[208]
Da einzelne und kollektive Marktbeherrschung jedoch auf unterschiedliche Weise verstärkt werden können, können wettbewerbswidrige Auswirkungen dann auch auf unterschiedliche Weise entstehen. In diesem Sinne sind die Erscheinungsformen von missbräuchlichen Verhalten in Fällen einzelner Marktbeherrschung anders als in Fällen kollektiver Marktbeherrschung. Da nur ein Unternehmen eine marktbeherrschende Stellung innehat, äußert sich der Missbrauch einer Einzelmarktbeherrschung in der Regel durch den weiteren Ausschluss von Wettbewerbern in externen Wettbewerbsbeziehungen (Konstellation I).
Wenn mehrere Unternehmen eine marktbeherrschende Stellung innehaben, stehen die Mitglieder der kollektiven marktbeherrschenden Stellung in internen und externen Wettbewerbsbeziehungen zueinander. Der Missbrauch einer kollektiven marktbeherrschenden Stellung kann sich nicht nur im weiteren Ausschluss vom Wettbewerb in externen Wettbewerbsbeziehungen (Konstellation I), sondern auch im weiteren Ausschluss von internem Wettbewerb manifestieren (Konstellation II).[209]
Konstellation I entspricht einem klassischen Fall des Behinderungsmissbrauchs einer Einzelmarktbeherrschung. Als Beispiele dafür kommen der Ausschließlichkeitsbindungen, Lieferverweigerungen, Treuerabatte

---

[207] Vgl. *Enchelmaier*, S. 186; *Haupt*, S. 85; *Stroux*, S. 120. Kritik dazu, siehe *Petit/Neyrinck*, e-Competitions, N° 39129 2011, 1, 4; *Gjendemsjø/Hjelmeng/Sørgard*, World Compet. 2013, 355, 367ff.; *Gormsen*, e-Competitions, N° 72449 2016, 1, 6.

[208] Vgl.EuGH 27.4.1994, Rs. C-393/92, Slg. 1994, I-1477, Rn, 44f. „Almelo"; EuG 7.10.1999, Rs. T-228/97, Slg. 1999, II-2969, Rn. 111ff. „Irish Sugar"; EuGH 16.3.2000, Rs. C-395/96 P und C-396/96 P, Slg. 2000, I-1365, Rn. 37 „Compagnie Maritime Belge".

[209] Vgl. *Gjendemsjø/Hjelmeng/Sørgard*, World Compet. 2013, 355, 368.

und Praktiken einer Kosten-Preis-Schere in Betracht. In solchen Fallgruppen zielt das ausschließende Verhalten darauf ab, Wettbewerber vom Markt zu verdrängen.
Die Veranlassung unabhängiger Wettbewerber, die ansonsten nicht zu einem beherrschenden Oligopol gehören, sich einem herrschenden Oligopol anzuschließen, ist eine spezielle Form des Missbrauchs einer kollektiven Marktbeherrschung. In dieser Fallgruppe ermöglicht diese Veranlassungsmaßnahme den Wettbewerbern, auf dem relevanten Markt zu verbleiben, anstatt von ihm ausgeschlossen zu werden. Der externe Wettbewerb kann jedoch immer noch weiter ausgeschaltet werden, da die Wettbewerber nicht mehr als unabhängige Dritte auf dem Markt agieren und keinen gegengewichtigen Wettbewerbsdruck ausüben können.
Konstellation II zielt darauf ab, Anreize zur Wiederbelebung des wirksamen internen Wettbewerbs zu verringern, indem die gemeinsamen Interessen der Unternehmen gestärkt oder die Kosten für Abweichungen erhöht werden. Dies kann beispielsweise durch die Einführung eines besseren Dividendenausschüttungsmechanismus, durch die Förderung der Offenheit und des Austauschs von Informationen innerhalb der kollektiven Einheit oder durch den Einsatz eines strengeren Sanktionsmechanismus gegen Abweichungen von der Vereinbarung geschehen.
Es ist anzumerken, dass das typische Missbrauchsverhalten der Einzelmarktbeherrschung in Fällen einer kollektiven Marktbeherrschung seine Missbräuchlichkeit verlieren kann.[210] Diese Schlussfolgerung gilt insbesondere für eine Konstellation des Missbrauchs einer kollektiven Marktbeherrschung durch ein Unternehmen. So können z. B. einseitige Verdrängungspreise, selektive Preise oder Treuerabatte von einem Oligopolmitglied dazu führen, dass Wettbewerb in das Oligopol eindringt und es dadurch destabilisiert wird.
In der Literatur wird teilweise die Position vertreten, dass einseitiges abweichendes Verhalten durch ein Unternehmen zu Unrecht zu Missbrauchsvorwürfen führen könnte.[211]
Es wurde auch argumentiert, dass jede Ausnutzung einer oligopolistischen Marktstruktur de facto eine Ausnutzung einer kollektiven Marktbeherrschung darstellt, so dass jede angemessene Anpassung des Unternehmensverhaltens ebenfalls als Missbrauch angesehen werden kann.[212]

---

[210] Vgl. *Whish/Sufrin*, Yearb. Eur. Law 1992, 59, 75; *Jungermann*, S. 329; *Petit/Neyrinck*, e-Competitions, N° 39129 2011, 1, 4.
[211] Vgl. *Petit*, in: Handb. Eur. Compet. Law Subst. Asp., S. 333.
[212] Vgl. *Vecchi*, World Compet. 2008, 385, 395; *Stroux*, S. 109.

Solche Sorgen sind verständlich, aber man sollte nicht zu pessimistisch sein. Denn die wettbewerbswidrigen Auswirkungen des als missbräuchlich eingestuften Verhaltens ergeben sich aus der Aufrechterhaltung und Verstärkung der beherrschenden Stellung, wodurch der verbleibende Wettbewerb beeinträchtigt wird. Wenn das einseitige aggressive Geschäftsverhalten durch ein Unternehmen tatsächlich dazu führt, dass das marktbeherrschende Oligopol intern destabilisiert und ein wirksamer interner Wettbewerb wiederhergestellt wird, dann liegt nach dem wirkungsorientierten Ansatz kein Missbrauch vor. Es ist daher zumindest positiv zu erwarten, dass eine Wettbewerbsbehörde oder ein Gericht das Geschäftsverhalten eines Unternehmens nach Abwägung der wettbewerblichen Auswirkungen nicht fälschlicherweise als Missbrauch einstufen wird.

3.2.4.2 Kausalitätserfordernis

Der Zusammenhang zwischen Marktmacht und Missbrauch ist umstritten. Zumindest für die Fallgruppe des Behinderungsmissbrauchs herrscht die Einigkeit, dass es genügt, wenn die Marktmacht der Normadressaten für die wettbewerbsbeschränkenden Folgen seines Marktverhaltens ursächlich ist (Ergebniskausalität bzw. normative Kausalität).[213]

Beim (reinen) Ausbeutungsmissbrauch ist eine strengere Verhaltenskausalität (instrumentelle Kausalität) erforderlich. Erst die Marktmacht der Normadressaten ermöglicht die missbräuchlichen Verhaltensweisen.[214]

Die Rechtsprechung verlangt in Fällen des Missbrauchs einer kollektiven Marktbeherrschung lediglich den Nachweis einer normativen Kausalität, d. h. die Rückführbarkeit auf die Ausnutzung einer kollektiven marktbeherrschenden Stellung.[215] Diese Anforderung ist besonders wichtig für die Fallgruppen des Missbrauchs einer kollektiven Marktbeherrschung durch ein Unternehmen, da ein einzelnes Verhalten als Ausdruck des Besitzes einer kollektiven Marktbeherrschung erkennbar sein muss, um den Vorwurf des Missbrauchs zu begründen.

---

[213] Vgl. *Eilmansberger/Bien*, in: Säcker/Bien/Meier-Beck/Montag, Münchener Kommentar zum Wettbewerbsr., Art. 102 AEUV Rn. 278.

[214] Vgl. *Eilmansberger/Bien*, in: Säcker/Bien/Meier-Beck/Montag, Münchener Kommentar zum Wettbewerbsr., Art. 102 AEUV Rn. 277.

[215] Vgl. EuG 7.10.1999, Rs. T-228/97, Slg. 1999, II-2969, Rn. 66 „Irish Sugar".

3.2.4.3 Typische Missbrauchsverhalten für Fälle kollektiver Marktbeherrschung

Missbrauch durch ein Unternehmen

Der Missbrauch einer kollektiven Marktbeherrschung muss nicht unbedingt von allen betroffenen Unternehmen begangen werden. Nach der ständigen Rechtsprechung kann ein Unternehmen auch eine kollektive marktbeherrschende Stellung missbrauchen, sofern sein individuelles Verhalten als Ausnutzung einer kollektiven Marktbeherrschung erkennbar ist.[216]

Der Einzelmissbrauch steht nicht im Widerspruch zum Grundsatz für die Feststellung einer kollektiven Marktbeherrschung, dass mehrere Unternehmen als eine kollektive Einheit gemeinsam auftreten oder handeln. Denn der Missbrauch ist etwas anderes als kollektive Marktbeherrschung per se. Ein individuelles Missbrauchsverhalten ist eine zusätzliche Maßnahme, die über die explizite oder implizite Einhaltung einer gemeinsamen Strategie hinausgeht. Es ist immer noch Teil einer gemeinsamen Vorgehensweise.[217] Es sollte dem Schutz der Interessen des Oligopols als Ganzes zugunsten aller dienen.[218]

Darüber hinaus setzt der Einzelmissbrauch vor, dass die Eigenständigkeit des individuellen Verhaltens durch ein Unternehmen die Gesamtinteressen der Oligopolmitglieder in dem Maße nicht gefährden soll. Das Verhalten des Einzelnen sollte nicht so idiosynkratisch sein, dass es zu internem Wettbewerb führt.[219]

Ein Beispiel für Einzelmissbrauch liegt vor, wenn kollektive marktbeherrschende Unternehmen unterschiedliche Aufgaben haben, z. B. jeweils ein bestimmtes Gebiet oder eine bestimmte Kundengruppe gegen den drohenden Markteintritt zu verteidigen, während potenzielle Wettbewerber nur in dem Gebiet oder der Kundengruppe vorhanden sind, die eines der Unternehmen verteidigen soll.[220]

Darüber hinaus kann es auch der Fall sein, dass ein Preisführer seine Preispräferenzen anderen Oligopolisten weit vor dem Verkaufszeitpunkt signalisiert, so dass diese ihre Preise anpassen können.[221]

---

[216] Vgl. EuG 7.10.1999, Rs. T-228/97, Slg. 1999, II-2969, Rn. 66 „Irish Sugar".

[217] Vgl. *O'Donoghue/Padilla*, S. 248.

[218] Vgl. *Vecchi*, World Compet. 2008, 385, 396; *Whish/Bailey*, S. 610.

[219] Vgl. *Jungermann*, S. 326.

[220] Vgl. Europäische Kommission, DG Discussion Paper on the Application of Art. 82 EGV, Rn. 75.

[221] Vgl. *Monti*, Common Mark. Law Rev. 2001, 131, 146; *Vecchi*, World Compet. 2008, 385, 397.

Offensichtliche Verpflichtungen zu bestimmten Wettbewerbsstrategien, bedeutende Investitionen und andere unumkehrbare Entscheidungen können ebenfalls als Signal für die Absicht dienen, die Preise nicht zu senken.[222]
Die Meistbegünstigungsklauseln („Most-Favoured-Customer Clause"), die nur von einem oligopolistischen Mitglied erlassen werden, können auch die Koordinierung fördern, so dass die Preise auf einem wettbewerbswidrigen Niveau gehalten werden und somit als Missbrauch einer kollektiven Marktbeherrschung angesehen werden können.[223] Der Grund liegt darin, dass Meistbegünstigungsklauseln als Signal verwendet werden können, um andere Oligopolmitglieder zu Preiserhöhungen aufzufordern und so einen Preiskrieg zu vermeiden.[224]
Die MCC-Klauseln („Meet-Competition Clauses") können einen stabileren Zustand des fehlenden Wettbewerbs innerhalb des Oligopols auch fördern, indem sie den Anreiz für Abweichungen verringern. MCC-Klausel ist die Verpflichtung eines Verkäufers, den Preis seines Wettbewerbers für ähnliche Produkte für einen bestimmten Zeitraum anzugleichen.[225] Die Anwendung der MCC-Klausel bedeutet, dass der Verkäufer seinen Preis automatisch anpassen muss, wenn der Preis eines Wettbewerbers niedriger ist als der eigene.[226] Dies führt zu einem geringeren Gewinn aus Abweichungen und trägt somit zur Stabilität der Kollusion bei.
Es wurde eine zum Nachdenken anregende Frage aufgeworfen, ob es für ein einzelnes Oligopolmitglied überhaupt rational oder sinnvoll ist, Ausbeutungsmissbräuche alleine zu begehen.[227] Ein Beispiel hierfür wäre, wenn die Oligopolmitglieder auf der Grundlage der oligopolistischen Interdependenz eine stillschweigende suprakompetitive Preisgestaltung bereits entwickelt haben, ein Oligopolmitglied jedoch einseitig beschließt, seine eigenen Preise weiter anzuheben.

---

[222] Vgl. *Kantzenbach/Kottmann/Krüger*, S. 72f.

[223] Vgl. *Monti*, Common Mark. Law Rev. 2001, 131, 146; *Stroux*, S. 171; *Vecchi*, World Compet. 2008, 385, 397; *Lacobucci/Winter*, Univ. Tor. Law J. 2010, 219, 229f.

[224] Vgl. *Monti*, Common Mark. Law Rev. 2001, 131, 147.

[225] Vgl. *Troncoso-Valverde*, The B.E. Journal of Economic Analysis &Policy 2016, 20160140, 20160140.

[226] Vgl. *Gjendemsjø/Hjelmeng/Sørgard*, World Compet. 2013, 355, 362.

[227] Vgl. *Jungermann*, S. 327

Die vorherrschende Meinung ist, dass ein ausbeuterischer Einzelmissbrauch höchst unwahrscheinlich ist.[228] Die Begründung dafür ist, dass es zumeist eine Vielzahl von Ausweichmöglichkeiten für die Marktgegenseite gibt, solange die Marktgegenseite keine langjährige Verbindung zu den maßgeblichen Oligopolisten hat.[229]
Dieser Gedanke wäre auch berechtigt, wenn der sich missbräuchlich verhaltende Oligopolist der Schwächere der Marktkräfte wäre. Einseitige Preiserhöhungen führen nicht nur zum Verlust von Kunden, sondern auch zu Vergeltungsmaßnahmen (Preiskriege) durch andere Oligopolmitglieder. Ein Behinderungsmissbrauch durch ein Unternehmen ist jedoch durchführbar, da er nicht vom Einsatz von Marktmacht abhängt. Das individuelle Behinderungsverhalten soll dem Schutz der kollektiven Marktbeherrschung dienen, nicht den Interessen des Einzelnen.[230] Dazu kommen z. B. die durch ein Unternehmen angewendete Verdrängungspreise, selektive Preissenkungen, Produktaustausch oder alle andere Ausschlusspraktiken, die Teil einer gemeinsamen Ausschlussstrategie sind und darauf abzielen, den Markteintritt der Wettbewerb zu verhindern.
Das wesentliche Merkmal des Einzelmissbrauchs, unabhängig davon, ob es sich um Behinderung oder Ausbeutung handelt, ist die weitere Unterdrückung des internen Wettbewerbs oder die weitere Unterdrückung des externen Wettbewerbs, um die kollektive beherrschende Stellung zu schützen.
Das einzelne missbräuchliche Verhalten eines Unternehmens muss mit den Gesamtinteressen des Oligopols vereinbar sein. Es muss als Ausdruck des Innehabens einer kollektiven Marktbeherrschung erkennbar sein. Es kann nicht festgestellt werden, dass ein Oligopolmitglied seine kollektive marktbeherrschende Stellung missbraucht, wenn sein individuelles Verhalten so eigenwillig ist, dass es über die gemeinsamen Interessen der Mitglieder der kollektiven marktbeherrschenden Stellung hinausgeht und somit die Ruhe innerhalb des Oligopols beeinträchtigt. Dies ist der Fall, wenn individuelles Verhalten zu internem Wettbewerb führt oder Anreize zur Abweichung vom Oligopol fördert.
Im Fall des Einzelmissbrauchs ist die Haftung nicht automatisch den anderen Unternehmen zuzurechnen, sondern nur diesem Unternehmen.[231] Jedes

---

[228] Vgl. *Whish/Sufrin*, Yearb. Eur. Law 1992, 59, 75; Europäische Kommission, DG Discussion Paper on the Application of Art. 82 EGV, Rn. 98; *Jungermann*, S. 327; *O'Donoghue/Padilla*, S. 248.
[229] Vgl. *Jungermann*, S. 327.
[230] Vgl. *Whish/Bailey*, S. 610.
[231] Vgl. *Vecchi*, World Compet. 2008, 385, 398.

Unternehmen muss einzeln geprüft werden, um festzustellen, ob ein Missbrauch gegeben ist.[232]

Missbrauch durch mehrere Unternehmen

In Fällen kollektiver Marktbeherrschung kann das Missbrauchsverhalten auch von allen oder mehreren Beteiligten gemeinsam vorgenommen werden.

Weitere Ausschaltung des Innen- und Außenwettbewerbs

Die erste Art, ein missbräuchliches Verhalten zu klassifizieren, sind Maßnahmen zur weiteren Ausschaltung des Innenwettbewerbs und Maßnahmen zur weiteren Ausschaltung des Außenwettbewerbs.

Maßnahmen zur weiteren Ausschaltung des Innenwettbewerbs

Die erste Variante ist Maßnahmen, die interne Transparenz zwischen den Unternehmen mit einer kollektiven Marktbeherrschung zusätzlich erhöhen. Anwendung von den gemeinsam festgestellten Standardbedingungen in Verträgen, Vorabveröffentlichung von Preisen, und Referenzpreisen von Handelsverbänden sind Beispiele dafür. Da die Mitglieder der kollektiven marktbeherrschenden Stellung besser in der Lage sind, das Verhalten der anderen Mitglieder zu überwachen, verringert sich die Wahrscheinlichkeit von Abweichungen. Infolgedessen wird das Fehlen eines wirksamen Wettbewerbs innerhalb des marktbeherrschenden Oligopols weniger wahrscheinlich gestört werden, wenn die Transparenz zunimmt.

Eine zweite Variante ist die Einführung von strengeren Sanktionen gegen Abweichungen. Dazu gehören z. B. die Beendigung der Mitgliedschaft im Fall des Abschlusses der individuellen Servicekontrakte oder die Androhung der Killerakquisitionen. Wenn Abweichungen weniger attraktiv werden, da Gewinneinbußen sehr wahrscheinlich sind, dann ist die Wiederherstellung eines wirksamen Wettbewerbs im Innenverhältnis eines beherrschenden Oligopols nur schwer vorhersehbar.

Eine dritte sinnvolle Variante besteht darin, zusätzliche Verflechtungen zu schaffen oder bestehende Verflechtungen zwischen den kollektiven beherrschenden Unternehmen zu verstärken, um die wirtschaftliche Interdependenz oder die Co-Benefits zu erhöhen. Beispiele dafür sind die Verwendung von Mestbegünstigungsklauseln, MCC-Klauseln und MSO („Minority Shareholdings"), Dividendenanreize und Joint Ventures. Diese Maßnahmen können sich wettbewerbsbeschränkend auswirken, da sie den Beteiligten den Anreiz für Preissenkung nehmen. Die Gewinne zwischen Unternehmen sind durch enge und vielfältige Geschäftsbeziehungen miteinander

---

[232] Vgl. *Bulst*, in: Bunte, Kartellr. Kommentar, Art. 102 AEUV Rn. 67.

verbunden, und aggressive Geschäftsstrategien können zu Verlusten für alle führen.

Maßnahmen zur weiteren Ausschaltung des Außenwettbewerbs

Diese Maßnahmen beinhalten die folgenden Umstände, die allesamt die Wettbewerbsbedingungen für Oligopolaußenstehender weiter verschlechtern.

Aggressive Werbung, systematische Diffamierung gegen neue Marktteilnehmer und rent-seeking Aktivitäten können zur Aufrechterhaltung einer bestehenden kollektiven marktbeherrschenden Stellung genutzt werden.[233] Dadurch werden die verbleibenden Wettbewerbsbedingungen noch weiter verschleichtert.

Exklusive Kaufverträge,[234] selektive Preissenkungen und die Aufteilung der Einnahmeverluste,[235] Markenzwang und Rabattsysteme[236] sowie Lieferverweigerungen[237] sind typische Beispiele für ein missbräuchliches Verhalten, das die Handelsmöglichkeiten der Wettbewerber weiter einschränkt und die Marktzutrittsschranken für die bestehenden und potenziellen Wettbewerber erhöht. Infolgedessen droht den Wettbewerbern der Ausschluss vom Markt, und der externe Wettbewerbsdruck wird weiter beseitigt.

Die Veranlassung unabhängiger Wettbewerber, sich dem beherrschenden Oligopol anzuschließen,[238] ist ebenfalls eine Möglichkeit, den externen Wettbewerb auszuschalten und so die kollektive Marktbeherrschung zu verstärken.

Es ist darauf hinzuweisen, dass die Gefahr einer Verwechselung zwischen dieser Fallgruppe und der normalen Aufnahme neuer Mitglieder in eine Organisation besteht. Um zwischen diesen beiden Situationen zu unterscheiden, muss festgestellt werden, ob die Aufnahme unabhängiger Wettbewerber als neue Mitglieder Teil einer Gesamtstrategie zur Aufrechterhaltung

---

233 Vgl. *Petit*, in: Handb. Eur. Compet. Law Subst. Asp., S. 338.

234 Vgl. EuGH 27.4.1994, Rs. C-393/92, Slg. 1994, I-1477, Rn. 44 „Almelo".

235 Vgl. EuGH 16.3.2000, Rs. C-395/96 P und C-396/96 P, Slg. 2000, I-1365, Rn. 117 „Compagnie Maritime Belge".

236 Vgl. EuG 7.10.1999, Rs. T-228/97, Slg. 1999, II-2969, Rn. 221 „Irish Sugar"; Europäische Kommission, DG Discussion Paper on the Application of Art. 82 EGV, Rn. 139.

237 Vgl. Kommission Entsch. 21.12.1988 – IV/31.851, ABl. 1989 L 78/43 „Magill"; Europäische Kommission, DG Discussion Paper on the Application of Art. 82 EGV, Rn. 211.

238 Vgl. EuG 30.9.2003, Rs. T-191/98, T-212/98 bis T-214/98, Slg. 2003, II-3275, Rn. 1338 „TACA".

oder Stärkung der kollektiven Marktbeherrschung ist und ob sie den wirksamen Wettbewerb erheblich beeinträchtigt.

Behinderungs- und Ausbeutungsmissbrauch

Die zweite Art, ein missbräuchliches Verhalten zu klassifizieren, sind der Behinderungsmissbrauch und der Ausbeutungsmissbrauch.

Behinderungsmissbrauch

Der Behinderungsmissbrauch ist die häufigste Konstellation.[239] Wenn die kollektiven beherrschenden Unternehmen Außenstehende ausschließen, besteht von Anfang an eine stärkere Angleichung der Interessen zwischen ihnen.[240]

Einerseits sind ihre Gewinne nicht Nullsummen, und alle Unternehmen profitieren von dem Behinderungsverhalten.[241]

Andererseits leiden kollektiv marktbeherrschende Mitglieder stärker unter dem Markteintritt und daher einen stärkeren Anreiz, den Marktzugang zu blockieren.[242] Denn allein die Tatsache, dass es mehrere Mitglieder gibt, führt zu einer Instabilität der Koordinierung. Je mehr Unternehmen es gibt, desto wahrscheinlicher ist es, dass es zu Abweichungen kommt, und je mehr Unternehmen abweichen, desto größer sind die Gewinneinbußen.[243]

In diesem Zusammenhang haben die anderen Unternehmen auch größeren Anreiz, die Koordinierung aufrechtzuerhalten, indem sie entweder die Abweichungen bestrafen oder neue Marktteilnehmer behindern.

Die Gleichförmigkeit des Behinderungsverhaltens gegenüber Wettbewerbern ist ein typischer Ausdruck für das Ausnutzen einer kollektiven Marktbeherrschung. Zwischen dem typischen Beispiel eines Behinderungsmissbrauchs und dem oben genannten Beispiel eines missbräuchlichen Verhaltens, das den externen Wettbewerb einschränkt, gibt es erhebliche Überschneidungen. Beispiele hierfür sind Exklusivverträge, Geschäftsverweigerungen, Praktiken einer Kosten-Preis-Schere und Treuerabatte.

Es scheint jedoch unwahrscheinlich, dass Mitglieder einer kollektiven Marktbeherrschung Verdrängungspreise praktizieren. Dies liegt darin, dass es schwierig ist, zwischen Verdrängungspraktiken gegenüber externen Wettbewerbern und dem Preiswettbewerb zwischen kollektiv marktbeherrschenden Unternehmen zu unterscheiden. Es gibt in der Regel keinen

---

[239] Vgl. *Eilmansberger/Kruis*, in: Streinz, EUV/AEUV, Art. 102 AEUV Rn. 19.

[240] Vgl. *Eilmansberger/Bien*, in: Säcker/Bien/Meier-Beck/Montag, Münchener Kommentar zum Wettbewerbsr., Art. 102 AEUV Rn. 225.

[241] Vgl. *Schödermeier*, Eur. Compet. Law Rev. 1990, 28, 33.

[242] Vgl. *Lacobucci/Winter*, Univ. Tor. Law J. 2010, 219, 233f.

[243] Vgl. *Lacobucci/Winter*, Univ. Tor. Law J. 2010, 219, 233f.

(rechtlichen) Mechanismus, um die finanzielle Last von Verdrängungspraktiken zu teilen.[244]

Ausbeutungsmissbrauch

Nach dem Art. 102 S. 2 lit. a) AEUV liegt ein Ausbeutungsmissbrauch vor, wenn Einkaufs- oder Verkaufspreise oder sonstige Geschäftsbedingungen unangemessen sind.

Das Eingreifen gegen Preismissbrauch im Fall der kollektiven Marktbeherrschung ist eine seltene Ausnahme.[245] Der Grund dafür ist, dass die stillschweigende Kollusion und die damit einhergehende wettbewerbsübersteigende Preisgestaltung selbst nicht nach Art. 102 AEUV bestraft werden können. Das Wettbewerbsrecht verbietet es Oligopolisten nicht, sich auf der Grundlage der gegenseitigen oligopolistischen Interdependenz rational an das Verhalten der anderen anzupassen, auch wenn dies dazu führt, dass die oligopolistischen Preise über dem Wettbewerbsniveau liegen. Damit das Missbrauchsverbot zur Anwendung kommt, muss die Schwelle der „Unangemessenheit“ für oligopolistische überwettbewerbliche Preisgestaltung also eklatant überschritten werden.[246] Aufgrund der Unbestimmtheit der „Unangemessenheit“ wird der Schwellenwert jedoch sehr hoch angesetzt.[247] Außerdem ist es in der Praxis schwierig, einen angemessenen Preis zu bestimmen.[248]

Die Rechtssache *Compagnie Maritime Belge* liefert ein Beispiel für einen Ausbeutungsmissbrauch durch Unternehmen, die eine kollektive Marktbeherrschung innehaben. Der Fall betraf einen Konditionenmissbrauch. CEWAL ist eine Linienkonferenz, die zwischen Europa und West- und Zentralafrika verkehrt. CEWAL wurde vorgeworfen, ein System von Treuevereinbarungen mit nachträglich vergüteten unterschiedlichen Rabatten getroffen zu haben, die nicht in den Anwendungsbereich der Freistellung nach Art. 5 Abs. 2 der Verordnung 4056/86 fällt.

---

[244] Vgl. Europäische Kommission, DG Discussion Paper on the Application of Art. 82 EGV, Rn. 98.

[245] Vgl. *Eilmansberger/Kruis*, in: Streinz, EUV/AEUV, Art. 102 AEUV Rn. 18; *Eilmansberger/Bien*, in: Säcker/Bien/Meier-Beck/Montag, Münchener Kommentar zum Wettbewerbsr., Art. 102 AEUV Rn. 223.

[246] Vgl. *Pozdnakova*, World Compet. 2010, 121, 137; *Eilmansberger/Bien*, in: Säcker/Bien/Meier-Beck/Montag, Münchener Kommentar zum Wettbewerbsr., Art. 102 AEUV Rn. 222.

[247] *Eilmansberger/Bien*, in: Säcker/Bien/Meier-Beck/Montag, Münchener Kommentar zum Wettbewerbsr., Art. 102 AEUV Rn. 222.

[248] Vgl. *Petit*, in: Handb. Eur. Compet. Law Subst. Asp., S. 334; *Schuchmann*, S. 168; *Whish/Bailey*, S. 758.

Der EuGH stellte fest, dass CEWAL den Verladern einseitig unangemessene Treuevereinbarungen auferlegte. Aufgrund ihrer kollektiven beherrschenden Stellung sei CEWAL für ihre Geschäftspartner einen nicht zu umgehenden Partner.[249] CEWAL sei in der Lage, den Nutzern ihrer Dienste in der Praxis Treuevereinbarungen auferlegen.

Der EuGH schloss sich der Auffassung der Kommission an, dass Treuevereinbarungen mit selektiven Treuerabatten die Anwendung unterschiedlicher Bedingungen für gleichwertige Dienstleistungen auf die Handelspartner von CEWAL, d. h. die Verlader, implizieren, wodurch die Handelspartner im Sinne von Art. 102 lit. c) im Wettbewerb benachteiligt werden.[250] Ergebnisse seien, dass die Freiheit der Verkehrsnutzer und damit den Wettbewerb im Seeschiffsverkehr einschränkt wurden.[251] Nach der Würdigung des Gerichtshofs lag daher ein Ausbeutungsmissbrauch vor.

Die Gewährung von Sondernachlässen für ausgewählte Abnehmer kann auch den Missbrauch der kollektiven marktbeherrschenden Stellung begründen.

In der Rechtssache *Irish Sugar* stellte die Kommission fest, dass Irish Sugar, der Hauptzuckerlieferant in Irland und Nordirland ist, und sein Vertriebshändler SDL gemeinsam Grenzrabatte gewährten.[252] Bei dem Grenzrabatt handelt es sich um einen Sonderrabatt, der bestimmten Kunden im Grenzgebiet zu Nordirland gewährt wurde. Sowohl die Kommission als auch das EuG waren der Ansicht, dass der selektive Sonderrabatt einen Missbrauch einer kollektiven Marktbeherrschung auf dem Zuckermarkt Irland darstellte. Die Begründung dafür ist, dass Irish Sugar und SDL bei Geschäften gleichen Wertes mit anderen Handelspartnern ungleiche Bedingungen anwandten, wodurch Händler, die nicht in den Genuss von Rabatten

---

[249] Vgl. EuGH 16.3.2000, Rs. C-395/96 P und C-396/96 P, Slg. 2000, I-1365, Rn. 133 „Compagnie Maritime Belge".

[250] Vgl. Kommission Entsch. 23.12.1992 – IV/32.448, 32.450, ABl. 1993 L 34/20, Rn. 85 „Cewal"; EuGH 16.3.2000, Rs. C-395/96 P und C-396/96 P, Slg. 2000, I-1365, Rn. 137 „Compagnie Maritime Belge".

[251] Vgl. Kommission Entsch. 23.12.1992 – IV/32.448, 32.450, ABl. 1993 L 34/20, Rn. 85 „Cewal"; EuGH 16.3.2000, Rs. C-395/96 P und C-396/96 P, Slg. 2000, I-1365, Rn. 137 „Compagnie Maritime Belge".

[252] Vgl. Kommission Entsch. 14.5.1997 – IV/34.621, 35.059/F-3, ABl. 1997 L 258/1, Rn. 128 „Irish Sugar".

kamen, im Wettbewerb benachteiligt wurden.[253] Darüber hinaus sei die Gewährung von Rabatten als Teil einer anhaltenden allgemeinen Strategie zum Schutz einer kollektiven Marktbeherrschung.[254] Daher liegt ein Ausbeutungsmissbrauch vor.[255]

Ein mögliches Problem bei der Konstellation des gemeinsamen Missbrauchs ist die Zuweisung der Verantwortung. Es ist sinnvoll, nach dem Grundsatz der Verhältnismäßigkeit zu verfahren, d. h. kollektiv marktbeherrschende Unternehmen mit unterschiedlicher Marktmacht tragen die Verantwortung entsprechend dem Grad ihren Präsenzen auf dem Markt.[256] Dieser Ansatz steht im Einklang mit dem wirkungsorientierten Ansatz im Rahmen des Missbrauchsverbots.

---

[253] Vgl. Kommission Entsch. 14.5.1997 – IV/34.621, 35.059/F-3, ABl. 1997 L 258/1, Rn. 129 „Irish Sugar", bestätigt durch EuG 7.10.1999, Rs. T-228/97, Slg. 1999, II-2969, Rn. 193 „Irish Sugar".

[254] Vgl. Kommission Entsch. 14.5.1997 – IV/34.621, 35.059/F-3, ABl. 1997 L 258/1, Rn. 135 „Irish Sugar ".

[255] Vgl. Kommission Entsch. 14.5.1997 – IV/34.621, 35.059/F-3, ABl. 1997 L 258/1, Rn. 135 „Irish Sugar", bestätigt durch EuG 7.10.1999, Rs. T-228/97, Slg. 1999, II-2969, Rn. 193 „Irish Sugar".

[256] Vgl. *Withers/Jephcott*, Eur. Compet. Law Rev. 2001, 295, 303.

3.2.4.4 Missbrauchsverhalten in der digitalen Wirtschaft

Kosten-Preis-Schere und Selbstbevorzugung

Schadenstheorie der Kosten-Preis-Schere: von Versorgungsunternehmen bis zu Digitalplattformen

Aus dem Bericht des International Competition Network (ICN) geht hervor, dass zu den am häufigsten untersuchten Behinderungspraktiken auf digitalen Märkten die Kosten-Preis-Schere und Selbstbevorzugung gehören.[257] Die Kosten-Preis-Schere beschreibt eine Situation, in der die Gewinnspanne zwischen den von vertikal integrierten Unternehmen auf der vorgelagerten und der nachgelagerten Ebene festgesetzten Preisen für die ebenso effizienten nachgelagerten Wettbewerber nicht ausreicht, um ihre Kosten zu decken.[258] Beispielsweise verlangt ein marktbeherrschender vorgelagerter Anbieter von seinem nachgelagerten Wettbewerber höhere Preise als von seinem eigenen nachgelagerten Vertriebspartner.[259] Ein weiteres Beispiel ist der Fall, dass ein marktbeherrschender nachgelagerter Händler dem vorgelagerten Wettbewerber niedrigere Preise zahlt als seinem eigenen vorgelagerten Lieferanten.[260]

Die Kosten-Preis-Schere kann auch in der Form von nicht-preislichen Bedingungen auftreten. Dies umfasst beispielsweise das Anbieten günstigerer oder vorteilhafterer Produkte oder Bedingungen für den eigenen Vertrieb (Selbstbevorzugung)[261] oder den weniger vorteilhaften Zugang oder eine geringere Inputqualität für konkurrierende Unternehmen.[262] Eine erfolgreiche Kosten-Preis-Schere kann zur Folge haben, dass einige oder alle nachgelagerten Wettbewerber vom Markt verdrängt werden oder mit einer deutlich schwächeren Wettbewerbsposition marginalisiert bleiben.[263]

---

[257] Vgl. ICN, Report on the Results of the ICN Survey on Dominance/Substantial Market Power in Digital Markets, S. 4.

[258] Vgl. Europäische Kommission, Prioritätenmitteilung zu Art. 82 EGV, Rn. 80; *Geradin/O'Donoghue*, J. Compet. Law Econ. 2005, 355, 357; *Faull/Nikpay*, S. 480 Rn. 4.638.

[259] Vgl. OECD, Abuse of Dominance in Digital Markets, S. 34; *Hutchinson*, J. Antitrust Enforc. 2022, 1, 19.

[260] Vgl. OECD, Abuse of Dominance in Digital Markets, S. 34; *Hutchinson*, J. Antitrust Enforc. 2022, 1, 19.

[261] Vgl. *Hutchinson*, J. Antitrust Enforc. 2022, 1, 19.

[262] Vgl. OECD, Abuse of Dominance in Digital Markets, S. 34.

[263] Vgl. *O'Donoghue/Padilla*, S. 437.

Der AEC-Test bildet den Ausgangspunkt für die Beurteilung einer Kosten-Preis-Schere.[264] Die Kommission muss nachweisen, dass die Preispolitik des beherrschenden Unternehmens

> „für zumindest ebenso effiziente Wettbewerber wie das Unternehmen aufgrund der durch Beschneidung ihrer Margen entfalteten Verdrängungswirkung geeignet ist, dessen Wettbewerbern den Zugang zum Markt zu erschweren oder gar unmöglich zu machen und damit seine beherrschende Stellung auf diesem Markt zu Lasten der Interessen der Verbraucher zu verstärken".[265]

Ein typischer Maßstab für einen ebenso effizienten Wettbewerber ist der eigene nachgeordnete Sektor des beherrschenden Unternehmens.[266] Da sich der AEC-Test nur auf die eigenen Preise und Kosten des vertikalen integrierten Unternehmens bezieht, steht er im Einklang mit dem Grundsatz der Rechtssicherheit.[267]

Der EuGH hat mehrfach hervorgehoben, dass der bloße Nachweis einer Kosten-Preis-Schere für die Feststellung eines Missbrauchs nicht ausreicht, sondern dass auch der Nachweis wettbewerbswidriger Wirkungen erforderlich ist.[268] Dies ist anzunehmen, wenn die Preispolitik eines marktbeherrschenden Unternehmens dazu führt, dass die Gewinne seines mindestens ebenso effizienten Wettbewerbers beschneiden. Nachgelagerte Wettbewerber werden aus dem Markt gedrängt.

Fehlende wettbewerbswidrige Wirkungen bedeuten dann keinen Missbrauch. In einer Reihe von Entscheidungen wurden die folgenden Grundsätze für den Test zur Beurteilung wettbewerbswidriger Auswirkungen entwickelt.

Erstens muss die Kommission alle besonderen Umstände prüfen.[269]

---

[264] Vgl. Europäische Kommission, Prioritätenmitteilung zu Art. 82 EGV, Rn. 23; EuGH 14.10.2010, Rs. C-280/08 P, Slg. 2010, I-9555, Rn. 196 „Deutsche Telekom"; EuGH 17.2.2011, Rs. C-52/09, Slg. 2011, I-527, Rn. 30ff. „TeliaSonera".

[265] EuGH 14.10.2010, Rs. C-280/08 P, Slg. 2010, I-9555, Rn. 253 „Deutsche Telekom".

[266] Vgl. Europäische Kommission, Prioritätenmitteilung zu Art. 82 EGV, Rn. 80; EuGH 14.10.2010, Rs. C-280/08 P, Slg. 2010, I-9555, Rn. 201f. „Deutsche Telekom".

[267] Vgl. EuGH 14.10.2010, Rs. C-280/08 P, Slg. 2010, I-9555, Rn. 202 „Deutsche Telekom"; EuGH 17.2.2011, Rs. C-52/09, Slg. 2011, I-527, Rn. 44 „TeliaSonera".

[268] Vgl. EuGH 14.10.2010, Rs. C-280/08 P, Slg. 2010, I-9555, Rn. 252 „Deutsche Telekom"; EuGH 17.2.2011, Rs. C-52/09, Slg. 2011, I-527, Rn. 64 „TeliaSonera".

[269] Vgl. EuGH 17.2.2011, Rs. C-52/09, Slg. 2011, I-527, Rn. 68 „TeliaSonera"; EuGH 27.3.2012, Rs. C-209/10, EuZW 2012, 540, Rn. 26 „Post Danmark I".

Zweitens muss die wettbewerbswidrige Wirkung nicht unbedingt konkret sein, sondern es genügt der Nachweis, dass eine potenzielle wettbewerbswidrige Wirkung vorliegt, die die zumindest ebenso effiziente Wettbewerber wie das beherrschende Unternehmen verdrängen kann.[270] Die Tatsache, dass das Ziel der Verdrängung der Wettbewerber nicht erreicht wurde, hat keinen Einfluss auf die Feststellung der Missbräuchlichkeit.[271]

Drittens ist die Frage nach der Unentbehrlichkeit des Vorleistungsprodukts wichtig, aber nicht entscheidend für die Feststellung wettbewerbswidriger Wirkungen.[272] Das Vorhandensein (potenzieller) wettbewerbswidriger Wirkungen kann nicht ausgeschlossen werden, selbst wenn es Alternativen zum Vorleistungsprodukt gibt.[273]

Viertens kann eine Kosten-Preis-Schere selbst eine eigenständige Form des Missbrauchs darstellen.[274] Der missbräuchliche Charakter der Kosten-Preis-Schere hängt mit der Spanne zwischen den vor- und nachgelagerten Preisen zusammen. Die Kommission muss nicht nachweisen, dass die Vorleistungs- oder Endkundenpreise von Natur aus missbräuchlich sind.[275]

Wenn die Gewinnspanne negativ ist, d. h. Vorleistungspreise höher als die Endkundenpreise sind, besteht die Möglichkeit einer Verdrängungswirkung, weil ein ebenso effizientes Unternehmen wie das marktbeherrschende Unternehmen oder sogar ein noch effizienteres Unternehmen gezwungen sein wird, mit Verlust zu verkaufen.[276]

Bleibt die Gewinnspanne positiv, muss nachgewiesen werden, dass die Preispolitik wahrscheinlich zur Folge hat, dass die Ausübung der Tätigkeiten auf dem relevanten Markt für die betreffende Marktteilnehmer zumindest erschwert, z. B. durch einen Gewinnrückgang.[277] Mit anderen Worten, das Fehlen einer negativen Gewinnspanne bedeutet nicht, dass keine wettbewerbswidrigen Auswirkungen vorliegen; es sind lediglich mehr Beweise erforderlich, um die Wirkung nachzuweisen.

---

[270] Vgl. EuGH 17.2.2011, Rs. C-52/09, Slg. 2011, I-527, Rn. 64 „TeliaSonera".

[271] Vgl. EuGH 14.10.2010, Rs. C-280/08 P, Slg. 2010, I-9555, Rn. 254 „Deutsche Telekom"; EuGH 17.2.2011, Rs. C-52/09, Slg. 2011, I-527, Rn. 65 „TeliaSonera".

[272] Vgl. EuGH 17.2.2011, Rs. C-52/09, Slg. 2011, I-527, Rn. 69ff. „TeliaSonera".

[273] Vgl. EuGH 17.2.2011, Rs. C-52/09, Slg. 2011, I-527, Rn. 72 „TeliaSonera".

[274] Vgl. EuGH 14.10.2010, Rs. C-280/08 P, Slg. 2010, I-9555, Rn. 183 „Deutsche Telekom"; EuGH 17.2.2011, Rs. C-52/09, Slg. 2011, I-527, Rn. 55ff. „TeliaSonera".

[275] Vgl. EuGH 14.10.2010, Rs. C-280/08 P, Slg. 2010, I-9555, Rn. 183 „Deutsche Telekom".

[276] Vgl. EuGH 17.2.2011, Rs. C-52/09, Slg. 2011, I-527, Rn. 73 „TeliaSonera".

[277] Vgl. EuGH 17.2.2011, Rs. C-52/09, Slg. 2011, I-527, Rn. 74 „TeliaSonera".

Art. 102 AEUV verbietet die Kosten-Preis-Schere durch marktbeherrschende Unternehmen, weil derartige nicht dem Leistungswettbewerb unterliegenden Praktiken den Eintritt der ebenso effizienten Wettbewerber in einen Markt erschweren oder unmöglich machen können und somit die marktbeherrschende Stellung verstärken.[278]
Die Schadenstheorie einer Kosten-Preis-Schere konzentriert sich auf die traditionellen Versorgungssektoren wie Telekommunikation, Strom, Gas und Wasser.[279] Versorgungsunternehmen liefern „wesentliche" Vorleistungen oder „Engpassprodukte" auf den vorgelagerten Märkten, die in gewisser Weise entscheidend für den nachgelagerten Wettbewerb sind.[280] Gleichzeitig konkurrieren sie auf den nachgelagerten Märkten. Seit der Liberalisierung des Telekommunikationssektors in Europa,[281] die in den 1990er Jahren begann, wurden die meisten Fälle von Kosten-Preis-Schere im Telekommunikationssektor verfolgt.[282]
In der digitalen Wirtschaft scheint das Internet eine ähnliche Rolle zu spielen wie die traditionellen Telekommunikations-, Strom- und Telefonnetze. Es handelt sich aus ökonomischer Sicht um Netzwerke.[283] Darüber hinaus können Plattformen, die wichtige Akteure auf den Märkten des Internets und der digitalen Wirtschaft sind, auch einige Merkmale von öffentlichen Versorgungsunternehmen aufweisen. Vor allem haben sich eine kleine Zahl großer Plattformen zu Zugangstoren zu den digitalen Märkten entwickelt und verfügen über eine gefestigte und dauerhafte Marktposition.[284]
Die Frage, ob die Schadenstheorie der Kosten-Preis-Schere direkt auf Plattformen übertragen werden kann, muss jedoch noch eingehender erörtert werden.

---

[278] Vgl. EuGH 14.10.2010, Rs. C-280/08 P, Slg. 2010, I-9555, Rn. 177 „Deutsche Telekom".

[279] Vgl. OECD, Competition Policy Roundtable: Margin Squeeze, S. 8.

[280] Vgl. *O'Donoghue/Padilla*, S. 438 und 443.

[281] Richtlinie 90/388/EWG der Kommission vom 28. Juni 1990 über den Wettbewerb auf dem Markt für Telekommunikationsdienst, ABl. L 192/10; Richtlinie 2002/77/EG der Kommission vom 16. September 2002 über den Wettbewerb auf den Märkten für elektronische Kommunikationsnetze und -dienste, ABl. L 249/21.

[282] Vgl. *Veljanovski*, e-Competitions, N° 46442 2012, 1, 1; *Bostoen*, J. Antitrust Enforc. 2018, 355, 360.

[283] Vgl. *Italianer*, Competition Policy in the digital Age, S. 6.

[284] Vgl. Europäische Kommission, Vorschlag für Gesetz über digitale Märkte, COM(2020) 842 final, S. 1.

höchste Viskosität hat und sehr interaktiv ist.[297] Die Bürgerinnen und Bürger können über „City-Services“ auf Sozialversicherungs-, Gesundheits- und Arbeitsvermittlungsdienste zugreifen, über „Bezahlen im Alltag“ Wasser, Strom und Gas bezahlen und über „Official Accounts“ auf die Informationen der Regierung zugreifen und Feedback zur öffentlichen Meinung geben. Mit Sicherheit kann man sagen, dass die Weigerung, Wexin zu nutzen, den Komfort im täglichen Leben der Chinesen erheblich beeinträchtigen würde. Daher kann Wexin als nicht rival und nicht exklusiv angesehen werden.

Angesichts der Tatsache, dass Megaplattformen zunehmend zu einer kritischen Infrastruktur für die gesamte Internetwirtschaft werden, ist in der Literatur der Gedanke aufgekommen, die Anwendung von Elementen der Vorschriften für öffentliche Versorgungsunternehmen auf Plattformen zu übertragen.[298]

Zweitens ist die Plattform das geeignete Unternehmen für die Umsetzung einer Kosten-Preis-Schere. Die Kosten-Preis-Schere setzt ein vertikal integriertes Unternehmen voraus. Dies ist in der Regel der Fall, wenn das führende Unternehmen Vorleistungen, die für den nachgelagerten Wettbewerb erforderlich sind, an unabhängige Dritte und an seinen eigenen nachgelagerten Sektor liefert und zwischen beiden ein direkter Wettbewerb besteht.[299]

In der digitalen Wirtschaft spielen einige Plattformen eine Doppelrolle. Einerseits fungieren sie als private Gesetzgeber, die die Regeln für den Zugang und den Betrieb der Plattform festlegen, und andererseits konkurrieren sie als Sportler auf stärker segmentierten Nachbarmärkten.

Nehmen wir das Geschäftsmodell der GAFA als Beispiel. Google betreibt einerseits eine Suchmaschine, die Informationen organisiert und den Verbraucher hilft, speziellere Dienste zu finden. Andererseits bietet Google diese spezielleren Dienste auch selbst an, wie z. B. einen Flugvergleichsdienst (Google Flights), einen Einkaufsvergleichsdienst (Google Shopping), einen Übersetzungsdienst (Google Übersetzung).

Apple betreibt und dominiert einerseits den Apple App Store, in dem Apple die Regeln für den Vertrieb von Apps festlegt. Andererseits konkurriert

---

[297] Vgl. CAICT, Bericht über die Auswirkungen von WeChat auf die Beschäftigung 2019-2020, S. 5.

[298] Vgl. *Khan*, Yale Law J. 2016, 710, 798; *Rahman*, Cardozo Law Rev. 2017, 1621, 1622; *高*, 法学研究 2021, 84, 89ff.

[299] Vgl. *Bostoen*, J. Antitrust Enforc. 2018, 355, 365.

Apple mit anderen Musik-Streaming-Anbietern im Apple App Store durch sein eigenes Apple Music.
Facebook betreibt nicht nur ein soziales Netzwerk, sondern auch den Online-Kleinanzeigendienst „Facebook Marketplace", über den Facebook-Nutzer untereinander Waren kaufen und verkaufen können. Viele Betreiber von Online-Kleinanzeigendienst werben für ihre Plattformen im sozialen Netzwerk von Facebook und konkurrieren mit „Facebook Marketplace".
Amazon spielt auch insofern eine Doppelrolle, als es nicht nur einen Handelsplatz für unabhängige Drittanbieter bietet, sondern auch mit seinen eigenen Produkten im Wettbewerb steht („Verkauf und Versand durch Amazon"). Interessenkonflikte geben den Plattformen einen Anreiz, ihre eigenen Geschäftsbereiche zu bevorzugen und den Wettbewerb auszuschließen.
Drittens erfordert die Auferlegung einer Kosten-Preis-Schere eine vorgelagerte Marktbeherrschung und ein gewisses Maß an Abhängigkeit der nachgelagerten Wettbewerber von den vorgelagerten Vorleistungen des Unternehmens.[300] Die Frage, ob GAFA beherrschend sind, steht häufig nicht im Mittelpunkt von Streitigkeiten.[301] Die Marktposition der großen Plattformen gilt als unbestreitbar.[302] Die derzeitigen ausführlichen Diskussionen zu Gatekeepern in der EU-Wettbewerbspolitik haben gezeigt, dass ein großer Teil von kleinen und mittleren Internetfirmen nicht mehr unabhängig tätig ist, sondern auf die großen Digitalunternehmen angewiesen ist.[303] Große Plattformen kontrollieren sowohl die Funktionen und die Positionierung der geschäftlichen Nutzer auf der Plattform als auch die Informationen und Dienste, denen die Endnutzer ausgesetzt sind.[304] Das verabschiedete Gesetz

---

300 Vgl. *O'Donoghue/Padilla*, S. 443.

301 EuG sieht Google als „superdominant" auf dem Markt für allgemeine Suchdienste. Siehe EuG 10.11.2021, Rs. T-612/17, NZKart 2021, 684, Rn. 182 „Google Shopping"; Im Facebook-Verfahren hat der BGH die Marktbeherrschung von Facebook auf dem deutschen Markt für soziale Netzwerke festgestellt, siehe BGH, Beschl. 23.6.2020, KVR 69/19, Facebook, GRUR 2020, 1318, Rn. 37; Amazons Dominanz im E-Commerce-Bereich außerhalb VR Chinas scheint unaufhaltsam zu sein, siehe *Barwise/Watkins*, in: Digit. Domin. Power Google, Amaz. Facebook, Apple, S. 40; Die marktbeherrschende Stellung von Apple, siehe *Shao*, Berkeley Technol. Law J. 2021, 353, 371ff.

302 Vgl. Monopolkommission, Missbrauchsaufsicht in der Plattformwirtschaft, S. 31.

303 Siehe z. B. *Crémer/Montjoye/Schweitzer*, Competition Policy for the Digital Era; *Zimmer/Göhsl*, Zeitschrift für Wettbewerbsr. 2021, 29, 29ff.

304 Vgl. Europäische Kommission, Digital Markets Act - Impact Assessment Support Study, S. 8.

über digitale Märkte[305] legt strenge Verhaltensstandards für große digitale Plattformen, die sogenannten Gatekeeper, fest, um einen fairen und bestreitbaren Wettbewerb zu gewährleisten.
Bei den ersten drei Argumenten handelt es sich um eine Reihe theoretischer Bedingungen für das Auftreten einer Kosten-Preis-Schere, und es wurde erläutert, warum digitale Plattformen diese Bedingungen erfüllen.
Das vierte Argument bezieht sich auf die Notwendigkeit in der Praxis. Die Doppelrolle von Plattformen aufgrund der vertikalen Integration ist zu einem zentralen Punkt bei der Untersuchung möglicher wettbewerbswidriger Verhaltensweisen durch die Kommission geworden. Ein bemerkenswertes Beispiel ist das Urteil vom 10. November 2021, in dem das EuG eine von der Europäischen Kommission gegen Google verhängte Geldbuße in Höhe von 2,42 Milliarden Euro bestätigte.[306] Die Selbstbevorzugung durch Google wird als Leveraging, das auf einer Ungleichbehandlung basiert, eingestuft. Es gibt jedoch viele Diskussionen und Unsicherheiten im Zusammenhang mit der Schadenstheorie von der Missbräuchlichkeit der Selbstbevorzugung.
Akman vertrat der Meinung, dass die drei wahrscheinlichsten Missbrauchstheorien gegen Googles Handlungen die Geschäftsverweigerung, Diskriminierung und Kopplung seien, aber die Fakten dieses Falles passen nicht in diese drei Kategorien von Missbrauch.[307]
Vesterdorf/Fountoukakos argumentierten, dass es sich bei der von der Kommission angeführten Schadenstheorie um eine neuartige und noch nie dagewesene Schadenstheorie über „Selbstbevorzugung" handele.[308]
Körber stellte die Legitimität und die Möglichkeit der Neutralität von Suchmaschinen in Frage.[309]
Reverdin vertrat die Auffassung, dass die Bevorzugung verbundener Dienste keine Abweichung vom Wettbewerb darstelle und dass es keinen eindeutigen rechtlichen Test gebe, um die Rechtmäßigkeit der Selbstbevorzugung zu beurteilen.[310]

---

[305] Verordnung (EU) 2022/1925 des Europäischen Parlaments und des Rates vom 14. September 2022 über bestreitbare und faire Märkte im digitalen Sektor und zur Änderung der Richtlinien (EU) 2019/1937 und (EU) 2020/1828 (Gesetz über digitale Märkte), ABl L265/1.
[306] EuG 10.11.2021, Rs. T-612/17, NZKart 2021, 684, „Google Shopping". Google hat gegen das Urteil des EuG indessen vor dem EuGH Rechtsmittel eingelegt.
[307] Vgl. *Akman*, J. Law, Technol. Policy 2017, 301, 370.
[308] Vgl. *Vesterdorf/Fountoukakos*, J. Eur. Compet. Law Pract. 2018, 3, 3.
[309] Vgl. *Körber*, Eur. Compet. Law Rev. 2015, 239, 242.
[310] Vgl. *Reverdin*, J. Eur. Compet. Law Pract. 2021, 181, 186.

In der Tat ist die Kosten-Preis-Schere eine geeignete Schadenstheorie. Wie *Bostoen* festgestellt hat, dass die Schadenstheorie der Kosten-Preis-Schere keine neue Begründung eines Missbrauchsvorwurfs darstelle und nicht radikal sei, da sie in der Praxis der Rechtsprechung der Unionsgerichte einen rechtssicheren Analyserahmen entwickelt habe.[311]
Darüber hinaus spiegele die Schadenstheorie der Kosten-Preis-Schere eine neutrale Verpflichtung wider, die implizit mit dem Charakter des vorgelagerten Betreibers als öffentliche Einrichtung verbunden sei.[312] Die Plattformen spielen aber auch zunehmend die Rolle der Internet-Infrastruktur. Die der Neutralitätsverpflichtung zugrunde liegende Logik könne daher von den Telekommunikationsbetreibern auf die Anbieter von Internetdiensten und sogar auf Online-Plattformen ausgedehnt werden.[313]
Ausgehend von den vier oben genannten Argumenten ist die Schlussfolgerung angebracht, dass die Schadenstheorie der Kosten-Preis-Schere *zumindest im Fall der Einzelbeherrschung* nicht nur auf Telekommunikationsbetreiber, sondern auch auf vertikal integrierte Plattformen angewandt werden kann.
Geht man noch einen Schritt weiter, so lässt sich die Schadenstheorie der Kosten-Preis-Schere auch auf den Fall mehrerer vertikal integrierter Plattformen mit *kollektiver Marktbeherrschung* anwenden.
Kollektive Marktbeherrschung und die Schadenstheorie der Kosten-Preis-Schere sind in der Praxis relevant. Im Telekommunikationssektor haben die Gesetzgeber das Konzept der kollektiven Marktbeherrschung im Sinne von Art. 102 AEUV in die Sektor-spezifische Regulierung eingeführt hat, d. h. die „kollektive/gemeinsame beträchtliche Marktmacht" (collective significant market power).[314] Der Telekommunikationssektor ist ein Bereich, in dem die Schadenstheorie der Kosten-Preis-Schere hauptsächlich entwickelt und angewandt wurde.
In Anbetracht der bereits analysierten Ähnlichkeiten zwischen Telekommunikationsbetreibern und Plattformen, gibt es daher kein theoretisches oder praktisches Hindernis für die Anwendung der Schadenstheorie der

---

[311] Vgl. *Bostoen*, J. Antitrust Enforc. 2018, 355, 376f.
[312] Vgl. *Bostoen*, J. Antitrust Enforc. 2018, 355, 377.
[313] Vgl. *Bostoen*, J. Antitrust Enforc. 2018, 355, 377.
[314] Richtlinie 2002/21/EG des Europäischen Parlaments und des Rates vom 7. März 2002 über einen gemeinsamen Rechtsrahmen für elektronische Kommunikationsnetze und -dienste (Rahmenrichtlinie), ABl. 2002 L 108/33; Europäische Kommission, SMP-Leitlinien, ABl. 2018 C 159/1.

Kosten-Preis-Schere auf mehrere Plattformunternehmen mit einer kollektiven Marktbeherrschung.

Missbrauch durch preisbezogene Kosten-Preis-Schere

In Anbetracht des Themas dieser Arbeit ist es wichtig zu berücksichtigen, ob der Missbrauch einer kollektiven Marktbeherrschung durch Plattformen in Form der Kosten-Preis-Schere etwas Besonderes ist. Gilt die im Zusammenhang mit der Einzelmarktbeherrschung entwickelte Theorie der Kosten-Preis-Schere noch?

Der einzige Präzedenzfall im EU-Wettbewerbsrecht für den Missbrauch einer kollektiven Marktbeherrschung durch preisbezogene Kosten-Preis-Schere ist die Rechtssache *Llamadas Móviles (Spanien)*. Dieser Fall bestätigte die Legitimität des Kreuztests als Ergänzung des AEC-Tests zur Beurteilung des Verdrängungseffekts einer Kosten-Preis-Schere im Zusammenhang mit kollektiver Marktbeherrschung.

Beim Kreuztest werden höhere Anforderungen an den Nachweis der wettbewerbswidrigen Auswirkungen im Fall einer kollektiven Marktbeherrschung gestellt. Mit anderen Worten, der Kreuztest erfordert den Nachweis der ausreichenden wettbewerbswidrigen Wirkungen, die nur dann eintreten würden, wenn die Kosten-Preis-Schere von allen Mitgliedern der kollektiven beherrschenden Stellung gemeinsam ausgeübt würde.[315]

Ein Missbrauch einer kollektiven Marktbeherrschung liegt nach dem Kreuztest nur dann vor, wenn der niedrigste Vorleistungspreis, den ein nachgelagerter Wettbewerber auf dem vorgelagerten Markt erzielen kann, höher bleibt als der höchste Einzelhandelspreis auf dem nachgelagerten Markt, sodass er vom nachgelagerten Wettbewerb *vollständig* ausgeschlossen ist.

Ist dagegen der niedrigste Vorleistungspreis niedriger als der höchste Endkundenpreis, liegt kein Missbrauch im Sinne des Kreuztests vor.[316] Der Grund dafür ist, dass ein nachgelagerter Wettbewerber bei dem Mitglied der kollektiven Marktbeherrschung einkaufen kann, das den niedrigsten Vorleistungspreis anbietet, und dann in den nachgelagerten Markt eintreten kann, um zumindest mit dem Unternehmen zu konkurrieren, das den höchsten Einzelhandelspreis anbietet.

Der Kontext der Analyse sollte sich auf die digitale Wirtschaft verlagern. Die Provision, die die Plattform für jede erfolgreiche Transaktion innerhalb der Plattform erhebt, oder die Service- oder Verwaltungsgebühren, die

---

[315] Vgl. *González de Zárate Catón*, J. Eur. Compet. Law Pract. 2020, 267, 272.

[316] Vgl. *González de Zárate Catón*, J. Eur. Compet. Law Pract. 2020, 267, 272.

Händler für die langfristige Nutzung der Plattformdienste zahlen müssen, können als vorgelagerter Preis verstanden werden.

Es ist zunächst denkbar, dass mehrere Plattformen mit einer kollektiv marktbeherrschenden Stellung einer Branchenpraxis stillschweigend zustimmen, wonach die Ziehungs- oder Dienstleistungsgebühr für jede Transaktion nicht weniger als X % beträgt.

Eine wettbewerbswidrige Kosten-Preis-Schere setzt voraus, dass die Preispolitik des etablierten Unternehmens den AEC-Test und Kreuztest nicht besteht. Dies ist der Fall, wenn gleich effiziente Wettbewerber, die X % des vorgelagerten Mindestpreises zahlen, dennoch nicht in der Lage sind, mit dem nachgelagerten Sektor einer beliebigen Plattform auf dem Einzelhandelsmarkt rentabel zu konkurrieren. Da der Nachweis möglicher wettbewerbswidriger Auswirkungen ausreichen würde, erfüllt der Nachweis der Unfähigkeit, mit einer der allen Plattformen zu konkurrieren, zweifelsohne die Mindestanforderung an den Nachweis.

Neben einem ungewöhnlich hohen Preis auf dem Vorleistungsmarkt im obigen Szenario kann die unzureichende Gewinnspanne auch auf einen ungewöhnlich niedrigen Preis auf dem Einzelhandelsmarkt zurückzuführen sein. In solchen Fällen kann es zu einer Quersubventionierung kommen, bei der die Plattform, um mehr Nutzer anzuziehen (Maximierung der Netzwerkeffekte), auf einer Seite (in der Regel der Nutzerseite) kostenlose oder kostengünstige Dienste anbietet und diese mit den von der anderen Seite erwirtschafteten Gewinnen subventioniert.[317] Wettbewerbsprobleme entstehen, wenn die Quersubventionierung kurz- bis mittelfristig zu niedrigeren Preisen für die Verbraucher führt, bis die Wettbewerber vom Markt verdrängt werden. Die Wettbewerbsbehörde bzw. der Kläger muss nachweisen, dass zwischen den Verlusten auf einem Markt und den Gewinnen auf einem anderen Markt ein Kausalzusammenhang besteht, d. h., dass die Unterstützung für die Verluste auf dem nachgelagerten Markt aus dem rentablen vorgelagerten Markt stammen und dass auch alle anderen Voraussetzungen für eine Kosten-Preis-Schere erfüllt sind.[318]

Die Schwierigkeit bei der Feststellung des Missbrauchs liegt jedoch in der Bewertung der wettbewerbswidrigen Auswirkungen, insbesondere wenn Kriterien des Verbraucherwohls im Vordergrund stehen. Niedrigere Preise sind auf den ersten Blick für die Verbraucher von Vorteil. Daher betont die OECD, dass den potenziellen Auswirkungen von Kosten-Preis-Schere auf

---

[317] Vgl. OECD, Abuse of Dominance in Digital Markets, S. 32.

[318] Vgl. *Geradin/O'Donoghue*, J. Compet. Law Econ. 2005, 355, 369.

die Investitionsanreize Aufmerksamkeit geschenkt werden sollte.[319] In diesem Zusammenhang soll die kartellrechtliche Haftung auf Fälle beschränkt sein, in denen den Verbrauchern ein eindeutiger Schaden nachgewiesen werden kann.[320] Die strengen Anforderungen für den Nachweis von wettbewerbswidrigen Effekten stehen auch im Einklang mit der Grundidee, die dem Kreuztest zugrunde liegt.

Missbrauch durch nicht preisbezogene Selbstbevorzugung

Eine Kosten-Preis-Schere kann auch durch andere Formen als den Preis entstehen. So bietet die marktbeherrschende Plattform ihrem nachgelagerten Sektor bessere Bedingungen für den Wettbewerb auf dem vorgelagerten Markt als ihre Konkurrenten an, z. B. Daten, Internetverkehr, Seitenposition usw.

Kommissionsentscheidungen

Die von der Kommission in den letzten Jahren gegen die GAFA eingeleiteten Untersuchungen im Zusammenhang mit der Selbstbevorzugung zeigen, dass die Missbräuchlichkeit der Selbstbevorzugung ernsthafte wettbewerbsrechtliche Bedenken aufgeworfen hat, obwohl diese Untersuchungen ergebnisoffen durchgeführt wurden.

Im Verfahren *Google Shopping* stellte die Kommission fest, dass Google seine marktbeherrschende Stellung als Suchmaschinenbetreiber missbraucht hat, indem das Unternehmen seinem eigenen Preisvergleichsdienst einen unrechtmäßigen Vorteil verschafft und die Vergleichsdienste der Konkurrenz herabgestuft hat.[321]

Apple verfügt über eine marktbeherrschende Stellung beim Vertrieb von Musik-Streaming-Apps über seinen App Store und konkurriert mit anderen Musik-Streaming-Anbietern über Apple Music. Die Kommission warf Apple vor, den Wettbewerb zu verzerren, indem es strenge Regeln für den App Store aufstellte, die für konkurrierende Musikstreaming-Dienste nachteilig sind und die Kosten für konkurrierende Musik-Streaming-Anbieter erhöhen.[322]

Gegen Facebook leitete die Kommission im Juni 2021 eine kartellrechtliche Untersuchung ein, um festzustellen, ob Facebook die riesigen Datenmengen, die es aus den Nutzeraktivitäten in seinem eigenen sozialen Netzwerk

---

[319] Vgl. OECD, Abuse of Dominance in Digital Markets, S. 36.

[320] Vgl. OECD, Abuse of Dominance in Digital Markets, S. 36.

[321] Vgl. Kommission Entsch. 27.6.2017 – AT.39740 „Google Search (Shopping) “.

[322] Vgl. Europäische Kommission, Pressemitteilung: Kommission übermittelt Apple Mitteilung der Beschwerdepunkte zu App-Store-Regeln für Musikstreaming-Anbieter, 2021.

und anderen Diensten gesammelt hat, dazu genutzt hat, seinem eigenen Online-Kleinanzeigendienst „Facebook Marketplace" einen ungerechtfertigten Wettbewerbsvorteil zu verschaffen und dadurch den Wettbewerb auf dem Markt für Online-Kleinanzeigen zu verzerren.[323]

Was Amazon betrifft, so bestand der angebliche Missbrauch darin, dass Amazon systematisch nicht-öffentliche Geschäftsdaten unabhängiger Händler, die über den Amazon-Marktplatz verkaufen, verwendet hat, um sein eigenes Einzelhandelsgeschäft im Wettbewerb zu begünstigen.[324]

Google Shopping-Entscheidung

Das EuG hat nun das Grundurteil zur Google Shopping-Entscheidung der Kommission erlassen. In seinem Urteil vom 10. November 2021 schloss sich das Gericht im Wesentlichen der Entscheidung der Kommission an. EuG entschied, dass das Verhalten von Google, seinen eigenen Preisvergleichsdienst auf seinen allgemeinen Ergebnisseiten gegenüber seinen Wettbewerbern zu bevorzugen, eine Form der Anomalie darstellt, die potenzielle wettbewerbswidrige Wirkungen auf den Markt für spezialisierte Preisvergleichsdienste zum Nachteil der Wettbewerber hat.[325]

Der Fall ist ein wichtiger aktueller Präzedenzfall zur nicht-preisbedingten Selbstbevorzugung in der digitalen Wirtschaft. Jedoch steht er im Zusammenhang mit dem Missbrauch einer Einzelmarktbeherrschung.

Da das Thema dieser Arbeit der Missbrauch einer kollektiven Marktbeherrschung in der digitalen Wirtschaft ist, stellen sich drei Fragen. Welche Präzedenzwirkungen sind von dem Urteil *Google Shopping* bei der Prüfung der Missbräuchlichkeit der Selbstbevorzugung zu erwarten? Können der AEC-Test und der Kreuztest, die beide derzeit zur Beurteilung einer *preisbedingten* Kosten-Preis-Schere entwickelt wurden, weiterhin auf eine nicht-preisbedingte Selbstbevorzugung angewandt werden? Ob und wie unterscheidet sich die Selbstbevorzugung beim Missbrauch einer kollektiven Marktbeherrschung von dem Missbrauch einer Einzelmarktbeherrschung?

---

[323] Vgl. Europäische Kommission, Pressemitteilung: Kommission leitet Untersuchung zu möglichen wettbewerbswidrigen Praktiken von Facebook ein, 2021.

[324] Vgl. Europäische Kommission, Pressemitteilung: Kommission richtet Mitteilung der Beschwerdepunkte an Amazon wegen Nutzung nichtöffentlicher Daten unabhängiger Verkäufer, 2020.

[325] EuG 10.11.2021, Rs. T-612/17, NZKart 2021, 684, „Google Shopping".

Präzedenzwirkungen

Es folgt eine Analyse der ersten Frage. Das im Fall von Google missbilligte Verhalten bezog sich auf die Ausnutzung der marktbeherrschenden Stellung auf dem Markt für allgemeine Suchdienste, um die Positionierung und Anzeige der eigenen vergleichbaren Dienste von Google auf benachbarten Märkten zu fördern und gleichzeitig die Dienste der Konkurrenten herabzustufen (Ungleichbehandlung in Form von Selbstbevorzugung).[326]

Das EuG stellte fest, dass die von Google praktizierte Selbstbevorzugung ein Akt der Übertragung von Marktmacht auf einen anderen Markt durch Hebelwirkung ist, der jedoch nicht per se verboten ist.[327] Die entscheidende Frage ist, ob die Selbstbevorzugung eine Verdrängungswirkung auf den benachbarten Märkten entfaltet, die sich durch eine Abweichung vom Leistungswettbewerb erklären lässt.[328] Das EuG vertrat daher die Auffassung, dass andere besondere Umstände als eine bloße Selbstbevorzugung vorliegen müssen. Damit soll gezeigt werden, dass eine solche Selbstbevorzugung zu einer Einschränkung des Wettbewerbs auf dem Markt führen kann. Zu der Frage, wie dies zu beweisen ist, führte das Gericht die folgenden von der Kommission festgestellten besonderen Umstände an.

Erstens stellte das Gericht fest, dass der von Googles allgemeiner Suchmaschine für Preisvergleichsdienste erzeugte Internetverkehr von entscheidender Bedeutung für den Wettbewerb war.[329] Es wird davon ausgegangen, dass der Internetverkehr die Relevanz von spezialisierten Suchergebnissen erhöht, insbesondere durch die Verbesserung der Aktualität und des Umfangs von Vergleichsangeboten.

Zweitens bestätigte das Gericht die Einschätzung der Kommission, dass die Nutzer sich mehr für die offensichtlichen Suchergebnisse interessieren, die angezeigt werden.[330] Die Tatsache, dass Google seine eigenen Vergleichsdienste stärker und die seiner Konkurrenten weniger stark hervorhebt, könnte sich auf die Besuche der Nutzer auf Vergleichsseiten auswirken.

---

[326] Vgl. Kommission Entsch. 27.6.2017 – AT.39740, Rn. 344 „Google Search (Shopping)"; EuG 10.11.2021, Rs. T-612/17, NZKart 2021, 684, Rn. 168 „Google Shopping".

[327] Vgl. EuG 10.11.2021, Rs. T-612/17, NZKart 2021, 684, Rn. 164 „Google Shopping".

[328] Vgl. EuG 10.11.2021, Rs. T-612/17, NZKart 2021, 684, Rn. 161 „Google Shopping".

[329] Vgl. EuG 10.11.2021, Rs. T-612/17, NZKart 2021, 684, Rn. 170 und 174 „Google Shopping".

[330] Vgl. EuG 10.11.2021, Rs. T-612/17, NZKart 2021, 684, Rn. 172 „Google Shopping".

Das EuG sprach schließlich aus, dass der von Google umgeleitete Internetverkehr einen großen Teil des Internetverkehrs zu konkurrierenden Vergleichsdiensten ausmacht und sich nicht leicht und effektiv durch andere Quellen ersetzen lässt.[331]

Auf dieser Grundlage stellte das EuG fest, dass der Wettbewerb anhand der zwei Kriterien geschwächt wird. Das erste Kriterium ist Googles Anomalie im Verhalten. Nach der Würdigung des Gerichts kann die Selbstbevorzugung nicht als normal angesehen werden, da sie dem Wirtschaftsmodell zuwiderläuft, das den Erfolg und die Vertrauenswürdigkeit der Suchmaschine überhaupt erst ermöglicht hat, d. h. die Offenheit für Ergebnisse aus externen (Dritt-)Quellen und die Anzeige dieser verschiedenen Quellen auf der allgemeinen Ergebnisseite.[332]

Ein weiteres Kriterium ist die Veränderung des Verhaltens von Google. Das EuG entschied, dass nach dem Scheitern von Googles spezieller Shopping-Vergleichsseite (Froogle) Google sein Verhalten auf dem Markt für allgemeine Suchdienste geändert hat, indem es die Sichtbarkeit seines eigenen Vergleichsdiensts auf den allgemeinen Suchergebnisseiten erhöhte.[333]

Das EuG kommt zu dem Schluss, dass Google seinen eigenen Shopping-Vergleichsdienst auf Kosten konkurrierender Shopping-Vergleichsdienste in einem bestimmten Kontext bevorzugt. Die Praxis von Google könne nicht als Qualitätsverbesserung angesehen werden und ein dem Leistungswettbewerb entsprechenden Verhalten darstellen, sondern als missbräuchliches Verhalten.[334]

Die Entscheidung des EuG stellt einen wichtigen Etappensieg für die Kommission dar. Es wurde jedoch argumentiert, dass sich aus dem vorliegenden Fall keine allgemeinen Kriterien für ein Verbot der Selbstbevorzugung ableiten ließen.[335] Denn die Marktmacht von Google auf dem Suchmaschinenmarkt sei keine „normale“ Marktbeherrschung, sondern eine Superdominanz.[336]

---

[331] Vgl. EuG 10.11.2021, Rs. T-612/17, NZKart 2021, 684, Rn. 173 „Google Shopping“.

[332] Vgl. EuG 10.11.2021, Rs. T-612/17, NZKart 2021, 684, Rn. 176ff. „Google Shopping“.

[333] Vgl. EuG 10.11.2021, Rs. T-612/17, NZKart 2021, 684, Rn. 181ff. „Google Shopping“.

[334] Vgl. EuG 10.11.2021, Rs. T-612/17, NZKart 2021, 684, Rn. 198 „Google Shopping“.

[335] Vgl. *Reumann/Weber*, NZKart 2022, 314, 317.

[336] Vgl. *Reumann/Weber*, NZKart 2022, 314, 317.

Nach der Würdigung des EuG hat Google eine „superdominierende“ Stellung auf dem allgemeinen Markt für Suchdienste erlangt.[337] Seit 2008 beherrsche Google den Markt für allgemeine Suchdienste in allen EWR-Ländern (mit Ausnahme der Tschechischen Republik, die diese Position erst seit 2011 innehabe) mit einem Marktanteil von über 80 % (von über 70 % der Tschechischen Republik) in fast allen Fällen.[338] Nur Microsoft sei in der Lage, sein allgemeiner Suchmaschinendienst in nennenswerter Weise über seine Suchmaschine Bing zu betreiben. Sein Marktanteil liege jedoch in keinem EWR-Land über 10 %.[339]

Darüber hinaus sei die sogenannte Superdominanz auf die Rolle von Google als Gatekeeper des Internets und die sehr hohen Eintrittsbarrieren in den allgemeinen Markt für Suchdienste zurückzuführen.[340] Das EuG stellte fest, dass der Internetverkehr von Google für konkurrierende Shopping-Vergleichsdienste unverzichtbar sei, da der von den allgemeinen Google-Suchergebnisseiten erzeugte Internetverkehr nicht „effektiv fungibel“ sei und andere Verkehrsquellen nicht „wirtschaftlich rentabel“ seien.[341] Infolgedessen wird Google als ein Quasi-Monopol angesehen. Das Argument gegen diese Ansicht, dass der Fall *Google Shopping* nur begrenzte Erfahrungen wegen der Superdominanz liefern könne, beruht sich darauf, dass das EU-Wettbewerbsrecht nicht verlangt, dass ein marktbeherrschendes Unternehmen eine superdominante Stellung innehat, um für eine Kosten-Preis-Schere verantwortlich zu sein.

Aus der ständigen Rechtsprechung ergibt sich draus, dass der Grad der Beherrschung mit dem Ausmaß der Auswirkungen der Kosten-Preis-Schere zusammenhängt und nicht mit dem Vorliegen des Missbrauchs selbst.[342] Eine Superdominanz bedeutet lediglich, dass das Unternehmen eine größere Verantwortung übernehmen muss, um den wirksamen und unverfälschten Wettbewerb nicht zu beeinträchtigen.[343] Die Rechtssache *Google Shopping* ist daher ein wichtiger Präzedenzfall. Draus folgt, dass die Feststellung einer missbräuchlichen Selbstbevorzugung nicht auf die bloße Tat-

---

[337] Vgl. EuG 10.11.2021, Rs. T-612/17, NZKart 2021, 684, Rn. 182 „Google Shopping“.
[338] Vgl. EuG 10.11.2021, Rs. T-612/17, NZKart 2021, 684, Rn. 54 „Google Shopping“.
[339] Vgl. EuG 10.11.2021, Rs. T-612/17, NZKart 2021, 684, Rn. 47 „Google Shopping“.
[340] Vgl. EuG 10.11.2021, Rs. T-612/17, NZKart 2021, 684, Rn. 183 „Google Shopping“.
[341] Vgl. EuG 10.11.2021, Rs. T-612/17, NZKart 2021, 684, Rn. 227 „Google Shopping“.
[342] Vgl. EuGH 17.2.2011, Rs. C-52/09, Slg. 2011, I-527, Rn. 81f. „TeliaSonera“.
[343] Vgl. EuG 10.11.2021, Rs. T-612/17, NZKart 2021, 684, Rn. 183 „Google Shopping“.

sache einer Ungleichbehandlung gestützt werden kann, sondern anhand bestimmter spezifischer Tatsachen nach Marktverdrängungseffekten gesucht werden muss.

Der Fall *Google Shopping* ist auch insofern ein Präzedenzfall dafür, dass eine zweistufige Analyse erforderlich ist, um den missbräuchlichen Charakter der Selbstbevorzugung zu erfassen.

Der erste Schritt besteht darin, dass Anomalien ein Zeichen für Wettbewerbsverstöße sind. Dazu muss eine positive Tatsache nachgewiesen werden. Eine positive Tatsache ist, dass der Schlüssel zum Erfolg des Geschäftsmodells eines Unternehmens darin liegt, eine Reihe verschiedener Alternativen anzubieten, um die ungewissen Bedürfnisse der Verbraucher zu erfüllen. Die Wettbewerbsbehörde muss nachweisen, dass die Selbstbevorzugung im Widerspruch zu diesem Modell steht. Mit anderen Worten: Die Selbstbevorzugung stellt ein anderes Verhalten dar als das, was Unternehmen im Leistungswettbewerb normalerweise an den Tag legen würden.

In dem zweiten Schritt muss nachgewiesen werden, dass die Selbstbevorzugung geeignet ist, wettbewerbswidrige Auswirkungen zu haben. Es ist keine Tatsache erforderlich, um nachzuweisen, dass die Verbraucher bei fehlender Selbstbevorzugung tatsächlich bessere Wahlmöglichkeiten hätten und dass die Selbstbevorzugung die Wahlmöglichkeiten der Verbraucher einschränkt oder begrenzt.

Anwendbarkeit des AEC-Tests und Kreuztests auf Selbstbevorzugung

Die zweite Frage ist, ob der AEC-Test und der Kreuztest noch auf Selbstbevorzugung angewendet werden können, die nicht mit dem Preis zusammenhängen.

Es ist anzumerken, dass sich der AEC-Test und der Kreuztest auf die Analyse der Gewinnspanne zwischen Preis und Kosten stützen. Das EuG vertrat in der Rechtssache *Google Shopping* die Auffassung, dass die Analyse von Preisen und Kosten bedeutungslos ist, wenn es nicht um Preise geht.[344] Daraus folgt, dass der AEC-Test und der Kreuztest derzeit nur bei preisbezogene Kosten-Preis-Schere eingesetzt werden können. Die Analyseinstrumente für die Missbräuchlichkeit der Kosten-Preis-Schere muss daher grundlegend überarbeitet werden, um bei der Prüfung der Selbstbevorzugung von Nutzen zu sein.

---

[344] Vgl. EuG 10.11.2021, Rs. T-612/17, NZKart 2021, 684, Rn. 538f. „Google Shopping"; Europäische Kommission, Prioritätenmitteilung zu Art. 82 EGV, Rn. 23ff.

Eine praktikable Alternative ist die Anwendung des AEC-Grundsatzes. Für diese Ansicht spricht, dass sich der AEC-Grundsatz vom AEC-Test insofern unterscheidet. Ersteres ist ein grundlegender Grundsatz von Art. 102 AEUV und seine Anwendung nicht auf das Preisverhalten beschränkt ist, während Letzteres auf preisbezogene Behinderungsmissbräuche beschränkt ist.[345]
Der AEC-Grundsatz spiegelt den Zweck des Wettbewerbsrechts wider, der darin besteht, einen wirksamen und unverfälschten Wettbewerb und nicht ineffiziente Wettbewerber zu schützen.[346] Nach der ständigen Rechtsprechung verbietet Art. 102 AEUV nicht, dass Wettbewerber, die weniger effizient und daher für die Verbraucher weniger interessant sind, aufgrund des Leistungswettbewerbs aus dem Markt ausscheiden oder marginalisiert werden.[347] Verboten ist eine Preispolitik des marktbeherrschenden Unternehmens, die eine Verdrängungswirkung auf seine ebenso effizienten tatsächlichen oder potenziellen Wettbewerber hat und damit seine Stellung durch den Einsatz leistungsfremder Mittel zu stärken.[348] Daraus folgt, dass der AEC-Grundsatz zwischen einem Verhalten, das auf Leistungswettbewerb beruht, und einem ausschließenden Verhalten, das den Verbrauchern schadet, unterscheiden kann.[349] Die Prüfung der wettbewerbswidrigen Wirkungen von der nicht-preislichen Selbstbevorzugung kann daher unter Anwendung des AEC-Grundsatzes und des Konzepts des Leistungswettbewerbs erfolgen, da beide die zugrunde liegende Logik für die Bestimmung des Wettbewerbsschadens im EU-Wettbewerbsrecht darstellen.
Eine weitere mögliche Alternative ist die Berücksichtigung der von der Kommission aufgestellten allgemeine Faktoren, die für die Bewertung der wettbewerbswidrigen Marktverschließung eines Behinderungsverhaltens wichtig sind. Dazu gehören insbesondere der Grad der Marktbeherrschung, die Merkmale des relevanten Marktes (z. B. das Vorhandensein von Größen- und/oder Verbundvorteilen und Netzeffekten), das Ausmaß des angeblichen Missbrauchs und die Marktstellung der Wettbewerber.[350]

---

[345] Vgl. *Gaudin/Mantzari*, J. Eur. Compet. Law Pract. 2022, 125, 125f.

[346] Vgl. EuGH 27.3.2012, Rs. C-209/10, EuZW 2012, 540, Rn. 213 „Post Danmark I"; EuGH 6.9.2017, Rs. C-413/14 P, EuZW 2017, 850, Rn. 135 „Intel".

[347] Vgl. EuGH 27.3.2012, Rs. C-209/10, EuZW 2012, 540, Rn. 21f. „Post Danmark I"; EuGH 6.9.2017, Rs. C-413/14 P, EuZW 2017, 850, Rn. 133f. „Intel".

[348] Vgl. Europäische Kommission, Prioritätenmitteilung zu Art. 82 EGV, Rn. 23; EuGH 14.10.2010, Rs. C-280/08 P, Slg. 2010, I-9555, Rn. 177 „Deutsche Telekom".

[349] Vgl. *Gaudin/Mantzari*, J. Eur. Compet. Law Pract. 2022, 125, 125.

[350] Vgl. Europäische Kommission, Prioritätenmitteilung zu Art. 82 EGV, Rn. 20.

Die Kommission betonte insbesondere die Bedeutung der Aufrechterhaltung des Wettbewerbs. Ein Wettbewerber, der für die Aufrechterhaltung des Wettbewerbs wichtig ist, kann ein Wettbewerber sein, der im Vergleich zu anderen Wettbewerbern einen relativen geringen Marktanteil hat, oder ein Wettbewerber, der dem marktbeherrschenden Unternehmen am Nächsten steht, oder ein Wettbewerber, der besonders innovativ ist, oder ein Wettbewerber, der dafür bekannt ist, dass er systematisch die Preise senkt.[351]
Ein Wettbewerber, der für die Aufrechterhaltung des Wettbewerbs wichtig ist, spielt eine ähnliche Rolle wie ein ebenso effizienter Wettbewerber. Es ist ein wichtiger Indikator für das Vorhandensein der wettbewerbswidrigen Marktverschliessung, wenn die Möglichkeiten solcher Wettbewerber, in den Markt einzutreten, erschwert oder unmöglich gemacht werden.
Eine dritte praktikable Option ist die Beibehaltung der Möglichkeit, den AEC-Test als rechtliches Instrument bei der Beurteilung der wettbewerbswidrigen Wirkungen einer nichtpreislichen Kosten-Preis-Schere zu verwenden. Diese Ansicht stammt von *Gaudin/Mantzari*, die jedoch betonen, dass der AEC-Test keine hinreichende oder notwendige Bedingung für den Nachweis von Wirkungen sein sollte, sondern nur ein Element in der Analyse von Wirkungen.[352]

Selbstbevorzugung und Missbrauch einer kollektiven Marktbeherrschung

Die dritte Frage betrifft die Problematik, ob und wie sich die Selbstbevorzugung bei kollektiver Marktbeherrschung und bei individueller Marktbeherrschung als Erscheinungsform des Missbrauchs unterscheidet.
Der Missbrauch einer kollektiven Marktbeherrschung kann auf zweierlei Weise erfolgen: entweder durch eine weitere Einschränkung des Binnenwettbewerbs oder durch eine weitere Einschränkung des Außenwettbewerbs, wodurch die kollektive Marktbeherrschung verstärkt und der verbleibende Wettbewerb weiter verfälscht wird. Die Selbstbevorzugung ist als letztere einzustufen, da die Selbstbevorzugung bezweckt oder bewirkt, Konkurrenten auszuschließen.
Der Missbrauch einer kollektiven Marktbeherrschung umfasst sowohl den gemeinsamen Missbrauch als auch den individuellen Missbrauch. Im Falle eines gemeinsamen Missbrauchs kann man sich eine Situation vorstellen, in der die Selbstbevorzugung in der stillschweigenden oder ausdrücklichen Befolgung einer gemeinsamen Marktpolitik durch alle Mitglieder der kol-

---

[351] Vgl. Europäische Kommission, Prioritätenmitteilung zu Art. 82 EGV, Rn. 20.
[352] Vgl. *Gaudin/Mantzari*, J. Eur. Compet. Law Pract. 2022, 125, 131f.

lektiven beherrschenden Stellung ist. Die nachgelagerten Sektoren von kollektiven marktbeherrschenden Mitgliedern können auf nicht-öffentliche Daten zugreifen oder diese weitergeben, die die vorgelagerten oligopolistischen Mitglieder von anderen unabhängigen nachgelagerten Wettbewerbern erhalten haben. Dies verschafft ihnen einen unlauteren Wettbewerbsvorteil und behindert den bestehenden Wettbewerb.

Selbstbevorzugung stellt jedoch eher einen Missbrauch kollektiver Marktbeherrschung durch ein Unternehmen dar. Der individuelle Missbrauch setzt einen Kausalzusammenhang zwischen individuellem Missbrauchsverhalten und kollektiver Marktbeherrschung sowie der Nachweis einer zumindest potenziellen Verdrängungswirkung voraus.

Die Selbstbegünstigung von Apple, die Gegenstand der Entscheidung der Kommission war, ist hierfür ein anschauliches Beispiel. Die Kommission stellte fest, dass Apple strengere Regeln für den App Store, die für konkurrierende Musikstreaming-Dienste nachteilig sind, auferlegt hatte, die die Entwickler konkurrierender Apps daran hinderten, die iPhone- und iPad-Nutzer über kostengünstigere Abonnementoptionen zu informieren.[353] Dadurch wurden die Kosten für den Nutzerwechsel künstlich in die Höhe getrieben, wodurch die Bindung der Nutzer an das eigene Ökosystem und der diskriminierende Ausschluss von Wettbewerbern erleichtert wurde. Die Kommission warf Apple vor, eine einzelne Marktbeherrschung beim Vertrieb von Musik-Streaming-Apps über seinen App Store zu missbrauchen. In der Tat kann die Selbstbevorzugung von Apple auch eine missbräuchliche Ausnutzung der kollektiven Marktbeherrschung darstellen.

Um die Vereinbarkeit der Plattform-Governance-Regeln von Apple mit Art. 102 AEUV zu beurteilen, musste zunächst die kollektive beherrschende Stellung ermittelt werden.

Einige Studien haben bereits darauf hingewiesen, dass die deutliche Differenzierung zwischen Apples iOS und Googles Android den direkten Wettbewerb verringert hat: Apple legt den Schwerpunkt auf Datenschutz, Sicherheit und Benutzererfahrung, während Google niedrigere Preise auf Kosten der Monetarisierung der Benutzeraufmerksamkeit anbietet.[354]

---

[353] Vgl. Europäische Kommission, Pressemitteilung: Kommission übermittelt Apple Mitteilung der Beschwerdepunkte zu App-Store-Regeln für Musikstreaming-Anbieter, 2021.

[354] Vgl. ACM, Market Study into Mobile App Stores, S. 27; *Shao*, Berkeley Technol. Law J. 2021, 353, 357.

Die britische Wettbewerbs- und Marktbehörde ist ebenfalls besorgt darüber, dass Apple und Google ein effektives Duopol bei den Betriebssystemen bilden, und ist der Ansicht, dass es nur einen begrenzten effektiven Wettbewerb zwischen den beiden gebe.[355] Die Schlussfolgerung stützt sich auf drei Indikatoren: Preisunterschiede zwischen den Mobilgeräten (hohe Preise für Apple-Geräte und niedrige Preise für Android-Geräte), hohe Wechselkosten zwischen den Nutzern und die Rentabilität der Geräte.[356]
Das Duopol zwischen Apple und Google auf dem Markt für mobile Betriebssysteme hat auch zur Bildung eines Duopols zwischen dem App Store und Google Play im Bereich des Vertriebs von Apps geführt.[357] Der Grund liegt darin, dass Apps fast immer über die vorinstallierten App-Shops heruntergeladen werden, die mit den Betriebssystemen iOS und Android geliefert werden.[358] Das Vorhandensein einer oligopolistischen Marktstruktur ist daher bereits ein starkes Indiz für das Vorliegen einer kollektiven Marktbeherrschung auf dem Markt für mobile Betriebssysteme und auf dem Markt für Mobile App Shop beim Vertrieb Apps.
Drei im Fall *Airtours* für die Feststellung einer kollektiven Marktbeherrschung aufgestellten Kriterien dürften ebenfalls erfüllt sein. Erstens könnten iOS und Android sowie Apple Store und Google Play angesichts der Duopolsituation und der damit verbundenen hohen Markttransparenz die Geschäftsstrategien des jeweils anderen leicht überwachen. Die von den App-Shops festgelegten Bedingungen für den Vertrieb von Apps sind relativ transparent.
Zweitens gibt es eine implizite Parallelität zwischen beiden. Weder Apple noch Google haben einen Anreiz, von der gemeinsamen Herangehensweise abzuweichen. So erhebt Apple beispielsweise eine Provision von 30 % auf Zahlungen, die über das IAP-System („In-app purchase“, IAP) von Apple getätigt werden, während Google dieselbe Provision von 30 % auf Zahlungen erhebt, die über das Abrechnungssystem von Google Play getätigt werden, außer unter bestimmten Umständen, in denen ein niedrigerer Provisionssatz gilt.[359] Im Jahr 2016 führte Apple neue Regeln ein, durch die der Provisionssatz nach dem ersten Abonnementjahr auf 15 % reduziert wurde. Google folgte daraufhin dem Beispiel von Apple und hat die Play Store-

---

[355] Vgl. CMA, Mobile Ecosystems, S. 28.
[356] Vgl. CMA, Mobile Ecosystems, S. 28.
[357] Vgl. *Bostoen/Mândrescu*, Eur. Compet. J. 2020, 431, 437.
[358] Vgl. RTR, Zur Offenheit des Internets Betriebssysteme, Apps und App Stores, S. 1f.
[359] Vgl. CMA, Mobile Ecosystems, S. 94.

Gebühr für Android-App-Abonnements von 30 % auf 15 % gesenkt, sofern der betreffende Kunde den Dienst länger als ein Jahr abonniert hat.[360]
Besorgniserregend ist, dass Apple und Google keinen großen Anreiz zu haben scheinen, die Nutzerbasis des jeweils anderen durch einen Preiskrieg zu gewinnen. Einerseits sind die Zielgruppen von Apple und Android bereits klar in Hoch- und Niedrigpreisgruppen eingeteilt. Andererseits wechseln bestehende Nutzer der jeweiligen Gruppe aufgrund der hohen physischen und gefühlten Umstellungskosten[361] nicht ohne Weiteres zwischen iOS- und Android-Geräten. Daher ist auch das zweite Airtours-Kriterium, nämlich das Fehlen eines Motivs für ein abweichendes Verhalten, erfüllt.
Das dritte Airtours-Kriterium ist ebenfalls erfüllt. Dies ist darauf zurückzuführen, dass tatsächliche und potenzielle Marktteilnehmern erhebliche Hindernisse für den Markteintritt und die Expansion entgegenstehen, so dass sie keinen wesentlichen Wettbewerbsdruck ausüben können. Da sowohl das Apple- als auch das Google-Ökosystem bereits sehr stark verankert sind, haben die Nutzer faktisch nur zwei Möglichkeiten: „entweder iOS oder Android“.[362]
Die häufigen kartellrechtlichen Ermittlungen gegen die GAFA und die hohen Bußgelder sowie der Erlass von Gesetzen zum Schutz von Daten und Privatsphäre deuten darauf hin, dass andere Wettbewerber und die Verbraucher eher Opfer der Marktmacht der Plattformen werden, als dass sie wirksame Gegenmacht schaffen können.
Die Hypothese, dass Apple und Google eine kollektive Marktbeherrschung auf dem Markt für mobile Betriebssysteme erlangen, ist daher auf den ersten Blick plausibel, wenn es keine überwältigenden Beweise für den Nachweis des Vorliegens des wirksamen Wettbewerbs gibt.
Apple hat erkannt, dass sein Betriebssystem (einschließlich des darin enthaltenen App Store) ein geschlossenes Ökosystem ist und dass Android nur begrenzten Wettbewerbsdruck ausüben kann. Dass Apple sich selbst bevorzugt behandelt, indem es konkurrierenden Apps Beschränkungen auferlegt, ohne befürchten zu müssen, Nutzer in großer Zahl an Android abzuwandern, ist Ausdruck der Ausnutzung einer kollektiven Marktbeherrschung oder der Tatsache, dass es den Mangel an internem Wettbewerb ausnutzt. Da Apples Selbstbevorzugung den ohnehin geringen Wettbewerb zwischen iOS und

---

360 Vgl. *Statt*, The Verge.
361 Vgl. CMA, Mobile Ecosystems, S. 58.
362 Vgl. CMA, Mobile Ecosystems, S. 33.

Android weiter schwächen wird,[363] liegt der Missbrauch einer kollektiven Marktbeherrschung daher vor.

Kopplung und Bündelung

Einführung

Drei Fälle in den letzten Jahren haben Kopplungs- und Bündelungsgeschäfte in den Mittelpunkt der kartellrechtlichen Diskussion gerückt.

In der Rechtssache *Microsoft I* ging es um die Kopplung von Microsofts Windows Media Player (WMP) an sein marktbeherrschendes Windows-PC-Betriebssystem.[364] Die Kommission war der Ansicht, dass eine solche Kopplung die Innovationsanreize der konkurrierenden Medienanbieter beeinträchtigt, die Wahlmöglichkeiten der Verbraucher einschränkt und zum Marktausschluss von Wettbewerbern führt.[365]

Das EuG hat die Kopplung ebenfalls negativ beurteilt und argumentiert, dass sie WMP automatisch einen enormen Marktdurchdringungsvorteil verschafft.[366] Ohne wettbewerbswidrige Kopplung würde der Wettbewerb zwischen dem WMP und den Wettbewerbern durch die grundlegenden Merkmale beider Produkte bestimmt.[367]

Die Integration des Internet Explorer in das Windows-PC-Betriebssystem durch Microsoft gab der Kommission erneut Anlass zu Bedenken (*Microsoft II*).[368] Als Missbrauchsgründe kommen dabei in erster Linie Abschottungseffekte anhand des Mangels an hinreichend effektiven alternativen Vertriebskanälen, fehlende technische Fähigkeiten und Kundenträgheit.[369]

Das dritte Beispiel stammt aus dem Fall *Google Android* von 2018. Google wurde vorgeworfen, kartellrechtswidrige Kopplungsgeschäfte zu betreiben, weil das Unternehmen die Vorinstallation von Google Search App und Google Chrome Browser zur Bedingung für die Lizenzierung des Google Play Store machte. Die Kommission stellte fest, dass der Play Store als eine „unverzichtbare" App gilt, so dass die Vorinstallation den Anreiz

---

[363] Vgl. *Shao*, Berkeley Technol. Law J. 2021, 353, 389.

[364] Kommission Entsch. 24.3.2004 – COMP/C-3/37.792, ABl. 2007 L 32/23 „Microsoft I".

[365] Vgl. Europäische Kommission, Pressemitteilung: Kommission schließt Untersuchung gegen Microsoft mit Abhilfemaßnahmen und Geldbuße ab, 2004.

[366] Vgl. EuG 17.9.2007, Rs. T-201/04, Slg. 2007, II-3601, Rn. 1038 „Microsoft I".

[367] Vgl. EuG 17.9.2007, Rs. T-201/04, Slg. 2007, II-3601, Rn. 1046 „Microsoft I".

[368] Vgl. Kommission Entsch. 16.12.2009 – COMP/C-3/39.530, ABl. 2010 C 36/7 „Microsoft II".

[369] Vgl. Kommission Entsch. 16.12.2009 – COMP/C-3/39.530, ABl. 2010 C 36/7, Rn. 45ff. „Microsoft II".

für die Hersteller verringert, konkurrierende Such- und Browser-Apps vorzuinstallieren, und für die Nutzer, solche Apps herunterzuladen.[370] Die Kommission war der Ansicht, dass dies die Fähigkeit der Wettbewerber verringert, effektiv mit Google zu konkurrieren.[371]

Diese obengenannten drei Fälle spiegeln viele Bezüge auf marktübergreifende Leistungserweiterungen der digitalen Plattformunternehmen durch Kopplung und Bündelung wider. Kopplung und Bündelung beziehen sich im Allgemeinen auf den kombinierten Verkauf von mehr als einem Produkt.[372] Kopplung beschreibt eine Situation, in der ein Kunde, der das koppelnde Produkt („das Kopplungsprodukt“) von einem marktbeherrschenden Unternehmen kauft, gleichzeitig ein anderes Produkt („das gekoppelte Produkt“) von diesem Unternehmen kaufen muss.[373] Kopplung kann technisch (Inkompatibilität des Kopplungsprodukts mit konkurrierenden Alternativprodukten) oder vertraglich (Verpflichtung zum Kauf anderer Produkte beim Kauf von Kopplungsprodukten) sein.[374]

Bündelung bezieht sich in der Regel auf die Art und Weise, wie das marktbeherrschende Unternehmen seine Produkte anbietet und die Preise festlegt.[375] Reine Bündelung bedeutet, dass die Produkte A und B nur als Paket verkauft werden und keiner der Bestandteile des Pakets separat angeboten wird.[376]

Gemischte Bündelung bedeutet, dass die Produkte A und B sowohl separat als auch als Paket verkauft werden können, aber der Preis des Pakets ist jedoch günstiger als die Summe des Preises im Einzelverkauf.[377]

In der Praxis ist die Unterscheidung zwischen Kopplung und Bündelung unscharf, und die beiden Begriffe wurden von der Kommission als Synonyme verwendet.[378]

Kopplung und Bündelung können als Unterfälle der Marktübertragung vom beherrschten Markt auf den benachbarten Markt betrachtet werden. Missbrauchsvorwürfe entstehen, weil Unternehmen die mit einer marktbeherr-

---

370 Vgl. Kommission Entsch. 18.7.2018 – AT.40099 „Google Android“.

371 Vgl. Kommission Entsch. 18.7.2018 – AT.40099 „Google Android“.

372 Vgl. *O'Donoghue/Padilla*, S. 697.

373 Vgl. *O'Donoghue/Padilla*, S. 697.

374 Vgl. Europäische Kommission, Prioritätenmitteilung zu Art. 82 EGV, Rn. 48.

375 Vgl. Europäische Kommission, Prioritätenmitteilung zu Art. 82 EGV, Rn. 48.

376 Vgl. Europäische Kommission, Prioritätenmitteilung zu Art. 82 EGV, Rn. 48.

377 Vgl. Europäische Kommission, Prioritätenmitteilung zu Art. 82 EGV, Rn. 48.

378 Vgl. Europäische Kommission, Prioritätenmitteilung zu Art. 82 EGV, Rn. 48; Europäische Kommission, Leitlinien für nichthorizontale Zusammenschlüsse, Rn. 96f.

schenden Stellung auf einem Primärmarkt verbundene Hebelwirkung nutzen, um auf einem anderen Markt wirtschaftlichen Erfolg auf der leistungsfremden Weise zu erzielen.[379] Die Kommission greift ein, wenn die folgenden Bedingungen erfüllt sind.[380] Zuerst hat das betreffende Unternehmen eine beherrschende Stellung auf dem Kopplungsmarkt. Zweitens sind Kopplungsprodukt und gekoppeltes Produkt separate Produkte. Drittens führt die Kopplung wahrscheinlich zu einer wettbewerbswidrigen Marktverschliessung. Viertens liegt keine objektive Rechtfertigung für die betreffende Praxis vor.

Praktische Relevanz in Digitalwirtschaft

Von besonderer Bedeutung ist das Missbrauchsverbot der Kopplung und Bündelung in der digitalen Wirtschaft. Hierfür gibt es vier Gründe.

Der erste Grund ist, dass die Bündelung und Kopplung bei digitalen Produkten und Dienstleistungen auf dem Markt der Digitalwirtschaft technisch relativ einfach zu bewerkstelligen sind. Digitale Produkte sind immaterielle Realgüter, die erst durch Digitalisierung entstanden.[381] Sie sind „stets in elektronischer Form vorhanden, d.h. codiert als eine Menge von Bits "[382] und können vollständig über das digitale Datennetz vertrieben werden.[383] Digitale Produkte haben charakteristische Eigenschaften, die sie von anderen Gütern unterscheiden. Sie sind von gleichbleibender Qualität für die Nutzung. Mit anderen Worten, ihre Qualität verschlechtert sich nicht bei längerem Gebrauch. Sie sind besonders leicht anpassungsfähig. Die Hersteller differenzieren ihre Produkte, indem sie sie anpassen und aktualisieren und sie als interaktive Dienste verkaufen. Sie können leicht kopiert, gespeichert und übertragen werden.[384] Die Grenzkosten digitaler Produkte liegen nahe bei Null, und sie können fast ohne Kosten unbegrenzt erweitert werden.[385] Infolgedessen lassen sich digitale Produkte durch technische

---

[379] Vgl. *Mestmäcker/Schweitzer*, in: Mestmäcker/Schweitzer, Eur. Wettbewerbsr., § 18 Rn. 28; *Eilmansberger/Bien*, in: Säcker/Bien/Meier-Beck/Montag, Münchener Kommentar zum Wettbewerbsr., Art. 102 AEUV Rn. 601.

[380] Vgl. Europäische Kommission, DG Discussion Paper on the Application of Art. 82 EGV, Rn. 183; Europäische Kommission, Prioritätenmitteilung zu Art. 82 EGV, Rn. 50.

[381] *Schmidt*, S. 9ff.

[382] Vgl. *Schmidt*, S. 13.

[383] Vgl. *Illik*, in: HMD - Prax. der Wirtschaftsinformatik, S. 15f.

[384] Vgl. *Whinston/Stahl/Choi*, S. 70ff.

[385] Vgl. *Nalebuff*, Q. J. Econ. 2004, 159, 162; *Holzweber*, Eur. Compet. J. 2018, 342, 351f.

Vorkehrungen leichter kombinieren als herkömmliche Waren. Kopplung und Bündelung sind für Anbieter digitaler Dienste sehr attraktiv.
Der zweite Grund liegt in der Tatsache, dass der Expansionsbedarf und die damit verbundene Rentabilität die Plattformen dazu veranlassen, Kopplungs- und Bündelungsmaßnahmen aktiv umzusetzen. Es wurde festgestellt, dass viele digitale Plattformen ihre mächtige Marktmacht auf dem Primärmarkt weiter ausbauen, indem sie in eine Reihe mehrerer miteinander verbundenen Märkte eintreten und dort aktiv sind.[386]
Im Zusammenhang mit strategischem Plattformverhalten verweisen *Eisenmann* et al. darauf, dass Plattformen durch Nutzung der gemeinsamen Kundenstämme und gemeinsamen Komponenten in einem Multiplattform-Bündel in einer Art „Envelopment" in andere Märkte eintreten.[387] Das sogenannte „Envelopment" bezeichnet das Phänomen des „Aufrollens" bisher getrennter Märkte durch die Leistungserweiterung der Plattformen.[388] Die Vielseitigkeit der Plattform, die hohe Finanzkraft und die in Echtzeit generierten und transferierten Daten machen ein solches Aufrollen anderer noch nicht beherrschten Märkte möglich. Dies treibt die Transformation von der Plattform zum Ökosystem[389] voran.
Die Plattformen expandieren, denn in der reifen Phase des Lebenszyklus einer Online-Plattform (wenn die kritische Masse erreicht ist) ist eine Expansion unerlässlich, und jede Plattform muss expandieren, um ihre Gewinne deutlich zu steigern und langfristig rentabel zu arbeiten.[390]
Darüber hinaus ist eine Expansion notwendig, um wettbewerbsfähig zu bleiben.[391] Durch die funktionale oder interaktive Erweiterung sind die Plattformen vor der Wettbewerbsbedrohung durch andere Plattformen geschützt, die auf benachbarten Märkten mit überlappendem Kundenstamm tätig sind, und verschaffen sich einen Wettbewerbsvorteil beim Eintritt in diese Märkte.[392] Solche Vorteile können etwa das aus der Aggregation von

---

386 Vgl. *Shelanski*, Univ. PA. Law Rev. 2013, 1663, 1677f.; *Bamberger/Lobel*, Berkeley Technol. Law J. 2017, 1051, 1087f.; OECD, Abuse of Dominance in Digital Markets, S. 54.
387 Vgl. *Eisenmann/Parker/Van Alstyne*, Harv. Bus. Rev. 2006, 92, 100; *Eisenmann/Parker/Van Alstyne*, Strateg. Manag. J. 2011, 1270, 1270.
388 Vgl. *Nothdurft*, in: Bunte, Kartellr. Kommentar, § 19 GWB, Rn. 389.
389 Für eine Definition von Ökosystemen siehe z. B. *Jacobides/Cennamo/Gawer*, Strateg. Manag. J. 2018, 2255, 2255ff.
390 Vgl. *Mandrescu*, Comput. Law Secur. Rev. 2021, 1, 6.
391 Vgl. *Eisenmann/Parker/Van Alstyne*, Strateg. Manag. J. 2011, 1270, 1283; *Mandrescu*, Comput. Law Secur. Rev. 2021, 1, 7.
392 Vgl. *Mandrescu*, Comput. Law Secur. Rev. 2021, 1, 7.

unterschiedlichen Quellen entstehende Datenset über die Verhaltensweisen, Präferenzen und Bedürfnisse einer Vielzahl von Verbrauchern sein.
Eine erfolgreiche Expansion kann sehr profitabel sein. Denn durch die Integration neuer Funktionen oder Inhalte in bestehende Dienste werden die aktive Interaktion und ein ideales „Matching" zwischen neuen und alten Nutzergruppen ermöglicht und damit die Qualität der Plattformleistung verbessert. Darüber hinaus ermöglichen positive indirekte Netzwerkeffekte den Unternehmen, schnell eine beträchtliche Größe auf ihren Zielmärkten zu erreichen.[393] Starke Marktpositionen in verschiedenen verbundenen Märkten können sich gegenseitig verstärken und voneinander profitieren.[394]
Ein dritter Grund ist, dass die wettbewerbswidrigen Auswirkungen der Bündelung und Kopplung auf den Märkten der Digitalwirtschaft die Effizienz überwiegen können, obwohl es sehr schwierig ist, sie im Einzelfall zu beurteilen.
Art. 102 AEUV verbietet die Kopplung und Bündelung per se nicht. Denn in der Wirtschaftswissenschaft ist inzwischen anerkannt, dass die Auswirkungen von Kopplungs- und Bündelung auf den wirtschaftlichen Wohlstand im Allgemeinen nicht eindeutig sind und dass sie in bestimmten Fällen sowohl wirtschaftliche Effizienz als auch wettbewerbswidrige Auswirkungen haben können.[395] Daher gilt bei der Prüfung der Kopplung und Bündelung nicht die Per-se-Verbotsregel.[396] Es ist eine kartellrechtliche Untersuchung von Fall zu Fall geboten.[397]
Der zentrale Einwand gegen Kopplungsgeschäfte lautet, dass sie den Käufern die Möglichkeit nehmen, eine freie Wahl zu treffen, und dem Leistungswettbewerb zuwiderlaufen.[398]
In einem klassischen Aufsatz zeigte *Whinston*, dass die Kopplung den Absatz von Wettbewerbern verringern und sie somit aus dem Markt verdrängen könne, sofern auf dem gekoppelten Markt Größenvorteile bestehen und es sich um eine Oligopolstruktur (ein unvollkommener Wettbewerb) handele.[399] Die Kopplung sei gerade wegen der ausschließenden Wirkung auf die Marktstruktur des gekoppelten Produkts profitabel.

---

[393] Vgl. *Nothdurft*, in: Bunte, Kartellr. Kommentar, § 19 GWB, Rn. 389.
[394] Vgl. *Nothdurft*, in: Bunte, Kartellr. Kommentar, § 19 GWB, Rn. 389.
[395] Vgl. Europäische Kommission, Prioritätenmitteilung zu Art. 82 EGV, Rn. 52ff.; *O'Donoghue/Padilla*, S. 700; *Schwalbe/Zimmer*, S. 175ff.
[396] Vgl. *Hylton/Salinger*, Antitrust Law J. 2001, 469, 470f.
[397] Vgl. *Crane*, Compet. Policy Int. 2012, 27, 33.
[398] Vgl. *O'Donoghue/Padilla*, S. 699.
[399] Vgl. *Whinston*, Am. Econ. Rev. 1990, 837, 837ff.

Aufbauend auf der Arbeit von *Whiston* stellten *Carlton/Waldman* fest, dass die Kopplung komplementärer Produkte die Fähigkeit der Monopolisten erhöhen könne, künftige Gewinne zu erzielen, indem effiziente Unternehmen am Eintritt in seinen Primärmarkt und in neu entstehende Märkte gehindert werden.[400] Außerdem könne eine solche Kopplung dem Monopolisten seine Monopolstellung auf seinem Primärmarkt aufrechterhalten und eine Monopolstellung auf neu entstehenden Märkten schaffen.[401]
Eisenmann et al. argumentierten, dass eine unabhängige Plattform, die den Preis nicht senken und ein vergleichbares Bündel anbieten könne, häufig mit dem Ergebnis konfrontiert werde, dass sie aufgekauft werde oder aus dem Markt ausscheide, wenn die Wettbewerber die „Envelopment"-Strategie umsetzen und Bündel anbieten.[402]
Die Betonung der wettbewerbsfördernden Wirkung von Kopplungsgeschäften stammt hauptsächlich von der Chicago-School.[403] Insbesondere könnten – so die Argumentation – Kopplungsgeschäfte unter anderem die Produktionskosten senken, die Transaktions- und Informationskosten für die Verbraucher reduzieren, die Bequemlichkeit und Vielfalt für die Verbraucher erhöhen.[404] Darüber hinaus könnten durch Kopplungspraktiken Größenvorteile erzielt werden und der Firmenwert geschützt werden.[405]
Die Chicago-School vertrat auch die Theorie des einzigen Monopolgewinns, um zu zeigen, dass kartellrechtliche Eingriffe bei Kopplungs- und Bündelungspraxis unnötig seien. Nach der Theorie könne ein Monopolgewinn nur einmal in der vertikalen Produktionskette realisiert werden.[406] So könne ein Monopolist auf dem Markt des koppelnden Produkts seine Gewinne nicht dadurch steigern, dass er einen anderen Markt für das gekoppelte Produkt monopolisiert.[407] Sein Gewinn könne sich sogar dadurch verringern.[408] Der Monopolist habe daher keinen Anreiz, eine Kopplung vorzuschreiben, es sei denn, er sei in der Lage, die Kosten zu senken oder die

---

[400] Vgl. *Carlton/Waldman*, RAND J. Econ. 2002, 194, 194.
[401] Vgl. *Carlton/Waldman*, RAND J. Econ. 2002, 194, 194.
[402] Vgl. *Eisenmann/Parker/Van Alstyne*, Harv. Bus. Rev. 2006, 92, 100.
[403] Vgl. *Bork*, S. 376ff.
[404] Vgl. *O'Donoghue/Padilla*, S. 698.
[405] Vgl. *Bork*, S. 376ff.
[406] Vgl. *Posner*, Univ. PA. Law Rev. 1979, 925, 926f.; *Bork/Gregory Sidak*, J. Compet. Law Econ. 2012, 663, 675.
[407] Vgl. *Director/Levi*, Northwest. Univ. Law Rev. 1956, 281, 291ff.; *Bork*, S. 373; *Posner*, Univ. PA. Law Rev. 1979, 925, 926; *Posner/Easterbrook*, S. 802ff.
[408] Vgl. *O'donoghue/Padilla*, S. 704.

Qualität zu verbessern; in diesem Fall handele es sich eher um die Effizienz als eine Wettbewerbsbeeinträchtigung.[409]

In den 1990er Jahren vertrat die sogenannte Post-Chicago-School jedoch die Auffassung, dass die Theorie des einzigen Monopolgewinns keine zuverlässige breite Anwendung finde, denn ihre Gültigkeit unterliege strengen Beschränkungen.[410] Die Theorie geht zum Beispiel davon aus, dass die Verbraucher vollständig informiert sind[411] und dass auf dem nicht marktbeherrschenden Markt vollkommener Wettbewerb herrscht.[412] Es wurde argumentiert, dass eine Lockerung nur einer dieser Annahmen zu wettbewerbswidrigen Auswirkungen führen können.[413]

Kritiker haben auch argumentiert, dass die lockere Haltung der Chicago-School zur Leveraging im Rahmen eines statischen Modells entwickelt werde, die die möglichen langfristigen marktblockierenden Auswirkungen der Kopplung und Bündelung außer Acht lasse.[414]

Die Wettbewerbsbedingungen auf dem Markt der Digitalwirtschaft rechtfertigen in der Tat das Scheitern der Theorie des einzigen Monopolgewinns, weshalb dass die wettbewerbsfeindlichen Auswirkungen der Kopplung die positiven Auswirkungen überwiegen könnten. *Elhauge* brachte diese Überlegung mit der folgenden Aussage zum Ausdruck: „single monopoly profits are the exception, not the rule“.[415]

Die Informationsasymmetrie zwischen Verbrauchern und Plattformen stellt ein erhebliches Problem in der digitalen Wirtschaft dar. Sie ist einer der Gründe für die fehlende wettbewerbliche Kontrolle über die Marktmacht der Plattformen. Unternehmen sind aufgrund der wiederholten Transaktionen und Lehren aus dem Wettbewerb in der Lage, rational zu handeln.[416] Darüber hinaus haben die Plattformen aufgrund ihrer Position als Intermediäre exklusiven Zugang zu den riesigen Mengen an Nutzerdaten, die auf dem Kernmarkt generiert werden. Nutzung der Vorteile einer marktüber-

---

[409] Vgl. *Posner*, Univ. PA. Law Rev. 1979, 925, 927; *O'Donoghue/Padilla*, S. 704; *Elhauge*, Harv. Law Rev. 2009, 397, 404.

[410] Vgl. *Elhauge*, Harv. Law Rev. 2009, 397, 404.

[411] Vgl. *Van den Bergh/Camesasca*, S. 279; *Holzweber*, Eur. Compet. J. 2018, 342, 350.

[412] Vgl. *Kaplow*, Columbia Law Rev. 1985, 515, 536f.; *O'Donoghue/Padilla*, S. 704; *Crocioni*, J. Compet. Law Econ. 2008, 449, 458; *Holzweber*, Eur. Compet. J. 2018, 342, 350.

[413] Vgl. *Langer*, S. 21; *Elhauge*, Harv. Law Rev. 2009, 397, 404.

[414] Vgl. *Kaplow*, Columbia Law Rev. 1985, 515, 528ff.

[415] Vgl. *Elhauge*, Harv. Law Rev. 2009, 397, 420.

[416] Vgl. *Armstrong/Huck*, in: Oxford Handb. Int. Antitrust Econ., S. 205f.

greifenden Datenaggregation verschafft Plattformen einen absoluten Vorteil, wenn es um die Entwicklung neuer, insbesondere auch personalisierter Produkte und Dienstleistungen geht.
Im Gegensatz zur Plattform spielt der Verbraucher eher die Rolle eines reinen Datenlieferanten. Für die Nutzer haben die Informationen (wie z. B. Rankings und Bewertungen) häufig die Eigenschaft der Vertrauensgüter, und es fehlt ihnen ausreichende Gründe und/oder Möglichkeiten, die Qualität der ihnen übermittelten Informationen zu überprüfen.[417] Die Richtlinie (EU) 2019/2161[418] sieht höhere Transparenzpflichten in der Beziehung zwischen Anbieter von Online-Marktplätzen und Verbraucher insbesondere in Bezug auf personalisierte Preise, Preisnachlässe, Kundenrezensionen und Marktrankings vor. Dies spiegelt auch die schwache Position der Verbraucher in Bezug auf die Informationsressourcen wider. Daher ist es schwierig, davon auszugehen, dass die Verbraucher umfassend informiert sind, wie es die Theorie des einzigen Monopolgewinns unterstellt.
Außerdem handelt es sich beim vollkommenen Wettbewerb um ein ökonomisches Modell, nicht um einen tatsächlich bestehenden Zustand. Ein vollkommener Wettbewerb ist in einer digitalen Wirtschaft aufgrund Informationsasymmetrien und Netzwerkeffekte praktisch schwer zu erreichen.
Auch die Auffassung der Chicago-School, dass Monopolisten keinen Anreiz haben, sich an Kopplungsgeschäften zu beteiligen, ist angesichts der bilateralen Märkte und der Netzwerkeffekte überholt.
Choi/Jeon schlugen eine Theorie der Hebelwirkung von Kopplungsgeschäften auf zweiseitigen Märkten vor und gingen davon aus, dass Monopolisten einen Anreiz haben, sich an Kopplungsgeschäften zu beteiligen, wenn der gekoppelte Markt zweiseitig sei und die Wettbewerber nicht-negativen Preisbeschränkungen unterliegen.[419] Wenn sowohl das Kopplungsprodukt als auch das gekoppelte Produkt unabhängige Produkte seien, schaffe die nicht-negative Preisbeschränkung einerseits zusätzliche Überschüsse und lasse daher dem Monopolisten Gewinnspanne, und schränke andererseits die aggressive Reaktion der Konkurrenten ein, was wiederum die Kopplung noch profitabler mache. Bei komplementären Produkten sei

[417] Vgl. *Schweitzer/Haucap/Kerber/Welker*, Modernisierung der Missbrauchsaufsicht für marktmächtige Unternehmen, S. 103.
[418] Richtlinie (EU) 2019/2161 des Europäischen Parlaments und des Rates vom 27. November 2019 zur Änderung der Richtlinie 93/13/EWG des Rates und der Richtlinien 98/6/EG, 2005/29/EG und 2011/83/EU des Europäischen Parlaments und des Rates zur besseren Durchsetzung und Modernisierung der Verbraucherschutzvorschriften der Union, ABl. 2019 L328/7.
[419] Vgl. *Choi/Jeon*, Am. Econ. J. Microeconomics 2021, 283, 284ff.

die Kopplung das einzige Mittel, zusätzliche Gewinne auf dem bilateralen Markt zu erzielen. Selbst wenn der gekoppelte Markt einseitig sei, können bei Vorhandensein von Netzwerkeffekten oder Umstellungskosten in der Zukunft zusätzliche Gewinne auf demselben Markt erzielt werden, was Anreize für die Einführung von Kopplungsgeschäften schaffe.

Netzwerkeffekte können den Anreiz und die Fähigkeit der Monopolisten erhöhen, Kopplung und Bündelung durchzusetzen. Unter dem Einfluss von positiven Netzwerkeffekten kann eine größere Nutzerbasis durch Kopplung erreicht werden. Das bedeutet Zugriff auf einen größeren Datenbestand. Die neuen Daten können wiederum genutzt werden, um das Produkt oder die Dienstleistung zu optimieren und mehr Nutzer anzuziehen. Insbesondere dann, wenn mit der Kopplung versucht wird, in benachbarte Märkte mit sich überschneidenden Nutzerbeständen einzutreten, wird die erste Plattform, die erfolgreich expandiert, einen First-Mover-Vorteil in beiden Märkten haben.

Zudem kann sich die marktmächtige Stellung auf beiden Märkten gegenseitig verstärken und die Wettbewerber dran hindern, Netzeffekte zu erzielen, indem sie ihre Kunden erreichen. Die wahrscheinliche Folge ist, dass die Monopolstellung auf dem Markt für das koppelnde Produkt erhalten bleibt[420] und die Anreize für Innovationen auf dem gekoppelten Markt sinken.[421]

Zhang/Li fanden heraus, dass bei schwachen Netzwerkeffekte digitale Plattformen die gemischte Bündelung bevorzugen, während bei starken Netzwerkeffekte digitale Plattformen reine Bündelung anwenden.[422] Mit zunehmender Stärke der Netzwerkeffekte verringere jedoch jede Form der Kopplung die Konsumentenrente und die soziale Wohlfahrt.

Ein vierter Grund, warum ein Verbot von Kopplung für die kartellrechtliche Regulierung in der digitalen Wirtschaft wichtig ist, liegt in der Tatsache, dass die technologiebasierte Kopplung die freien Wahlmöglichkeiten der Verbraucher auf einem innovativen und technologiegesteuerten, sich dynamisch entwickelnden digitalen Markt stark einschränken kann. Die technische Kopplung selbst gilt als eine dauerhaftere Form der Integration, da sie nur schwer rückgängig gemacht werden kann.[423] Die Stärke der Kopplung wirkt sich auf die Bewertung ihrer Wettbewerbswirkung aus. Die Tatsache,

---

[420] Vgl. *Carlton/Waldman*, RAND J. Econ. 2002, 194, 194ff.

[421] Vgl. *Choi/Stefanadis*, RAND J. Econ. 2001, 52, 52.

[422] Vgl. *张/李*, 管理学刊 2021, 65, 77.

[423] Vgl. Europäische Kommission, Prioritätenmitteilung zu Art. 82 EGV, Rn. 53.

dass das digitale Produkt kostenlos ist, verstärkt wiederum die Auswirkungen von Beschränkungen auf die Wahlmöglichkeiten der Verbraucher.
Eine häufige Konstellation der Kopplung in der digitalen Wirtschaft besteht darin, dass die Plattform neue Funktionen, Produktgruppen oder Inhalte in den ursprünglichen Dienst als Add-on integriert, das dem Nutzer dann kostenlos angeboten wird.[424] Die Erweiterung der digitalen Dienste kann nur vermieden werden, wenn der Nutzer die Nutzung des ursprünglichen Dienstes aufgibt.[425] Es gibt keinen Anreiz für die Nutzer, dies zu tun, da sie nicht extra bezahlen müssen.[426]
Selbst wenn der Nutzer den neuen Dienst nicht annehmen möchte, ist es für Nutzer, die nicht über die entsprechenden technischen Fähigkeiten verfügen, schwierig – wenn die Werkseinstellungen des Produkts die Möglichkeit der Trennung noch zulassen – oder sogar völlig unmöglich, das Produkt zu trennen.
Dies ist der Fall in der Rechtssache *Microsoft I*, dass der vorinstallierte WMP nicht entfernbar war.[427] Das Entfernen des WMP würde dazu führen, dass andere Teile des Betriebssystems und Produkte von Drittanbietern, die auf den WMP angewiesen sind, nicht mehr richtig oder überhaupt nicht mehr funktionieren.
Die marktverschliessenden Auswirkungen in der Rechtssache *Microsoft II* wurden auch in Anbetracht der Umstellungsträgheit und der technischen Inkompetenz der Nutzer sowie der fehlenden Nachfrage nach einem anderen Webbrowser festgestellt.[428]
Daraus folgt, dass es zur Gewährleistung der Wettbewerbsfähigkeit auf dem Markt der digitalen Wirtschaft von entscheidender Bedeutung ist, das Recht des Verbrauchers auf Wahlfreiheit zu garantieren. Das Kopplungsverbot ist eines der wichtigsten Mittel, um dieses Recht zu gewährleisten.

---

[424] Vgl. *Nothdurft*, in: Bunte, Kartellr. Kommentar, § 19 GWB, Rn. 397.
[425] Vgl. *Nothdurft*, in: Bunte, Kartellr. Kommentar, § 19 GWB, Rn. 397.
[426] Vgl. *Nothdurft*, in: Bunte, Kartellr. Kommentar, § 19 GWB, Rn. 397.
[427] Vgl. Kommission Entsch. 24.3.2004 – COMP/C-3/37.792, ABl. 2007 L 32/23, Rn. 829 „ Microsoft I".
[428] Vgl. Kommission Entsch. 16.12.2009 – COMP/C-3/39.530, ABl. 2010 C 36/7, Rn. 44ff. „Microsoft II".

Kopplungsverbot und kollektive Marktbeherrschung

Eine Kommissionsentscheidung bezüglich Coca-Cola und seiner drei Unternehmen, die Abfüllleistungen anboten, liefert ein Beispiel für den Missbrauch einer kollektiven Marktbeherrschung durch Kopplung.[429]

Coca-Cola stellt hauptsächlich Erfrischungsgetränkekonzentrate und Sirupe her, die an Abfüller und Konservenhersteller verkauft werden. Coca-Cola und drei große Abfüllunternehmen bieten kohlensäurehaltige Erfrischungsgetränke (KEG) im Vertriebskanal für den Heimkonsum (Take-Home-Kanal) und im Vertriebskanal für den Verbrauch an Ort und Stelle (On-Site-Kanal) in den EU-Mitgliedstaaten, in Island und Norwegen an. Coca-Cola und den drei Abfüllunternehmen wurden vorgeworfen, eine Hebelwirkung zwischen verschiedenen Getränken auszunutzen, d. h. attraktive Getränkemarken mit weniger populären zu koppeln, um sie an Kunden zu verkaufen. Diese Kopplungsvereinbarung hat zusammen mit den Exklusivverträgen, selektiven Rabatten und anderen Ausschließlichkeitsvereinbarungen Wettbewerbsbedenken aufgeworfen.

Die Kommission vertrat die Auffassung, dass Coca-Cola und seine jeweiligen Abfüllunternehmen eine kollektive beherrschende Stellung im Sinne von Art. 102 AEUV auf dem Markt für KEG in einer Reihe von Ländern und Kanälen innehaben.[430] Bei der Feststellung des Vorliegens einer kollektiven Einheit stützte sich die Kommission auf die frühere Rechtsprechung im Bereich der kollektiven Marktbeherrschung. Die Kommission ging davon aus, dass Coca-Cola und seine drei jeweiligen Abfüllunternehmen geeignet sind, eine gemeinsame Marktpolitik zu verfolgen, und dass sie aus wirtschaftlicher Sicht als kollektive Einheit auf dem KEG-Markt agieren.[431] Die Einschätzung der Kommission stützte sich auf die zwischen ihnen bestehenden wirtschaftlichen Verbindungen, die von ihnen geschaffenen politischen Entwicklungs- und Kommunikationsprozesse sowie der Art und Weise, wie das „Coca-Cola-System" (Coca-Cola und seine Abfüller) auf dem Markt präsentiert und wahrgenommen wird.[432]

Zur Feststellung der Marktbeherrschung stellte die Kommission fest, dass die Marke Coca-Cola einen Marktanteil auf dem Markt für KEG von über

---

[429] Kommission Entsch. 22.06.2005 – COMP/A.39.116/B2, ABl. 2005 L253/21 „Coca-Cola".

[430] Vgl. Kommission Entsch. 22.06.2005 – COMP/A.39.116/B2, ABl. 2005 L253/21, Rn. 23 „Coca-Cola".

[431] Vgl. Kommission Entsch. 22.06.2005 – COMP/A.39.116/B2, ABl. 2005 L253/21, Rn. 23 „Coca-Cola".

[432] Vgl. Kommission Entsch. 22.06.2005 – COMP/A.39.116/B2, ABl. 2005 L253/21, Rn. 23 „Coca-Cola".

40 % hat, was mehr als doppelt so hoch ist wie der Marktanteil des nächsten Wettbewerbers.[433] Der einzigartige Wiedererkennungswert der Marken und der „must stock“-Charakter der stärksten Marken von Coca-Cola sowie die außergewöhnliche Breite des KEG-Portfolios wurden ebenfalls als Grund für die Feststellung einer Marktbeherrschung angesehen.[434] Die Kommission vertrat die Auffassung, dass Marktzutrittsschranken einen bedeutenden Markteintritt in Form von versunkenen Werbekosten verhindern.[435] Außerdem stellte die Kommission fest, dass es dem Markt an einer wirksamen Nachfragemacht fehlt, da sich die meisten Kunden nachweislich in einer schwachen Verhandlungsposition befinden.[436]

Im konkreten Fall bestanden drei kartellrechtliche Angriffspunkte. Erstens machten Coca-Cola und seine Abfüller die Lieferung der besonders populären Marken (wie normale Coca-Cola oder Fanta Orange) vom Kauf der weniger verkaufsstärken Marken abhängig (Kopplung).

Zweitens hatten Coca-Cola und die Abfüllunternehmen 10-20 Produktreihen im On-Site-Kanal und 20-60 im Take-Home-Kanal gebündelt, indem sie den Kunden, die diese Produkte erwarben, erhebliche Gebühren von 2 % des Gesamtumsatzes zahlen (Bereitstellung von Vielfalt und Sortiment).

Drittens nutzten sie die umsatzstärksten Marken als Hebel, um mehr Regalfläche für weniger umsatzstarke Marken zu reservieren (Verkaufsflächenanordnung).[437]

Auffällig ist, dass es sich in diesem Fall um eine Konstellation handelt, die unter den gemeinsamen Missbrauch einer kollektiven Marktbeherrschung durch alle Mitglieder fällt, da die Kopplungsgeschäfte Teil einer gemeinsamen Strategie sind, die eine große Reichweite haben.[438]

Die Kommission stellte fest, dass Kopplungspraktiken im konkreten Fall die Möglichkeit der Kunden ausschlossen, in einem bestimmten Geschmacksbereich zu kaufen, was die für den Endverbraucher verfügbare

---

433 Vgl. Kommission Entsch. 22.06.2005 – COMP/A.39.116/B2, ABl. 2005 L253/21, Rn. 24 „Coca-Cola“.

434 Vgl. Kommission Entsch. 22.06.2005 – COMP/A.39.116/B2, ABl. 2005 L253/21, Rn. 25 „Coca-Cola“.

435 Vgl. Kommission Entsch. 22.06.2005 – COMP/A.39.116/B2, ABl. 2005 L253/21, Rn. 25 „Coca-Cola“.

436 Vgl. Kommission Entsch. 22.06.2005 – COMP/A.39.116/B2, ABl. 2005 L253/21, Rn. 25 „Coca-Cola“.

437 Vgl. Kommission Entsch. 22.06.2005 – COMP/A.39.116/B2, ABl. 2005 L253/21, Rn. 33ff. „Coca-Cola“.

438 Vgl. Kommission Entsch. 22.06.2005 – COMP/A.39.116/B2, ABl. 2005 L253/21, Rn. 26 „Coca-Cola“.

Vielfalt und der Druck zur Preissenkung zwischen Wettbewerber verringerte.[439] Darüber hinaus wies die Kommission darauf hin, dass diese Kopplungspraktiken auch zum Ausschluss von Wettbewerbern führen können, da es für diese schwieriger ist, Verkaufsfläche zu erhalten, und der Preis für die Verkaufsfläche höher wird.[440]
Das Verfahren wurde schließlich damit abgeschlossen, dass die Kommission eine Zusage von Coca-Cola oder seinen Abfüllern akzeptierte, die unter anderem die Verpflichtung beinhaltete, keine Kopplungsvereinbarungen und keine Ziel- oder Mengenrabatte einzusetzen.

Neue Formen der Kopplung und Bündelung in Digitalwirtschaft

Nudging-Strategien

Wenn Plattformunternehmen die Hebelwirkung nutzen, um zu expandieren, können die angewandten Strategien faktische Kopplung und Bündelung aufweisen. Dies ist der Fall, wenn die Ermöglichung von Interaktionen zwischen Kundengruppen in verschiedenen Märkten die Einführung verschiedener vertraglicher oder technologischer Bindungen erfordert.
Beispiele hierfür sind unter anderem die folgenden Praktiken: Eine marktbeherrschende Plattform macht die Nutzung des Kontos einer anderen Plattform zur Bedingung für die Anmeldung auf dieser Plattform (Kopplung). Eine Hotelbuchungsplattform bietet nur Übernachtungs- und Frühstücksdienste an, die als Paket vertrieben werden (reine Bündelung) an. Eine Plattform, die Flugbuchungen anbietet, informiert die Nutzer über ein Pop-up-Fenster darüber, dass sie einen Rabatt erhalten, wenn sie die Plattform weiterhin nutzen, um einen Mietwagen für ihr Ziel zu buchen. Der Gesamtpreis ist dann niedriger als die Summe der einzeln gekauften Produkte (gemischtes Bündel).
Die oben genannten Strategien, die den Standardbeispielen für reine Bündelung und Kopplung entsprechen, stellen somit einen gewissen „Zwang“ dar. Der Kunde wird dazu gezwungen, zusätzliche Leistungen in Anspruch zu nehmen. Ein solcher Abnahmezwang kann daher kartellrechtswidrig sein.

---

[439] Vgl. Kommission Entsch. 22.06.2005 – COMP/A.39.116/B2, ABl. 2005 L253/21, Rn. 34 „Coca-Cola“.

[440] Vgl. Kommission Entsch. 22.06.2005 – COMP/A.39.116/B2, ABl. 2005 L253/21, Rn. 35f. „Coca-Cola“.

Das Vorhandensein eines Zwangs trägt dazu bei, ein missbräuchliches Kopplungsgeschäft festzustellen.[441] Jedoch wird in der Praxis ein Zwang nicht als separates Element der Identifizierung des missbräuchlichen Kopplungsgeschäfts verwendet.[442] Die Bedeutung des Elements des Zwangs sollte nicht überschätzt werden.[443]
Die Verhaltensökonomie legt nahe, dass die Übertragung von Marktmacht und das Entstehen von Marktabschottung durch Bündelung und Kopplung auch von Monopolisten ohne Zwang erreicht werden können, die sich Verhaltensvorlieben der Verbraucher zunutze machen.[444]
Es ist denkbar, dass Plattformen subtilere Praktiken einsetzen, um Kopplungen umzusetzen, wie z. B. die Einrichtung plattformübergreifender Konten in Verbindung mit finanziellen Anreizen,[445] visuelle Hervorhebungen,[446] die Vorinstallation und die Standardoption,[447] die plattformübergreifende Datenerfassung durch Datenschutzrichtlinien[448] und die privilegierte Interoperabilität mit gekoppelten Produkten.
Die Gemeinsamkeit dieser neuen Formen ist, dass sie Netzwerkeffekte sowie Verbrauchergewohnheiten, Voreingenommenheit, Trägheit, Informationsungleichgewichte und technologische Asymmetrien ausnutzen, um die Verbraucher zu veranlassen, sich für das gekoppelte Produkt zu entscheiden, und so eine Hebelwirkung zu erzielen. In der Tat scheint es in der digitalen Wirtschaft üblicher zu sein, Verhaltensvorlieben der Verbraucher auszunutzen, um sie durch ein „Nudging“ zu beeinflussen, als sie durch traditionelle Verträge oder Technologien (z. B. begrenzte Kompatibilität) zu „zwingen“.[449]

---

[441] Vgl. *Eilmansberger/Bien*, in: Säcker/Bien/Meier-Beck/Montag, Münchener Kommentar zum Wettbewerbsr., Art. 102 AEUV Rn. 612; *Huttenlauch*, in: LMRKM, Kartellrecht, Art. 102 AEUV Rn. 194f.
[442] Vgl. EuG 17.9.2007, Rs. T-201/04, Slg. 2007, II-3601, Rn. 852ff. „Microsoft I“; Europäische Kommission, Prioritätenmitteilung zu Art. 82 EGV, Rn. 50.
[443] Vgl. *Faull/Nikpay*, S. 446 Rn. 4.491; *Holzweber*, Eur. Compet. J. 2018, 342, 357.
[444] Vgl. *Bennett u. a.*, Compet. Policy Int. 2010, 111, 121; *Petit/Neyrinck*, ÖZK 2010, 203, 207.
[445] Vgl. *Mandrescu*, Comput. Law Secur. Rev. 2021, 1, 10.
[446] Vgl. *Iacobucci/Ducci*, Eur. J. Law Econ. 2019, 15, 23.
[447] Vgl. OECD, Abuse of Dominance in Digital Markets, S. 44.
[448] Vgl. *Condorelli/Padilla,* Data-Driven Envelopment with Privacy-Policy Tying, S. 1.
[449] Vgl. *Holzweber*, Eur. Compet. J. 2018, 342, 353; OECD, Abuse of Dominance in Digital Markets, S. 44.

In der Rechtssache *Microsoft I* wurde festgestellt, dass Microsoft keinen Zwang im wirtschaftlichen Sinne ausgeübt hat, da die Nutzer keine zusätzlichen Gebühren für den WMP zahlen mussten und es ihnen freistand, konkurrierende Media Player zu herunterzuladen.[450] Dennoch stellten sowohl die Kommission als auch das EuG fest, dass sich die wettbewerblichen Anbieter darum bemühen mussten, gegen die Trägheit der Endnutzer anzukämpfen und sie davon zu überzeugen, „die Vorinstallation des [Windows Media Player] zu ignorieren".[451]

Ähnliche Bedenken lagen der Feststellung der Kommission über missbräuchliche Kopplung in der Rechtssache *Microsoft II* zugrunde. Die Kommission stellte anhand empirischer Untersuchungen fest, dass die Verbraucher mit einem erheblichen Informationsdefizit konfrontiert sind.[452] Sie hatten noch nie einen anderen Webbrowser als den Browser Internet Explorer auf ihrem PC benutzt, entweder weil sie die Alternativen nicht kannten oder weil sie keinen herunterladen wollten oder nicht wussten, wie er funktioniert.

Im Fall *Google Android* vertrat die Kommission die Auffassung, dass die Vorinstallation ebenfalls zu der so genannten Voreingenommenheit führt, da sie ein wichtiger Vertriebskanal für Apps ist.[453] Es wird auch davon ausgegangen, dass konkurrierende Apps den durch die Kopplung entstehenden Wettbewerbsvorteil nicht ausgleichen können.

Kostenlose Angebote und Quersubventionierung

Eine gängige Strategie bei der übergreifenden Expansion digitaler Plattformen besteht darin, erweiterte Dienste zum Nulltarif anzubieten (Entwicklung neuer Funktionen, Inhalte, Dienste usw. zusätzlich zum ursprünglichen Dienst) und ihre Monopolgewinne auf dem ursprünglichen Markt zu nutzen, um diesen zu subventionieren. Handelt es sich um einen zweiseitigen gekoppelten Markt, kann das marktbeherrschende Unternehmen auch die Gewinne, die es von den Nutzern der anderen Seite erhält, zur Subventionierung verwenden.

---

[450] Vgl. Kommission Entsch. 24.3.2004 – COMP/C-3/37.792, ABl. 2007 L 32/23, Rn. 833 „Microsoft I"

[451] Vgl. Kommission Entsch. 24.3.2004 – COMP/C-3/37.792, ABl. 2007 L 32/23, Rn. 870 „ Microsoft I "; EuG 17.9.2007, Rs. T-201/04, Slg. 2007, II-3601, Rn. 1052 „Microsoft I".

[452] Vgl. Kommission Entsch. 16.12.2009 – COMP/C-3/39.530, ABl. 2010 C 36/7, Rn. 54 „Microsoft II".

[453] Vgl. Kommission Entsch. 18.7.2018 – AT.40099, Rn. 775ff. „Google Android".

Der Fall *Microsoft I* ist ein Beispiel dafür. Der Markt von Media Player ist ein bilateraler Markt. Die Verbraucherseite muss für die Nutzung nicht bezahlen. Der Media Player generiert erhebliche Gewinne für Microsoft durch die Geschäftsbereiche für Software für die Kodierung von Inhalten, Lizenzierung von Formaten, Software für drahtlose Informationsgeräte, DRM-Lösungen und Online-Musikübertragung.[454]
In Fällen, in denen das gekoppelte Angebot unentgeltlich ist, kann es schwierig sein, einen Ausbeutungsmissbrauch zu finden, aber es kann ein Behinderungsmissbrauch festgestellt werden. Durch das Angebot eines kostenlosen gekoppelten Produkts führt das marktbeherrschende Unternehmen künstlich einen Netzeffekt auf dem gekoppelten Markt ein, so dass sein gekoppeltes Produkt einen leistungsfremden Vorteil hat.[455] Die Wettbewerber müssen ihre Preise ebenfalls senken oder quersubventionieren, damit sie nicht vom Markt verdrängt werden.[456] Missbräuchlichkeit kann in diesem Fall festgehalten werden.

Erwerb einer Minderheitsbeteiligung

Ein häufiges wirtschaftliches Phänomen in der digitalen Wirtschaft ist der grenzüberschreitende Wettbewerb zwischen Plattformen durch den Erwerb von Beteiligungen, was zur Schaffung eines Ökosystems führt. Das Ökosystem konzentriert sich auf ein Kernprodukt (oder eine Kerndienstleistung) und führt andere komplementäre Produkte (oder Dienstleistungen) zusammen, die technologisch oder kommerziell miteinander verbunden sind.
Beteiligungserwerb ist nicht nur ein Prozess der Kapitalaggregation, sondern auch ein Prozess der Aggregation von Daten und algorithmischer Technologie. Auf einem Markt der digitalen Wirtschaft mit einer oligopolistischen Struktur, auf dem sich die Wettbewerbsvorteile von Daten und Algorithmen über die Märkte hinweg gegenseitig verstärken können, sollten die wettbewerbsfeindlichen Auswirkungen von Minderheitsbeteiligungen Anlass zu ernster Sorge sein. Dies liegt vor allem daran, dass die Märkte der digitalen Wirtschaft Eigenschaften aufweisen, die der stillschweigenden Koordinierung und der Stabilität förderlich sind. Horizontale Minderheitsbeteiligungen an Wettbewerbern können den oligopolistischen stillschweigenden Parallelismus weiter erleichtern oder stabilisieren, da

---

[454] Vgl. Kommission Entsch. 24.3.2004 – COMP/C-3/37.792, ABl. 2007 L 32/23, Rn. 975 „Microsoft I“.
[455] Vgl. *Eilmansberger/Bien*, in: Säcker/Bien/Meier-Beck/Montag, Münchener Kommentar zum Wettbewerbsr., Art. 102 AEUV Rn. 633.
[456] Vgl. EuG 10.4.2008, Rs. T-271/03, Slg. 2008, II-477, Rn. 268 „Deutsche Telekom“.

solcher Erwerb eine Quelle des Zugangs zu Informationen über Wettbewerber darstellt. Dadurch wird Markttransparenz künstlich und zusätzlich erhöht.
Vertikale Minderheitsbeteiligungen an Anbietern oder Kunden erleichtern die vertikale Integration von Plattformen. Dies würde den Markteintritt von Wettbewerbern verhindern, da die Nutzer durch die Integration von Ressourcen und Technologie stärker gebunden sind, ist es für neue Marktteilnehmer schwieriger, einen Nutzerstamm zu gewinnen. Darüber hinaus erhöht der vertikale Beteiligungserwerb das Risiko, dass sich eine einzelne Plattform zu einem undurchdringlichen Ökosystem ausweitet und so die Verstärkung der bestehenden Marktmacht ermöglicht.
Eine Minderheitsbeteiligung liegt vor, wenn ein Aktionär weniger als 50 % der Stimm- oder Kapitalrechte an einem Zielunternehmen hält.[457] Der Erwerb einer Kapitalbeteiligung an einem konkurrierenden Unternehmen ist nicht per se verboten. Ein derartiger Erwerb kann jedoch das Geschäftsverhalten der beteiligten Unternehmen in einer Weise beeinflussen, die den Wettbewerb auf den Märkten, auf denen sie tätig sind, einschränkt oder verfälscht.[458]
Das EU-Wettbewerbsrecht greift bei Minderheitsbeteiligungen durch drei Regulierungsinstrumente ein, nämlich die Fusionskontrolle, das Kartellverbot und das Missbrauchsverbot.
Minderheitsbeteiligungserwerbe fallen in den Anwendungsbereich der Fusionskontrolle, wenn sie de jure oder de facto zur Veränderung der Kontrolle führen.[459] Dies schließt rein passive Investitionen aus.[460]
Die Art. 101 und 102 AEUV finden auf den Erwerb einer nicht kontrollierenden Beteiligung zwischen Wettbewerbern Anwendung. Art. 101 Abs. 1 AEUV greift ein, wenn Vereinbarungen über den Erwerb von Beteiligungen eines Wettbewerbers darauf abzielen, eine Verhinderung, Einschränkung oder Verfälschung des Wettbewerbs innerhalb des Binnenmarktes bezweckt oder bewirkt.
Missbrauchsvorwürfe entstehen, wenn der Erwerb einer Minderheitsbeteiligung Teil eines Plans eines marktbeherrschenden Erwerbers ist, seine Marktstellung zu missbrauchen. Dies ist der Fall, wenn der Erwerb „Facilitating Practices“ darstellt, die eine bereits bestehende stillschweigende

---

457 Vgl. OECD, OECD Roundtable Minority Shareholdings, S. 9.
458 Vgl. EuGH 17.11.1987, Rs. 142 u. 156/84, Slg. 1987, 4487, Rn. 37 „BAT und Reynolds“.
459 Art. 3 FKVO.
460 Vgl. *Eilmansberger/Kruis*, in: Streinz, EUV/AEUV, Art. 101 AEUV Rn. 265.

Kollusion zusätzlich fördert. Da das Bestehen einer stillschweigenden Kollusion (kollektive Marktbeherrschung) zu einem Marktversagen geführt hat, kann die Verstärkung einer beherrschenden Stellung einen Missbrauch darstellen. Denn das beherrschende Unternehmen muss eine besondere Verantwortung übernehmen, um die Aufrechterhaltung des bestehenden Wettbewerbs nicht zu verhindern.

Eine Reihe wirtschaftlicher Studien hat unklare Antworten auf die Frage gegeben, wie sich Minderheitsbeteiligungen auf Kollusionsmotive auswirken.[461] Die vorherrschende Meinung ist jedoch, dass Erwerb von Minderheitsbeteiligungen als strukturelle Verbindung zwischen Unternehmen unter bestimmten Bedingungen die Kollusion auf konzentrierten Märkten fördern kann.[462]

Erwerb von Minderheitsbeteiligungen erhöht die Markttransparenz, da der Erwerber Zugang zur Geschäftsstrategie und Insiderinformationen des erworbenen Unternehmens hat.[463] In diesem Fall können die Abweichungen vom Erwerber schnell erkannt werden, so dass die beteiligten Unternehmen eher zur Beteiligung an der Kollusion geneigt sein können.

Wenn ein Erwerber an den Gewinnen eines Wettbewerbers teilhaben möchte, kann er die Gewinne des Wettbewerbers „internalisieren“, indem er eine Minderheitsbeteiligung an dem Wettbewerber erwirbt. In diesem Fall schafft der Erwerb ein gemeinsames Interesse zwischen den Unternehmen, d. h. die aggressive Marktstrategie des Erwerbers verringert nicht nur die Gewinne seiner Konkurrenten, sondern auch die Rendite seiner eigenen Investitionen.[464] Infolgedessen werden die kurzfristigen Gewinne aus Abweichungen von der Koordinierung geringer sein, so dass die Koordinierung tendenziell stabil ist.[465]

Pini hob besonders hervor, dass die wettbewerbsschädlichen Auswirkungen der Koordinierung nur dann auftreten oder verstärkt werden, wenn Außenseiterunternehmen, die dazu neigen, die Preise zu senken oder andere

---

[461] Vgl. *Malueg*, Int. J. Ind. Organ. 1992, 27, 33f.; OECD, Roundtable Minority Shareholdings, S. 31f.; *Gabrielsen/Hjelmeng/Sørgard*, Eur. Law Rev. 2011, 837, 841.

[462] Vgl. *Ezrachi/Gilo*, Oxf. J. Leg. Stud. 2006, 327, 330; OECD, Roundtable Minority Shareholdings, S. 20.

[463] Vgl. *Pini*, Eur. Bus. Law Rev. 2012, 575, 609.

[464] Vgl. OECD, Roundtable Minority Shareholdings, S. 31; *Ezrachi/Gilo*, Oxf. J. Leg. Stud. 2006, 327, 333; *Pini*, Eur. Bus. Law Rev. 2012, 575, 607.

[465] Vgl. *Gabrielsen/Hjelmeng/Sørgard*, Eur. Law Rev. 2011, 837, 840; *Gjendemsjø/Hjelmeng/Sørgard*, World Compet. 2013, 355, 364f.

aggressive Wettbewerbsstrategien anzuwenden, in ihre Konkurrenten investieren.[466] Denn nur in diesem Fall könne die Investition als glaubwürdige Verpflichtung angesehen werden, was ein Abweichen unwahrscheinlicher mache und die Wettbewerber zu Kollusion verleite.

Minderheitserwerbe können nicht nur die Anreize zur Kollusion fördern, sondern auch den Markteintritt verhindern und die Wettbewerbsfähigkeit des Marktes für potenzielle Wettbewerber verringern.[467] Das Ergebnis ist, dass die marktbeherrschende Stellung verstärkt wird und somit einen Missbrauch vorliegt. Dies ist beispielsweise der Fall, wenn ein etablierter Marktteilnehmer eine Beteiligung an einem potenziellen neuen Marktteilnehmer erwirbt, dessen Markteintritt die Stabilität der Kollusion in Frage stellen kann. Die große Zahl von Fusionen und Übernahmen von Start-ups auf dem Markt der digitalen Wirtschaft steht in engem Zusammenhang mit dieser Konstellation.

Zwischen 2008 und 2018 haben drei Plattformunternehmen – Amazon, Facebook und Google – jeweils 60, 71 bzw. 168 Start-ups übernommen.[468] Die fortlaufende Übernahme von Start-ups durch marktbeherrschende Plattformen behindert den Innovationswettbewerb bei neuen Produkten und Dienstleistungen, da die Bereitschaft der Investoren, in potenzielle Konkurrenten der bestehenden großen Plattformunternehmen zu investieren, wurde deutlich verringert.[469]

Zudem fanden *Gautier/Lamesch* heraus, dass von den 175 Übernahmen, die die GAFAM-Unternehmen im Zeitraum 2015-2017 vornahmen, 60 Prozent der Zielunternehmen innerhalb eines Jahres nach der Übernahme eingestellt wurden.[470]

Daraus lässt sich schließen, dass der Erwerb von einer Minderheitsbeteiligung in zweierlei Hinsicht einen Missbrauch einer kollektiven Marktbeherrschung darstellen kann. Die erste Möglichkeit besteht darin, den Anreiz oder die Fähigkeit für Aufrechterhaltung einer Kollusion zu erhöhen. Ein

---

[466] Vgl. *Pini*, Eur. Bus. Law Rev. 2012, 575, 609. Entscheidend für die Stabilität der Kollusion ist das Unternehmen, das am meisten von der Abweichung profitiert, was in der Regel die kleineren Unternehmen der Branche sind, siehe *Reynolds/Snapp*, Int. J. Ind. Organ. 1986, 141, 149; *Gabrielsen/Hjelmeng/Sørgard*, Eur. Law Rev. 2011, 837, 841.

[467] Vgl. *Pini*, Eur. Bus. Law Rev. 2012, 575, 612f.; OECD, Start-ups, Killer Acquisitions and Merger Control, S. 2.

[468] Vgl. *Argentesi/Buccirossi/Calvano/Duso/Marrazzo u. a.*, J. Compet. Law Econ. 2021, 95, 98.

[469] Vgl. *Kamepalli/Rajan/Zingales*, Kill Zone, S. 2.

[470] Vgl. *Gautier/Lamesch*, Inf. Econ. Policy 2021, 1, 8.

solcher Erwerb kann als „Facilitating Practices" betrachtet werden. Er trägt somit zur Stabilisierung der bestehenden kollektiven Marktbeherrschung bei und schränkt somit den verbleibenden Innenwettbewerb weiter ein.

Die zweite Möglichkeit ist die Übernahme potenzieller Wettbewerber, wodurch die Wiederaufnahme eines wesentlichen externen Wettbewerbs weiter eingeschränkt wird. Die wahrscheinliche Folge ist, dass sich die Kluft zwischen der Marktmacht der marktbeherrschenden Plattform und der ihrer kleineren Konkurrenten vergrößert, bis die Wettbewerber vom Markt ausgeschlossen sind.

Verwendung von Algorithmen zur Erleichterung der Aufrechterhaltung der Kollusion

Das Missbrauchsverhalten durch Plattformen, die sich Algorithmen und Daten auf dem Markt der digitalen Wirtschaft zunutze machen, wird immer impliziter und komplizierter. Die Rechtsprechung der Unionsgerichte[471] bietet eine ausreichende Rechtsgrundlage für das Eingreifen in das leistungsfremde Verhalten, das eine Verstärkung der kollektiven Marktbeherrschung bezweckt oder bewirkt. Algorithmische Preisgestaltung ist zwar nicht illegal und in vielen Branchen gängige Praxis,[472] jedoch kann der wettbewerbswidrige Einsatz der jeweiligen Algorithmen zur Förderung der bereits existierenden Kollusion führen und somit als Missbrauch einer kollektiven Marktbeherrschung bezeichnet werden.

Die kollektive Marktbeherrschung beruht entweder auf wirtschaftlichen oder strukturellen Beziehungen, die oft eine explizite Kollusion im Sinne von Art. 101 AEUV und § 1 GWB darstellen, oder auf einer stillschweigenden Kollusion.

[471] Vgl. EuGH 21.2.1973, Rs. 6/72, Slg. 1973, 215, Rn. 27 „Continental Can"; EuGH 14.2.1978, Rs. 27/76, Slg. 1978, 207 „United Brands"; EuGH 13.2.1979, Rs. 85/76, Slg. 1979, 461, Rn. 91 „Hoffmann-La Roche"; EuG 1.4.1993, Rs. T-65/89, Slg. 1993, II-389, Rn. 69 „BPB".

[472] Vgl. Europäische Kommission, Final Report on the E-commerce Sector Inquiry, 2017, S. 175f.

Explizite Kollusion

Bei expliziter Kollusion können Preisgestaltungsalgorithmen und Überwachungsalgorithmen ins Spiel kommen.

Es ist denkbar, dass Algorithmen als Instrumente fungieren, um das programmierte einheitliche Verhalten durchzusetzen oder Abweichungen vom gemeinsamen Vorgehen zu betrafen.[473] Im ersten Fall können Preisgestaltungsalgorithmen feste Beziehungen zwischen bestimmten Basispreisen und anderen Preisen einführen, so dass sich die Preise im Wesentlichen parallel bewegen.[474]

Bei Letzteren können Überwachungsalgorithmen und Preisgestaltungsalgorithmen zusammenarbeiten. Überwachungsalgorithmen werden eingesetzt, um Informationen über die Geschäftsentscheidungen von Wettbewerbern und deren Veränderungen zu überwachen. Sobald eine Abweichung festgestellt wird, veranlasst sie den Preisgestaltungsalgorithmus zu Gegenmaßnahmen, z. B. zu einer Veränderung der Preise, die bis zu einem Preiskrieg führen kann.[475] Aus Angst vor der hohen Erkennungsgeschwindigkeit, und der Fähigkeit, Abweichungen zu korrigieren, die Algorithmen besitzen, fehlt den Unternehmen der Anreiz zur Abweichung. Im Gegensatz zu herkömmlichen Kartellen sind die Chancen, einen Preiskrieg zwischen Algorithmen tatsächlich beobachten zu können, sehr gering.[476]

In diesen beiden Fällen können die Tatbestandsmerkmale des Missbrauchs einer kollektiven Marktbeherrschung erfüllt sein, da der Algorithmus die Möglichkeit der Oligopolmitglieder untergräbt, einen wirksamen Wettbewerb wiederherzustellen. Außerdem macht es der Einsatz der Algorithmen den Unternehmen leichter, ihre Gewinne über dem Wettbewerbsniveau zu halten, was zu einer Verfestigung der kollektiven Marktbeherrschung führt. Da Algorithmen nur dazu verwendet werden, ein bereits programmiertes abgestimmtes Verhalten auszuführen und zu halten, können diese Tatsachen auch gleichzeitig die Tatbestandsmerkmale des Kartellverbots erfüllen.

In der Praxis könnte es für die Wettbewerbsbehörde günstiger sein, der Anwendung von Art. 101 AEUV oder § 1 GWB Vorrang einzuräumen, da eine kollektive Marktbeherrschung gerade durch den Abschluss von Kartellvereinbarungen entsteht. Ferner ist der Algorithmus nur ein Instrument, um die

---

473 Vgl. *Ezrachi/Stucke,* S. 39.

474 Vgl. Europäische Kommission, Leitlinien für horizontale Zusammenschlüsse, Rn. 47.

475 Vgl. OECD, Algorithms and Collusion, S. 27.

476 Vgl. OECD, Algorithms and Collusion, S. 27.

Absicht von Unternehmen, den Wettbewerb einzuschränken, zu verwirklichen.

Stillschweigende Kollusion

Im Falle der stillschweigenden Kollusion sind die Grundvoraussetzungen für das Zustandekommen einer stillschweigenden Kollusion bereits auf dem Markt vorhanden. Der Einsatz von Algorithmen trägt dazu bei, die Faktoren zu schwächen oder zu beseitigen, die die Stabilität einer bereits bestehenden stillschweigenden Kollusion bedrohen. Der algorithmische Missbrauch einer kollektiven Marktbeherrschung kann sich insbesondere auf fünf Arten manifestieren.

Signalisierungsalgorithmen

Die erste Möglichkeit ist die Verwendung von Signalisierungsalgorithmen als ein einseitiges Angebot von Preiserhöhungen. Signalisierungsalgorithmen, die als missbräuchlich angesehen werden, sollten von Signalisierungsalgorithmen unterschieden werden, die eingesetzt werden, um einen Konsens über die Koordinierung zu finden (um eine kollektive Marktbeherrschung herzustellen).

Es ist denkbar, dass alle Oligopolmitglieder unabhängig voneinander Preisbildungsalgorithmen entwickeln, um den Marktführer in Echtzeit zu verfolgen. Alle Mitglieder sind sich darüber im Klaren, dass die Einführung ähnlicher Algorithmen in der gesamten Branche zu höheren Preisen und einem hyperkompetitiven Gleichgewicht führen könnte.

Bei einseitigen Preissignalen zur Erhöhung der Preise besteht im Allgemeinen die Gefahr von Gewinneinbußen, da andere Wettbewerber sich weigern oder es hinauszögern könnten, diesem Beispiel zu folgen. Der Preissignalgeber ist jedoch bereit, das Risiko einzugehen, weil er glaubt, dass eine gemeinsame Preiserhöhung mit der wirtschaftlichen Rationalität der beteiligten Oligopolisten vereinbar ist. Der weit verbreitete Einsatz von Algorithmen macht Abweichungen auch weniger verlockend.

Die Nutzer des Signalisierungsalgorithmus machen sich bewusst die wirtschaftliche Rationalität zunutze, die sich aus der Angleichung des gegenseitigen Verhaltens infolge der oligopolistischen Abhängigkeit ergibt, um Preiserhöhungen zu signalisieren. Dies ist eine Manifestation der Ausnutzung einer kollektiven Marktbeherrschung, weil Preissenkungen für alle Unternehmen mit einer kollektiven Marktbeherrschung nachteilig sind. Gleichzeitig leistet der Algorithmus einen Beitrag zur Stabilisierung der bestehenden stillschweigendne Kollusion, da Abweichungen leichter erkannt und bestraft werden können. Die Verwendung von Signalisierungsalgorithmen zum Zwecke von Preiserhöhungen kann daher einen Missbrauch einer kollektiven marktbeherrschenden Stellung darstellen.

Höhere Markttransparenz

Die zweite Möglichkeit besteht darin, Algorithmen einzusetzen, um die Transparenz künstlich zu erhöhen und die entstandene stillschweigende Kollusion zu stabilisieren.

Die Verwendung von Algorithmen stellt eine einseitige Handlung des Unternehmens zur Förderung der stillschweigenden Kollusion dar („Facilitating Practices"). Dies ist auf die Fähigkeit der Algorithmen zurückzuführen, eine Rolle bei der Verringerung der strategischen Unsicherheit zu spielen.[477]

Auf einer horizontalen Zeitskala ist der Algorithmus in der Lage, nicht nur die offengelegten historischen Informationen und die in Echtzeit verfügbaren Informationen zu erfassen, sondern auch künftige Preise und Geschäftsentscheidungen von Wettbewerbern vorherzusagen.

Auf der vertikalen Skala, d. h. in der Tiefe der Informationsanalyse, sind Algorithmen in der Lage, über die menschlichen Fähigkeiten hinaus zu lernen und große Datensätze zu verarbeiten, so dass sie tiefere und genauere Erkenntnisse bei der Analyse der Geschäftsentscheidungen der Wettbewerber und ihrer Veränderungen gewinnen können. Daraus folgt, dass Algorithmen die Vorhersage und das Verständnis der Handlungen von Konkurrenten erleichtern können, sowohl auf horizontaler als auch auf vertikaler Ebene.

Der Einsatz der Algorithmen zur zusätzlichen künstlichen Erhöhung der Transparenz und zur zusätzlichen künstlichen Verringerung der strategischen Unsicherheit steht im Widerspruch zur besonderen Verantwortung des marktbeherrschenden Unternehmens. Dies kann die Grundlage für die kartellrechtliche Beurteilung sein, wonach der Einsatz von Algorithmen die Voraussetzungen eines Missbrauchs erfüllen kann.

Glaubwürdigere Abschreckungsmechanismen

Die dritte Möglichkeit besteht darin, Algorithmen einzusetzen, um die Glaubwürdigkeit und Wirksamkeit der Droh- und Bestrafungsmechanismen zu erhöhen und so sicherzustellen, dass es innerhalb des Oligopols keinen Anreiz gibt, von einem einheitlichen Verhalten abzuweichen. Die vom Algorithmus durchgeführten Vergeltungsmaßnahmen sind aufgrund der Erkennungsleistung und Reaktionszeit glaubwürdig. Die Vergeltungszeiten werden weiter verkürzt, so dass die Unternehmen weniger Gewinn aus Abweichungen erzielen können und daher die Wettbewerber weniger Anreize haben, die Preise zu senken.[478]

---

[477] Vgl. *Ezrachi/Stucke*, S. 74f.

[478] Vgl. *Ezrachi/Stucke*, Northwest. J. Technol. Intellect. Prop. 2020, 217, 227.

Algorithmische Neupreisbildung

Die vierte Möglichkeit ist die algorithmische Neupreisbildung, die nach der Zerstörung der stillschweigenden Kollusion ein neues Gleichgewicht anstrebt. Dies ist angelehnt an die „Theorie der missbräuchlichen Neupreisbildung bei der Haftung" von *Petit*.[479] Nach dieser Theorie ist die stillschweigende Kollusion nicht per se illegal. Eine Reihe von Strategien zur Wiederherstellung des Gleichgewichts des kollusiven Preises nach der Zerstörung der stillschweigenden Kollusion wird als Missbrauch bezeichnet.[480] Die angebliche Zerstörung kann durch Technologie (z. B. radikale Innovation), Wirtschaft (z. B. Eintritt von Billiganbietern) oder Recht (z. B. Steuerreform) verursacht werden.[481]

Petit stellt zwei Beispiele für die missbräuchliche Neupreisbildung vor.[482] Die erste ist der Einsatz von Drohungen oder Anreizen, um neue Marktteilnehmer dazu zu bewegen, sich einem stillschweigenden Kollusionsgleichgewicht anzuschließen. Die zweite ist der Einsatz der unilateralen Signalstrategien.

Wenn diese zwei Verhaltensweisen mit Hilfe eines Algorithmus implementiert werden, passen sie zu der Fallgruppe. Der Einsatz von Algorithmen zur Wiederherstellung der Stabilität der stillschweigenden Kollusion und zur Beseitigung interner und externer Wettbewerbsbedrohungen kann als Missbrauch angesehen werden, der die bestehende kollektive Marktbeherrschung stärkt.

Verzicht auf Vergeltungsmaßnahmen

Die fünfte Möglichkeit besteht darin, dass die Abstimmung der Parameter des Algorithmus sogar ein gewisses positives Preisverhalten (Abweichungen) zulässt und auf Vergeltungsmaßnahmen verzichtet. Der Verzicht auf Vergeltungsmaßnahmen auf der Grundlage intelligenter algorithmischer Beurteilungen in einer bestimmten Situation kann unnötige Preiskämpfe und den tödlichen Kreislauf von „Tit-for-Tat" vermeiden und somit die Stabilität der Kollusion erhalten bleiben.

Die Strategie „Tit-for-Tat", bei der ein Unternehmen die Strategie seines Konkurrenten aus einer früheren Periode nachahmt, ist ein Bestrafungsmechanismus, der die Aufrechterhaltung der Kollusion erleichtert.[483] Probleme bei der Strategie „Tit-for-Tat" sind jedoch Fehleinschätzungen und

---

[479] Vgl. *Petit*, World Compet. 2016, 119, 126.
[480] Vgl. *Petit*, World Compet. 2016, 119, 123.
[481] Vgl. *Petit*, World Compet. 2016, 119, 119.
[482] Vgl. *Petit*, World Compet. 2016, 119, 125.
[483] Vgl. *Werden*, Antitrust Law J. 2004, 719, 733f.

die damit verbundenen Kosten, denn jeder Fehler hallt hin und her.[484] In Fälle der Fehleinschätzungen wird Tit-for-Tat auf lange Sicht die Hälfte der Zeit damit verbringen, zu kooperieren und die andere Hälfte damit, von der Kooperation abzuweichen.[485]

Im Szenario des digitalen Auges, d. h. wenn KI-Algorithmen die autonomen Entscheidungen treffen und aus Erfahrungen lernen können, kann der Computer so programmiert werden, dass er zwischen verschiedenen Strategien wählt, die jeweils eine größere Toleranz gegenüber abweichendem Verhalten aufweisen.[486] KI-Algorithmen müssen nicht nach der Strategie „Tit-for-Tat" folgen, sondern können ständig wechselnde konkurrierende Strategien zur Gewinnoptimierung einsetzen.[487] Selbst wenn Abweichungen festgestellt werden, kann die KI-Algorithmen eine Entscheidung treffen, sie nicht zu bestrafen, sondern den Gewinnverlust in Kauf zu nehmen. Den Code-Regeln, die hinter solchen anomalen Algorithmen stehen, kommt Bedeutung zu. Denn diese Programmierung ist im Wesentlichen ein Kompromiss, um einen echten Preiskrieg zu vermeiden und das gemeinsame Interesse des beherrschenden Oligopols zu bewahren.

Zusammenfassend lässt sich sagen, dass ein radikales, pauschales Verbot der Verwendung von Algorithmen abzulehnen ist. Erforderlich sind aber strenge Kriterien, die missbräuchliches algorithmisches Verhalten, das den Wettbewerb weiter einschränkt, von wettbewerbsförderndem oder neutralem algorithmischen Verhalten unterscheiden.

Erstens müssen sich die Mitglieder des Oligopols der Existenz einer stillschweigenden Kollusion bewusst sein und die Tatsache ausnutzen, dass es keinen wesentlichen Wettbewerb gibt.

Zweitens sind sie sich auch der Ereignisse auf dem Markt der digitalen Wirtschaft bewusst, die die kollektive Marktbeherrschung untergraben können.

Drittens ist zu prüfen, ob es – jenseits einer Beschränkung des Wettbewerbs – plausible Gründe für den Einsatz von Algorithmen gibt. Nicht überzeugende Erklärungen sind beispielsweise, dass der Algorithmus dazu benutzt wurde, die Aufrechterhaltung einer bestehenden Kollusion zu erleichtern, oder dass der Algorithmus verwendet wird, um eine unterbrochene (stillschweigende) Kollusion wiederherzustellen.

---

[484] Vgl. *Dixit/Nalebuff*, S. 108.
[485] Vgl. *Dixit/Nalebuff*, S. 111.
[486] Vgl. *Ezrachi/Stucke*, S. 75f.
[487] Vgl. *Ezrachi/Stucke*, S. 75.

3.2.4.5 Zwischenergebnis

Der Begriff des Missbrauchs kann im Prinzip sowohl für die einzelne als auch für die kollektive Marktbeherrschung als derselbe angesehen werden. Ein Verhalten ist missbräuchlich, wenn es die Aufrechterhaltung des auf dem Markt noch bestehenden Wettbewerbs oder der Zunahme dieses Wettbewerbs durch die vom Leistungswettbewerb abweichende Mittel verhindert. Die traditionelle Klassifizierung von Missbräuchen – Ausbeutungs- und Behinderungsmissbrauch – gilt auch für die Fälle der kollektiven Marktbeherrschung.

Im Gegensatz zum Missbrauch einer Einzelmarktbeherrschung kann der Missbrauch einer kollektiven Marktbeherrschung sowohl in einer Weise erfolgen, die den Restwettbewerb innerhalb des Oligopols weiter einschränkt, als auch in einer Weise, die den Restwettbewerb außerhalb des Oligopols weiter einschränkt.

Darüber hinaus kann der Missbrauch einer kollektiven Marktbeherrschung von einem einzelnen Unternehmen oder von einer Unternehmensgruppe gemeinsam begangen werden.

Zudem stellt ein Verhalten, das einen Missbrauch einer Einzelmarktbeherrschung normalerweise darstellt, nicht immer einen Missbrauch einer kollektiven Marktbeherrschung dar. Es kann stattdessen wettbewerbsfördernd sein, insbesondere wenn es von nur einem Unternehmen begangen wird. Da ein solches einseitiges Verhalten gegen andere Mitglieder des Oligopols gerichtet ist, kann es zu internem Wettbewerb führen und die gemeinsamen Interessen des Oligopols untergraben.

Das als missbräuchlich eingestufte Verhalten muss in einem ausreichenden Zusammenhang mit der kollektiven Marktbeherrschung der Normadressaten stehen. Die normative Kausalität ist in diesem Fall ausreichend, d. h. der missbräuchliche Charakter des Verhaltens kann auf die Ausnutzung einer kollektiven Marktbeherrschung zurückgeführt werden.

Die Besonderheit der Konstellation des Missbrauchs kollektiver Marktbeherrschung in der digitalen Wirtschaft liegt darin, dass Normadressaten eine zweiseitige oder vielschichtige Plattform sind. Außerdem dienen Algorithmen und Daten als Instrumente zur Verstärkung wettbewerbswidriger Auswirkungen.

Es gibt zwei Arten von Missbrauchsverhalten durch Plattformen, die kartellrechtlich als besonders besorgniserregend anzusehen sind. Die erste Art von Missbrauchsverhalten ist Leveraging. Im kommerziellen Umfeld des grenzüberschreitenden Wettbewerbs nutzen Plattformen ihre marktbeherrschende Stellung auf dem Primärmarkt, um Kosten-Preis-Schere, Selbstbevorzugung oder Kopplung und Bündelung durchzusetzen. Der virtuelle und immaterielle Charakter der Daten und die Vielschichtigkeit der Plattform tragen zur Übertragung der Marktmacht bei. Die Expansion von einer einzelnen Plattform zu einem Ökosystem durch Hebelwirkung kann für zwei- oder mehrseitige Plattformen mit positiven Netzeffekten rentabel sein. Der missbräuchliche Charakter von Hebeleffekten lässt sich auf die Verzerrung des Wettbewerbs vor allem auf dem gehebelten Markt und den Ausschluss von Konkurrenten zurückführen, wodurch marktbeherrschende Stellungen gefestigt werden.

Die zweite Art von Missbrauchsverhalten umfasst die Förderung einer größeren Stabilität der bestehenden expliziten und impliziten Kollusion, d. h. „Facilitating Practices". Der Erwerb einer Minderheitsbeteiligung und der Einsatz von Algorithmen können dabei eine Rolle spielen, weil sie zur Markttransparenz beitragen und den Anreiz, nicht abzuweichen, sowie die Glaubwürdigkeit des Drohmechanismus erhöhen. Ein Missbrauch einer kollektiven Marktbeherrschung liegt vor, wenn „Facilitating Practices" den Ausdruck des Besitzes einer kollektiven Marktbeherrschung sind und zur Aufrechterhaltung eines Zustands des fehlenden internen und externen Wettbewerbs beitragen.

Etablierte Schadenstheorien berücksichtigen zwar nicht den zweiseitigen oder vielschichtigen Charakter von Plattformen, lassen sich aber häufig auch in der digitalen Wirtschaft bestätigen.

Die Lehre der kollektiven Marktbeherrschung ist auf theoretischer Ebene nicht defizitär, wird aber auf praktischer Ebene zu wenig angewandt.

3.3 Kollektive Marktbeherrschung und Zusammenschlusskontrolle

3.3.1 Rechtsprechungs- und Kommissionspraxis

3.3.1.1 Frühe Entscheidungspraxis

Ursprünglich war im EU-Wettbewerbsrecht nicht eindeutig geklärt, ob die Fusionskontrollverordnung eine kollektive Marktbeherrschung erfassen kann.

Nach Art. 2 Abs. 3 der alten FKVO ist ein Zusammenschluss, der eine beherrschende Stellung begründet oder verstärkt und zur Folge hat, dass wirksamer Wettbewerb im Gemeinsamen Markt oder in einem wesentlichen Teil desselben erheblich behindert wird, für unvereinbar mit dem Gemeinsamen Markt zu erklären.[488] Aus der Vorschrift selbst geht jedoch nicht hervor, ob sie nur auf eine Einzelmarktbeherrschung oder auch auf eine kollektive Marktbeherrschung anwendbar ist.

Bereits vor dem Inkrafttreten der alten FKVO hatte die Europäische Kommission erwogen, den Begriff der kollektiven Marktbeherrschung in ihr Durchsetzungsinstrumentarium aufzunehmen.

Die Studie der Kommission aus dem Jahr 1987 zeigt, dass die Fusionskontrolle so gestaltet werden sollte, dass sie Situationen verhindert, in denen sich ein Nährboden für stillschweigende Kollusion bildet.[489]

Als die alte FKVO zu Beginn in Kraft trat, konzentrierte sich die Kommission auf die Einzelmarktbeherrschung, anstatt auf die Lehre der kollektiven Marktbeherrschung.[490]

Das Konzept der kollektiven Marktbeherrschung wurde erstmals in der Entscheidung *Alcatel/AEG Kable*[491] von 1991 eingeführt. Der Fall betraf den Erwerb der Kabelsparte von AEG durch den französischen Konzern Alcatel. Das deutsche Bundeskartellamt war der Ansicht, dass die Kommission die Lehre der kollektiven Marktbeherrschung anwenden sollte, da unter Berücksichtigung von Wettbewerbsbedingungen auf dem Markt nach dem Zusammenschluss ein bewusstes Parallelverhalten zu erwarten sei. Die Kommission lehnte es jedoch ab, die kollektive Marktbeherrschung in Betracht zu ziehen. Die Kommission stellte fest, dass es aufgrund der Marktmacht

---

[488] Verordnung (EWG) Nr. 4064/89 des Rates vom 21.12.1989 über die Kontrolle von Unternehmenszusammenschlüssen, ABl. 1989 L 395/1, wurde durch Verordnung (EG) Nr. 139/2004 ersetzt.

[489] Vgl. Europäische Kommission, Sixteenth Report on Competition Policy, Rn. 333.

[490] Vgl. *Ridyard*, Eur. Compet. Law Rev. 1994, 255, 258; *Etter*, World Compet. 2000, 103, 106.

[491] Kommission Entsch. 18.12.1991 – IV/M.165, WuW/E EV 1740 „Alcatel/AEG Kabel".

der Nachfrageseite unwahrscheinlich sei, dass die Anbieter bei der Festlegung von Preisen oder anderen Bedingungen bewusst parallel handeln.[492]
Ein wesentlicher Versuch, die Vorschriften der Fusionskontrolle auf die kollektive Marktbeherrschung auszudehnen, begann 1992 mit dem Fall *Nestlé/Perrier*. In der Sache ging es um ein Übernahmeangebot für 100 % der Anteile von Perrier durch Nestlé. Nestlé ist ein Schweizer Lebensmittelunternehmen und Perrier ist ein Hersteller und Abfüller von natürlichem Quellwasser. Die Kommission vertrat die Auffassung, dass die Übernahme zur Begründung einer duopolistischen beherrschenden Stellung zwischen Nestlé und BSN auf dem französischen Markt für abgefülltes Wasser führen würde, wodurch ein wirksamer Wettbewerb ernsthaft behindert würde.[493]
Nach Ansicht der Kommission ist die einzelne oder kollektive Marktbeherrschung für die Anwendung der FKVO unerheblich, weil beide Fälle unter bestimmten Marktstrukturbedingungen wirksamen Wettbewerb erheblich behindern können.[494] Da der Fall *Nestlé/Perrier* nicht beim Europäischen Gerichtshof eingereicht wurde, blieb Rechtsunsicherheit bestehen. Die Kontroverse über die Anwendbarkeit der Fusionskontrolle auf eine kollektive Marktbeherrschung wurde schließlich mit der Entscheidung *Kali+Salz* beigelegt.

---

[492] Vgl. Kommission Entsch. 18.12.1991 – IV/M.165, WuW/E EV 1740, Rn. 25 „Alcatel/AEG Kabel".
[493] Vgl. Kommission Entsch. 22.7.1992 – IV/M.190, ABl. 1992 L356/1, Rn. 118 „Nestlé/Perrier".
[494] Vgl. Kommission Entsch. 22.7.1992 – IV/M.190, ABl. 1992 L356/1, Rn. 112 „Nestlé/Perrier".

3.3.1.2 Kali+Salz

Das Zusammenschlussvorhaben betraf ein geplantes Gemeinschaftsunternehmen zwischen Kali und Salz AG („K+S") und der Treuhandanstalt („Treuhand"), bei dem das Kali- und Steinsalzgeschäft von K+S mit der Mitteldeutschen Kali AG („MdK") zusammengelegt werden sollte. Dieser Zusammenschluss warf ernsthafte Zweifel an seiner Vereinbarkeit mit dem Gemeinsamen Markt auf. Die Kommission stellte fest, dass der beabsichtigte Zusammenschluss zur Verstärkung einer marktbeherrschenden Stellung von K+S auf dem deutschen Kalimarkt führen würde.[495] Darüber hinaus würde die Übernahme von MdK durch K+S zu einer Situation der oligopolistischen Beherrschung zwischen K+S / Mdk und SCPA auf dem Gemeinschaftsmarkt außerhalb Deutschlands führen.[496]

Die Untersuchung der Kommission stützte sich im Wesentlichen auf drei Feststellungen. Zuerst ist die Zunahme des gemeinsamen Marktanteils und des Konzentrationsgrads. Die Kommission stellte fest, dass nach dem Zusammenschluss der gemeinsame Marktanteil von K+S/MdK und SCPA in der EG außer Deutschland von ca. 60 % betragen würde, und sich dieser Anteil in Zukunft noch erhöhen dürfte.[497] Außerdem sei das Angebot außerhalb der Gruppe K+S/MdK und SCPA zersplittert. Die anderen Marktteilnehmer seien nicht in der Lage, den erheblichen Wettbewerbsdruck auf die führende Gruppe K+S/MdK und SCPA auszuüben.[498]

Zweitens hat die Kommission das Vorliegen der kollusionsfördernden Faktoren bestätigt. Es wurde davon ausgegangen, dass der Kalimarkt ausgereifter Markt sei, der durch eine weitgehend homogene Produktpalette, einen Mangel an technologischer Innovation und ein hohes Maß an Markttransparenz gekennzeichnet sei.[499]

Die Kommission zog auch die Erfahrung des Verhaltens von K+S und SCPA in der Vergangenheit in Betracht. Es wurde festgestellt, dass K+S

---

495 Vgl. Kommission Entsch. 14.12.1993 – IV/M.308, ABl. 1994, L 186/38, Rn. 50 „Kali+Salz".

496 Vgl. Kommission Entsch. 14.12.1993 – IV/M.308, ABl. 1994, L 186/38, Rn. 57 „Kali+Salz".

497 Vgl. Kommission Entsch. 14.12.1993 – IV/M.308, ABl. 1994, L 186/38, Rn. 52f. „Kali+Salz".

498 Vgl. Kommission Entsch. 14.12.1993 – IV/M.308, ABl. 1994, L 186/38, Rn. 54ff. „Kali+Salz".

499 Vgl. Kommission Entsch. 14.12.1993 – IV/M.308, ABl. 1994, L 186/38, Rn. 57 „Kali+Salz".

und SCPA gemeinsam an einer Kartellvereinbarung beteiligt waren, die unter anderem auf die gemeinsame Festlegung der Menge und Qualität der von ihnen ausgeführten Kaliprodukte umfasste.[500]

Drittens stellte die Kommission fest, dass es die außergewöhnlich engen Verflechtungen zwischen K+S und SCPA gab, die sich über einen langen Zeitraum erstreckten. Die Kommission stellte fest, dass beide Unternehmen ein Gemeinschaftsunternehmen in Kanada (Potacan) gegründeten.[501] Zudem arbeiteten K+S und SCPA im Exportkartell Kali-Export GmbH zusammen und K+S hatte eine langjährige Lieferbeziehung mit SCPA.[502]

Die Kommission kam zum Schluss, dass die Übernahme von MdK durch K+S zur Entstehung eines marktbeherrschenden Duopols führen würde.[503] In diesem Fall sei kein wesentlicher interner Wettbewerb zwischen K+S und SCPA gegeben, und sie seien auch keinem wesentlichen externen Wettbewerb ausgesetzt.[504]

Die Kommission genehmigte den Zusammenschluss mit Auflagen. Zum Beispiel wurde K+S/MdK verpflichtet, sich aus der Kali Export GmbH zurückzuziehen. Die Zusammenarbeit zwischen K+S und SCPA als Vertriebspartner für den französischen Markt mussten beendet werden.[505]

Die Entscheidung der Kommission wurde vor dem Europäischen Gerichtshof angefochten. Die Entscheidung brachte wichtige Erkenntnisse zur Entwicklung der kollektiven Marktbeherrschung im Rahmen der Fusionskontrolle.

Zunächst klärte der Europäische Gerichtshof die entscheidende Frage, ob eine kollektive Marktbeherrschung durch die Fusionskontrolle erfasst werden kann. Ausgehend von der Zielsetzung als auch auf die Systematik der FKVO vertrat der Gerichtshof die Ansicht, dass die kollektive beherr-

---

[500] Vgl. Kommission Entsch. 14.12.1993 – IV/M.308, ABl. 1994, L 186/38, Rn. 57 „Kali+Salz“.

[501] Vgl. Kommission Entsch. 14.12.1993 – IV/M.308, ABl. 1994, L 186/38, Rn. 58 „Kali+Salz“.

[502] Vgl. Kommission Entsch. 14.12.1993 – IV/M.308, ABl. 1994, L 186/38, Rn. 63 „Kali+Salz“.

[503] Vgl. Kommission Entsch. 14.12.1993 – IV/M.308, ABl. 1994, L 186/38, Rn. 62 „Kali+Salz“.

[504] Vgl. Kommission Entsch. 14.12.1993 – IV/M.308, ABl. 1994, L 186/38, Rn. 62 „Kali+Salz“.

[505] Vgl. Kommission Entsch. 14.12.1993 – IV/M.308, ABl. 1994, L 186/38, Rn. 63 „Kali+Salz“.

schende Stellung nicht vom Geltungsbereich der Verordnung ausgeschlossen ist.[506] Nach der Würdigung des EuGH verbietet die FKVO den Zusammenschluss, der den Wettbewerb innerhalb des Gemeinsamen Marktes verfälscht und daher sich als unvereinbar mit dem vom EG-Vertrag [= AEUV] geforderten System erweist.[507] In diesem Zusammenhang sollte ein Zusammenschluss, der zur Entstehung oder Verstärkung einer kollektiven Marktbeherrschung führt, unabhängig davon, ob er zwischen den am Zusammenschluss Beteiligten und unbeteiligten Einheit oder zwischen den am Zusammenschluss Beteiligten stattfindet, als mit diesem System unvereinbar angesehen werden.[508] Aus der Analyse des Gerichtshofs lässt sich schließen, dass die generelle Anwendbarkeit der FKVO auf der kollektiven Marktbeherrschung in diesem Fall höchstrichterlich bestätigt wurde.[509]
Zweitens legte der Gerichtshof die Kriterien für die Beurteilung der kollektiven Marktbeherrschung in der Fusionskontrolle dar. Nach der Würdigung des EuGH muss die Kommission

> „anhand einer Untersuchung der voraussichtlichen Entwicklung des Referenzmarktes prüfen, ob der Zusammenschluß, mit dem sie befaßt ist, zu einer Situation führt, in der ein wirksamer Wettbewerb auf dem relevanten Markt von den zusammengeschlossenen Unternehmen und einem oder mehreren dritten Unternehmen, die insbesondere aufgrund der zwischen ihnen bestehenden verbindenden Faktoren zusammen die Macht zu einheitlichem Vorgehen auf dem Markt und in beträchtlichem Umfang zu einem Handeln unabhängig von den anderen Wettbewerbern, ihrer Kundschaft und letztlich den Verbrauchern besitzen, erheblich behindert wird“.[510]

In Anbetracht der oben genannten Kriterien hat der Gerichtshof die Feststellungen der Kommission zu strukturellen Verbindungen zwischen Mitgliedern mit kollektiver Marktbeherrschung zurückgewiesen. Der Grund liegt darin, dass die Feststellungen nicht hinreichend signifikant und überzeugend seien, um zu bestätigen, dass die strukturellen Verflechtungen von K+S und SCPA den wesentlichen Anhaltspunkt für die Begründung einer

---

[506] Vgl. EuGH 31.3.1998, Rs. C 68/94 u. C. 30/95, Slg. 1998, I-1375, Rn. 168ff. „Kali+Salz“.
[507] Vgl. EuGH 31.3.1998, Rs. C 68/94 u. C. 30/95, Slg. 1998, I-1375, Rn. 169f. „Kali+Salz“.
[508] Vgl. EuGH 31.3.1998, Rs. C 68/94 u. C. 30/95, Slg. 1998, I-1375, Rn. 171 „Kali+Salz“.
[509] Vgl. *Haupt*, S. 97.
[510] EuGH 31.3.1998, Rs. C 68/94 u. C. 30/95, Slg. 1998, I-1375, Rn. 221 „Kali+Salz“.

kollektiven Marktbeherrschung darstellen könnten.[511] Vor allem sei es der Kommission nicht gelungen nachzuweisen, dass das Gewebe der strukturellen Verflechtungen K+S und der SCPA dicht und schlüssig sei.[512]
Das Argument der Kommission, dass es auf dem relevanten Markt keinen wirksamen Wettbewerb zwischen K+S und SCPA gegeben habe, weil die beiden Unternehmen ungewöhnlich eng miteinander verbunden seien, ließ der Gerichtshof ebenfalls nicht gelten, da die Kommission die Bedeutung der Verbindung nicht hinreichend nachgewiesen habe.[513]
Daraus ergibt sich, dass die Voraussetzungen, die nach Ansicht des Europäischen Gerichtshofs für eine Verbindung, die zur Begründung oder Verstärkung einer kollektiven Marktbeherrschung führen kann, erfüllt sein müssen. Die Verbindung muss so dicht und schlüssig sein, dass die sich daraus ergebenden gemeinsamen Interessen dazu führt, die die Mitglieder des Oligopols davon abhalten, aktiv miteinander zu konkurrieren. Mit anderen Worten: die Macht, einheitlich auf dem Markt und weitgehend unabhängig von anderen Marktteilnehmern zu handeln, ist aufgrund solcher Verbindung zu erwarten.
Der dritte Beitrag dieses Falles zeigt sich darin, dass der Gerichtshof hervorhob, dass die Kommission dynamisch prüfen muss, ob sich Veränderungen der strukturellen und unternehmerischen Faktoren vor und nach dem Zusammenschluss negativ auf die oligopolistische Reaktionsverbundenheit auswirken können.[514] Der Gerichtshof untersuchte insbesondere die Auswirkungen der Asymmetrie nach dem Zusammenschluss und ihrer Zunahme auf die Motivation, von kollusivem Verhalten abzuweichen.
Es wurde festgestellt, dass die Kapazitätsasymmetrie zwischen K+S/MdK und SCPA beträchtlich sein würde. Nach der Übernahme von Mdk entfal-

---

[511] Vgl. EuGH 31.3.1998, Rs. C 68/94 u. C. 30/95, Slg. 1998, I-1375, Rn. 227ff. „Kali+Salz“.

[512] Vgl. EuGH 31.3.1998, Rs. C 68/94 u. C. 30/95, Slg. 1998, I-1375, Rn. 232 „Kali+Salz“.

[513] Vgl. EuGH 31.3.1998, Rs. C 68/94 u. C. 30/95, Slg. 1998, I-1375, Rn. 232ff. „Kali+Salz“.

[514] Vgl. *Venit*, Common Mark. Law Rev. 1998, 1101, 1117.

len auf K+S/MdK zusammen 60 % der gesamten Kaliproduktion der Gemeinschaft, während auf SCPA nur 20 % entfallen.[515] Während die Anlagen von Mdk nur zu 50 % ausgelastet sind, werden die heimischen Kalireserven von SCPA bis 2004 völlig erschöpft sein.[516]
Darüber hinaus stellte der EuGH fest, dass eine Asymmetrie in Bezug auf die Wirtschaftskraft besteht. Die Wirtschaftskraft der BASF, der Muttergesellschaft von K+S, war viel größer als die der EMC Unternehmensgruppe, zu der SCPA gehörte.[517] Es wurde auch festgestellt, dass der Rückgang der Kalinachfrage in Europa zwischen 1988 und 1993 ebenfalls wesentlich zum Wettbewerb zwischen den Unternehmen beigetragen haben dürfte.[518]
Die Schlussfolgerungen der Kommission stützten sich in hohem Maße auf die strukturellen Merkmale des Kalimarktes und die Beteiligung an Kartellvereinbarung. Diese statistischen Fakten konnten nach Ansicht des Gerichtshofs nicht als ausschlaggebender Beweis angesehen werden.[519]
Der vierte Beitrag dieser Entscheidung besteht darin, dass der Gerichtshof auch berücksichtigte, dass der Wettbewerbsdruck, der von der Marktmacht Dritter außerhalb des Oligopols ausgeht, die oligopolistische Reaktionsverbundenheit untergraben kann. In diesem vorliegenden Fall stellte der EuGH fest, dass das Unternehmen Coposa, das ein Wettbewerber außerhalb des Oligopols war, in der Lage war, seinen Marktanteil zu halten oder zu erhöhen und damit das Duopol unter Druck im Außenverhältnis zu setzen, insbesondere in einem rückläufigen Kalimarkt.[520] Nach der Feststellung von EuGH hat die Kommission die Marktmacht von Coposa unterschätzt.

---

515 Vgl. EuGH 31.3.1998, Rs. C 68/94 u. C. 30/95, Slg. 1998, I-1375, Rn. 236 „Kali+Salz“.
516 Vgl. EuGH 31.3.1998, Rs. C 68/94 u. C. 30/95, Slg. 1998, I-1375, Rn. 235f. „Kali+Salz“.
517 Vgl. EuGH 31.3.1998, Rs. C 68/94 u. C. 30/95, Slg. 1998, I-1375, Rn. 237 „Kali+Salz“.
518 Vgl. EuGH 31.3.1998, Rs. C 68/94 u. C. 30/95, Slg. 1998, I-1375, Rn. 238 „Kali+Salz“.
519 Vgl. EuGH 31.3.1998, Rs. C 68/94 u. C. 30/95, Slg. 1998, I-1375, Rn. 241 „Kali+Salz“.
520 Vgl. EuGH 31.3.1998, Rs. C 68/94 u. C. 30/95, Slg. 1998, I-1375, Rn. 247 „Kali+Salz“.

3.3.1.3 Gencor

Der Fall *Gencor* betraf das südafrikanische Unternehmen Gencor Limited („Gencor") und das britische Unternehmen Lonrho Platinum Division („LPD"), die bei der Kommission ein Vorhaben zum Erwerb der gemeinsamen Kontrolle über Impala Platinum Holdings Limited („Implats") angemeldet haben. Das andere betreffende Unternehmen war Anglo American Platinum („Amplats"), das ein führendes Unternehmen der Branche und der älteste Platinerzeuger Südafrikas war.

Mit der Entscheidung *Gencor/Lonrho* sah die Kommission den Zusammenschlussvorhaben als unvereinbar mit dem Gemeinsamen Markt an, da das geplante Vorhaben zur Schaffung einer kollektiven Marktbeherrschung von Amplats und Implats/LPD auf dem Markt für Platin und Rhodium führen würde, wodurch ein wirksamer Wettbewerb im Gemeinsamen Markt erheblich behindert würde.[521]

Die Entscheidung der Kommission wies auf eine Reihe von Merkmalen eines oligopolistischen Markts hin, die geringe Wettbewerbsintensivität und eine Tendenz zur kollektiven Marktbeherrschung beweisen können. Nach der Feststellung der Kommission wies auf der Nachfrageseite der relevante Platinmarkt ein gemäßigtes Wachstum, eine unelastische Nachfrage und eine unbedeutende ausgleichende Nachfragemacht auf.[522] Die Angebotsseite zeichne sich durch einen hohen Konzentrationsgrad. Es gebe auch eine große Markttransparenz bei einem homogenen Produkt. Die Produktionstechnologie sei ausgereift. Es bestünden hohe Marktzutrittsschranken. Zudem seien finanzielle Verknüpfungen und Kontakte auf mehreren Märkten zwischen den Anbietern vorhanden.[523] Darüber hinaus sei der Platinmarkt durch den geringen direkten Preiswettbewerb für langfristige Verträge und eine geringe Wettbewerbsintensität im Hinblick auf anhaltend hohen Preisniveaus gekennzeichnet.[524] Die Kommission vertrat die Auffassung, dass sich nach dem Zusammenschluss der gemeinsame Marktanteil von Amplats und Implats/LPD auf ca. 80 % erhöhen werde. Zudem würde im Platinmarkt einen Anreiz für die beiden Unternehmen entstehen,

---

[521] Vgl. Kommission Entsch. 24.4.1996 – IV/M.619, ABl. 1997 L 11/30, Rn. 219 „Gencor/Lonrho".

[522] Vgl. Kommission Entsch. 24.4.1996 – IV/M.619, ABl. 1997 L 11/30, Rn. 141 „Gencor/Lonrho".

[523] Vgl. Kommission Entsch. 24.4.1996 – IV/M.619, ABl. 1997 L 11/30, Rn. 141 „Gencor/Lonrho".

[524] Vgl. Kommission Entsch. 24.4.1996 – IV/M.619, ABl. 1997 L 11/30, Rn. 156ff. „Gencor/Lonrho".

nicht miteinander in Wettbewerb zu treten.[525] Die Kommission kam zum Schluss, dass der bereits relativ geringe Wettbewerb auf dem Platinmarkt daher beseitigt würde und eine kollektive Marktbeherrschung entstehen würde.[526]Der Rhodiummarkt scheine die gleichen Eigenschaften zu haben wie der Platinmarkt.[527]

Gencor hatte eine Klage beim Gericht mit vier Klagegründen eingereicht, von denen der zweite und dritte Klagegrund die generelle Anwendbarkeit der FKVO auf der kollektiven Marktbeherrschung und die Feststellung der kollektiven Marktbeherrschung betrafen.

Zu dem zweiten Klagegrund hat Gencor vorgetragen, dass die Kommission nicht befugt sei, die Begründung oder Verstärkung einer kollektiven beherrschenden Stellung als Grund für das Verbot eines Zusammenschlusses heranzuziehen.[528] Die Begründung lautete, dass der Wortlaut der FKVO keine kollektive Marktbeherrschung vorsehe.

Entgegen der Auffassung von Gencor sprach das EuG jedoch aus, dass sich die Formulierung „die eine beherrschende Stellung begründen oder verstärken" nicht nur auf Fälle individueller Marktbeherrschung beziehe, sondern auch Fälle kollektiver Marktbeherrschung einschließe.[529] Somit bekräftigte das EuG den von dem Urteil *Kali+Salz* aufgestellten Grundsatz, dass die Anwendbarkeit der FKVO auf kollektive Marktbeherrschung nicht ausgeschlossen sei.[530]

Zu dem dritten Klagegrund machte Gencor geltend, dass die von der Kommission festgestellten Beweise und Begründungen nicht ausreichten, um das Entstehen einer kollektiven Marktbeherrschung nach dem Zusammenschluss zu belegen.

Bei der Prüfung dieses Klagegrunds traf das Gericht wichtige Feststellungen zu den Verbindungen, die zu einer kollektiven Marktbeherrschung führen können. Das EuG lieferte zusätzliche Informationen zum Begriff der wirtschaftlichen Binde struktureller Art, der im Urteil *Italian Flachglas* erwähnt wurde. Das Gericht befand, dass die in *Italian Flachglas* erwähnten

---

525 Vgl. Kommission Entsch. 24.4.1996 – IV/M.619, ABl. 1997 L 11/30, Rn. 181ff. „Gencor/Lonrho".

526 Vgl. Kommission Entsch. 24.4.1996 – IV/M.619, ABl. 1997 L 11/30, Rn. 142 „Gencor/Lonrho".

527 Vgl. Kommission Entsch. 24.4.1996 – IV/M.619, ABl. 1997 L 11/30, Rn. 208 „Gencor/Lonrho".

528 Vgl. EuG 25.3.1999, Rs. T-102/96, Slg. 1999, II-753, Rn. 112 „Gencor".

529 Vgl. EuG 25.3.1999, Rs. T-102/96, Slg. 1999, II-753, Rn. 125 „Gencor".

530 Vgl. EuG 25.3.1999, Rs. T-102/96, Slg. 1999, II-753, Rn. 156 „Gencor".

Verbindungen (z. B. Vereinbarung oder Lizenzvergabe über einen technologischen Vorsprung) nur Beispiele sind und sie als keine Voraussetzung für das Vorliegen einer kollektiven beherrschenden Stellung angesehen werden sollen.[531]

Das EuG hob hervor, dass es für die Annahme einer kollektiven Marktbeherrschung aus der rechtlichen und wirtschaftlichen Sicht keinen Grund gab, „in den Begriff der wirtschaftlichen Verbindung nicht auch die Wechselbeziehung zwischen den Mitgliedern eines beschränkten Oligopols mit einzubeziehen".[532] Als Indizien dafür nannte das Gericht einige Strukturmerkmale , z. B. Marktkonzentration, Transparenz und Homogenität des Erzeugnisses.[533] Nach der Feststellung des EuGH sind die Oligopolmitglieder im engen Oligopol in der Lage,

> „ihre jeweiligen Verhaltensweisen vorherzusehen, und daher unter einem starken Druck stehen, ihr Marktverhalten einander anzupassen, um insbesondere ihren gemeinsamen Gewinn durch eine auf Preiserhöhung abzielende Produktionsbeschränkung zu maximieren. In einem solchen Kontext weiß nämlich jeder Marktbeteiligte, daß jede auf Vergrößerung seines Marktanteils gerichtete, stark wettbewerbsorientierte Maßnahme (z. B. eine Preissenkung) seinerseits die gleiche Maßnahme seitens der anderen auslösen würde, so daß er keinerlei Vorteil aus seiner Initiative ziehen könnte. Folglich hätten alle Marktbeteiligten die Absenkung des Preisniveaus hinzunehmen".[534]

Daher kann

> „jeder Marktteilnehmer die gemeinsamen Interessen wahrnehmen und insbesondere die Preise erhöhen [...], ohne zuvor eine Vereinbarung treffen oder auf eine abgestimmte Verhaltensweise zurückgreifen zu müssen".[535]

Die Entscheidung *Gencor* hat weitreichende Auswirkungen auf die Entwicklung der kollektiven Marktbeherrschung. Der Beitrag dieser Entscheidung liegt erstens darin, dass das EuG die wirtschaftliche Verbindung, die enge Verknüpfung mehrerer Unternehmen darstellt und normalerweise in den Anwendungsbereich von Art. 101 AEUV fällt, nicht als unbedingt erforderliche Voraussetzung für die Feststellung einer kollektiven Marktbeherrschung betrachtet hat. Das EuG erkennt an, dass die oligopolistische

---

[531] Vgl. EuG 25.3.1999, Rs. T-102/96, Slg. 1999, II-753, Rn. 273 „Gencor".
[532] EuG 25.3.1999, Rs. T-102/96, Slg. 1999, II-753, Rn. 276 „Gencor".
[533] Vgl. EuG 25.3.1999, Rs. T-102/96, Slg. 1999, II-753, Rn. 276 „Gencor".
[534] EuG 25.3.1999, Rs. T-102/96, Slg. 1999, II-753, Rn. 276 „Gencor".
[535] EuG 25.3.1999, Rs. T-102/96, Slg. 1999, II-753, Rn. 277 „Gencor".

Reaktionsverbundenheit auch dazu führen kann, dass Unternehmen in der Lage sind, gemeinsam zu handeln und die Preise über das Wettbewerbsniveau hinaus anzuheben. Das EuG bezieht daher die Oligopolstruktur bzw. oligopolistische Reaktionsverbundenheit in die Grundlage für die Feststellung einer kollektiven Marktbeherrschung ein.
Diese Schlussfolgerung gilt umso mehr im Rahmen der Fusionskontrolle, die das Entstehen oder die Verstärkung wettbewerbswidriger Marktstrukturen verhindern soll. Für die Annahme einer kollektiven Marktbeherrschung in der Fusionskontrolle reicht es daher aus, wenn das Bewusstsein der oligopolistischen Reaktionsverbundenheit im engen Oligopol das einheitliche Vorgehen vorhersehbar macht. Dies scheint die Möglichkeit zu bieten, nicht-kollusives paralleles wettbewerbswidriges Verhalten in der engen Oligopolstruktur, d.h. stillschweigende Kollusion, durch den Begriff der kollektiven Marktbeherrschung zu erfassen.
Zweitens, die Entscheidung *Gencor* lenkte den Blick bereits mit den Hinweisen „Markttransparenz“ und „Vergeltungsmaßnahmen“ sowie „Disziplinierung“ auf die Wahrscheinlichkeit und die Stabilität der Kollusion im Bereich der Fusionskontrolle. Dies zeigt, dass sich das Gericht der Bedeutung der Spieltheorie bei der Beurteilung einer kollektiven Marktbeherrschung bewusst ist. Denn die Fähigkeit, Abweichungen zu entdecken und zu bestrafen, spielt nach den Erkenntnissen der Ökonomie in unendlich vielen nicht-kooperativen spieltheoretischen Modellen eine zentrale Rolle.[536]
In diesem Zusammenhang berücksichtigte das Gericht die Auswirkungen des Preismechanismus auf das Motiv für die Kollusion. Das EuG befand, dass der Oligopolist durch den Preismechanismus die notwendigen Vergeltungsmaßnahmen ergreifen kann, um die auf die Vergrößerung des Marktanteils gerichteten wettbewerblichen Maßnahmen der anderen zu verhindern.[537]
Sowohl die Kommission als auch das EuG sind auch davon ausgegangen, dass die zwischen Oligopolmitgliedern bestehenden Kontakte auf mehreren Märkten und strukturellen Verflechtungen die disziplinierende Wirkung auf die oligopolistische Interdependenz haben können, da es mehrere Möglichkeiten für Vergeltungsmaßnahmen gibt und somit die Gefahr von Vergeltungsmaßnahmen steigt.[538]

---

536 Vgl. *Etter*, World Compet. 2000, 103, 133.
537 Vgl. EuG 25.3.1999, Rs. T-102/96, Slg. 1999, II-753, Rn. 227 „Gencor“.
538 Vgl. EuG 25.3.1999, Rs. T-102/96, Slg. 1999, II-753, Rn. 281 „Gencor“.

Um die Gefahr der Entstehung einer kollektiven Marktbeherrschung zu beurteilen, hat sich das Gericht daher auf die Bewertung der dynamischen Beziehung zwischen der Motivation zur stillschweigenden Kollusion, der Abweichung, der Entdeckung der Abweichung und der Bestrafung der Abweichung konzentriert. Daraus folgt, dass das Gericht es abgelehnt hat, eine kollektive Marktbeherrschung allein auf der Grundlage einer bestimmten Marktstruktur abzuleiten.[539]
Drittens, das EuG erläuterte auch den organischen Zusammenhang der kollektiven Marktbeherrschung unter Fusions- und Missbrauchskontrolle. Das EuG nahm den Standpunkt ein, dass sich die beherrschende Stellung aus den Marktmerkmalen und der Veränderung der Marktstruktur ergibt, nicht aber aus dem zukünftigen Verhalten des fusionierten Unternehmens.[540] Das Auftreten eines missbräuchlichen Verhaltens sei nicht immer notwendig die unmittelbare Folge des Zusammenschlusses, da es von den in Zukunft möglicherweise treffenden Entscheidungen der Duopolisten abhängig sei.[541]
Das EuG führte weiter aus, dass der Zusammenschluss jedoch die Missbrauchsverhaltensweise ermöglichen und sie wirtschaftlich plausible machen kann.[542] Dies liegt daran, dass die nach dem Zusammenschluss entstehenden Marktbedingungen einen wirksamen Wettbewerb auf dem Markt erheblich behindern und die betreffende Marktstruktur dauerhaft verändern können.[543]

---

[539] Entgegen der Meinung von Haupt, siehe *Haupt*, S. 144.
[540] Vgl. EuG 25.3.1999, Rs. T-102/96, Slg. 1999, II-753, Rn. 94 „Gencor".
[541] Vgl. EuG 25.3.1999, Rs. T-102/96, Slg. 1999, II-753, Rn. 94 „Gencor".
[542] Vgl. EuG 25.3.1999, Rs. T-102/96, Slg. 1999, II-753, Rn. 94 „Gencor".
[543] Vgl. EuG 25.3.1999, Rs. T-102/96, Slg. 1999, II-753, Rn. 94 „Gencor".

3.3.1.4 Airtours

In der Rechtssache *Airtours* hat das EuG auf der Grundlage der Entscheidungen *Kali+Salz* und *Gencor* spezifische Kriterien für die Feststellung einer kollektiven Marktbeherrschung im Hinblick auf den Anreiz und die Fähigkeit, eine stillschweigende Kollusion zu treffen, herausgearbeitet.

In der Entscheidung *Airtours/First Choice* untersagte die Kommission die Übernahme von First Choice plc („First Choice") durch Airtours plc („Airtours"), da der geplante Zusammenschluss eine kollektive beherrschende Stellung der Airtours/First Choice und der zwei anderen führenden Reiseveranstalter, Thomson und Thomas Cook auf dem britischen Markt für Kurzstrecken-Auslandspauschalreisen begründen würde.[544]

Zur Prüfung des Vorliegens eines beherrschenden Oligopols ging die Kommission davon aus, dass eine aktive Abstimmung untereinander keine Voraussetzung dafür ist.[545] Die Kommission wies darauf hin, dass die kollektive marktbeherrschende Stellung daher entstehen kann, wenn „die Anpassung an die Marktbedingungen ein wettbewerbsfeindliches Umfeld schafft".[546] Dies sei der Fall, wenn die Anpassung an die Marktbedingungen nach dem Zusammenschluss den Wettbewerb zwischen den Unternehmen erheblich einschränken und zu einem Verhalten führen könne, das es diesen Unternehmen ermöglicht, ohne Rücksicht auf Wettbewerber, Kunden und Verbraucher bemerkenswert zu handeln.[547]

Die Kommission war sogar der Ansicht, dass strenge Sanktions- und Vergeltungsmechanismen keine notwendige Voraussetzung für die Feststellung einer kollektiven Marktbeherrschung seien, da in diesem Fall ein starker Anreiz bestehe, den Wettbewerb einzuschränken.[548] Daraufhin wurde angemerkt, dass die Kommission der Ansicht zu sein scheine, dass es für die Feststellung einer kollektiven Marktbeherrschung wichtiger sei, dass die Unternehmen einen Anreiz haben, nicht miteinander zu konkurrieren.[549]

---

[544] Vgl. Kommission Entsch. 22.9.1999 – IV/M.1524, ABl. 2000, L 93/1, Rn. 51 „Airtours/First Choice".

[545] Vgl. Kommission Entsch. 22.9.1999 – IV/M.1524, ABl. 2000, L 93/1, Rn. 53 „Airtours/First Choice".

[546] Kommission Entsch. 22.9.1999 – IV/M.1524, ABl. 2000, L 93/1, Rn. 53 „Airtours/First Choice".

[547] Vgl. Kommission Entsch. 22.9.1999 – IV/M.1524, ABl. 2000, L 93/1, Rn. 54 „Airtours/First Choice".

[548] Vgl. Kommission Entsch. 22.9.1999 – IV/M.1524, ABl. 2000, L 93/1, Rn. 55 „Airtours/First Choice".

[549] Vgl. *Briones/Padilla*, World Compet. 2001, 307, 311; *Kokkoris*, World Compet. 2007, 419, 434.

Die Kommission zog auch eine Reihe von strukturellen Merkmalen heran, um ihre Beurteilung zu untermauern. Zunächst stellte sie auf die Marktkonzentration und den gemeinsamen Marktanteil ab. Die Kommission befand, dass nach dem Zusammenschluss sich die Anzahl der großen britischen Reiseveranstalter von vier auf drei reduzieren würde, während sich ihre Gesamtmarktanteile auf 79 % erhöhen würden.[550] Die Polarisierung der Marktkräfte habe dazu geführt, dass kleine unabhängige kleine Veranstalter vom Markt ausgeschlossen werden.[551]

Zudem stellte die Kommission fest, dass nach dem Zusammenschluss der Markt durch z. B. Produkthomogenität, geringes Nachfragewachstum, ähnliche Kostenstrukturen zwischen den großen Anbietern und hohe Markttransparenz aufgrund der Ertragsmanagementsysteme und Reisekatalogen gekennzeichnet sei, was ebenfalls zu kollektiver Marktbeherrschung führen könne.[552]

Obwohl die Kommission die Auffassung vertrat, dass die Markttransparenz in diesem Fall hoch sei, machte sie geltend, dass ein sehr hohes Maß an Preistransparenz keine notwendige Voraussetzung für die Begründung einer kollektiven Marktbeherrschung sei.[553]

Im Berufungsverfahren erklärte das EuG die Entscheidung der Kommission infolge zahlreicher Beweis- und Beurteilungsmängel für nichtig.[554] Der Hauptgrund dafür war die Fehleinschätzung der Kommission hinsichtlich der Notwendigkeit von hoher Markttransparenz und Vergeltungsmechanismen. Darüber hinaus stellte das EuG fest, dass der Markt eine Reihe von Merkmalen aufweist, die einer Kollusion nicht förderlich seien.

Unter Berufung auf die Urteile *Kali+Salz* sowie *Gencor* erkannte das EuG an, dass die Merkmale des relevanten Marktes und die strukturellen Veränderungen nach dem Zusammenschluss zum Vorliegen einer kollektiven Marktbeherrschung führen können.[555] Dies sei der Fall, wenn

> „jedes Mitglied des beherrschenden Oligopols es in Wahrnehmung der gemeinsamen Interessen für möglich, wirtschaftlich vernünftig und

---

550 Vgl. Kommission Entsch. 22.9.1999 – IV/M.1524, ABl. 2000, L 93/1, Rn. 72f. „Airtours/First Choice“.

551 Vgl. Kommission Entsch. 22.9.1999 – IV/M.1524, ABl. 2000, L 93/1, Rn. 73 „Airtours/First Choice“.

552 Vgl. Kommission Entsch. 22.9.1999 – IV/M.1524, ABl. 2000, L 93/1, Rn. 87 „Airtours/First Choice“.

553 Vgl. Kommission Entsch. 22.9.1999 – IV/M.1524, ABl. 2000, L 93/1, Rn. 109 „Airtours/First Choice“.

554 Vgl. EuG 6.6.2002, Rs. T-342/99, Slg. 2002, II-2585, Rn. 295 „Airtours“.

555 Vgl. EuG 6.6.2002, Rs. T-342/99, Slg. 2002, II-2585, Rn. 61 „Airtours“.

> daher ratsam hält, dauerhaft einheitlich auf dem Markt vorzugehen, um zu höheren als den Wettbewerbspreisen zu verkaufen, ohne zuvor eine Vereinbarung im Sinne von Artikel 81 EG treffen oder auf eine abgestimmte Verhaltensweise in Sinne dieser Vorschrift zurückgreifen zu müssen […] und ohne dass die tatsächlichen oder potenziellen Wettbewerber oder die Kunden und Verbraucher wirksam reagieren können".[556]

Das Gericht bekräftigte damit, dass eine oligopolistische Marktstruktur und der daraus resultierende wirtschaftliche Zwang die Entstehung einer kollektiven Marktbeherrschung ermöglichen können. Das EuG beschränkte sich jedoch nicht darauf, sondern es präzisierte die Voraussetzungen für die Feststellung einer kollektiven Marktbeherrschung anhand von drei Kriterien weiter.

Erstens muss eine hohe Markttransparenz vorliegen. Die Unternehmen eines marktbeherrschenden Oligopols müssen „das Verhalten der anderen Mitglieder in Erfahrung bringen können, um festzustellen, ob sie einheitlich vorgehen oder nicht".[557] Daher muss der Markt so transparent sein, dass „jedes Mitglied des beherrschenden Oligopols mit hinreichender Genauigkeit und Schnelligkeit die Entwicklung des Verhaltens aller anderen Mitglieder auf dem Markt in Erfahrung bringen kann".[558]

Zweitens muss es einen Anreiz geben, nicht von dem gemeinsamen Vorgehen abzuweichen. Die stillschweigende Koordinierung könne dauerhaft existieren, „wenn genügend Abschreckungsmittel langfristig für einen Anreiz sorgen, nicht vom gemeinsamen Vorgehen abzuweichen".[559] Dies ist der Fall, wenn

> „jedes Mitglied des beherrschenden Oligopols weiß, dass jede auf Vergrößerung seines Marktanteils gerichtete, stark wettbewerbsorientierte Maßnahme seinerseits die gleiche Maßnahme seitens der anderen auslösen würde, so dass es keinerlei Vorteil aus seiner Initiative ziehen könnte".[560]

---

[556] EuG 6.6.2002, Rs. T-342/99, Slg. 2002, II-2585, Rn. 61 „Airtours".
[557] EuG 6.6.2002, Rs. T-342/99, Slg. 2002, II-2585, Rn. 62 „Airtours".
[558] EuG 6.6.2002, Rs. T-342/99, Slg. 2002, II-2585, Rn. 62 „Airtours".
[559] EuG 6.6.2002, Rs. T-342/99, Slg. 2002, II-2585, Rn. 62 „Airtours".
[560] EuG 6.6.2002, Rs. T-342/99, Slg. 2002, II-2585, Rn. 62 „Airtours".

Nach der Einschätzung des EuG muss die Kommission nicht unbedingt das Vorliegen eines bestimmten, mehr oder weniger strengen Sanktionsmechanismus beweisen, sondern jedoch auf jeden Fall ein ausreichendes und glaubwürdiges Abschreckungsmittel beweisen.[561]
Drittens muss es an einem wirksamen Außenwettbewerb fehlen. Die voraussichtliche Reaktion der tatsächlichen und potenziellen Wettbewerber sowie der Verbraucher darf nicht das gemeinsame einheitliche Vorgehen von Oligopolisten in Frage stellen.[562]
In Anbetracht dieser drei Kriterien hob das EuG die Entscheidung der Kommission auf, da sie die Transparenz des Marktes und die Wirksamkeit der Abschreckungswirkung zu Unrecht überschätzt habe.[563] Zudem stellte das EuG fest, dass die Kommission die Rolle möglicher Reaktionen von Außenstehender, die die Stabilität des angeblichen beherrschenden Oligopols entgegenwirken, zu Unrecht unterschätzt habe.[564]
Das Urteil Airtours wird als Meilenstein für die Entwicklung der kollektiven Marktbeherrschung angesehen.[565] Mit dem Fall *Airtours* als Ausgangspunkt vollzog das EU-Wettbewerbsrecht bei der Beurteilung einer kollektiven Marktbeherrschung den Übergang von einem statischen analytischen Ansatz, der sich auf die strukturellen der Marktmerkmale stützt, zu einem wirtschaftlicheren dynamischen Ansatz. Das EuG stützte sich auf die nicht-kooperative Spieltheorie, um die Voraussetzungen für die Feststellung einer kollektiven Marktbeherrschung zu schaffen, indem es den internen Zusammenhalt eines Oligopols, Stabilität einer stillschweigenden Koordinierung und die langfristige Nachhaltigkeit des wettbewerbswidrigen Parallelverhaltens prüfte.[566]
Nach der Würdigung des EuG sind eine hohe Markttransparenz und ein wirksamer Abschreckungsmechanismus von wesentlicher Bedeutung, da sie sicherstellen, dass Abweichungen rechtzeitig aufgedeckt und bestraftet werden können, wodurch Abweichungen unattraktiv werden. Zudem sollte die Marktmacht oligopolistischer Außenseiter nicht so stark sein, dass sie die Stabilität der stillschweigenden Koordinierung beeinträchtigt. Daraus folgt, dass die kollektive marktbeherrschende Stellung über die reine oligo-

---

561 Vgl. EuG 6.6.2002, Rs. T-342/99, Slg. 2002, II-2585, Rn. 195 „Airtours".
562 Vgl. EuG 6.6.2002, Rs. T-342/99, Slg. 2002, II-2585, Rn. 62 „Airtours".
563 Vgl. EuG 6.6.2002, Rs. T-342/99, Slg. 2002, II-2585, Rn. 181 und 207 „Airtours".
564 Vgl. EuG 6.6.2002, Rs. T-342/99, Slg. 2002, II-2585, Rn. 277 „Airtours".
565 Vgl. *Haupt*, Eur. Wirtschafts- und Steuerr. 2002, 361, 369.
566 Vgl. EuG 6.6.2002, Rs. T-342/99, Slg. 2002, II-2585, Rn. 192 „Airtours".

polistische Reaktionsverbundenheit und das damit einhergehende Parallelverhalten hinausgeht. Zwar stellt die Reaktionsverbundenheit im engen Oligopol ein starkes Indiz für kollektive Marktbeherrschung dar, jedoch ist die kollektive Marktbeherrschung nur zu bejahen, wenn das Parallelverhalten dauerhaft beibehalten kann. Mit anderen Worten: die kollektive Marktbeherrschung ergibt sich aus dem dynamischen Mechanismus der stillschweigenden Kollusion.

Der Fall *Airtours* ist immer noch umstritten. In der Literatur gibt es Argumente, dass die drei Airtours-Kriterien nicht auf die Frage eingehen, ob die Oligopolisten überhaupt in der Lage seien, einen Konsens über die Bedingungen der Koordinierung zu erzielen.[567]

Es wurde auch argumentiert, dass das Gericht Beweisanforderungen für den Nachweis der koordinierten Effekte durch die Schaffung oder Verstärkung einer kollektiven marktbeherrschenden Stellung aufgestellt habe, die die Anwendung der Theorie der koordinierten Effekte einschränken könne.[568]

Die jüngste Entscheidung *CK Telecoms UK Investments* legt nahe, dass für die nicht koordinierten Effekte eines Zusammenschlusses im Oligopol die gleichen (hohen) Beweisanforderungen gelten wie für die koordinierten Effekte.[569] Die von der Kommission vorgeschlagene „Kriteriums der Wahrscheinlichkeit“ wurde als nicht ausreichend erachtet.[570] „[D]ie Kommission [muss] hinreichende Beweise beibringen, um mit ernsthafter Wahrscheinlichkeit nachzuweisen, dass infolge des Zusammenschlusses erhebliche Behinderungen vorliegen werden“.[571]

Der hohe Beweisstandard bedeutet zwar, dass die Schadenstheorie nur unter strengen Bedingungen angewandt werden wird, zeigt aber auch, dass die Schadenstheorie in ihrer Entwicklung mit einem wirtschaftlicheren Ansatz und dem SIEC-Test vereinbar ist. Die Konvergenz von nicht-koordinierten und koordinierten Effekten bei den Kriterien für die Beurteilung eines Zusammenschlusses als erhebliche Behinderung eines wirksamen Wettbewerbs zeigt den zukunftsorientierten Charakter der *Airtours*-Entscheidung.

---

[567] Vgl. *Faull/Nikpay*, S. 382 Rn. 4.234.

[568] Vgl. *Schwalbe/Zimmer*, S. 438.

[569] Vgl. EuG 28.5.2020, Rs. T-399/16, Rn. 109 „CK Telecoms UK Investments“.

[570] Vgl. EuG 28.5.2020, Rs. T-399/16, Rn. 118 „CK Telecoms UK Investments“.

[571] EuG 28.5.2020, Rs. T-399/16, Rn. 118 „CK Telecoms UK Investments“.

3.3.1.5 Impala

Im Jahr 2004 planten die Bertelsmann AG („Bertelsmann") und Sony Corporation of America („Sony"), ihr weltweites Tonträgergeschäft (mit Ausnahme von Sonys Aktivitäten in Japan) in einem Joint-Venture Unternehmen unter dem Name SonyBMG einzubringen. Bertelsmann betrieb die Tonträgergeschäfte über das Tochterunternehmen Bertelsmann Music Group („BMG"). Sony war weltweit in den Bereichen Tonträger, Musikverlag, Industrie- und Konsumentenelektronik sowie Unterhaltung tätig. Das neue Unternehmen SonyBMG beschäftigte sich mit der Entdeckung und Entwicklung von Künstlern und dem nachfolgenden Marketing und Verkauf von Tonträgern.

Der Schwerpunkt der wettbewerblichen Untersuchung lag auf dem Tonträgermarkt, der durch fünf so genannten „Majors" (Sony, BMG, Universal, EMI und Warner) und zahlreiche erheblich kleinere Tonträgerunternehmen gekennzeichnet ist. Durch den Zusammenschluss reduzierte sich die Anzahl der im Tonträgermarkt tätigen Wettbewerber von fünf auf vier. Die Kommission genehmigte das Zusammenschlussvorhaben vorbehaltlos, da der geplante Zusammenschluss weder zur Begründung noch zur Verstärkung einer kollektiven marktbeherrschenden Stellung auf den relevanten Märkten führen würde.[572]

Die Untersuchung der Kommission stützte sich insbesondere auf die drei Airtours-Kriterien. Hierfür führte die Kommission zahlreiche wirtschaftliche Analysen durch, um zu beurteilen, ob während der letzten drei bis vier Jahre eine koordinierte Preispolitik des Majors in den EWR-Mitgliedstaaten bestanden hat. Durch die wirtschaftliche Beobachtung angesichts der Entwicklung der durchschnittlichen Nettopreise, Listenpreise und Rabatte und der Homogenität des Produkts, der Transparenz und der Vergeltungsmaßnahmen kam die Kommission zum Schluss, dass es trotz einer hohen Markttransparenz noch einige widersprüchliche Indikatoren gebe, die darauf hinwiesen, dass die Markttransparenz nicht ausreichend sei, um eine kollektive Marktbeherrschung zu etablieren oder zu verstärken.[573] Zum Beispiel würden gewisse Unterschiede im Rabattniveau der verschiedenen Majors, eine unvollständige Transparenz der gewissen Typen von Rabatten, die Heterogenität des Inhalts und das Erfordernis an der Überwachung der

[572] Vgl. Kommission Entsch. 19.7.2004 – COMP/M.3333, ABl. 2005 L 62/30, Rn. 153f. „Sony/BMG".

[573] Vgl. Kommission Entsch. 19.7.2004 – COMP/M.3333, ABl. 2005 L 62/30, Rn. 150ff. „Sony/BMG".

Aktionsrabatte auf der Ebene der Alben stillschweigende Absprachen schwieriger machen.[574]
In Bezug auf die Ausübung der Vergeltungsmechanismen stützte sich die Kommission auf der Tatsache, dass keine hinreichenden Beweise vorlagen, dass in der Vergangenheit solche Vergeltungsmechanismen eingesetzt geworden seien oder mit ihrem Einsatz gedroht geworden sei.[575]
Nach der Anfechtung von Impala – eine internationale Vereinigung unabhängiger Musiklabels – hob das EuG die Entscheidung der Kommission mit der Begründung auf, dass sie sowohl hinsichtlich der Prüfung der Verstärkung der bestehenden kollektiven Marktbeherrschung als auch hinsichtlich der Prüfung der Begründung der kollektiven Marktbeherrschung unzutreffend begründet gewesen sei.[576] Vor allem vertrat das EuG die Ansicht, dass die unzureichende und fehlerhafte Beurteilung der Markttransparenz durch die Kommission zur Aufhebung ihrer Entscheidung hätte führen können.[577]
Weitreichende Konsequenzen können von diesem Urteil hinsichtlich der Behandlung der kollektiven Marktbeherrschung ausgehen.
Erstens fällt auf, dass das EuG zwischen der Begründung einer kollektiven Marktbeherrschung und der Verstärkung einer kollektiven Marktbeherrschung unterscheidet. Bei der Begründung einer kollektiven Marktbeherrschung geht es um Prognosen über die voraussichtliche Marktentwicklung und die Wettbewerbsbedingungen. Unter Verweis auf die frühere Rechtsprechung in den Rechtssachen *Kali+Salz*, *Gencor* und *Airtours* bekräftigte das EuG die allgemeinen Kriterien für die Feststellung der Begründung einer kollektiven Marktbeherrschung. Es ist zu prüfen, ob die betreffenden Unternehmen aufgrund der zwischen ihnen bestehenden Verflechtungen oder Marktstruktur die Macht haben, auf dem Markt einheitlich zu agieren und mit einem erheblichen Maß an Unabhängigkeit von anderen Wettbewerbern, ihren Kunden und letztlich den Verbrauchern zu handeln.[578]
Im Vergleich dazu stellte EuG fest, dass bei der Verstärkung einer kollektiven Marktbeherrschung der Nachweis erbracht werden muss, dass eine kollektive Marktbeherrschung bereits besteht.[579] Das Gericht machte deut-

---

[574] Vgl. Kommission Entsch. 19.7.2004 – COMP/M.3333, ABl. 2005 L 62/30, Rn. 150ff. „Sony/BMG".
[575] Vgl. Kommission Entsch. 19.7.2004 – COMP/M.3333, ABl. 2005 L 62/30 Rn. 152 „Sony/BMG".
[576] Vgl. EuG 13.7.2006, Rs. 464/04, Slg. 2006, II-2289, Rn. 542f. „Impala".
[577] Vgl. EuG 13.7.2006, Rs. 464/04, Slg. 2006, II-2289, Rn. 325 „Impala".
[578] Vgl. EuG 13.7.2006, Rs. 464/04, Slg. 2006, II-2289, Rn. 245ff. „Impala".
[579] Vgl. EuG 13.7.2006, Rs. 464/04, Slg. 2006, II-2289, Rn. 249f. „Impala".

lich, dass sich die Analyse des Vorliegens einer kollektiven Marktbeherrschung auf vergangene oder gegenwärtige Tatsachen stützen muss, die belegen, dass der Wettbewerb durch die Fähigkeit der Oligopolmitglieder, gemeinsam auf dem Markt aufzutreten und in beträchtlichem Umfang unabhängig von anderen Marktteilnehmern zu agieren, in hohem Maße behindert wird.[580] Auf dieser Grundlage vertrat das Gericht die Auffassung, dass die Kommission weiter zu prüfen habe, ob mögliche Entwicklungen auf dem Markt zu einer Verstärkung der kollektiven Marktbeherrschung führen würden.[581]

Zweitens ergänzte das Gericht in dieser Rechtssache die bestehende Rechtsprechung, indem es die Möglichkeit eröffnete, das Vorliegen einer kollektiven Marktbeherrschung anhand von Indizien zu beweisen. In dieser Hinsicht sind die drei Airtours-Kriterien nach der Ansicht des Gerichts erforderlich. Das Vorliegen einer kollektiven Marktbeherrschung kann

> „jedoch gegebenenfalls mittelbar durch eine Reihe von unter Umständen sogar sehr heterogenen Indizien und Beweisen nachgewiesen werden, die sich auf untrennbar mit dem Vorliegen einer kollektiven beherrschenden Stellung verbundene Zeichen, Äußerungen und Phänomene beziehen".[582]

Das EuG führte weiter aus, dass

> „insbesondere eine starke Preisangleichung über einen längeren Zeitraum hinweg, vor allem wenn die Preise sich über dem Wettbewerbsniveau halten, in Verbindung mit anderen für eine kollektive beherrschende Stellung typischen Faktoren mangels einer anderen vernünftigen Erklärung als Beweis dafür genügen [könnte], dass eine kollektive beherrschende Stellung vorliegt, selbst wenn es keine überzeugenden unmittelbaren Beweise für eine starke Markttransparenz gäbe, da diese unter solchen Umständen vermutet werden kann".[583]

Daraus folgt, dass das EuG zwei Möglichkeiten anerkannt hat, um das Vorliegen einer kollektiven Marktbeherrschung festzustellen. Zum einen kann die Kommission direkt nachweisen, dass die Marktbedingungen die drei Airtours Kriterien erfüllen, zum anderen kann sie einen indirekten Ansatz

---

[580] Vgl. EuG 13.7.2006, Rs. 464/04, Slg. 2006, II-2289, Rn. 250 „Impala".
[581] Vgl. EuG 13.7.2006, Rs. 464/04, Slg. 2006, II-2289, Rn. 250 „Impala".
[582] EuG 13.7.2006, Rs. 464/04, Slg. 2006, II-2289, Rn. 251 „Impala".
[583] EuG 13.7.2006, Rs. 464/04, Slg. 2006, II-2289, Rn. 252 „Impala".

wählen, der auf einem bestimmten Marktverhalten beruht.[584] Dieser indirekter Ansatz wird in der Literatur als „Impala-Test" bezeichnet.[585] Danach sind vier Fragen zu beantworten. Liegt ein hohes Maß an langfristiger Preiskonvergenz vor? Gibt es hyperkompetitive Preise? Gibt es andere für eine kollektive Marktbeherrschung typische Faktoren? Gibt es keine plausible Erklärung für die Preiskonvergenz? Wenn die Antwort auf alle obigen Fragen Ja lautet, bedeutet dies, dass eines oder alle der drei Airtours-Kriterien erfüllt sind.[586] Auf der Grundlage dieses indirekten Ansatzes hat das Gericht entschieden, dass eine kollektive Marktbeherrschung auch dann vorliegen kann, wenn es keine überzeugenden unmittelbaren Beweise für eine hohe Markttransparenz gibt.[587]

Drittens betonte das Gericht, dass die Tatsache, dass Abschreckungs- und Vergeltungsmechanismen angewandt wurden, für die Feststellung einer kollektiven Marktbeherrschung nicht wesentlich sind.[588] Die Kommission wies darauf hin, dass es keine ausreichenden Beweise dafür gebe, dass in der Vergangenheit solche Vergeltungsmechanismen angewandt oder angedroht wurden. Das EuG vertrat jedoch die Auffassung, dass theoretisch das bloße Vorhandensein wirksamer Abschreckungsmittel ausreichend ist, da keine Notwendigkeit bestehe, Sanktionen zu verhängen, wenn die Mitglieder des Oligopols sich an die gemeinsame Politik halten.[589] Das EuG machte jedoch deutlich, dass sich das Erfordernis der Abschreckungsmittel bei der Beurteilung der Entstehung einer kollektiven Marktbeherrschung und bei der Beurteilung, ob bereits eine kollektive Marktbeherrschung vorliegt, unterscheidet. Nach der Würdigung des Gerichts

> „könnte [bei der Prüfung des Vorliegens einer bestehenden kollektiven Marktbeherrschung] davon ausgegangen werden, dass die Voraussetzung hinsichtlich der Vergeltungsmaßnahmen nicht darin bestehen kann, dass, wie dies im Urteil Airtours/Kommission […] der Fall war, nur geprüft wird, ob Abschreckungsmechanismen bestehen, sondern dass untersucht wird, ob es Fälle gibt, in denen sich ein Unternehmen außerhalb eines gemeinsamen Vorgehens gestellt hat, ohne dass dies Vergeltungsmaßnahmen nach sich zog".[590]

---

[584] Vgl. *Gjendemsjø/Hjelmeng/Sørgard*, World Compet. 2013, 355, 361.
[585] Vgl. *Weidenbach/Leupold*, Eur. Wirtschafts- und Steuerr. 2006, 433, 435.
[586] Vgl. *Mezzanotte*, World Compet. 2008, 523, 538.
[587] Vgl. EuG 13.7.2006, Rs. 464/04, Slg. 2006, II-2289, Rn. 252 „Impala".
[588] Vgl. EuG 13.7.2006, Rs. 464/04, Slg. 2006, II-2289, Rn. 465f. „Impala".
[589] Vgl. EuG 13.7.2006, Rs. 464/04, Slg. 2006, II-2289, Rn. 466 „Impala".
[590] EuG 13.7.2006, Rs. 464/04, Slg. 2006, II-2289, Rn. 468 „Impala".

Das EuG stellte fest, dass

> „[z]wei kumulative Beweise […] geführt werden [müssen], damit das Ausbleiben einer Vergeltungsmaßnahme bedeuten kann, dass die Voraussetzung hinsichtlich der Vergeltungsmaßnahmen nicht erfüllt ist“.[591]

Es müsse zunächst bewiesen werden, dass das Unternehmen die Abweichung begangen habe, andernfalls können keine Durchsetzung der Vergeltungsmaßnahmen erwogen werden. Darüber hinaus müssten tatsächliche Beweise dafür vorliegen, dass keine Vergeltungsmaßnahme stattgefunden hat.[592]

Nach der Berufung beim EuGH hob der Gerichtshof das Urteil von EuG auf.

Der EuGH führte vier Elemente an, die den rechtlichen Rahmen für die Beurteilung einer kollektiven Marktbeherrschung bilden, wobei das erste Element darin besteht, dass die Oligopolisten in der Lage sein müssen, sich über die Parameter und die Funktionsweise zu verständigen.[593] Der Mangel, dass die drei Airtours-Kriterien die Möglichkeit zum Erreichen einer stillschweigenden Kollusion nicht berücksichtigt, ist mit der Entscheidung von EuGH daher behoben. Die übrigen drei Elemente stimmen mit den drei Airtours-Kriterien überein.

Auffällig ist, dass der EuGH ausdrücklich eine isolierte und abstrakte Prüfung jedes einzelnen Airtours-Kriteriums ablehnte, da der gesamte wirtschaftliche Mechanismus einer unterstellten stillschweigenden Koordinierung nicht berücksichtigt werde.[594] In diesem Zusammenhang müsse die Markttransparenz in Bezug auf einen Mechanismus einer unterstellten stillschweigenden Koordinierung beurteilt werden, ob und inwiefern sie tatsächlich geeignet seien, ein einheitliches Vorgehen der beteiligten Unternehmen zu begünstigen und/oder die Überwachung der Abweichung von dem einheitlichen Vorgehen in hinreichendem Maße zu ermöglichen.[595] In Bezug auf letztere vertrat der EuGH die Auffassung, dass dies neben einer hohen Markttransparenz auch davon abhängt, ob der Überwachungsmechanismus mit ausreichender Genauigkeit und Schnelligkeit arbeiten kann.[596]

---

[591] Vgl. EuG 13.7.2006, Rs. 464/04, Slg. 2006, II-2289, Rn. 469 „Impala“.
[592] Vgl. EuG 13.7.2006, Rs. 464/04, Slg. 2006, II-2289, Rn. 469 „Impala“.
[593] Vgl. EuGH 10.7.2008, Rs. C-413/06, Slg. 2008, I-4951, Rn. 123 „Impala“.
[594] Vgl. EuGH 10.7.2008, Rs. C-413/06, Slg. 2008, I-4951, Rn. 125 „Impala“.
[595] Vgl. EuGH 10.7.2008, Rs. C-413/06, Slg. 2008, I-4951, Rn. 126 „Impala“.
[596] Vgl. EuGH 10.7.2008, Rs. C-413/06, Slg. 2008, I-4951, Rn. 126 „Impala“.

Der EuGH wies insbesondere darauf hin, dass der vom EuG aufgestellte Impala-Test nicht per se in Frage gestellt werden könne, da das Gericht verschiedene Beweise frei würdige.[597] Der Impala-Test müsse aber sorgfältig durchgeführt werden, insbesondere auf der Grundlage einer Analyse möglicher plausibler Koordinierungsstrategien.[598] Der EuGH vertrat daher die Auffassung, dass die Analyse von EuG diese Anforderung nicht erfüllt. Daraus folgt, dass der EuGH die Möglichkeit, ein hohes Maß an Markttransparenz, die für die Feststellung einer kollektiven Marktbeherrschung erforderlich ist, indirekt aus bestimmten Marktbedingungen abzuleiten, nicht völlig ausschließt. Die Analyse muss jedoch in eine plausible Theorie der stillschweigenden Koordinierung eingebettet sein.
Die vier von EuGH aufgestellten Kriterien stehen im Einklang mit einem wirtschaftlicheren Ansatz, da sie auch die Möglichkeit der Übereinstimmung über Koordinierungsmodalitäten auf der Grundlage der drei Airtours-Kriterien in Betracht ziehen. Die kollektive Marktbeherrschung sollte daher eine Doktrin über die Möglichkeit und Stabilität der Kollusion sein.
Der Impala-Test wirft jedoch zwei Fragen auf. Die erste Frage ist, ob der Impala-Test das von der Kommission geforderte Beweismaß bei der Prüfung, ob eine kollektive Marktbeherrschung vorliegt, abschwächt. Die zweite Frage ist, ob er den Beweisstandard untergräbt.
Die Antwort auf die erste Frage ist im Schrifttum umstritten. *Weidenbach/Leupold* gingen davon aus, dass die Erleichterung der Beweislast der Kommission nicht unerheblich sei.[599] Denn bei der Anwendung des Impala-Tests müsse die Kommission die enge und dauerhafte Konvergenz der Preise und sonstige typische Merkmale kollektiver Marktbeherrschung nachweisen, während es den Zusammenschlussbeteiligten obliege, diese Vermutung zu widerlegen.[600] Durch die Neuverteilung der Beweislast könne die Begründung der Kommission für eine Untersagungsentscheidung im Fall der Verstärkung einer bestehenden kollektiven Marktbeherrschung durch einen Zusammenschluss erheblich erleichtert werden.[601]

---

[597] Vgl. EuGH 10.7.2008, Rs. C-413/06, Slg. 2008, I-4951, Rn. 128 „Impala“.
[598] Vgl. EuGH 10.7.2008, Rs. C-413/06, Slg. 2008, I-4951, Rn. 129 „Impala“.
[599] Vgl. *Weidenbach/Leupold*, Eur. Wirtschafts- und Steuerr. 2006, 433, 436.
[600] Vgl. *Weidenbach/Leupold*, Eur. Wirtschafts- und Steuerr. 2006, 433, 436.
[601] Vgl. *Weidenbach/Leupold*, Eur. Wirtschafts- und Steuerr. 2006, 433, 436.

Aigner et al. argumentierten, dass die Beweislast für die Kommission zumindest in einer Hinsicht geringer sei, da die Durchsetzung der Vergeltungsmaßnahme nur dann nachgewiesen werden müsse, wenn tatsächlich eine Abweichung vom gemeinsamen Vorgehen vorliege.[602]
Nach Ansicht der Monopolkommission verringert der Impala-Test die Beweislast der Kommission zumindest theoretisch.[603] Ob der Test auch in der Praxis zu einer wesentlichen Erleichterung führen werde, bleibe abzuwarten, da die geforderten Indizien wie z. B. „Preise oberhalb des Wettbewerbsniveaus" und „Fehlen sonstiger vernünftiger Erklärungen für eine festgestellte Preisparallelität" schwer zu beweisen seien.[604]
In jedem Fall wird der Impala-Test nur als obiter dictum erwähnt.[605] Wie das Gericht selbst feststellte, dass sich bisherigen fusionsrechtlichen Rechtsprechungen hinsichtlich der kollektiven Marktbeherrschung allesamt auf die Begründung einer kollektiven Marktbeherrschung, nicht auf die Prüfung einer bereits bestehenden kollektiven Marktbeherrschung.[606] Ob der Impala-Test den Beweisstandard stark senkt, ist von Fall zu Fall zu beurteilen.
Zur zweiten Frage ist anzumerken, dass die Impala-Streitigkeit vor dem Hintergrund der zwischenzeitlichen Änderung des materiellen Untersagungskriteriums in der Europäischen Fusionskontrolle auftrat. Der Wechsel vom Marktbeherrschungstest zum so genannten SIEC-Test, bedeutet, dass die Kommission einen wirtschaftlicheren Ansatz verfolgt und seine Entscheidungsspielräume entsprechend erweitert wird.[607] In dem Sinne, dass die Anforderungen an die Beweislast zugunsten der Kommission abgeschwächt werden, scheint der Impala-Test der neuen FKVO zu entsprechen. Insbesondere muss die Anwendung des Impala-Tests nach dem EuGH im Rahmen der Analyse der plausiblen stillschweigenden Kollusion erfolgen. Eine isolierte, statische Analyse, die im Widerspruch zur Spieltheorie steht, wird abgelehnt. Außerdem lässt der Impala-Test auch die Möglichkeit offen, das Vorliegen einer kollektiven Marktbeherrschung aufgrund anhaltender Preisangleichung durch eine plausible Erklärung zu widerlegen. In diesem Sinne ist es schwierig, zu dem Schluss zu kommen, dass der Impala-Test

---

602 Vgl. *Aigner/Budzinski/Christiansen*, Eur. Compet. J. 2006, 311, 333.
603 Vgl. Monopolkommission, 17. Hauptgutachten der Monopolkommission 2006/2007, Ds. 16/10140, Rn. 722.
604 Vgl. Monopolkommission, 17. Hauptgutachten der Monopolkommission 2006/2007, Ds. 16/10140, Rn. 722.
605 Vgl. *Mezzanotte*, World Compet. 2008, 523, 534.
606 Vgl. EuG 13.7.2006, Rs. 464/04, Slg. 2006, II-2289, Rn. 249 „Impala".
607 Vgl. *Körber*, in: Immenga/Mestmäcker, Wettbewerbsrecht, FKVO Art. 2 Rn. 9.

das Beweismaß untergräbt. Die Antwort auf die zweite Frage lautet daher Nein.

3.3.2 Begriff der kollektiven Marktbeherrschung im Rahmen der Fusionskontrolle

Grundsätzlich kann argumentiert werden, dass die Kriterien für die Beurteilung einer kollektiven Marktbeherrschung im Rahmen des Missbrauchsverbots und der Fusionskontrolle dieselben sind. Voraussetzungen sind, dass die beteiligten Unternehmen keinem wirksamen Innenwettbewerb und Außenwettbewerb unterliegen.

3.3.2.1 Fehlender wirksamer Innenwettbewerb

Nach der Rechtsprechung ist eine kollektive Marktbeherrschung definiert als eine Konstellation, in der die betroffene Unternehmen insbesondere aufgrund der zwischen ihnen bestehenden Verbindungen (erster Faktor) die Macht haben, auf dem Markt einheitlich vorzugehen (zweiter Faktor) und in beträchtlichem Umfang unabhängig von den anderen Wettbewerbern, ihrer Kunden und letztlich den Verbrauchern zu handeln (dritter Faktor).[608] Die ersten beiden Faktoren betreffen das Erfordernis des internen Wettbewerbszustands zwischen den Mitgliedern der kollektiven beherrschenden Stellung, d. h. das Fehlen eines wirksamen Innenwettbewerbs. Der dritte Faktor bezieht sich auf das Erfordernis des externen Wettbewerbszustands. Die Fähigkeit, in beträchtlichem Umfang unabhängig zu handeln, bedeutet, dass die Unternehmer, die eine kollektiv beherrschenden Stellung innehaben, keinem wirksamen Wettbewerb von außen ausgesetzt sind und dass sie somit gemeinsam eine beherrschende Stellung auf dem Markt einnehmen.

Die drei Airtours-Kriterien können auch in die Diffizierung des Innen- und Außenwettbewerbs einbezogen werden. Hohe Markttransparenz (erstes Kriterium) und wirksame Abschreckungsmechanismen (zweites Kriterium) sollen die interne Stabilität des gemeinsamen Vorgehens gewährleisten. Das dritte Kriterium betrifft die externen Wettbewerbsbeziehungen der Mitglieder der kollektiven marktbeherrschenden Stellung, d.h. dass die wahrscheinlichen Reaktionen tatsächlicher und potenzieller Wettbewerber und Verbraucher das beabsichtigte Ergebnis des gemeinsamen Vorgehens nicht in Frage stellen.

[608] Vgl. EuGH 31.3.1998, Rs. C 68/94 u. C. 30/95, Slg. 1998, I-1375, Rn. 221 „Kali+Salz“

Verbindung zwischen den beteiligten Unternehmen

Der auffälligste Beitrag der Praxis der Gerichte und der Kommission im Bereich der Fusionskontrolle besteht darin, dass die Bedeutung des Erfordernisses von Verbindungen zwischen den Unternehmen für die Feststellung einer kollektiven Marktbeherrschung abgeschwächt wurde. Einerseits können wirtschaftliche Verbindungen zwischen Unternehmen das gegenseitige Verständnis und Vertrauen erhöhen und daher Kollusion fördern. Andererseits sind solche Verbindungen jedoch keine notwendige Voraussetzung für die Feststellung einer kollektiven Marktbeherrschung.

Marktstruktur und oligopolistische Reaktionsverbundenheit

Im Rahmen der Zusammenschlusskontrolle kommt den Marktstrukturmerkmalen für die Annahme eines marktbeherrschenden Oligopols besonderes Gewicht zu. Die oligopolistische Marktstruktur und die damit verbundene Reaktionsverbundenheit sind als eine Art der wirtschaftlichen Verbindung auch geeignet, mehreren Unternehmen eine kollektive marktbeherrschende Stellung zuzurechnen.

In der Literatur finden sich ausführlichere Informationen über typische Marktmerkmale, die zum Oligopol neigen und infolgedessen kollektive Marktbeherrschung in Form einer stillschweigenden Kollusion begünstigen und aufrechterhalten können. Zu nennen sind beispielsweise hohe Marktkonzentration, Produkthomogenität, niedriger Stand technologischer Innovation und geringes Marktwachstum, hohe Markttransparenz, Symmetrie, vertikale Integration und mehrere Kontakte, unelastische Nachfrage, Markteintrittsschranken und fehlende Kaufkraft.[609] Diese Elemente können einen Ausgangspunkt für die Analyse des Potentials für die stillschweigende Koordinierung liefern. Die Kommission hob jedoch hervor, dass der Inhalt der Liste weder erschöpfend ist noch einen kumulativen Standard darstellt.[610] Es wäre falsch, die Liste starr anzuwenden; stattdessen sollte die Relevanz jedes Parameters von Fall zu Fall bestimmt und bewertet werden.[611]

---

[609] Vgl. *Scherer/Ross*, S. 235ff.; *Ivaldi/Jullien/Rey/Seabright/Tirole*, The Economics of Tacit Collusion, S. 11ff.

[610] Vgl. Europäische Kommission, SMP-Leitlinien, ABl. 2018 C 159/1, Rn. 78.

[611] Vgl. Europäische Kommission, SMP-Leitlinien, ABl. 2018 C 159/1, Rn. 78.

Mechanismus stillschweigender Kollusion

Sowohl die soeben genannten Anforderungen als auch die drei Airtours-Kriterien und der Impala-Test müssen unter der Berücksichtigung des gesamten wirtschaftlichen Mechanismus der stillschweigenden Koordinierung angewandt werden. Entscheidend ist, ob die konkreten Umstände darauf schließen lassen, dass mit hinreichender Wahrscheinlichkeit ein gleichartiges Verhalten des betreffenden Unternehmens zu erwarten ist und dass dieses gleichartige Verhalten auf Dauer beibehalten kann.

Bisherige Marktverhalten

Das Marktverhalten eines Unternehmens in der Vergangenheit kann Aufschluss darüber geben, welche Märkte eine hohe Neigung zu wettbewerbsüberschreitenden Preisen haben.[612] Aus der Tatsache, dass sich die beteiligten Unternehmen in der Vergangenheit koordiniert haben, lässt sich ableiten, dass sie dies auch in Zukunft tun werden.[613]

Bei der Vorhersage, ob ein Zusammenschluss zur Entstehung einer kollektiven Marktbeherrschung führen wird, hat die Entscheidungspraxis von Kommission und Gerichts die oben genannten Grundsätze in ihre vorausschauende Beurteilung von Änderungen der Marktstruktur einbezogen.

In der Sache *Kali+Salz* stellte die Kommission fest, dass die betroffenen Unternehmen im Rahmen des Exportkartells zusammengearbeitet hatten.[614] Diese Tatsache und das Bestehen wirtschaftlicher Verbindungen zwischen den beteiligten Unternehmen veranlasste die Kommission zu der Schlussfolgerung, dass es den betreffenden Unternehmen an internem Wettbewerb mangelte.

Dies gilt auch für den Nachweis einer bestehenden kollektiven Marktbeherrschung. In der Rechtssache *Impala* wurde klargestellt, dass unter bestimmten Bedingungen das bisherige Marktverhalten gewisse Rückschlüsse auf das Vorhabensein einer kollektiven Marktbeherrschung zulassen kann.[615]

Es ist jedoch zu betonen, dass die Preisgleichheit in der Vergangenheit oder Gegenwart für sich allein meist noch nicht die Feststellung zulassen, ob ein wesentlicher Wettbewerb tatsächlich besteht oder fehlt. Dafür spielt sie

---

612 Vgl. *Posner*, Stanford Law Rev. 1968, 1562, 1603.

613 Vgl. *Schröter/Bartl*, in: von der Groeben/Schwarze/Hatje, Eur. Unionsr., Art. 102 AEUV Rn. 86.

614 Vgl. Kommission Entsch. 14.12.1993 – IV/M.308, ABl. 1994, L 186/38, Rn. 63 „Kali+Salz“.

615 Vgl. EuG 13.7.2006, Rs. 464/04, Slg. 2006, II-2289, Rn. 252 „Impala“.

vielmehr eine Indiz-Rolle und sie soll mit anderen Indikatoren zusammen geprüft werden.

3.3.2.2 Fehlender wirksamer Außenwettbewerb

Eine kollektive Marktbeherrschung ist zu bejahen, wenn die Mitglieder des Oligopols keinem wirksamen externen Wettbewerb ausgesetzt sind.[616] Mit anderen Worten: die Marktmacht derjenigen, die außerhalb des Oligopols stehen, darf das gemeinsame Vorgehen der Oligopolmitglieder im Außenverhältnis nicht wirksam bedrohen.

Aus der Rechtsprechung ergibt sich, dass die Behauptung einer kollektiven Marktbeherrschung in der Regel nicht aufrechterhalten werden kann, wenn die Kommission die Gegenmacht von Wettbewerbern oder Kunden unterschätzt.[617] Der Grund liegt darin, dass die Wirksamkeit einer Koordinierung durch die Reaktionen aktueller oder potenzieller Wettbewerber oder von Kunden, die sich nicht an der Koordinierung beteiligen, in Frage gestellt werden kann.

3.3.3 Gleichbehandlung in Missbrauchs- und Fusionsfällen?

Aus den Entscheidungen geht hervor, dass die rechtlichen Prüfungskriterien für die kollektive Marktbeherrschung nach dem Art. 102 AEUV und nach der Fusionskontrolle im Grundsatz übereinstimmen.

In der Rechtssache *Piau* im Rahmen von Art. 102 AEUV wurden die drei Kriterien, die in der Rechtssache *Airtours* im Rahmen der Fusionskontrolle für die Feststellung einer kollektiven Marktbeherrschung aufgestellt wurden, vollständig übernommen.[618]

In der Rechtssache *Irish Sugar* im Rahmen des Missbrauchsverfahrens wurde das Vorliegen einer kollektiven Marktbeherrschung anhand der Kriterien beurteilt, die in der Rechtssache *Kali+Salz* im Rahmen des Fusionskontrollverfahrens festgelegt wurden.[619]

Nach ganz überwiegender Meinung im Schrifttum sollten jedoch die Kriterien für die Feststellung einer kollektiven Marktbeherrschung im Missbrauchsverbot strenger sein.[620] Die Grundlage für diese Meinung ergibt sich

---

[616] Vgl. EuG 6.6.2002, Rs. T-342/99, Slg. 2002, II-2585, Rn. 62 „Airtours".

[617] Vgl. EuGH 31.3.1998, Rs. C 68/94 u. C. 30/95, Slg. 1998, I-1375, Rn. 247f. „Kali+Salz"; EuG 6.6.2002, Rs. T-342/99, Slg. 2002, II-2585, Rn. 277 „Airtours".

[618] Vgl. EuG 26.1.2005, Rs. T-193/02, Slg. 2005, II-209, Rn. 111 „Piau".

[619] Vgl. EuG 7.10.1999, Rs. T-228/97, Slg. 1999, II-2969, Rn. 46 „Irish Sugar".

[620] Vgl. *Schröter/Bartl*, in: von der Groeben/Schwarze/Hatje, Eur. Unionsr., Art. 102 AEUV Rn. 86; *Massey/Mcdowell*, Eur. Compet. J. 2010, 427, 433; *Fuchs*, in: Immenga/Mestmäcker, Wettbewerbsrecht, Art. 102 AEUV Rn. 124; *Eilmansberger/Bien*, in: Säcker/Bien/Meier-Beck/Montag, Münchener Kommentar zum Wettbewerbsr., Art. 102 AEUV Rn. 218.

aus der Tatsache, dass es bei der Fusionskontrolle um eine Ex-ante-Kontrolle und den Einfluss auf die zukünftige Struktur gehe, während sich das Missbrauchsverbot auf eine Ex-post-Kontrolle und das Verhalten in der Vergangenheit beziehe.[621] Es handele sich bei den drei Airtours-Kriterien lediglich um eine Prognose über die Wahrscheinlichkeit der Herbeiführung einer stillschweigenden Koordinierung im Rahmen der Fusionskontrolle.[622] Eine reine bloße Kollusionswahrscheinlichkeit, die ein wettbewerbsfeindliches Umfeld durch den Zusammenschluss schaffen würde, reiche als Grundlage für die Fusionskontrolle aus. Für den Eingriff des Missbrauchsverbots – erst nach der Feststellung des Vorliegens des Missbrauchs – sei es jedoch wichtiger nachzuweisen, dass ein missbräuchliches Verhalten des betreffenden Unternehmens tatsächlich stattfinde.[623]

Selbst in einem früheren Schritt – der Feststellung der Existenz einer kollektiven Einheit – stellt der Art. 102 AEUV höhere Anforderungen. Es gibt eine strengere Auffassung, die besagt, dass es im Rahmen von Art. 102 AEUV nicht ausreiche, dass diese Unternehmen bloß in der Lage wären, sich einheitlich auf dem Markt zu präsentieren.[624] Entscheidend sei die Tatsache, dass sie diesen einheitlichen Marktauftritt tatsächlich durchführen.[625] Zur Frage der kollektiven Einheit wurde sowohl in der Rechtssache *Kali+Salz* als auch in der Rechtssache *Airtours* im Rahmen der Fusionskontrolle jedoch nur verlangt, dass die beteiligten Unternehmen aufgrund der zwischen ihnen bestehenden engen Verbindungen die Macht haben, gemeinsam zu handeln. Es wurde jedoch auch argumentiert, dass die bloße Fähigkeit für einheitliches Vorgehen für die Fusionskontrolle auch nicht genüge, sondern dass eine reale Gefahr eines gemeinsamen Marktverhaltens der beteiligten Unternehmen bestehen müsse.[626] Nach der Rechtsprechung muss das gemeinsame Vorgehen jedoch nicht tatsächlich stattfinden.

---

[621] Vgl. *Haupt*, S. 75; *Eilmansberger/Bien*, in: Säcker/Bien/Meier-Beck/Montag, Münchener Kommentar zum Wettbewerbsr., Art. 102 AEUV Rn. 218 ; *Jung*, in: Grabitz/Hilf/Nettesheim, Das R. der Eur. Union, Art. 102 AEUV Rn. 81.

[622] Vgl. *Kantzenbach/Kottmann/Krüger*, S. 83; *Klees/Hauser*, Eur. Wirtschafts- und Steuerr. 2008, 7, 11.

[623] Vgl. *Haupt*, S. 75; *Jungermann*, S. 135; *Klees/Hauser*, Eur. Wirtschafts- und Steuerr. 2008, 7, 12.

[624] Vgl. *Eilmansberger/Bien*, in: Säcker/Bien/Meier-Beck/Montag, Münchener Kommentar zum Wettbewerbsr., Art. 102 AEUV Rn. 218.

[625] Vgl. *Eilmansberger/Bien*, in: Säcker/Bien/Meier-Beck/Montag, Münchener Kommentar zum Wettbewerbsr., Art. 102 AEUV Rn. 218.

[626] Vgl. *Art*, Common Mark. Law Rev. 1999, 971, 995.

Die Auffassung, dass die Feststellung einer kollektiven Marktbeherrschung im Rahmen der Missbrauchskontrolle strenger sein sollte, steht auf den ersten Blick im Widerspruch zur Rechtsprechung. Unter dem Gesichtspunkt der Vermeidung von falsch-positiven Fehlern ist es jedoch vernünftig, eine strengere Anforderung festzulegen, sowohl in Bezug auf die Identifizierung des Missbrauchs als auch in Bezug auf die Identifizierung einer kollektiven Einheit. Bei Art. 102 AEUV handelt es sich nicht um eine Wahrscheinlichkeitsprüfung, sondern um eine Verhaltensprüfung. Der Nachweis einer kollektiven Marktbeherrschung im Kontext des Art. 102 AEUV muss daher davon abhängen, ob auf dem Markt ein einheitliches Verhalten (aufgrund einer ausdrücklichen oder stillschweigenden Koordinierung) tatsächlich stattgefunden hat, und nicht von der bloßen Fähigkeit eines einheitlichen Verhaltens.

3.4 Zwischenergebnis

Die Vorschrift von Art. 102 AEUV selbst enthält weder eine Definition noch Tatbestände für die Feststellung einer kollektiven Marktbeherrschung. Die Kriterien wurden in einer Reihe von Gerichtsentscheidungen und in der Praxis der Kommission im Rahmen des Missbrauchsverbots und der Fusionskontrolle entwickelt.

Die Entscheidung *Italien Flachglas* im Rahmen des Missbrauchsverbots und die Entscheidung *Kali+Salz* im Rahmen der Fusionskontrolle sind zwei wegweisende Entscheidungen. Die Entscheidungspraxis vor diesen beiden Entscheidungen kann nur als eine frühe und noch unvollständige Auseinandersetzung mit dem Konzept der kollektiven Marktbeherrschung angesehen werden. Die frühe Praxis der Kommission hat gezeigt, dass mehrere Unternehmen in einem engen Oligopol den Wettbewerb aufgrund der oligopolistischen Interdependenz und des daraus resultierenden Parallelverhaltens beschränken könnten.

Sowohl in der Entscheidung *Italien Flachglas* als auch in der Entscheidung *Kali+Salz* wurde die Definition der kollektiven Marktbeherrschung präzisiert und die Anwendbarkeit von Art. 102 AEUV und der FKVO auf die kollektive Marktbeherrschung bestätigt. Seitdem hat die Rechtsprechung den Umfang und die Art der Verbindung, die für die Feststellung einer kollektiven Marktbeherrschung erforderlich sind, ausgeweitet. Verbindungen beschränken sich weder auf Kartellabsprachen noch auf andere Kooperationen oder Vereinbarungen im wirtschaftlichen Sinne, da auch oligopolistische Strukturen, genauer gesagt der Mechanismus der stillschweigenden

Kollusion, die Grundlage für die Feststellung einer kollektiven Marktbeherrschung sein können. Aus der Entwicklung der Rechtsprechung geht hervor, dass die spezifische Art und der Inhalt der Verbindungen irrelevant sind; entscheidend ist, ob sie stark genug sind, um ein einheitliches Vorgehen erwarten zu lassen.
Grundsätzlich kann argumentiert werden, dass die Kriterien für die Beurteilung der kollektiven Marktbeherrschung in beiden Rahmen dieselben sind.
Um den kollektiven Charakter einer kollektiven marktbeherrschenden Stellung zu beurteilen, ist zu prüfen, ob mehrere rechtlich und wirtschaftlich unabhängig wirtschaftliche Einheiten als Unternehmen in der Lage sind, aufgrund der zwischen ihnen bestehenden Verbindungen oder einer bestimmten Marktstruktur als eine kollektive Einheit auf dem Markt aufzutreten oder gemeinsam zu handeln.
Um den beherrschenden Charakter einer kollektiven marktbeherrschenden Stellung zu beurteilen, muss geprüft werden, ob die kollektive Einheit in der Lage ist, weitgehend unabhängig von ihren Wettbewerbern, Kunden und Verbrauchern zu handeln.
Strenger wäre die Auffassung, dass es sich bei dem Missbrauchsverbot um eine Ex-post-Regelung handelt, so dass die bloße Möglichkeit, gemeinsam zu handeln, nicht ausreicht, um festzustellen, ob eine kollektive Marktbeherrschung vorliegt; die betreffenden Unternehmen müssen bereits auf dem relevanten Markt gemeinsam gehandelt haben.
Bei der Frage, wie eine kollektive Marktbeherrschung festgestellt werden kann, hat die Entscheidungspraxis der Union im Kontext der traditionellen Industriewirtschaft einen bewährten zweigleisigen rechtlichen Test entwickelt, nämlich das Fehlen eines wirksamen internen Wettbewerbs und das Fehlen eines wirksamen externen Wettbewerbs. Dieser Test kann auch im Zusammenhang mit der digitalen Wirtschaft angewandt werden.
Es gibt kein Defizit in dem rechtlichen Test selbst. Um den beherrschenden Charakter einer kollektiven Marktbeherrschung in der digitalen Wirtschaft zu beurteilen, müssen jedoch als besondere Kriterien Netzwerkeffekte, Multihoming, Wechselkosten, Zugang zu wettbewerbsrelevanten Daten und Innovationsdruck berücksichtigt werden.
Bei der Analyse des internen Wettbewerbs besteht die wettbewerbliche Herausforderung der digitalen Wirtschaft darin, dass positive Netzwerkeffekte und große Fusionen die Marktstruktur zugunsten einiger weniger großer Plattformen verändert haben, so dass der Markt oligopolistischen Charakter annimmt. Darüber hinaus begünstigt der weit verbreitete Einsatz von hochintelligenten Algorithmen und Big Data die Entstehung und Stabilität

stillschweigender Kollusion. Damit gewinnt die Konstellation der stillschweigenden Kollusion als Grundlage für die Feststellung einer kollektiven Marktbeherrschung an Bedeutung.

Das Hauptproblem der Lehre der kollektiven Marktbeherrschung besteht darin, dass das missbräuchliche Verhalten zu wenig analysiert wird. Der Schwerpunkt der Urteilsanalyse lag darauf, wie eine kollektive Marktbeherrschung festgestellt wurde, und nicht darauf, wie der Missbrauch einer kollektiven Marktbeherrschung ermittelt wurde. Ob der Begriff des Missbrauchs in Fällen kollektiver Marktbeherrschung derselbe ist wie in Fällen individueller Marktbeherrschung, wird in der Rechtsprechung nicht erläutert.

Dennoch hat die Rechtsprechung *Irish Sugar* bisher zu einer Reihe von Schlussfolgerungen geführt. Erstens kann eine kollektive Marktbeherrschung von einem oder mehreren Unternehmen missbraucht werden. Das als missbräuchlich zu qualifizierende Verhalten muss auf die Ausnutzung einer kollektiven marktbeherrschenden Stellung zurückgeführt werden. Der Zweck oder die Wirkung des missbräuchlichen Verhaltens eins Unternehmens muss im kollektiven Interesse liegen, d. h. die kollektive marktbeherrschende Stellung zu stärken und das Wettbewerbsverhalten in einer bereits geschwächten Wettbewerbsstruktur weiter einzuschränken.

Zweitens ist die Verstärkung und Aufrechterhaltung einer bestehenden kollektiven Marktbeherrschung missbräuchlich. Der Missbrauch kann entweder durch den weiteren Ausschluss des internen Wettbewerbs zwischen den Unternehmen oder durch den Ausschluss des externen Wettbewerbs erreicht werden.

In der digitalen Wirtschaft ist die missbräuchliche Ausnutzung einer kollektiven Marktbeherrschung in Form der Übertragung von Marktmacht in der Praxis von großer Bedeutung („leveraging"). Kopplungsgeschäfte, Kosten-Preis-Schere und Selbstbevorzugung können als Unterfälle angesehen werden.

Der Vorwurf missbräuchlichen Verhaltens durch „Facilitating Practices" gewinnt vor allem in der digitalen Wirtschaft erheblich an Bedeutung. Eine kollektive Marktbeherrschung kann sich auf eine ausdrückliche oder stillschweigende Kollusion stützen. Der Erwerb einer Minderheitsbeteiligung und die Verwendung von Algorithmen tragen zur Aufrechterhaltung von Kollusion bei, wenn sie die Unsicherheit und das Risiko der Wettbewerbsvorstöße künstlich weiter verringern oder den Anreiz, von der Kollusion abzuweichen, weiter reduzieren.

4 KOLLEKTIVE MARKTBEHERRSCHUNG IM DEUTSCHEN RECHT

4.1 Überblick über die Rechtsgrundlagen im GWB

Im Gegensatz zum EU-Wettbewerbsrecht enthält § 18 GWB ausdrücklich eine Definition der kollektiven Marktbeherrschung und Vermutungstatbestände für die Feststellung der kollektiven Marktbeherrschung.
Die gesetzliche Definition in § 18 Abs. 5 GWB umfasst zwei Elemente. Das erste Element ist, dass im Innenverhältnis zwischen den Mitgliedern des Oligopols kein wesentlicher Wettbewerb besteht. Das Fehlen eines wesentlichen internen Wettbewerbs klärt die Frage, warum mehrere unabhängige Unternehmen als eine kollektive Einheit identifiziert werden können.[1] Bei einer kollektiven Einheit und den von ihrer erzeugten Gruppeneffekten sind externe Dritte denselben wenigen Ausweichmöglichkeiten ausgesetzt wie im Falle eines einzelnen marktbeherrschenden Unternehmens.[2]
Das zweite Element ist, dass die Oligopolmitglieder in ihrer Gesamtheit im Außenverhältnis die Voraussetzung von § 18 Abs. 1 GWB erfüllen. Sie müssen zumindest insgesamt über eine überragende Marktstellung i. S. des § 18 Abs. 1 Nr. 3 GWB verfügen. Mit diesem Schritt soll festgestellt werden, ob die Gesamtheit der betreffenden Unternehmen keinem wesentlichen Außenwettbewerb ausgesetzt ist.[3] Die Schlussfolgerung, dass eine kollektive Marktbeherrschung vorliegt, ist möglicherweise nicht stichhaltig, wenn der Käufer eine starke Verhandlungsposition hat oder wenn derzeitige und potenzielle Wettbewerber aufgrund unterschiedlicher Kostenstrukturen oder Technologien, oder unterschiedlicher Marktstrategien als die Oligopolmitglieder starke Anreize zum Wettbewerb haben.[4]

---

[1] Vgl. *Fuchs*, in: Immenga/Mestmäcker, Wettbewerbsrecht, § 18 GWB Rn. 158.
[2] Vgl. *Schödermeier*, Eur. Compet. Law Rev. 1990, 28, 33; *Fuchs*, in: Immenga/Mestmäcker, Wettbewerbsrecht, § 18 GWB Rn. 97.
[3] Vgl. *Kühnen*, in: LMRKM, Kartellrecht, § 18 GWB Rn. 113; *Fuchs*, in: Immenga/Mestmäcker, Wettbewerbsrecht, § 18 GWB Rn. 96; *Wolf*, in: Säcker/Bien/Meier-Beck/Montag, Münchener Kommentar zum Wettbewerbsr., § 18 GWB Rn. 67.
[4] Vgl. BKartA, Leitfaden zur Marktbeherrschung in der Fusionskontrolle, Rn. 100 und 113ff.

Bei § 18 Abs. 6 und 7 GWB handelt sich es um die widerlegbaren Vermutungsklauseln zur kollektiven Marktbeherrschung mit Beweislastumkehr. Dabei spielt der gemeinsame Marktanteil eine wichtige Rolle. Es kann davon ausgegangen werden, dass bis zu drei Oligopolunternehmen oder bis zu fünf Oligopolunternehmen gemeinsam eine kollektive marktbeherrschende Stellung einnehmen, falls sie zusammen einen Marktanteil von 50 Prozent oder einen Marktanteil von zwei Dritteln erreichen. Außerdem gelten die Vermutungsklauseln sowohl für erst entstehende als auch für bereits bestehende marktbeherrschende Stellung.[5]
Die Vermutungstatbestände können jedoch dadurch widerlegt werden, dass die Unternehmen gemäß § 18 Abs. 7 GWB nachweisen, dass im Innenverhältnis „die Wettbewerbsbedingungen zwischen ihnen wesentlichen Wettbewerb erwarten lassen" oder dass im Außenverhältnis „die Gesamtheit der Unternehmen im Verhältnis zu den übrigen Wettbewerbern keine überragende Marktstellung hat". Aus der Formulierung „erwarten lassen" ergibt sich, dass Unternehmen das tatsächliche Vorhandensein von wesentlichem Wettbewerb nicht nachweisen müssen, sondern das Vorhandensein von Wettbewerbsbedingungen oder einer Marktstruktur, in der ein wesentlicher Wettbewerb regelmäßig zu erwarten ist.[6]
Um die Vermutung zu widerlegen, ist die Gesamtbetrachtung aller relevanten Umstände geboten.[7] Das Vorliegen einer kollektiven Marktbeherrschung kann nur dann angenommen werden, wenn die Gesamtbetrachtung kein eindeutiges Bild für erheblichen Wettbewerb liefert und die gesetzlichen Voraussetzungen der Oligopolvermutung erfüllt sind.[8]

---

[5] Vgl. *Schwalbe/Zimmer*, S. 458.

[6] Vgl. *Wolf*, in: Säcker/Bien/Meier-Beck/Montag, Münchener Kommentar zum Wettbewerbsr., § 18 GWB Rn. 93.

[7] Vgl. BGH, Beschl. 8.6.2010, KVR 4/09, Springer/Pro Sieben II, WRP 2010, 1527, 1529 Rn. 20; BGH, Beschl. 11.11.2008, KVR 60/07, E.ON/Stadtwerke, BGHZ 178, 285, 297 Rn. 39; BGH, Beschl. 20.4.2010, KVR 1/09, Phonak/GN Store, WuW/E DE-R 2905, 2905ff. Rn. 55.

[8] Vgl. BKartA, Tätigkeitsbericht 1989/90, Ds. 12/847, S. 23f.

4.2 Der Begriff der kollektiven Marktbeherrschung

4.2.1 Fehlender wesentlicher Innenwettbewerb

Die gesetzliche Definition der kollektiven Marktbeherrschung in § 18 Abs. 5 GWB fordert eine Wettbewerbsprüfung in zweifacher Hinsicht. Der erste Schritt ist die Feststellung des Fehlens des wesentlichen Binnenwettbewerbs.[9] Wenn ein wirksamer Binnenwettbewerb durch ein einheitliches Verhalten ersetzt wird, können die Unternehmen als kollektive Einheit auftreten.[10] Die Gleichförmigkeit des Verhaltens einer Oligopolgruppe kann auf Verflechtungen unter den beteiligten Unternehmen oder stillschweigende Koordinierung zurückführen.

Verflechtungen zwischen den Mitgliedern eines Oligopols können den Informationsaustausch erleichtern und gegenseitiges Vertrauen aufbauen, wodurch der Anreiz zur Vermeidung von Wettbewerb gesteigert wird.[11] Verflechtungen können als Vereinbarungen zwischen Unternehmen oder Beschlüsse von Unternehmensvereinigungen ausgedrückt werden und somit in den Anwendungsbereich von § 1 GWB fallen. Wie das Unionswettbewerbsrecht ist kollusive Zusammenarbeit im Sinne von § 1 GWB auch nicht als eine notwendige Voraussetzung für die Feststellung einer kollektiven Marktbeherrschung erforderlich.[12]

Zusätzlich zu der Kartellvereinbarung kann eine für die Feststellung einer kollektiven Marktbeherrschung erforderliche Verflechtung auch in Form von einer gemeinsamen gegründeten Gesellschaft[13] oder anderen gesellschaftsrechtlichen Verflechtungen[14], einem System des Produktaustauschs[15], strategischen Allianzen[16] oder ähnlicher Strukturen auftreten.

Das Vorhandensein einer Marktstruktur, die eine stillschweigende Kollusion begünstigt, ist ebenfalls ein wichtiger Indikator für das Fehlen eines wesentlichen Binnenwettbewerbs. Eine stillschweigende Kollusion ist bei einer hohen konzentrierten Oligopolstruktur zu erwarten. Aus notwendiger Rücksichtnahme auf das Verhalten der anderen Oligopolmitglieder kann es

---

[9] Vgl. *Kühnen*, in: LMRKM, Kartellrecht, § 18 GWB Rn. 113.

[10] Vgl. *Fuchs*, in: Immenga/Mestmäcker/Fuchs, 6. Aufl. 2020, GWB § 18 Rn. 158.

[11] Vgl. BKartA, Leitfaden zur Marktbeherrschung in der Fusionskontrolle, Rn. 96.

[12] Vgl. *Wolf*, in: Säcker/Bien/Meier-Beck/Montag, Münchener Kommentar zum Wettbewerbsr., § 18 GWB Rn. 67.

[13] Vgl BGH, Beschl. 10.12.1985, KZR 22/85, Abwehrblatt II, BGHZ 96, 337, 337ff.; BKartA, Beschl. 16.11.2004, B10-74/04, Rethmann/Tönsmeier, Rn. 108.

[14] Vgl. BKartA, Beschl. 8.5.2009, B8-32/09, Shell/Lorenz, Rn. 45.

[15] Vgl. BKartA, Beschl. 29.4.2009, B8-175/08, Total/OMV, Rn. 72.

[16] Vgl. *Schwalbe/Zimmer*, S. 496.

jedes Mitglied des Oligopols für sinnvoll halten, auf dem Markt gemeinsam aufzutreten, so dass der Wettbewerb zwischen ihnen eingeschränkt wird. Es reicht jedoch nicht aus, nur die strukturellen Marktbedingungen zu bewerten. Nach ständiger Rechtsprechung erfordert die Prüfung der Intensität des Innenwettbewerbs zwischen Oligopolmitgliedern eine über die Beurteilung der Struktur hinausgehende umfassende Berücksichtigung aller relevanten Umstände.[17] In diesem Zusammenhang spielt die Prüfung der strukturellen Wettbewerbsbedingungen eine wichtige Rolle.

Im Mittelpunkt der Prüfung des wettbewerbslosen Zustandes steht die Frage, ob eine stillschweigende Kollusion zwischen den Mitgliedern eines Oligopols möglich ist und ob es genügend Anreize gibt, sich zu koordinieren und nicht davon abzuweichen.[18] Die stillschweigende Kollusion muss möglich und ausreichend stabil sein, damit daraus eine kollektive Marktbeherrschung abgeleitet werden kann.[19]

4.2.2 Fehlender wesentlicher Außenwettbewerb

Ist der wirksame Innenwettbewerb nicht gegeben, so ist die Außenwettbewerbsstellung des Oligopols gegenüber den anderen Marktteilnehmer zu prüfen. Nach § 18 Abs. 5 Nr. 2 GWB müssen die Oligopolisten in ihrer Gesamtheit im Außenverhältnis die gleichen Voraussetzungen erfüllen wie für die Annahme einer Einzelmarktbeherrschung. Diese zweistufige Prüfung des externen und internen Wettbewerbs in der deutschen kartellrechtlichen Praxis entspricht dem Ansatz der Kommission. [20]

Aus der Sicht der Theorie der stillschweigenden Kollusion setzt das Vorhandensein einer kollektiven Marktbeherrschung voraus, dass die Marktmacht von nicht an der Koordinierung beteiligten Oligopol-Außenseitern das gewünschte Ergebnis der Koordinierung nicht gefährdet.[21] Mit anderen Worten: mehrere Unternehmen als Ganzes sind keinem wirksamen externen Wettbewerb ausgesetzt.

---

[17] Vgl. BGH, Beschl. 4.10.1983, KVR 3/82, Gemeinschaftsunternehmen für Mineralölprodukte, GRUR 1984, 150; BGH, Beschl. 10.12.1985, KZR 22/85, Abwehrblatt II, BGHZ 96, 337, 344.

[18] Vgl. *Töllner*, in: Bunte, Kartellr. Kommentar, § 18 Rn. 190.

[19] Vgl. BKartA, Leitfaden zur Marktbeherrschung in der Fusionskontrolle, Rn. 84.

[20] Vgl. BGH, Beschl. 11.11.2008, KVR 60/07, E.ON/Stadtwerke Eschwege, BGHZ 178, 285, 293 Rn. 26; BGH, Beschl. 20.4.2010, KVR 1/09, Phonak/GN Store, WuW/E DE-R 2905, 2905ff. Rn. 55; BGH, Beschl. 6.12.2011, KVR 95/10, Total/OMV, BGHZ 192, 18, 31 Rn. 47.

[21] Vgl. *Wolf*, in: Säcker/Bien/Meier-Beck/Montag, Münchener Kommentar zum Wettbewerbsr., § 18 GWB Rn. 68.

4.2.3 Tatsächliches Wettbewerbsgeschehen

In leichter Abweichung von der EU-Wettbewerbsrechtspraxis werden in der deutschen Praxis zusätzlich die tatsächlichen Wettbewerbsbedingungen betrachtet.[22] Die Berücksichtigung des tatsächlichen Wettbewerbsverhaltens dient jedoch wiederum der Gesamtbetrachtung und stellt daher keine *wesentliche* Abweichung von der Unionspraxis dar.

In der Rechtssache *Total/OMV* hat der BGH die Rolle des tatsächlichen Wettbewerbsverhaltens konkret erläutert, dass bei der maßgeblichen wertenden Gesamtbetrachtung

> „die einzelnen Strukturelemente im Hinblick auf ihre Bedeutung für den konkreten Markt zu gewichten und darauf zu untersuchen sind, ob und in welchem Umfang sie tatsächlich geeignet sind, ein einheitliches Vorgehen der beteiligten Unternehmen zu erleichtern".[23]

Eine Gesamtbetrachtung aller relevanten Umstände ist immer erforderlich.[24]

---

[22] Vgl. BGH, Beschl. 11.11.2008, KVR 60/07, E.ON/Stadtwerke Eschwege, BGHZ 178, 285, 302 Rn. 52; BGH, Beschl. 8.6.2010, KVR 4/09, Springer/Pro Sieben II, WRP 2010, 1527, 1529 Rn. 22; BGH, Beschl. 6.12.2011, KVR 95/10, Total/OMV, BGHZ 192, 18, 32 Rn. 50; BGH, Beschl. 11.11.2008, KVR 60/07, E.ON/Stadtwerke Eschwege, BGHZ 178, 285, 297 Rn. 39.

[23] BGH, Beschl. 6.12.2011, KVR 95/10, Total/OMV, BGHZ 192, 18, 33 Rn. 51.

[24] Vgl. *Kühnen*, in: LMRKM, Kartellrecht, § 18 Rn. 115; BGH, Beschl. 11.11.2008, KVR 60/07, E.ON/Stadtwerke Eschwege, BGHZ 178, 285, 297 Rn. 39.

4.3 Kollektive Marktbeherrschung und Missbrauchsverbot

4.3.1 Entscheidungspraxis

Im Verfahren der deutschen Missbrauchskontrolle spielt die kollektive Marktbeherrschung bislang keine große Rolle. Es gibt nur sehr begrenzte Erfahrungen aufgrund der Entscheidungspraxis.[25]

4.3.1.1 Benzinpreis 1967

In der Rechtssache *Benzinpreis* leitete das Bundeskartellamt („BKartA") nach § 18 Abs. 5 GWB (§ 22 Abs. 2 GWB a. F.) eine Ermittlung über die missbräuchliche Preisgestaltung auf dem Benzinmarkt durch vier vertikal voll integrierte Mineralöl-Konzerne, BP, DEA, Esso und Shell, die eine kollektive marktbeherrschende Stellung auf dem Tankstellenmarkt besaßen, ein.[26] Es wurde festgestellt, dass diese Ölgesellschaften die Benzinpreise während der Nahostkrise erheblich angehoben und diese Preiserhöhungen dann noch beibehalten hatten, als die Auswirkungen der Krise deutlich insbesondere durch Aufhebung des lybischen Ölembargos nachgelassen hatten.

Bei der Feststellung einer kollektiven Marktbeherrschung stützte sich das BKartA nicht schematisch auf Marktanteile des deutschen Tankstellenmarktes. Vielmehr konzentrierte das BKartA sich auf die Möglichkeiten, dass die Unternehmen das wirtschaftliche Geschehen auf jeweiligem Markt entscheidend bestimmen.[27] Unternehmen mit den oben genannten Möglichkeiten wurden vom BKartA als Oligopolmitglieder eingestuft, wobei die Marktbedeutung, die Größe, die strukturellen Kostenvorteile durch die Unterstützung des Konzernverbands und insbesondere durch vertikale Integration berücksichtigt wurden.[28]

Das BKartA stellte fest, dass auf dem relevanten Markt kein wesentlicher Wettbewerb innerhalb der Oligopolgruppe bestand. Dies sei auf die hohe Markttransparenz, die fast vollständige Homogenisierung der Markenkraftstoffe und die besonders starken oligopolistischen Reaktionsverbundenheit zwischen den Anbietern zurückzuführen.[29] Die erwartete oder tatsächliche

---

[25] Vgl. *Fuchs*, in: Immenga/Mestmäcker, Wettbewerbsrecht, § 18 GWB Rn. 172; *Wiedemann*, in: Wiedemann, Handb. des Kartellrechts, § 23, Rn. 39.

[26] Vgl. BKartA, Tätigkeitsbericht 1967, Ds. V/2841, S. 12ff. und 41ff.

[27] Vgl. BKartA, Tätigkeitsbericht 1967, Ds. V/2841, S. 12.

[28] Vgl. BKartA, Tätigkeitsbericht 1967, Ds. V/2841, S. 12f.

[29] Vgl. BKartA, Tätigkeitsbericht 1967, Ds. V/2841, S. 41.

Warenknappheit verursache auch die Verringerung der Wettbewerbsintensität.[30]
Darüber hinaus stellte das BKartA fest, dass die Unternehmen keinem wesentlichen Außenwettbewerb ausgesetzt waren, weil die freien Tankstellen als Außenseiter der Oligopolgruppe aufgrund der zeitweisen kritischen Versorgungslage ihre kontrollierende Wettbewerbsfunktion nicht ausüben konnten.[31] Nach Auffassung des BKartA ergab sich die Missbräuchlichkeit aus der Tatsache, dass das erhöhte Preisniveaus, das weiterhin aufrechterhalten wurde, höher war, als es in einer funktionsfähigen Wettbewerbssituation gewesen wäre.[32] Das BKartA befand, dass in Anbetracht der erhöhten Transportkosten wegen anhaltender Schließung des Suezkanals die Preise unter wirksamen Wettbewerbsbedingungen irgendwo zwischen dem Niveau vor Ausbruch der Krise und dem erhöhten Niveau liegen dürften.[33]
Das Verfahren war jedoch nicht zur Entscheidung gelangt, da der Preis für Benzin und Superkraftstoff nach öffentlichen mündlichen Verhandlungen Anfang November desselben Jahres gesenkt wurde.
In dem Tätigkeitsbericht im Jahre 1967 wies das BKartA unter Berücksichtigung der Ölkrise und des fehlenden Wettbewerbs zwischen den Anbietern auch allgemein auf andere Handlungen der Ölgesellschaften hin, die einen Missbrauch einer kollektiven Marktbeherrschung darstellen könnten.
Dies wäre der Fall, wenn die Lieferanten direkten Kunden anders behandeln oder der Belieferung eigenes Vertriebsnetzes Vorrang einräumen und nur Waren an direkten Kunden verkaufen, die noch verfügbar sind.[34]
Ein weiterer Missbrauch wäre die einseitige Abwälzung von wirtschaftlichen Nachteilen, die durch höhere Gewalt verursacht werden, auf einige Kunden.[35]
Unternehmen dürfen auch keinen Vorteil aus einer Warenknappheit ziehen, wenn es keinen wesentlichen Wettbewerb gibt, indem sie ihre Vertriebspolitik ändern, um dem Markt die gewünschten Aufträge zu geben.[36]

---

[30] Vgl. BKartA, Tätigkeitsbericht 1967, Ds. V/2841, S. 41.
[31] Vgl. BKartA, Tätigkeitsbericht 1967, Ds. V/2841, S. 12.
[32] Vgl. BKartA, Tätigkeitsbericht 1967, Ds. V/2841, S. 13.
[33] Vgl. BKartA, Tätigkeitsbericht 1967, Ds. V/2841, S. 13.
[34] Vgl. BKartA, Tätigkeitsbericht 1967, Ds. V/2841, S. 41.
[35] Vgl. BKartA, Tätigkeitsbericht 1967, Ds. V/2841, S. 41.
[36] Vgl. BKartA, Tätigkeitsbericht 1967, Ds. V/2841, S. 41.

4.3.1.2 Valium/Librium

In der Rechtssache *Valium/Librium* ging es um eine Klage gegen Hoffmann-La Roche wegen des angeblichen Preismissbrauchs der marktbeherrschenden Stellung bei den Arzneimitteln Benzodiazepine, Valium und Librium. Im Mittelpunkt der Entscheidung des Kammergerichts („KG") stand die Frage, ob es auf dem Markt für Benzodiazepine an wesentlichem Innenwettbewerb zwischen den pharmazeutischen Unternehmen der Oligopolgruppe fehlte.

Nach § 18 Abs. 5 GWB [= § 22 Abs. 2 GWB a. F.] sah das KG Hoffmann-La Roche in einer kollektiven marktbeherrschenden Stellung auf dem Markt für Benzodiazepine mit vier weiteren großen Wettbewerbern, die ebenfalls in der Forschung tätig sind.[37] Das Gericht begründete dies mit dem großen Vertrauens- und Werbevorsprung der großen forschenden Pharmaunternehmen. Das KG stellte fest, dass sich kleine Konkurrenten nicht in einem wirksamen Nachahmungswettbewerb befanden, so dass Oligopolmitglieder eine im Verhältnis zu Wettbewerbern überragende Marktstellung hatten.[38]

Auch der Innenwettbewerb zwischen Oligopolmitgliedern wurde von dem KG als nicht wesentlich eingestuft. In Ermangelung eines Preiswettbewerbs war das KG der Ansicht, dass das Vorliegen von beachtlichem Forschungs-, Innovations- und Qualitätswettbewerb die Annahme fehlenden Wettbewerbs bzw. des Vorliegens einer kollektiven Marktbeherrschung nicht ausschließt.[39] Nichtpreislicher Wettbewerb könne zwar zu einer Verschiebung der Marktanteile zwischen den Oligopolisten führen, doch würde dies die Preissetzungsmacht der Oligopolisten insgesamt nicht einschränken.[40] Der Preis des gewünschten Produkts könne immer noch höher sein als der Wettbewerbspreis.[41] Daher würde der Schutzzweck der Missbrauchsaufsicht durch nichtpreislichen Wettbewerb nicht erreicht, d. h., die „Verhinderung einer Ausbeutung der Marktgegenseite durch nichtwettbewerbsgerechte

---

[37] Vgl. KG, Beschl. 24.8.1978, Kart 3/77, Valium/Librium, WuW/E OLG 2053, 2053ff.

[38] Vgl. BKartA, Tätigkeitsbericht 1978, Ds. 8/2980, S. 62.

[39] Vgl. KG, Beschl. 24.8.1978, Kart 3/77, Valium/Librium, WuW/E OLG 2053, 2054; Offengelassen in BGH, Beschl. 12.2.1980, KVR 3/79, Valium II, NJW 1980, 1164, 1164ff.

[40] Vgl. KG, Beschl. 24.8.1978, Kart 3/77, Valium/Librium, WuW/E OLG 2053, 2054.

[41] Vgl. KG, Beschl. 24.8.1978, Kart 3/77, Valium/Librium, WuW/E OLG 2053, 2057.

Preise und Konditionen von durch den Wettbewerb nicht ausreichend kontrollierten Unternehmen".[42] Das KG bejahte daher eine kollektive marktbeherrschende Stellung mit der Begründung, es habe keinen wirksamen Preiswettbewerb gegeben.

4.3.1.3 Identteile

In der Rechtssache *Identteile* stellte das BKartA fest, dass Volkswagen AG („VW"), Opel und Ford den Markt für Neuwagen in der Personenkraftwagen-Mittelklasse gemeinsam beherrschten.[43] Unter Verweis auf Gruppenmarktbeherrschungsvermutung ermittelte das BKartA, dass der gemeinsame Marktanteil der Unternehmen von 69 % die in § 18 Abs. 6 Nr. 1 GWB [= § 22 Abs. 3 Nr. 2 GWB a. F.] festgelegte Schwelle erreichte. Gegen das Vorhabensein eines wirksamen Innenwettbewerbs spreche eine seit Jahren praktizierte parallele Preiserhöhungspolitik bei Ersatzteilen.[44] Das BKartA untersagte VW, seine Händler und Werkstätten zu veranlassen, zu Reparaturzwecken für VW-Personenkraftwagen nur Original-Ersatzteile des VW-Konzerns zu verwenden. BGH hat jedoch den Beschluss von BKartA aufgehoben.[45]

4.3.1.4 Abwehrblatt II

In der Rechtssache *Abwehrblatt II* ging es um eine unbillige Behinderung in Form von Preisunterbietungen zum Zweck der Verdrängung und Vernichtung eines bestimmten Mitbewerbers durch ein Oligopolmitglied von einer marktbeherrschenden Unternehmensgruppe auf dem Anzeigemarkt. Es wurde festgestellt, dass drei Zeitungsverlage und eine gemeinsam gegründete Gesellschaft „S-W-GmbH & Co. KG" („SW") ein marktbeherrschendes Oligopol im Sinne des § 18 Abs. 5 GWB [= § 22 Abs. 2 GWB a. F.] darstellten.[46] Während des relevanten Zeitraums von Oktober 1977 bis Ende Mai 1978 habe es keinen wesentlichen Wettbewerb zwischen ihnen auf dem Anzeigenmarkt im Gebiet S gegeben, und die Unternehmen seien insgesamt keinem wesentlichen Wettbewerb von außen ausgesetzt gewesen.[47]

Der BGH stellte fest, dass die enge Verbindung und die vorhandenen Beteiligungsverhältnisse zwischen der SW und ihren Muttergesellschaften

---

[42] KG, Beschl. 24.8.1978, Kart 3/77, Valium/Librium, WuW/E OLG 2053, 2057.
[43] Vgl. BKartA, Beschl. 21.3.1979, Identteile, WuW/E BKartA 1781, 1781ff.
[44] Vgl. BKartA, Beschl. 21.3.1979, Identteile, WuW/E BKartA 1781, 1783.
[45] Vgl. BGH, Beschl. 22.9.1981, KVR 8/80, Original-VW-Ersatzteile II, BGHZ 81, 322, 322ff.
[46] Vgl. BGH, Beschl. 10.12.1985, KZR 22/85, Abwehrblatt II, BGHZ 96, 337, 341.
[47] Vgl. BGH, Beschl. 10.12.1985, KZR 22/85, Abwehrblatt II, BGHZ 96, 337, 342f.

(den drei Zeitungsverlagen) die Ursache für das Fehlen des wesentlichen Wettbewerbs gewesen seien.[48] Außerdem bestätigte nach der Würdigung des BGH das interne Verhältnis zwischen einem Zeitungsverlag und den zwei anderen Zeitungsverlagen, die demselben Konzern angehörten, diese Schlussfolgerung ebenfalls.
Der BGH befand ferner, dass kein wesentlicher Wettbewerb im Außenverhältnis auch bestand, da die drei Zeitungsverlagen im Bereich der Zeitungsanzeige nahezu ein Monopol hatten und keine weiteren nennenswerten Wettbewerber vorhanden waren.[49]
Im Einklang mit der unionsrechtlichen Rechtsprechung entschied der BGH bezüglich des Missbrauchs, dass ein solcher Missbrauch nicht von allen Oligopolmitgliedern gemeinsam begangen werden muss, sondern auch von einem einzelnen Oligopolmitglied begangen werden kann. Der BGH setzt den Missbrauch einer kollektiven Marktbeherrschung durch ein Unternehmen (Einzelmissbrauch), insbesondere im Fall des Behinderungsverhaltens, voraus, dass das einzelne Vorgehen von einem Oligopolmitglied auf die Wettbewerbsposition des behinderten Unternehmens im Einzelfall eine ähnliche Auswirkung hat wie das entsprechende Vorgehen aller Oligopolmitglieder.[50] In diesem Zusammenhang können die davon betroffenen Dritten dem nicht ausweichen.[51]
Trotz der Beschreibung des Einzelmissbrauchs verneinte der BGH jedoch in diesem Fall das Vorliegen eines Missbrauchs einer kollektiven Marktbeherrschung durch die Gesellschaft SW.

4.3.1.5 Untersuchung gegen Mineralölgesellschaften

Vertikal integrierte Mineralölgesellschaften sind häufig Adressaten kartellrechtlicher Missbrauchsaufsicht im Zusammenhang mit kollektiver Marktbeherrschung.
Eine Sektoruntersuchung durch das BKartA im Jahr 2011 ergab, dass fünf große Mineralölunternehmen, also Shell, BP (Aral), ExxonMobil (Esso), ConocoPhillips (Jet) und Total, gemeinsam deutschen Tankstellenmarkt (Einzelhandel mit Kraftstoffen an Endkunden) beherrschen.[52] Das BKartA wies darauf hin, dass der Wettbewerb hier nur in sehr geringem Maße eine Rolle spielt, da der relevante Markt durch eine schrumpfende Gesamtnach-

---

[48] Vgl. BGH, Beschl. 10.12.1985, KZR 22/85, Abwehrblatt II, BGHZ 96, 337, 343.
[49] Vgl. BGH, Beschl. 10.12.1985, KZR 22/85, Abwehrblatt II, BGHZ 96, 337, 345.
[50] Vgl. BGH, Beschl. 10.12.1985, KZR 22/85, Abwehrblatt II, BGHZ 96, 337, 345f.
[51] Vgl. *Fuchs*, in: Immenga/Mestmäcker, Wettbewerbsrecht, § 19 GWB Rn. 13.
[52] Vgl. BKartA, Sektoruntersuchung Kraftstoffe – Abschlussbericht, S. 39f.

frage, eine hohe Markttransparenz, homogene Waren, niedrige Preiselastizität und hohe Marktzutrittsschranken usw. gekennzeichnet war.[53] Außerdem stellte das BKartA fest, dass hohe und stabile gemeinsame Marktanteile auch für das Fehlen des Wettbewerbs sprachen.[54] Infolge der Untersuchung entfielen auf die fünf größten Oligopolmitglieder landesweit etwa 65 % des Kraftstoffabsatzes.
Auf der Grundlage der Analyse der Marktstruktur betonte das BKartA die Notwendigkeit, die Auswirkungen von Markttransparenz und wirksamen Abschreckungs- und Sanktionsmaßnahmen auf die Anreize von Oligopolisten zu untersuchen, nicht von einem gemeinsamen Vorgehen abzuweichen.[55] Das BKartA zeigte auf, dass der relevante Markt sehr transparent ist, da alle fünf Ölgesellschaften über ein System der Preisbeobachtung und Preismeldung verfügten, das es ihnen ermöglichte, Preise und Veränderungen zu überwachen und rechtzeitig zu reagieren. Des Weiteren stellte das BKartA fest, dass die vielfältigen Verflechtungen der Mineralölgesellschaften und die gegenseitige Abhängigkeit aufgrund Kraftstoff-Tauschverträgen Sanktionen bei Abweichungen glaubwürdig machten.[56]
Neben den strukturellen Bedingungen war nach der Ansicht des BKartA den Wettbewerbszustand innerhalb und außerhalb des Oligopols von besonderer Bedeutung. Das BKartA stellte fest, dass das Modell der vertikalen Integration und die Gründung von Joint Ventures den Zugang zu Informationen über Geschäftsstrategien, Ziele und kurzfristige Maßnahmen zwischen den Oligopolmitgliedern erleichtern.[57] Ein System zum Austausch von Kraftstoffen fördere die gegenseitige Abhängigkeit innerhalb des Oligopols.[58] Das BKartA machte deutlich, dass dies so zur Schaffung oder Stabilisierung der Koordination beiträgt, so dass das Fehlen des wesentlichen Innenwettbewerbs zu erwarten ist.
In den externen Wettbewerbsbeziehungen stellte das BKartA keine wirksame Nachfragemacht fest. Zudem seien die Wettbewerber stark zersplittert, so dass sie nicht in der Lage seien, ein Gleichgewicht herzustellen.[59]
Das BKartA kam schließlich zu dem Schluss, dass die fünf Mineralölgesellschaften eine kollektive marktbeherrschende Stellung auf deutschen

[53] Vgl. BKartA, Sektoruntersuchung Kraftstoffe – Abschlussbericht, S. 49ff.
[54] Vgl. BKartA, Sektoruntersuchung Kraftstoffe – Abschlussbericht, S. 50f.
[55] Vgl. BKartA, Sektoruntersuchung Kraftstoffe – Abschlussbericht, S. 49.
[56] Vgl. BKartA, Sektoruntersuchung Kraftstoffe – Abschlussbericht, S. 55.
[57] Vgl. BKartA, Sektoruntersuchung Kraftstoffe – Abschlussbericht, S. 55.
[58] Vgl. BKartA, Sektoruntersuchung Kraftstoffe – Abschlussbericht, S. 57.
[59] Vgl. BKartA, Sektoruntersuchung Kraftstoffe – Abschlussbericht, S. 59f.

Tankstellenmärkten innehaben und dass sie keinem wesentlichen internen und externen Wettbewerb ausgesetzt waren.[60]
Auf der Basis der Erkenntnisse der Sektoruntersuchung leitete das BKartA im Jahr 2012 ein Verfahren wegen der angeblichen Behinderung von freien Tankstellen durch fünf Mineralölunternehmen ein.[61] Es gab Beschwerden darüber, dass diese marktbeherrschenden Oligopolmitglieder Otto- und Dieselkraftstoff an freie Tankstellen zu höheren Preisen geliefert haben, als sie ihren eigenen Endkunden an der Tankstelle berechnet hatten (Kosten-Preis-Schere). Außerdem wurden sie verdächtigt, an verschiedenen Tankstellen Preise unter dem Einstandspreis zu verlangen.
Im Oktober 2015 beschloss BKartA jedoch im Rahmen des Ermessens, dieses Verfahren nicht fortzusetzen.[62]

[60] Vgl. BKartA, Sektoruntersuchung Kraftstoffe – Abschlussbericht, S. 48f.
[61] Vgl. BKartA, Bundeskartellamt untersucht Fälle der Behinderung freier Tankstellen.
[62] Vgl. BKartA, Tätigkeitbericht 2015/2016, Ds. 18/12760, S. 118.

4.3.2 Missbrauch

4.3.2.1 Definition

Die Missbräuchlichkeit des Verhaltens wird auf der Grundlage einer umfassenden Interessenabwägung unter Berücksichtigung der Zielsetzung des GWB bestimmt.[63] Der Schutzzweck des § 19 GWB besteht darin, dass die übermäßige und wettbewerbsschädliche Ausnutzung von den vom Wettbewerb nicht kontrollierten Handlungsspielräume verhindert werden soll.[64] Dies liegt darin, dass die Funktionsfähigkeit des Wettbewerbs aufgrund der Existenz der marktbeherrschenden Stellung schon eingeschränkt wird.[65]

Die Beurteilung der Missbräuchlichkeit beruht auf einem objektiven Unwerturteil, das von subjektiver Vorwerfbarkeit losgelöst ist.[66] Ein Verhalten von marktbeherrschenden Unternehmen ist missbräuchlich, wenn es zur Monopolisierung des Marktes beiträgt, d. h., wenn es den Wettbewerb zum Nachteil von Wettbewerbern, Lieferanten oder Kunden weiter einschränkt, und zwar über die bloße Existenz von Marktmacht hinaus.[67]

Wie bei Art. 102 AEUV müssen für die Feststellung des missbräuchlichen Verhaltens die tatsächlichen wettbewerbswidrigen Auswirkungen der in Frage stehenden Praktiken nicht in jedem Einzelfall ermittelt werden.[68] Es ist nur erforderlich, den typischen missbräuchlichen Charakter des fraglichen Verhaltens nachzuweisen, d. h. festzustellen, dass das Verhalten unter normalen Umständen wettbewerbswidrige Auswirkungen haben kann, und zwar auf der Grundlage gesättigter historischer wirtschaftlicher Erfahrungen.[69]

---

[63] Vgl. *Fuchs*, in: Immenga/Mestmäcker, Wettbewerbsrecht, § 19 GWB Rn. 22.

[64] Vgl. *Fuchs*, in: Immenga/Mestmäcker, Wettbewerbsrecht, § 19 GWB Rn. 21; *Loewenheim*, in: LMRKM, Kartellrecht, § 19 GWB Rn. 13.

[65] Vgl. *Fuchs*, in: Immenga/Mestmäcker, Wettbewerbsrecht, § 19 GWB Rn. 21.

[66] Vgl. BGH, Beschl. 9.11.1982, KVR 9/81, Gemeinsamer Anzeigenteil, NJW 1984, 1116, 1116; BGH, Beschl. 12.4.2016, KZR 30/14, NetCologne, BB 2016, 1602, 1602ff. Rn. 48; *Wolf*, in: Säcker/Bien/Meier-Beck/Montag, Münchener Kommentar zum Wettbewerbsr., § 19 GWB Rn. 31.

[67] Vgl. *Fuchs*, in: Immenga/Mestmäcker, Wettbewerbsrecht, § 19 GWB Rn. 30.

[68] Vgl. *Wolf*, in: Säcker/Bien/Meier-Beck/Montag, Münchener Kommentar zum Wettbewerbsr., § 19 GWB Rn. 31.

[69] Vgl. *Wolf*, in: Säcker/Bien/Meier-Beck/Montag, Münchener Kommentar zum Wettbewerbsr., § 19 GWB Rn. 31.

4.3.2.2 Missbrauch einer kollektiven Marktbeherrschung

Aus der Formulierung von § 19 Abs. 1 GWB geht klar hervor, dass der Missbrauch, der von einem oder mehreren Unternehmen begangen wird, verboten ist. § 19 Abs. 2 GWB listet typische Missbrauchsverhalten auf, bezieht sich aber nur auf „ein marktbeherrschendes Unternehmen". Auch die teleologische Auslegung spricht dafür, die Missbrauchsverbote auf Fälle einer kollektiven Marktbeherrschung anzuwenden. Der Grund dafür ist, dass die Rechtsvorschriften Wettbewerbsbeschränkungen entgegenwirken sollen. Die Wirksamkeit der Missbrauchskontrolle setzt voraus, dass alle Missbräuche verhindert werden, die zu einer weiteren Verschlechterung der Wettbewerbsbedingungen führen können, unabhängig davon, ob der Missbrauch von einem oder mehreren Unternehmen begangen wird. Je nach Anzahl der Unternehmen hat der Missbrauch einer kollektiven Marktbeherrschung jedoch unterschiedliche Erscheinungsformen in der konkreten Umsetzung.

In Übereinstimmung mit den Grundsätzen des Unionswettbewerbsrechts ist das deutsche GWB auch der Ansicht, dass eine kollektive marktbeherrschende Stellung von einem Oligopolmitglied missbraucht werden kann.[70] Dazu gehört z. B. der Fall, dass ein Oligopolmitglied regelmäßig eine Vorreiterrolle in einem Oligopol einnimmt, d.h. es ist zu erwarten, dass andere Oligopolmitglieder nach einer gewissen Zeit nachziehen werden.[71]

Gleiches gilt auch für eine unmittelbare Aufforderung an andere Mitglieder des Oligopols, sich an einer missbräuchlichen Diskriminierung zu beteiligen.[72] Das Ziel des individuellen Vorgehens sollte darin bestehen, eine kollektive Marktbeherrschung zu missbrauchen.[73]

Die kollektive Marktbeherrschung kann durch das gleichförmige Verhalten mehrerer Oligopolmitglieder missbraucht werden. Die Gleichförmigkeit des Verhaltens mehrerer Oligopolmitglieder führt dazu, dass Außenstehende mit der Unausweichlichkeitswirkung konfrontiert werden, die es den Oligopolmitgliedern ermöglichen, als eine kollektive Einheit eine beherrschende Stellung einzunehmen.[74] Beispiele für diese Konstellation sind die

---

[70] Vgl. BGH, Beschl. 10.12.1985, KZR 22/85, Abwehrblatt II, BGHZ 96, 337, 337.

[71] Vgl. *Wolf*, in: Säcker/Bien/Meier-Beck/Montag, Münchener Kommentar zum Wettbewerbsr., § 19 GWB Rn. 22.

[72] Vgl. *Wolf*, in: Säcker/Bien/Meier-Beck/Montag, Münchener Kommentar zum Wettbewerbsr., § 19 GWB Rn. 22.

[73] Vgl. *Wolf*, in: Säcker/Bien/Meier-Beck/Montag, Münchener Kommentar zum Wettbewerbsr., § 19 GWB Rn. 22.

[74] Vgl. *Möschel,* S. 173.

gemeinsamen praktizierten Geschäftsverweigerung, Preis- und Konditionendifferenzierung, der Kosten-Preis-Schere, der Kopplung sowie Bündelung und der Verdrängungspreise. Der negative Inhalt der kartellrechtlichen Sanktionen, die jedes Mitglied zu tragen hat, hängt von seinem spezifischen Beitrag zum Verstoß ab.[75]

4.4 Kollektive Marktbeherrschung und Zusammenschlusskontrolle

4.4.1 Entscheidungspraxis

Die wesentliche praktische Bedeutung des § 18 Abs. 5 und 6 GWB liegt vor allem im Fusionskontrollverfahren.[76]

4.4.1.1 Total/OMV

Im Fall *Total/OMV* ging es um ein Zusammenschlussvorhaben, das eine bereits bestehende kollektive beherrschende Stellung verstärken würde. Darüber hinaus geht es in diesem Fall um die Anwendung der Oligopolvermutungsklausel (§ 18 Abs. 6 GWB) in Fusionskontrollverfahren.

Die Total Deutschland GmbH („Total") und die OMV Deutschland GmbH („OMV") sind beides Ölgesellschaften, die auf verschiedenen Ebenen der Ölproduktion und des Vertriebs tätig waren. Total beabsichtigte im Jahr 2008 von der OMV 59 Tankstellen in den Bundesländern Sachsen und Thüringen zu erwerben. Durch den Verkauf würde sich OMV ganz aus diesen zwei Bundesländern zurückziehen.

Das BKartA hat diesen beabsichtigten Erwerb der 59 Tankstellen untersagt. Das BKartA stellte fest, dass Total zusammen mit den Mineralölgesellschaften BP/Aral, ConocoPhillips/Jet, ExxonMobil/Esso und Shell auf deutschen Tankstellenmärkten für den Vertrieb von Otto- und Dieselkraftstoffen eine kollektive beherrschende Stellung im Sinne des § 18 Abs. 5 GWB einnahm, die durch den geplanten Erwerb deutlich verstärkt worden würde.[77]

Um das Vorliegen einer kollektiven Marktbeherrschung vor der Übernahme nachzuweisen, führte das BKartA eine detaillierte Marktanteilsanalyse unter Bezugnahme der Oligopolvermutung im Sinne von § 18 Abs. 6 Nr. 2 durch. Der Untersuchung des BKartA zufolge überstieg beim Verkauf

---

[75] Vgl. *Wolf*, in: Säcker/Bien/Meier-Beck/Montag, Münchener Kommentar zum Wettbewerbsr., § 19 GWB Rn. 25.

[76] Vgl. *Fuchs*, in: Immenga/Mestmäcker, Wettbewerbsrecht, § 18 GWB Rn. 171 und 191.

[77] Vgl. BKartA, Beschl. 29.4.2009, B8-175/08, Total/OMV, Rn. 86.

von Diesel an Tankstellen der gemeinsame Marktanteil der fünf Ölgesellschaften in allen vier regionalen Märkten – Chemnitz (70 %), Dresden (76 %), Erfurt (70 %) und Leipzig (70 %) – die Vermutungsschwelle. Beim Verkauf von Benzin an Tankstellen stellte das BKartA nur im Regionalmarkt Dresden einen Marktanteil von über 70 % fest. Das widerlegte jedoch nicht die Annahme des BKartA, dass es an wesentlichem internem und externem Wettbewerb mangelte. Dafür sprachen insbesondere die folgenden Umstände.

Das BKartA stellte fest, dass der gemeinsame Marktanteil hohe und stabil sei.[78] Dies deutete nach der Beurteilung des BKartA darauf hin, dass die fünf oligopolistischen Mitglieder mit dem gewonnenen Marktanteil ausreichend zufrieden waren.

Darüber hinaus wies das BKartA darauf hin, dass die asymmetrische Markttransparenz, die Verflechtung von Erzeugung, Transport und Speicherung sowie wechselseitige Abhängigkeit durch den Austausch von Verträgen zu einem großen Vergeltungspotenzial führten.[79] Somit gab es keinen Anreiz, den internen Wettbewerb wieder aufzunehmen.

Was die Außenbeziehungen betraf, so wurde festgestellt, dass es keinen teils zersplitterten Außenwettbewerb oder keine höchst zersplitterte Nachfrageseite gab, die die Wettbewerbsbeschränkung verhindern können.[80]

Das BKartA kam schließlich zu dem Ergebnis, dass fünf Ölgesellschaften eine überragende Marktstellung einnahmen und keinem wesentlichen Wettbewerb ausgesetzt seien.[81]

Das BKartA befand ferner, dass die geplante Übernahme die kollektive beherrschende Stellung auf sämtlichen relevanten Märkten verstärken würde. Dies wäre vor allem auf eine spürbare Vergrößerung der Marktanteile des Oligopols und das Ausscheiden eines aktiven Wettbewerbers zurückzuführen.[82] Das BKartA berücksichtigte auch, dass das Zusammenschlussvorhaben nicht zu einem Wettbewerbsvorteil führen würde, der die wettbewerbsbeschränkende Wirkung der Verstärkung der Marktbeherrschung ausgleichen könnte.[83]

[78] Vgl. BKartA, Beschl. 29.4.2009, B8-175/08, Total/OMV, Rn. 84.
[79] Vgl. BKartA, Beschl. 29.4.2009, B8-175/08, Total/OMV, Rn. 85.
[80] Vgl. BKartA, Beschl. 29.4.2009, B8-175/08, Total/OMV, Rn. 84.
[81] Vgl. BKartA, Beschl. 29.4.2009, B8-175/08, Total/OMV, Rn. 85.
[82] Vgl. BKartA, Beschl. 29.4.2009, B8-175/08, Total/OMV, Rn. 86.
[83] Vgl. BKartA, Beschl. 29.4.2009, B8-175/08, Total/OMV, Rn. 101.

Der Bundesgerichtshof („BGH") hob den Beschluss des Oberlandesgerichts Düsseldorf („OLG Düsseldorf")[84] auf. Das Oberlandesgericht hat den Beschluss des BKartA, den Erwerb von 59 Tankstellen zu untersagen, aufgehoben hatte.[85] In seiner Entscheidung äußerte sich der BGH ausführlich zu den Kriterien für die Annahme wirksamer Abschreckungs- und Sanktionsmechanismen.

Der BGH hob besonders hervor, dass die Untersuchung des Fehlens des Binnenwettbewerbs unter einer Gesamtbetrachtung aller relevanten Umstände durchgeführt werden muss.[86]

Um das Vorliegen eines wirksamen Abschreckungs- und Sanktionsmechanismus festzustellen, müsse der wirtschaftliche Gesamtzusammenhang einer unterstellten stillschweigenden Koordinierung bewertet werden.[87] Der BGH stellte fest, dass die Analyse in drei Schritten zu erfolgen hat.

Erstens ist festzuhalten, dass eine mit der engen Reaktionsverbundenheit verbunden Marktstruktur bereits ein maßgebliches wertendes Indiz für einen wirksamen Abschreckungs- und Sanktionsmechanismus liefern kann.[88] Der BGH führte an dieser Stelle aus, dass

> „[i]nsbesondere [...] von Bedeutung [ist], ob aufgrund der Marktstruktur mit einem dauerhaft einheitlichen Verhalten der Mitglieder des Oligopols zu rechnen ist, weil ein solches Verhalten aufgrund der Merkmale des relevanten Marktes und deren Änderung durch den Zusammenschluss wirtschaftlich vernünftig ist, um den gemeinsamen Gewinn durch Beeinflussung von Wettbewerbsfaktoren zu maximieren".[89]

Dabei seien hohe Markttransparenz und wirksame Abschreckungs- und Sanktionsmittel von ausschlaggebender Bedeutung, um den Anreiz zum Abweichen einzudämmen.[90] Ein wirksamer Abschreckungs- und Sanktionsmechanismus sei im Prinzip dadurch hinreichend bewiesen, dass Preisvorstöße eines Unternehmens von anderen sofort erkannt und mit einer entsprechenden Preissenkung beantwortet werden können, so dass das vorstoßende Unternehmen weder Marktanteile gewinne noch anderweitig von der

---

[84] OLG Düsseldorf, Beschl. 4.8.2010, VI-2 Kart 6/09 (V), Tankstellenbetriebe Thüringen, WuW/E DE-R 3000.

[85] BGH, Beschl. 6.12.2011, KVR 95/10, Total/OMV, BGHZ 192, 18.

[86] Vgl. BGH, Beschl. 6.12.2011, KVR 95/10, Total/OMV, BGHZ 192, 18, 31f. Rn. 48.

[87] Vgl. BGH, Beschl. 6.12.2011, KVR 95/10, Total/OMV, BGHZ 192, 18, 35 Rn. 57.

[88] Vgl. BGH, Beschl. 6.12.2011, KVR 95/10, Total/OMV, BGHZ 192, 18, 35 Rn. 57.

[89] BGH, Beschl. 6.12.2011, KVR 95/10, Total/OMV, BGHZ 192, 18, 31f. Rn. 48.

[90] Vgl. BGH, Beschl. 6.12.2011, KVR 95/10, Total/OMV, BGHZ 192, 18, 32 Rn. 49.

Preissenkung profitiere.[91] Die Glaubwürdigkeit und Wirksamkeit des Abschreckungs- und Sanktionsmechanismus können auch durch die Symmetrie der koordinierten Unternehmen bezüglich Produktpalette, verwendeter Technologie und Kostenstruktur, und Marktzutrittsschranken sowie gesellschaftliche Verflechtungen beeinflusst werden.[92]

Bei dem zweiten Schritt geht es darum, ob der tatsächliche Wettbewerb die Annahme des wirksamen Abschreckungs- und Sanktionsmechanismus geschwächt hat.[93] Der BGH wies darauf hin, dass die Bewertung des tatsächlichen Wettbewerbsgeschehens ein wichtiger Teil der Gesamtbewertung ist. Dabei müsse festgestellt werden, ob ein aktives Wettbewerbsverhalten der Mitglieder eines Oligopols – insbesondere in Form signifikanter Marktanteilsveränderungen – vorliege.[94] Erst nach Prüfung der tatsächlichen Wettbewerbssituation könne davon ausgegangen werden, dass der Wettbewerb trotz der ungünstigen Marktstruktur wesentlich bleibt.

Der BGH wies ferner darauf hin, dass die Uneindeutigkeit des beobachteten Verhaltens möglicher Oligopolmitglieder die aufgrund der Strukturanalyse begründete Annahme des Vorliegens eines einheitlichen Verhaltens, das einen wesentlichen Wettbewerb ausschließt, nicht in Frage stellen kann, zumindest nicht, soweit die Oligopolvermutungen des § 18 Abs. 6 GWB gelten.[95]

Im dritten Schritt geht es um die Frage, unter welchen Umständen die Existenz eines wirksamen Abschreckungs- und Sanktionsmechanismus verneint werden kann.

Das OLG Düsseldorf hatte die Existenz eines wirksamen Abschreckungs- und Sanktionsmechanismus verneint. Denn wenn es sie gäbe, könnte sich nach einer Preiserhöhung, in der Regel durch Aral oder Shell, das höhere Preisniveau nicht dauerhaft durchsetzen, sondern würde periodisch auf das Ausgangsniveau zurückfallen[96]

Der BGH wies die Zulässigkeit dieses Arguments zurück. Zur Begründung führte das Gericht aus, dass es bei fallenden Rohstoffpreisen zu Preissenkungen durch den einzelnen Oligopolisten in einem beherrschenden Oligopol kommen konnte, um die Gewinne zu steigern, aber der niedrigere Preis

---

[91] Vgl. BGH, Beschl. 6.12.2011, KVR 95/10, Total/OMV, BGHZ 192, 18, 35 Rn. 57.

[92] Vgl. BGH, Beschl. 6.12.2011, KVR 95/10, Total/OMV, BGHZ 192, 18, 32 Rn. 49.

[93] Vgl. BGH, Beschl. 6.12.2011, KVR 95/10, Total/OMV, BGHZ 192, 18, 32 Rn. 50.

[94] Vgl. BGH, Beschl. 6.12.2011, KVR 95/10, Total/OMV, BGHZ 192, 18, 35f. Rn. 58.

[95] Vgl. BGH, Beschl. 6.12.2011, KVR 95/10, Total/OMV, BGHZ 192, 18, 35f. Rn. 58.

[96] Vgl. BGH, Beschl. 6.12.2011, KVR 95/10, Total/OMV, BGHZ 192, 18, 36 Rn. 61.

immer noch von einem höheren oligopolistischen Gleichgewichtspreis ausging.[97] Nach der Beurteilung des BGH war dieser abgesenkte Preis immer noch höher als der Preis des funktionsfähigen Wettbewerbs.
Der BGH stellte fest, dass das OLG Düsseldorf die Tatsache, dass Preiserhöhungen häufig entweder von Aral oder von Shell ausgehen, bei der Beurteilung von Änderungen der tatsächlichen Preise nicht angemessen berücksichtigt hatte.[98]
Der BGH führte weiter aus, dass nach dem ökonomischen anerkannten Koordinierungsmechanismus Preisführer und deren regelmäßige Preiserhöhungen sowie die regelmäßige Wiederholung von Preiszyklen auf ein kollusives Preisverhalten in einem beherrschenden Oligopol hinweisen können.[99] Nach der Auffassung des BGH können oligopolistische Mineralölunternehmen aufgrund der Kenntnis der Marktbedingungen und der Preistransparenz Abweichungen, die auf die Erhöhung des Marktanteils abzielen, von normalen zyklischen Preisänderungen unterscheiden.[100]
Dem vom Total vorgetragenen Argument, eine nicht symmetrische Preissenkung spreche gegen einen wirksamen Sanktionsmechanismus, begegnete der BGH, indem er darauf verwies, dass

> „[e]s […] keinen anerkannten ökonomischen Erfahrungssatz, dass äußerlich Edgeworth-Zyklen entsprechende Preisbewegungen der Annahme eines wirksamen Abschreckungs- und Sanktionsmechanismus im Oligopol entgegenstehen [gibt]. Vielmehr können sie, wie die Rechtsbeschwerde zutreffend ausführt, auch damit erklärt werden, dass ein Preisführer einen höheren Preis für das Oligopol vorschlägt, bei dessen nur teilweiser Annahme durch die anderen Oligopolisten entsprechende Anpassungen nach unten erforderlich werden; der sich dann ergebende oligopolistische Gleichgewichtspreis liegt über dem Preis bei wirksamen Wettbewerb".[101]

Das OLG Düsseldorf versuchte auch, das Fehlen eines wirksamen Abschreckungs- und Sanktionsmechanismus durch gewisse regionale Preiskämpfe und die von Jet praktizierte Preissenkung zu belegen, was ebenfalls vom BGH zurückgewiesen wurde. Der BGH stellte fest, dass nur erhebliche, nicht nur vorübergehende Marktanteilsgewinne ein entscheidendes Indiz für einen wirksamen Preiswettbewerb sein können und daher als Grundlage

---

[97] Vgl. BGH, Beschl. 6.12.2011, KVR 95/10, Total/OMV, BGHZ 192, 18, 37 Rn. 62.
[98] Vgl. BGH, Beschl. 6.12.2011, KVR 95/10, Total/OMV, BGHZ 192, 18, 37 Rn. 63.
[99] Vgl. BGH, Beschl. 6.12.2011, KVR 95/10, Total/OMV, BGHZ 192, 18, 37f. Rn. 63f.
[100] Vgl. BGH, Beschl. 6.12.2011, KVR 95/10, Total/OMV, BGHZ 192, 18, 37f. Rn. 64.
[101] BGH, Beschl. 6.12.2011, KVR 95/10, Total/OMV, BGHZ 192, 18, 38 Rn. 65.

für die Annahme eines Mangels an wirksamem Abschreckungs- und Sanktionsmechanismus dienen.[102]

4.4.1.2 Phonak/GN Store

In der Sache *Phonak/GN Store* befasste sich der BGH mit den Kriterien für die Feststellung des Vorliegens eines wesentlichen Wettbewerbs.

Die Phonak Holding AG („Phonak") beabsichtigte, die Unternehmen GN ReSound A/S, GN ReSound GmbH Hörtechnologie, und GN US-Holdings Inc. von der GN Store Nord A/S zu erwerben. Phonak war ein schweizerischer Hörgerätehersteller. Die zu erwerbenden Unternehmen („GN ReSound") waren dänische Unternehmen und bildeten den Geschäftsbereich Hörgeräte der GN Nord A/S. Das BKartA untersagte den Zusammenschluss mit der Begründung, dass er zu einer Entstehung einer kollektiven Marktbeherrschung zwischen Phonak, Siemens und Oticon auf dem Markt für die Herstellung und den Vertrieb von Hörgeräten an den Hörgeräte-Akustikhandel führen würde.[103]

Das OLG Düsseldorf schloss sich der Entscheidung des BKartA an.[104] Der BGH hob jedoch die Entscheidung des OLG auf und erklärte die Unterlassungsverfügung des BKartA für rechtswidrig.[105] Der BGH kam zu einer anderen Würdigung als das OLG Düsseldorf, insbesondere hinsichtlich der tatsächlichen Wettbewerbsbedingungen, die ein marktbeherrschendes Oligopol ausschließen konnten.

Im Einklang mit der bisherigen Rechtsprechung war der BGH der Auffassung, dass für die Beurteilung, ob die Wettbewerbsbedingungen zu einem wesentlichen Wettbewerb zwischen Oligopolmitglieder führten, eine umfassende Würdigung aller relevanten Umstände entscheidend war.[106]

Der BGH stellte fest, dass in Fusionskontrollverfahren das Fehlen eines wesentlichen internen Wettbewerbs indiziert war, wenn zu erwarten war, dass die Marktstruktur dazu führte, dass sich die Mitglieder eines möglichen Oligopols auf Dauer einheitlich verhalten.[107] Die entscheidenden Indikatoren

---

[102] Vgl. BGH, Beschl. 6.12.2011, KVR 95/10, Total/OMV, BGHZ 192, 18, 40 Rn. 72.

[103] Vgl. BKartA, Beschl. 11.4.2007, B3-578/06, Phonak/ReSound, Rn. 350.

[104] OLG Düsseldorf, Beschl. 26.11.2008, Phonak/ReSound, WuW/E DE-R 2477.

[105] Vgl. BGH, Beschl. 20.4.2010, KVR 1/09, Phonak/GN Store, WuW/E DE-R 2905, 2905ff.

[106] Vgl. BGH, Beschl. 20.4.2010, KVR 1/09, Phonak/GN Store, WuW/E DE-R 2905, 2905ff. Rn. 55; BGH, Beschl. 11.11.2008, KVR 60/07, E.ON/Stadtwerke Eschwege, BGHZ 178, 285, 297 Rn. 39.

[107] Vgl. BGH, Beschl. 20.4.2010, KVR 1/09, Phonak/GN Store, WuW/E DE-R 2905, 2905ff. Rn. 55.

hierfür seien die Markttransparenz und wirksame Abschreckungsmittel gegen Wettbewerbsvorstoß. Die Symmetrie der beteiligten Unternehmen, mögliche Marktzutrittsschranken, Nachfragemacht und Preiselastizität der Nachfrage sowie das tatsächliche Wettbewerbsverhalten der beteiligten Unternehmen auf dem relevanten Markt seien ebenfalls zu berücksichtigen. Der BGH stellte weiter fest, dass die Marktanteilsentwicklung bei den Oligopolmitgliedern von Jahr zu Jahr erhebliche Marktanteilsschwankungen aufwies.[108] Dies spreche gegen die Entstehung eines marktbeherrschenden Oligopols. Nach der Würdigung des BGH

> „[ist] eine Angleichung von Marktanteilen zunächst regelmäßig das Ergebnis eines Wettbewerbsprozesses […], bei dem nachfolgende Wettbewerber zu nach Marktanteilen führenden Unternehmen aufschließen. Auch eine Angleichung der Kräfteverhältnisse durch eine gegen das führende Unternehmen gerichtete “Aufholfusion” kann wirksamen Wettbewerb fördern“.[109]

Selbst wenn mehrere Unternehmen einen bedeutenden Marktanteil haben, bedeutet dies nicht, dass damit verbundene Verhaltensspielräume im Wettbewerb ungenutzt bleiben.[110] Das ständige Wachstum des Marktanteils des Unternehmens beweise regelmäßig, dass es einen Anreiz gebe, von dem einheitlichen Vorgehen abzuweichen.[111] Der BGH argumentierte daher, dass die dynamische Entwicklung der Marktanteile einen wesentlichen Wettbewerb zwischen Siemens, Phonak und Oticon erwarten ließ und das OLG Düsseldorf in dieser Frage fehlerhaft entschied.[112]
Entgegen der Auffassung des OLG Düsseldorf hob der BGH auch hervor, dass die Bedeutung des Rabatt- und Konditionenwettbewerbs zwischen den Mitgliedern des Oligopols für die Vorhersage des Vorhandenseins von wesentlichem Wettbewerb nicht entscheidend davon abhängte, inwieweit Markttransparenz bestand.[113] Der BGH befand, dass Markttransparenz in

---

[108] Vgl. BGH, Beschl. 20.4.2010, KVR 1/09, Phonak/GN Store, WuW/E DE-R 2905, 2905ff. Rn. 68f.
[109] BGH, Beschl. 20.4.2010, KVR 1/09, Phonak/GN Store, WuW/E DE-R 2905, 2905ff. Rn. 65.
[110] Vgl. BGH, Beschl. 20.4.2010, KVR 1/09, Phonak/GN Store, WuW/E DE-R 2905, 2905ff. Rn. 65.
[111] Vgl. BGH, Beschl. 20.4.2010, KVR 1/09, Phonak/GN Store, WuW/E DE-R 2905, 2905ff. Rn. 66.
[112] Vgl. BGH, Beschl. 20.4.2010, KVR 1/09, Phonak/GN Store, WuW/E DE-R 2905, 2905ff. Rn. 69.
[113] Vgl. BGH, Beschl. 20.4.2010, KVR 1/09, Phonak/GN Store, WuW/E DE-R 2905, 2905ff. Rn. 72.

Verbindung mit wirksamer Abschreckung und Sanktionen die entscheidenden Anzeichen für eine enge Reaktionsverbundenheit und die Einheitlichkeit des Verhaltens möglicher Oligopolmitglieder waren.[114] Die Feststellung, ob ein wesentlicher Wettbewerb tatsächlich bestand, müsse jedoch von dem tatsächlichen Wettbewerbsgeschehen abhängen.[115]

Das Argument des OLG Düsseldorf, es bestehe ein wesentlicher Wettbewerb aufgrund der Markttransparenz, die es den Wettbewerbern ermögliche, in kurzer Zeit auf Wettbewerbsvorstöße zu reagieren, wurde vom BGH widerlegt.

4.4.1.3 Springer/Pro Sieben II

Die Besonderheit des konglomeraten Zusammenschlusses *Springer/Pro Sieben II* besteht darin, dass der BGH klarstellte, dass die Stärkung der Marktstellung eines Mitglieds eines Oligopols grundsätzlich zur Stärkung der beherrschenden Stellung des Oligopols als Ganzes führt.

In diesem Fall ging es um den Erwerb der Anteile von ProSiebenSat.1 Media AG („P7S1") durch Axel Springer AG („Springer"). Springer ist in Deutschland und international in den Bereichen Zeitungen, Zeitschriften, Print und Neue Medien tätig. P7S1 sowie der andere Betroffene Bertelsmann betreiben Fernsehsender.

Das BKartA untersagte den Zusammenschluss mit der Begründung, dass der Zusammenschluss zur Verstärkung der bestehenden kollektiven marktbeherrschenden Stellung zwischen P7S1 und Bertelsmann auf dem bundesweiten Fernsehwerbemarkt führen würde.[116]

Nach der Feststellung des BKartA bildeten P7S1 und Bertelsmann vor dem Zusammenschluss ein nicht dem Wettbewerb ausgesetzten Oligopol mit einem gemeinsamen Marktanteil von ca. 80 %, der die Vermutungsschwelle deutlich überschritt.[117] Die Marktbedingungen auf dem bundesweiten Fernsehwerbemarkt ließen keinen internen Wettbewerb zwischen beiden Oligopolmitgliedern erwarten, sondern begünstigten vielmehr ein wettbewerbsbeschränkendes Parallelverhalten. Das BKartA stellte fest, dass trotz

---

[114] Vgl. BGH, Beschl. 20.4.2010, KVR 1/09, Phonak/GN Store, WuW/E DE-R 2905, 2905ff. Rn. 72.

[115] Vgl. BGH, Beschl. 20.4.2010, KVR 1/09, Phonak/GN Store, WuW/E DE-R 2905, 2905ff. Rn. 72.

[116] Vgl. BKartA, Beschl. 19.1.2006, B6-103-05, Axel Springer AG/ProSiebenSat.1 Media AG, S. 25.

[117] Vgl. BKartA, Beschl. 19.1.2006, B6-103-05, Axel Springer AG/ProSiebenSat.1 Media AG, S. 30.

des schrumpfenden Marktes der Marktanteil der Duopolmitglieder in den letzten vier Jahren symmetrisch, hoch und unverändert geblieben war.[118]
Darüber hinaus erleichterte nach der Feststellung des BKartA eine hohe Transparenz bei den Werbepreisen und den Kosten die stillschweigende Koordinierung, wodurch das Entstehen eines erheblichen internen Wettbewerbs eingeschränkt wurde.[119]
Das BKartA führte auch die weitgehende Symmetrie der Vertriebs- und Kostenstrukturen an Fernsehwerbezeiten an, um das Bestehen eines beherrschenden Duopols im Fernsehwerbemarkt nachzuweisen.[120] Zwei weitere Hinweise darauf, dass Bertelsmann keinen Anreiz hatte, mit P7S1 zu konkurrieren, seien darin zu sehen, dass die beiden Unternehmen bereits ungefähr die gleichen hohen Werbepreise verlangen und ungefähr die gleichen Rabatte gewährten.[121] Beide Unternehmen würden aggressive Wettbewerbsverstöße als jeweils nachteilig für beide bewerten.
Für das Außenverhältnis stellte das BKartA fest, dass die Duopolmitglieder keiner wesentlichen Nachfragemacht ausgesetzt waren.[122] Die öffentlich-rechtlichen Sender ARD und ZDF, die oligopolistische Außenseiter waren, besaßen nur jeweils einen Anteil unter 5 %. Das BKartA vertrat daher die Auffassung, dass es auf dem relevanten Markt keine Wettbewerber gab, die mit dem beherrschenden Duopol im Wesentlichen konkurrieren konnten.[123]
Das BKartA kam zu dem Schluss, dass kein wesentlicher Wettbewerb zwischen den Mitgliedern des Duopols (interner Wettbewerb) und gegenüber den Mitgliedern des Duopols (externer Wettbewerb) bestehe.[124]
Das BKartA stellte ferner fest, dass nach dem Zusammenschluss die kollektive Marktbeherrschung des bestehenden Duopols weiter verstärkt

118 Vgl. BKartA, Beschl. 19.1.2006, B6-103-05, Axel Springer AG/ProSiebenSat.1 Media AG, S. 31f.
119 Vgl. BKartA, Beschl. 19.1.2006, B6-103-05, Axel Springer AG/ProSiebenSat.1 Media AG, S. 32.
120 Vgl. BKartA, Beschl. 19.1.2006, B6-103-05, Axel Springer AG/ProSiebenSat.1 Media AG, S. 32.
121 Vgl. BKartA, Beschl. 19.1.2006, B6-103-05, Axel Springer AG/ProSiebenSat.1 Media AG, S. 34f.
122 Vgl. BKartA, Beschl. 19.1.2006, B6-103-05, Axel Springer AG/ProSiebenSat.1 Media AG, S. 35.
123 Vgl. BKartA, Beschl. 19.1.2006, B6-103-05, Axel Springer AG/ProSiebenSat.1 Media AG, S. 30.
124 Vgl. BKartA, Beschl. 19.1.2006, B6-103-05, Axel Springer AG/ProSiebenSat.1 Media AG, S. 38.

würde.[125] Dies sei auf die „Verengung des bestehenden Oligopols durch eine weitere Angleichung der markt- und unternehmensbezogenen Strukturmerkmale“[126] zurückzuführen.

Das BKartA stellte fest, dass der geplante Zusammenschluss zu einer weiteren Verstärkung der Verbindungen zwischen Springer/P7S1 und Bertelsmann und der daraus resultierenden gemeinsamen Interessen führen würde.[127] Konkret ging es darum, dass Springer und Bertelsmann bereits gemeinsame Minderheitsbeteiligungen an mehreren privaten Hörfunksendern und Pressevertriebsunternehmen hielten. Sie seien auch an den Gewinnen von Minderheitsbeteiligungen beteiligt.[128] Das BKartA vertrat die Auffassung, dass der Zusammenschluss die Angleichung der gemeinsamen Interessen verstärken und zu einem größeren Vergeltungspotenzial führen würde und somit das Duopol einen geringeren Anreiz für ein Abweichen haben würde.[129]

Das BKartA stellte ferner fest, dass der Zusammenschluss auch die Symmetrie der finanziellen Ressourcen erhöhen und Springer/P7S1 in Bezug auf die Ressourcenstärke näher an Bertelsmann heranbringen würde.[130] Daher vertrat BKartA die Auffassung, dass eine weitere Angleichung der Interessen und eine verstärkte Symmetrie durch den Zusammenschluss paralleles wettbewerbsbeschränkendes Verhalten fördern und den wettbewerbslosen internen Zustand weiter einschränken können.[131]

Das BKartA analysierte ferner die Verschlechterung der externen Wettbewerbssituation. Nach der Einschätzung des BKartA würde die marginale Substitutionswirkung durch BILD-Zeitung auf dem bundesweiten Fernsehwerbemarkt, die zu dem Entscheidungszeitpunkt die einzige wirtschaftliche Option für Werbekunden – außerhalb des relevanten Marktes – hinsichtlich

---

[125] Vgl. BKartA, Beschl. 19.1.2006, B6-103-05, Axel Springer AG/ProSiebenSat.1 Media AG, S. 38.

[126] BKartA, Beschl. 19.1.2006, B6-103-05, Axel Springer AG/ProSiebenSat.1 Media AG, S. 38.

[127] Vgl. BKartA, Beschl. 19.1.2006, B6-103-05, Axel Springer AG/ProSiebenSat.1 Media AG, S. 38.

[128] Vgl. BKartA, Beschl. 19.1.2006, B6-103-05, Axel Springer AG/ProSiebenSat.1 Media AG, S. 40.

[129] Vgl. BKartA, Beschl. 19.1.2006, B6-103-05, Axel Springer AG/ProSiebenSat.1 Media AG, S. 39.

[130] Vgl. BKartA, Beschl. 19.1.2006, B6-103-05, Axel Springer AG/ProSiebenSat.1 Media AG, S. 41.

[131] Vgl. BKartA, Beschl. 19.1.2006, B6-103-05, Axel Springer AG/ProSiebenSat.1 Media AG, S. 41.

der Fernsehwerbung beim Duopol darstellte, entfallen.[132] Das Duopol musste bei der Festsetzung der Preise für die Fernsehwerbung die Preissetzung der BILD-Zeitung nicht berücksichtigen.
Zusammenfassend vertrat das BKartA die Ansicht, dass der Zusammenschluss die beherrschende Stellung des Duopols verstärken würde.
Der BGH bestätigte die Verstärkung eines wettbewerbslosen Duopols auf dem Fernsehwerbemarkt und damit die Untersagungsverfügung des BKartA.[133] In seiner Entscheidung hob der BGH die Bedeutung des Schutzes von Außenseitern in einem oligopolistischen Markt hervor.
Der BGH wies darauf hin, dass bei der Prognose, ob ein Zusammenschluss eine beherrschende Stellung verstärkt, die Wettbewerbsbedingungen, die ohne den Zusammenschluss herrschen würden, mit denen verglichen werden müssen, die sich nach dem Zusammenschluss ergeben würden.[134] Dabei komme es nicht auf ein gewisses Maß an Spürbarkeit an.[135] Der BGH machte deutlich, dass

> „[b]ei Märkten mit einem hohen Konzentrationsgrad […] schon eine geringfügige Beeinträchtigung des verbliebenen oder potenziellen Wettbewerbs [genügt]. Es reicht aus, wenn rechtliche oder tatsächliche Umstände dem marktbeherrschenden Unternehmen oder Oligopol zwar nicht zwingend, aber doch mit einiger Wahrscheinlichkeit eine günstigere Wettbewerbssituation verschaffen. Dafür genügt es, wenn die Gefahr entsteht oder erhöht wird, dass potenzielle Wettbewerber entmutigt und so von einem nachstoßenden Wettbewerb abgehalten werden".[136]

In diesem Sinne stellte der BGH fest, dass die Schlussfolgerung, dass die marktbeherrschende Stellung des Oligopols verstärkt wurde, grundsätzlich aus der Tatsache gezogen werden konnte, dass sich die Marktstellung nur eines Mitglieds eines Oligopols verbessert wurde.[137] Unter der Annahme, dass die Marktbeherrschung des Oligopols gestärkt werde, bedürfe es nicht

---

[132] Vgl. BKartA, Beschl. 19.1.2006, B6-103-05, Axel Springer AG/ProSiebenSat.1 Media AG, S. 39f.
[133] BGH, Beschl. 8.6.2010, KVR 4/09, Springer/Pro Sieben II, WRP 2010, 1527.
[134] Vgl. BGH, Beschl. 8.6.2010, KVR 4/09, Springer/Pro Sieben II, WRP 2010, 1527, 1533 Rn. 44.
[135] Vgl. BGH, Beschl. 8.6.2010, KVR 4/09, Springer/Pro Sieben II, WRP 2010, 1527, 1533 Rn. 44.
[136] BGH, Beschl. 8.6.2010, KVR 4/09, Springer/Pro Sieben II, WRP 2010, 1527, 1533 Rn. 44.
[137] Vgl. BGH, Beschl. 8.6.2010, KVR 4/09, Springer/Pro Sieben II, WRP 2010, 1527, 1533 Rn. 45.

unbedingt einer weiteren Stabilisierung des Oligopolkonsenses und einer Verbesserung der strukturellen Voraussetzungen für ein dauerhaftes einheitliches Verhalten.[138] Erweitere nur ein Mitglied des Oligopols die Handlungsspielräume, die im Wettbewerb nicht ausreichend kontrolliert werden, sei die Konkurrenz von außerhalb des Oligopols bereits bedroht.[139]

Der BGH führte weiter aus, dass die obengenannte Argumentation nur durch die Tatsache widerlegt werden könne, dass die Veränderung der Wettbewerbsbedingungen auf dem Markt infolge des Zusammenschlusses das Wiederaufleben eines internen Wettbewerbs erwarten ließ.[140]

Der BGH folgte mit seiner Einschätzung der ständigen Rechtsprechung,[141] dass in Fälle der Verstärkung einer Marktbeherrschung die Spürbarkeitsschwelle der zu erwartenden Wettbewerbsverschlechterung nicht erreicht sein musste, wenn der Wettbewerb bereits wegen der bestehenden Marktbeherrschung eingeschränkt war. Denn je weniger Restwettbewerb bleibe, desto schützenswerter sei er.[142]

4.4.2 Koordinierte Effekte und kollektive Marktbeherrschung

Theoretisch kann ein Zusammenschluss den beteiligten Unternehmen Möglichkeiten und Anreize schaffen, ihr Verhalten künftig zu koordinieren (insbesondere in Form von der Begründung einer kollektiven Marktbeherrschung) oder eine bestehende Koordinierung zu fördern oder zu stabilisieren (insbesondere in Form von der Verstärkung einer kollektiven Marktbeherrschung).[143] Diese durch einen Zusammenschluss verursachten dynamischen Marktveränderungen werden als koordinierte Effekte bezeichnet. Im Sinne der koordinierten Effekte wird der Wettbewerb zwischen den Unternehmen weitgehend ausgeschaltet, wobei die Ergebnisse denen einer monopolistischen Marktstruktur entsprechen.[144]

---

[138] Vgl. BGH, Beschl. 8.6.2010, KVR 4/09, Springer/Pro Sieben II, WRP 2010, 1527, 1533 Rn. 45.

[139] Vgl. BGH, Beschl. 8.6.2010, KVR 4/09, Springer/Pro Sieben II, WRP 2010, 1527, 1533 Rn. 45.

[140] Vgl. BGH, Beschl. 8.6.2010, KVR 4/09, Springer/Pro Sieben II, WRP 2010, 1527, 1533 Rn. 45.

[141] Vgl. BGH, Beschl. 21.2.1978, KVR 4/77, Kfz-Kupplungen, BGHZ 71, 102, 125; BGH, Beschl. 11.11.2008, KVR 60/07, E.ON/Stadtwerke Eschwege, BGHZ 178, 285, 305 Rn. 61.

[142] Vgl. Monopolkommission, 19. Hauptgutachten der Monopolkommission 2006/2007, Ds. 16/10140, Rn. 707.

[143] Vgl. BKartA, Leitfaden zur Marktbeherrschung in der Fusionskontrolle, Rn. 81.

[144] Vgl. *Schwalbe/Zimmer*, S. 448.

Um die koordinierten Effekte zu beurteilen, besteht der Grundgedanke des BKartA darin, die Möglichkeit oder Stabilität einer stillschweigenden Kollusion aus Sicht des internen und externen Wettbewerbs zu analysieren. Auf dieser Grundlage wird dann geprüft, ob das tatsächliche Wettbewerbsverhalten die obigen Annahmen widerlegt.[145]

Konkret ist zu prüfen, ob die Marktbedingungen nach dem Zusammenschluss so beschaffen sind, dass das einheitliche Vorgehen eines Oligopols vorhersehbar und hinreichend stabil ist, so dass kein wesentlicher Binnenwettbewerb besteht. Darüber hinaus dürfen außenstehende Wettbewerber keinen hinreichenden Wettbewerbsdruck auf die Oligopolmitglieder ausüben, so dass der Verhaltensspielraum der Oligopolisten durch wesentlichen Außenwettbewerb kontrolliert wird.

Ausschlaggebend ist immer die Gesamtwürdigung, bei der die einzelnen strukturellen Faktoren entsprechend ihrer Bedeutung für den jeweiligen Markt gewichtet und daraufhin geprüft werden, ob sie wirklich geeignet sind, ein koordiniertes Vorgehen der beteiligten Unternehmen zu fördern.[146]

---

[145] Vgl. BKartA, Leitfaden zur Marktbeherrschung in der Fusionskontrolle, Rn. 83.

[146] Vgl. BKartA, Leitfaden zur Marktbeherrschung in der Fusionskontrolle, Rn. 87.

4.5 Vergleich der Anforderungen im EU-Wettbewerbsrecht und im deutschen Recht

4.5.1 Missbrauchsverbot

4.5.1.1 Gemeinsamkeiten

Im Gegensatz zum Unionsrecht sieht das deutsche Recht ausdrücklich den Begriff der kollektiven Marktbeherrschung in § 18 Abs. 5 GWB vor. Aber die beiden Regelungssysteme sind sich in ihrem Ansatz, eine kollektive Marktbeherrschung festzustellen, weitgehend ähnlich.

Das GWB definiert den Begriff der kollektiven Marktbeherrschung anhand einer Wettbewerbsprüfung in zweifacher Hinsicht: interner Wettbewerb und externer Wettbewerb. Diese zweistufige Prüfung von Außen- und Binnenwettbewerb steht inhaltlich im Einklang mit den Überlegungen, die der Feststellung einer kollektiven Marktbeherrschung in der unionsrechtlichen Rechtsprechung zugrunde liegen.

Nach der unionsrechtlichen Rechtsprechung setzt eine kollektive Marktbeherrschung vor, dass die beteiligten Unternehmen so verbunden sind, dass sie als eine kollektive Einheit auf dem Markt in gleicher Weise vorgehen können.[147] Die Anforderung an das Vorliegen einer kollektiven Einheit impliziert gerade, dass es keinen wirksamen internen Wettbewerb zwischen den Mitgliedern des Oligopols gibt. In § 18 Abs. 5 Nr. 1 GWB heißt es dagegen direkt, dass es keinen wesentlichen internen Wettbewerb geben darf.

§ 18 Abs. 5 Nr. 2 GWB verlangt, dass mehrere Unternehmen in ihrer Gesamtheit § 18 Abs. 1 GWB erfüllen, d. h., dass sie in ihrer Gesamtheit eine beherrschende Stellung einnehmen.

In ähnlicher Weise verlangt die Unionsrechtsprechung, dass eine kollektive Einheit, die aus mehreren Unternehmen besteht, eine beherrschende Stellung einnehmen.[148] Das Innehaben einer marktbeherrschenden Stellung bedeutet, dass die betroffenen bzw. beteiligten Unternehmen in der Lage sind, mit einem erheblichen Maß an Unabhängigkeit gegenüber Wettbewerbern, Kunden und letztlich Verbrauchern zu handeln.[149]

---

[147] Vgl. EuGH 27.4.1994, Rs. C-393/92, Slg. 1994, I-1477, Rn. 42 „Almelo“; EuGH 17.10.1995, Rs. C-140/94, C-141/94, C-142/94, Slg. 1995, I-3257, Rn. 25f. „DIP“.

[148] Vgl. EuGH 16.3.2000, Rs. C-395/96 P und C-396/96 P, Slg. 2000, I-1365, Rn. 39 „Compagnie Maritime Belge“.

[149] Vgl. EuG 10.3.1992, Rs. T-68/89, 77/89 und 78/89, Slg. 1992, II-1403, Rn. 358 „Flachglas“; EuG 30.9.2003, Rs. T-191/98, T-212/98 bis T-214/98, Slg. 2003, II-3275, Rn. 595 „TACA“.

Für die Rechtsdurchsetzung ist wichtig, dass bei einer kollektiven Marktbeherrschung alle betroffenen Unternehmen Normadressaten sind, auch wenn sie einzeln betrachtet keine marktbeherrschende Stellung haben. Zur Frage, unter welchen Voraussetzungen das individuelle Verhalten eines Oligopolmitglieds unter das Missbrauchsverbot fällt, setzt der BGH im Fall des Behinderungsmissbrauchs voraus, dass sich das Einzelverhalten eines Unternehmens in ähnlicher Weise auf die Wettbewerbsposition des behinderten Unternehmens auswirkt wie das entsprechende Verhalten aller Oligopolisten.[150] Es ist in jedem Einzelfall zu prüfen, ob sich die aus der Macht der Gruppe resultierende Gefahr im Verhalten Einzelner verwirklichen kann, ohne dass die marktbeherrschende Stellung ein solches Verhalten überhaupt erst ermöglicht.[151]

Die vom BGH geforderte Ergebniskausalität steht im Einklang mit dem Kausalitätserfordernis der Unionsrechtsprechung, die auch keine strenge Verhaltenskausalität verlangt. In der Entscheidung *Irish Sugar* verlangt das EuG lediglich eine Rückverfolgbarkeit zwischen dem Verhalten eines Unternehmens und des Besitzes einer kollektiven Marktbeherrschung.[152]

Diese Ergebniskausalitätsanforderung gilt auch für die Fälle des Ausbeutungsmissbrauchs im deutschen GWB. Seit Inkrafttreten der 10. GWB-Novelle verbietet § 19 Abs. 1 GWB nicht mehr eine „Ausnutzung" einer marktbeherrschenden Stellung, sondern ganz allgemein deren „Missbrauch". Ziel ist es, die allgemeine Ergebniskausalität im Missbrauchsverbot anzuwenden.[153]

4.5.1.2 Unterschiede

In Bezug auf das Verhältnis europäischer und deutscher Praxis im Bereich der Missbrauchskontrolle ist auf Art. 3 VO 1/2003[154] und § 22 GWB hinzuweisen. Art. 102 AEUV sichert insoweit nur einen unionsweiten Mindeststandard an Missbrauchsverbot einer Marktbeherrschung. Im Vergleich dazu macht GWB nach Art. 3 Abs. 2 S. 2 VO 1/2003 von dem verbliebenen Spielraum für autonome Regelungen durchaus Gebrauch. Der deutsche Gesetzgeber darf strengere Vorschriften zur Kontrolle der missbräuchlichen Praktiken vom marktbeherrschenden Oligopol erlassen.

---

[150] Vgl. BGH, Beschl. 10.12.1985, KZR 22/85, Abwehrblatt II, BGHZ 96, 337, 337.

[151] Vgl. *Wolf*, in: Säcker/Bien/Meier-Beck/Montag, Münchener Kommentar zum Wettbewerbsr., § 19 GWB Rn. 22.

[152] Vgl. EuG 7.10.1999, Rs. T-228/97, Slg. 1999, II-2969, Rn. 6 „Irish Sugar".

[153] Vgl. RegBegr. 10. GWB-Novelle, BT-Drs. 19/23492, S. 70.

[154] Verordnung (EG) Nr. 1/2003 des Rates vom 16. Dezember 2002 zur Durchführung der in den Artikeln 81 und 82 des Vertrags niedergelegten Wettbewerbsregeln, ABl. L 1/1 vom 4.1.2003.

In diesem Zusammenhang sieht das GWB zwei Möglichkeiten zum Eingreifen in die kollektive Marktbeherrschung vor. Neben der Berufung auf die Definitionsklausel nach § 18 Abs. 5 GWB bildet die Oligopolvermutung nach § 18 Abs. 6 GWB eine weitere Grundlage für ein Eingreifen. Entscheidend sind Marktanteilsschwellen von 50 % für drei (oder weniger) Unternehmen und von zwei Dritteln für fünf (oder weniger) Unternehmen. Da sich § 18 Abs. 6 GWB auf eine qualifizierte Vermutung mit Beweislastumkehr bezieht, tragen die Unternehmen bei Erreichen der Schwellenwerte die Beweislast für den Nachweis der Widerlegungsszenarios nach § 18 Abs. 7 GWB.[155]

Es wurde argumentiert, dass mit der Vermutungsklausel die Hürden für die Feststellung eines wettbewerbslosen Oligopols nach deutschem GWB *viel niedriger* seien als nach europäischem Wettbewerbsrecht.[156] In diesem Zusammenhang gehe das deutsche GWB strenger mit dem Oligopol um.

Gegen diese Position spricht jedoch, dass die Vermutungsklauseln keine große Rolle in der Verwaltungspraxis spielen. Auch wenn die Marktanteilsschwelle erreicht ist, muss das tatsächliche Wettbewerbsgeschehen im Hinblick auf eine Gesamtbewertung analysiert werden. In der Tat werden die Vermutungsklauseln in den meisten Fällen erfolgreich widerlegt.[157]

Für diese Position spricht, dass die Vermutungsklausel eine Vereinfachung für die Feststellung einer kollektiven Marktbeherrschung darstellt. In diesem Sinne kann argumentiert werden, dass die Schwelle für ein Eingreifen gegen kollektive Marktbeherrschung nach GWB mindestens theoretisch niedriger ist.

Die Umkehr der Beweislast, die sich aus der Vermutungsklausel ergibt, erhöht die Belastung für die Oligopolmitglieder. Die Oligopolisten müssen die Beweislast tragen. Zumindest bei der Anwendung der Oligopolvermutung vertrat der BGH die Auffassung, dass das mehrdeutige Verhalten von Unternehmen die Annahme eines einheitlichen Verhaltens aufgrund der Strukturanalyse nicht in Frage stellen kann.[158] Nur eine tatsächliche Wettbewerbssituation kann dies widerlegen.

In diesem Sinne kann man auch sagen, dass der deutsche Ansatz im Bereich des Oligopols und der kollektiven Marktbeherrschung strenger ist.

---

[155] Vgl. *Wiedemann*, in: Wiedemann, Handb. des Kartellrechts, § 23 Rn 41.

[156] Vgl. *Schweitzer/Haucap/Kerber/Welker*, Modernisierung der Missbrauchsaufsicht für marktmächtige Unternehmen, S. 65.

[157] Vgl. *Winckler/Hansen*, Common Mark. Law Rev. 1993, 787, 798; *Wiedemann*, in: Wiedemann, Handb. des Kartellrechts, § 23 Rn 40.

[158] Vgl. BGH, Beschl. 6.12.2011, KVR 95/10, Total/OMV, BGHZ 192, 18, 35f. Rn. 58.

4.5.2 Fusionskontrolle

4.5.2.1 Gemeinsamkeiten

Die von der deutschen Fusionkontrollspraxis aufgestellten Kriterien für die Beurteilung der koordinierten Effekte decken sich ebenfalls weitgehend mit den Fusionskontrollentscheidungen auf der Grundlage des Unionsrechts.[159] Wirtschaftliche Erkenntnisse aus der Spieltheorie und der stillschweigenden Kollusion werden in die Analyse der kollektiven Marktbeherrschung in der deutschen Fusionskontrolle ebenfalls einbezogen. Im Mittelpunkt der Prüfung der Wettbewerbslosigkeit eines Oligopols steht die Frage, ob es genügend Anreize und Fähigkeiten für eine stillschweigende Kollusion gibt und ob sie aufrechterhalten kann.

Der vom BKartA gewählte Test für koordinierte Effekte besteht aus vier Elementen, der Koordinationserzielung, der ausreichenden Markttransparenz, ein glaubwürdiger Sanktionsmechanismus, und einem mangelnden externen Wettbewerbsdruck,[160] was im Wesentlichen den drei Airtours-Kriterien und dem Impala-Test entspricht.

Das BKartA lehnt es ab, die in der Checkliste aufgeführten Marktmerkmale, die gemeinhin die Kollusion begünstigen, isoliert zu prüfen. Entscheidend ist immer eine Gesamtbetrachtung, bei der die einzelnen Strukturelemente nach ihrer Bedeutung für den konkreten Markt gewichtet und daraufhin geprüft werden, ob und inwieweit sie tatsächlich geeignet sind, ein (zumindest stillschweigendes) einheitliches Vorgehen der beteiligten Unternehmen zu fördern, und ob die tatsächliche Wettbewerbssituation auf dem Markt diese Faktoren neutralisiert.[161]

Etwas anders sieht es aus, wenn das BKartA als fünften Punkt zusätzlich die Realitäten des Wettbewerbs mit einbezieht. Selbst wenn die strukturellen Marktbedingungen eine hinreichende Wahrscheinlichkeit für ein einheitliches Verhalten zulassen, kann das tatsächliche Marktgeschehen die Annahme einer kollektiven Marktbeherrschung widerlegen.[162] Es ist daher

---

[159] Vgl. BGH, Beschl. 11.11.2008, KVR 60/07, E.ON/Stadtwerke Eschwege, BGHZ 178, 285, 297 Rn. 39; BGH, Beschl. 20.4.2010, KVR 1/09, Phonak/GN Store, WuW/E DE-R 2905, 2905ff. Rn. 72; BGH, Beschl. 6.12.2011, KVR 95/10, Total/OMV, BGHZ 192, 18, 28 Rn. 36.

[160] Vgl. BKartA, Leitfaden zur Marktbeherrschung in der Fusionskontrolle, Rn. 91ff.

[161] Vgl. BKartA, Beschl. 24.4.2014, B6-98/13, Springer/Funke Mediengruppe, Rn. 111; BGH, Beschl. 6.12.2011, KVR 95/10, Total/OMV, BGHZ 192, 18, 33 Rn. 51.

[162] Vgl. BGH, Beschl. 11.11.2008, KVR 60/07, E.ON/Stadtwerke Eschwege, BGHZ 178, 285, 297 Rn. 39; BGH Beschl. 20.4.2010, KVR 1/09, Phonak/GN Store, WuW/E DE-R 2905, 2920, Rn. 72; BGH, Beschl. 6.12.2011, KVR 95/10, Total/OMV, BGHZ 192, 18, 32 Rn. 50.

notwendig zu prüfen, ob der tatsächliche Einsatz der strukturellen Elemente zu einem wesentlichen Wettbewerb führt.
Der fünfte Punkt spiegelt wiederum die gesamtwirtschaftliche Betrachtung aller relevanten Umstände wider und stellt daher keine wesentliche Abweichung vom Unionswettbewerbsrecht dar.

4.5.2.2 Unterschiede

Hinsichtlich des Verhältnisses zwischen europäischer und deutscher Untersagungspraxis ist auf die Rechtssache *E.ON Hanse/Stadtwerke Lübeck* hinzuweisen.
E.ON Hanse war ein Regionalversorgungsunternehmen für Strom, Gas, Wasser und Wärme in Schleswig-Holstein. E.ON Hanse beabsichtigte, eine 49,9 % Beteiligung an der Stadtwerke Lübeck zu erwerben. Die E.ON Energie AG, eine hundertprozentige Tochtergesellschaft der E.ON AG (E.ON), war ein Großaktionär der E.ON Hanse.
Das BKartA untersagte diesen Anteilserwerb mit der Begründung, dass E.ON und RWE ein marktbeherrschendes Duopol auf dem Markt für die Belieferung von Weiterverteilern und auf dem Markt für die Belieferung von leistungsgemessenen Stromendkunden (Großkunden) bildeten.[163] Das Zusammenschlussvorhaben würde die kollektive marktbeherrschende Stellung von E.ON und RWE noch verstärken.[164]
Zu der Frage, ob die deutsche Fusionskontrollpraxis mit der europäischen Fusionskontrollpraxis konsistent und kohärent sein muss, äußerte sich das BKartA in der Entscheidung. Das BKartA vertrat die Auffassung, dass es bei der Beurteilung des Vorliegens einer bestehenden kollektiven Marktbeherrschung eines Oligopols weder an die Entscheidungen der Europäischen Kommission noch an die vom EuG in der Entscheidung *Airtours* aufgestellten Beurteilungskriterien gebunden sei.[165] Weder die Beurteilung der Kommission noch die des EuG sei für das BKartA bindend.[166]

---

[163] Vgl. BKartA, Beschl. 20.11.2003, B8-84/03, E.ON Hanse/Stadtwerke Lübeck, Rn. 27.
[164] Vgl. BKartA, Beschl. 20.11.2003, B8-84/03, E.ON Hanse/Stadtwerke Lübeck, Rn. 21.
[165] Vgl. BKartA, Beschl. 20.11.2003, B8-84/03, E.ON Hanse/Stadtwerke Lübeck, Rn. 27.
[166] Vgl. BKartA, Beschl. 20.11.2003, B8-84/03, E.ON Hanse/Stadtwerke Lübeck, Rn. 27.

Jedoch betonte das BKartA, dass die vom EuG gesetzten Kriterien weitgehend denen des BKartA entsprechen.[167] Daraus ergibt sich, dass die deutsche Untersagungspraxis bezüglich des Oligopols nicht die Kohärenz und Konsistenz der Unionspraxis untergräbt.
Es wurde jedoch argumentiert, dass deutsche Untersagungspraxis wesentlich strenger als die europäische Praxis sei.[168] Dafür gibt es zwei Argumente. Erstens ermögliche die europäische Fusionskontrollpraxis Untersagungsentscheidungen allein wegen der Gefahr der Begründung oder Verstärkung eines marktbeherrschenden Duopols.[169] Im Vergleich dazu sei das BKartA auch in Fällen der Begründung oder Verstärkung weiterer Oligopole zum Zusammenschlussverbot gelangt.
In der Rechtssache *Philip Morris/Rothmans* untersagte das BKartA mit der Begründung, dass der Beteiligungserwerb von Philip Morris an Rothmanns zu einer Verstärkung einer marktbeherrschenden Stellung einer Gesamtheit der fünf führenden Unternehmen auf dem deutschen Zigarettenmarkt führen würde.[170] Laut dem BKartA hatten die fünf Oligopolisten vor dem Zusammenschluss einen gemeinsamen Marktanteil von 99 %, der deutlich über der Schwellenwerte der Oligopolvermutung lag.[171] Das BKartA stellte fest, es sei nicht nachgewiesen, dass die veränderten Wettbewerbsbedingungen nach dem Zusammenschluss zu einem wesentlichen Innenwettbewerb zwischen den Oligopolmitgliedern führen könnten.
In der Rechtssache *Glasfaserkabel* hat das BKartA die Gründung eines Gemeinschaftsunternehmens (GfL) zur Produktion von Glasfasern mit der Begründung untersagt, dass die Gründung von GfL das marktbeherrschende Oligopol der fünf beteiligten Unternehmen (Siemens, Philips, AEG, SEL und Kabelmetal) auf dem nachgelagerten Markt für Fernmeldekabel verstärken würde.[172] Das BKartA stellte fest, dass die Einbindung aller führenden inländischen Kabelhersteller zu einer gemeinsamen Faserproduktion zu einer Marktabschottung anderer Unternehmen führen und deren Chancen,

---

[167] Vgl. BKartA, Beschl. 20.11.2003, B8-84/03, E.ON Hanse/Stadtwerke Lübeck, Rn. 27.
[168] Vgl. *Zimmer/Paul*, Juristen Zeitung 2008, 673, 679.
[169] Vgl. *Zimmer/Paul*, Juristen Zeitung 2008, 673, 679; *Schwalbe/Zimmer*, S. 557.
[170] Vgl. BKartA, Beschl. 24.2.1982, Philip Morris/Rothmans, WuW/E BKartA 1943, 1947.
[171] Vgl. BKartA, Beschl. 24.2.1982, Philip Morris/Rothmans, WuW/E BKartA 1943, 1947.
[172] Vgl. BKartA, Beschl. 8.6.1984, Glasfaserkabel, WuW/E BKartA 2143, 2144.

auf dem nachgelagerten Markt für Fernmeldekabel zu konkurrieren, beeinträchtigt würde, wodurch der externe Wettbewerb weiter eingeschränkt werde.[173]

In der Rechtssache *Rethmann/Tönsmeier* ging es um die gemeinsame mittelbare Beteiligung von Rethmann und Tönsmeier an der Gesellschaft für Abfallwirtschaft Köthen. Das BKartA hat das Vorhaben untersagt, weil es zur Verstärkung eines marktbeherrschenden Oligopols von Rethmann, RWE Umwelt, Sita und Alba auf den Märkten für die Sammlung und den Transport von Restmüll und Altpapier in den Landkreis Köthen führen würde.[174] Auf der Grundlage der zusammengefassten Marktanteile (70 %), die die Vermutungsschwelle erreichten, stellte das BKartA fest, dass markt- und unternehmensbezogene Strukturmerkmale und die Analyse des konkreten Wettbewerbsverhaltens des Oligopolisten in einer Vielzahl von Ausschreibungsverfahren auf das Fehlen von wesentlichem Wettbewerb hinwiesen.[175] Da das Zielunternehmen der größte oligopolistische Außenseiter sei, würde der Zusammenschluss daher zu einer Verstärkung der kollektiven Marktbeherrschung führen.

Zweitens sind bei einer bloßen Verstärkung einer bereits bestehenden marktbeherrschenden Stellung die Untersagungsvoraussetzungen in der deutschen Praxis bereits bei einer geringfügigen Verschlechterung der Wettbewerbsbedingungen erfüllt.[176] Dies ist der Fall, wenn einer der Oligopolisten bessere Absatzchancen hat,[177] oder ein potenzieller Wettbewerber übernommen wird,[178] vor allem wenn dieser potenzielle Wettbewerber von beträchtlicher Größe ist,[179] oder die Symmetrie der Oligopolmitglieder verstärkt wird,[180] oder Marktanteil gering ansteigt.[181]

---

[173] Vgl. BKartA, Tätigkeitsbericht 1983/1984, Ds. 10/3550, S. 80.

[174] Vgl. BKartA, Beschl. 16.11.2004, B10-74/04, Rethmann/Tönsmeier, Rn. 19.

[175] Vgl. BKartA, Beschl. 16.11.2004, B10-74/04, Rethmann/Tönsmeier, Rn. 63ff.

[176] Vgl. *Schwalbe/Zimmer*, S. 584; BGH, Beschl. 11.11.2008, KVR 60/07, E.ON/Stadtwerke Eschwege, BGHZ 178, 285, 305 Rn. 61.

[177] Vgl. BGH, Beschl. 11.11.2008, KVR 60/07, E.ON/Stadtwerke Eschwege, BGHZ 178, 285, 305 Rn. 61.

[178] Vgl. BKartA, Beschl. 24.8.2007, Kalmar/CVS (Cargotec), WuW/E DE-V 1442, 1446f.

[179] Vgl. BKartA, Beschl. 30.6.1978, RWE/Energieversorgung Leverkusen, WuW/E BKartA 1727, 1730f.

[180] Vgl. BKartA, Beschl. 19.1.2006, B6-103-05, Axel Springer AG/ProSiebenSat.1 Media AG, S. 40.

[181] Vgl. OLG Düsseldorf, Beschl. 2.11.2005, VI-Kart 30/04 (V), Rethmann/Tönsmeier, WuW/E DE-R 1625, 1629f.

Da Zusammenschlüsse zwischen mehr als drei Oligopolisten durch das GWB reguliert werden können und die Eingriffsschwelle für die Fusionskontrolle niedriger ist, kann man sagen, dass die deutsche Fusionskontrollpraxis im Oligopolbereich relativ gesehen strenger ist als die europäische Praxis.[182]

4.6 Zwischenergebnis

Das deutsche GWB enthält eine Definition der kollektiven Marktbeherrschung (§ 18 Abs. 5 GWB) sowie widerlegbare Vermutungsklauseln (§ 18 Abs. 6 und 7 GWB).
Die Definition der kollektiven Marktbeherrschung umfasst einen Test in zwei Hinsichten, nämlich das Fehlen eines wesentlichen internen Wettbewerbs und das Fehlen eines wesentlichen externen Wettbewerbs.
Die deutsche Vorgehensweise bei der Feststellung einer kollektiven Marktbeherrschung lässt sowohl im Hinblick auf das Missbrauchsverbot als auch auf die Fusionskontrolle keine grundlegenden Unterschiede zum Unionsrecht erkennen.
Generell lässt sich jedoch feststellen, dass die deutsche Anwendungspraxis im Bereich des Oligopols strenger ist als die europäische Praxis.
Die gesetzlichen Bestimmungen gemäß VO 1/2003 und § 22 GWB lassen Abweichungen von dem Unionsrecht überhaupt erst zu.
Die besondere Strenge der deutschen Oligopolkontrolle ist hauptsächlich auf die Oligopolvermutung in § 18 Abs. 6 GWB zurückzuführen. Die Oligopolvermutung stellt eine Vereinfachung der Feststellung einer kollektiven Marktbeherrschung dar, da die Vermutung des Vorliegens einer kollektiven Marktbeherrschung allein aufgrund der Tatsache aufgestellt werden kann, dass der Marktanteil einen bestimmten Schwellenwert erreicht. Die Oligopolvermutung erleichtert daher die Erfassung einer kollektiven Marktbeherrschung und damit die Durchführung von Missbrauchs- und Fusionskontrollverfahren.
Zudem gilt die deutsche Fusionskontrollpraxis im Oligopolbereich als strenger, weil das GWB neben dem üblichen Szenario des Duopols die Vermutung einer kollektiven Marktbeherrschung zulässt, wenn die Zahl der Oligopolmitglieder zwischen drei und fünf liegt. Das deutsche Untersagungspraxis erstreckt sich auf die Schaffung oder Verstärkung von einem marktbeherrschenden Oligopol mit zwei bis fünf Mitgliedern.

---

[182] Vgl. *Zimmer/Paul*, Juristen Zeitung 2008, 673, 679.

Das beobachtete Verhalten im engen Oligopol kann ambivalent sein, d. h. es kann einen Wettbewerbsvorstoß oder die Sanktionsmaßnahme gegen Abweichung von einer Koordinierung darstellen. Die deutsche Entscheidungspraxis hat der Widerlegung der Vermutung einer kollektiven Marktbeherrschung bestimmte Grenzen gesetzt. Wenn die Marktstrukturanalyse zeigt, dass das parallele Verhalten im engen Oligopol vorhersehbar und stabil ist, kann die Mehrdeutigkeit des Verhaltens selbst, zumindest im Bereich der Oligopolvermutung, die Schlussfolgerung des Vorliegens eines wettbewerbslosen Oligopols nicht widerlegen.[183] In Verbindung mit der Beweislastumkehr durch die Vermutungsklausel tragen die Oligopolmitglieder somit eine höhe Beweislast in der deutschen Praxis.
Die strengere deutsche Oligopolkontrolle ist auch darauf zurückzuführen, dass eine geringe Beeinträchtigung des verbleibenden oder potenziellen Wettbewerbs in Fällen der Verstärkung einer kollektiven Marktbeherrschung ausreicht, um ein Fusionsverbot auszulösen.
Da in der deutschen Praxis stets die tatsächliche Wettbewerbssituation auf der Grundlage einer Gesamtbewertung berücksichtigt werden muss, wird dies die Durchsetzungslücke zwischen Deutschland und der EU in gewissem Maße verringern.

183 Vgl. BGH, Beschl. 6.12.2011, KVR 95/10, Total/OMV, BGHZ 192, 18, 35f. Rn. 58.

5 ABGRENZUNGEN

5.1 Kollektive Marktbeherrschung in drei kartellrechtlichen Säulen

Es gibt eine enge Überschneidung zwischen der Lehre der kollektiven Marktbeherrschung und dem Kartellverbot in Art. 101 AEUV und § 1 GWB. Einerseits wurde die Lehre der kollektiven Marktbeherrschung ursprünglich geschaffen, um die stillschweigende Kollusion zu erfassen, die nicht unter das Kartellverbot fallen kann. Andererseits kann eine explizite Kollusion, die durch Art. 101 AEUV und § 1 GWB verboten ist, als eine Grundlage für die Feststellung einer kollektiven Marktbeherrschung dienen. Dies ist der Fall, wenn die Beteiligung an einer Kartellvereinbarung oder deren Durchsetzung dazu führt, dass die Mitglieder eines Oligopols so eng miteinander verbunden sind, dass innerhalb des Oligopols kein wesentlicher Wettbewerb herrscht.

Da die Lehre der kollektiven Marktbeherrschung wiederum im Rahmen des Missbrauchsverbots und der Fusionskontrolle entwickelt wurde, ist es notwendig, die Relevanz der kollektiven Marktbeherrschung innerhalb der drei kartellrechtlichen Säulen zu unterscheiden.

5.1.1 Missbrauch durch Kartellvereinbarung

Grundsätzlich sind die Art. 101 und Art. 102 AEUV nebeneinander anwendbar, wenn die Tatbestände der beiden Normen zugleich erfüllt sind.[1] Beispielsweise ist der durch das Preiskartell fixierte Preis nicht nur koordiniert, sondern auch gemäß Art. 102 S. 2 lit. a) AEUV unangemessen und exzessiv.[2]

Anders als im Falle einer Einzelmarktbeherrschung können Kartellvereinbarungen sowohl in der Phase der Feststellung einer kollektiven Marktbeherrschung als auch in der Phase der Feststellung des Missbrauchs eine Rolle spielen. Diese beiden Situationen werden im Folgenden getrennt be-

---

[1] Vgl. EuGH 11.04.1989, Rs. 66/86, Slg. 1989, 803, Rn. 38 „Ahmed Saeed Flugreisen"; EuGH 16.3.2000, Rs. C-395/96 P und C-396/96 P, Slg. 2000, I-1365, Rn. 64 „Compagnie Maritime Belge"; *Jung*, in: Grabitz/Hilf/Nettesheim, Das R. der Eur. Union, Art. 102 AEUV Rn. 73; *Eilmansberger/Bien*, in: Säcker/Bien/Meier-Beck/Montag, Münchener Kommentar zum Wettbewerbsr., Art. 102 AEUV Rn. 27f.

[2] Vgl. *Eilmansberger/Bien*, in: Säcker/Bien/Meier-Beck/Montag, Münchener Kommentar zum Wettbewerbsr., Art. 102 AEUV Rn. 220.

handelt. Das erste Szenario bezieht sich darauf, dass die Mitwirkung an einer Kartellabsprache ursächlich für das Fehlen des wirksamen Binnenwettbewerbs bzw. das Vorliegen einer kollektiven Einheit ist. Das bloße Bestehen einer Kartellabsprache reicht jedoch nicht aus, um eine kollektive Marktbeherrschung festzustellen. Eine kollektive Marktbeherrschung liegt erst vor, wenn die Kartellmitglieder aufgrund der Durchsetzung solcher Absprachen so eng miteinander verbunden, dass sie einheitlich als eine kollektive Einheit auf dem Markt auftreten und handeln.[3] Darüber hinaus können sie weitgehend unabhängig von anderen Marktteilnehmern agieren.

In diesem Zusammenhang ist die Kartellabsprache bloß die Ursache für das Vorhandensein einer kollektiven Marktbeherrschung. Damit sollte hier nur das Kartellverbot zur Anwendung kommen, da der Schwerpunkt der Zuwiderhandlung in solchen Fällen in die Ausschaltung des Wettbewerbs und die Erlangung einer Marktmacht liegt.[4]

Das zweite Szenario bezieht sich auf den Missbrauch einer kollektiven Marktbeherrschung durch Kartellvereinbarungen, d. h., die Kartellbildung trägt zur Umsetzung der einseitigen missbräuchlichen Praktiken bei. Eine notwendige und hinreichende Bedingung dafür ist in der Regel die daraus resultierende und beabsichtigte Veränderung der Marktstruktur.[5] In der Konstellation des Missbrauchs durch ein Kartell ist die Missbräuchlichkeit nicht auf den koordinierten Charakter der Kartellbildung zurückzuführen, sondern auf die weitere Behinderung des bestehenden Wettbewerbs.

Einerseits können die Kartellvereinbarungen als Mittel zur internen Verstärkung der kollektiven Marktbeherrschung eingesetzt werden, wodurch die gemeinsamen Interessen der Mitglieder der kollektiven Marktbeherrschung weiter gestärkt werden und die Anreize, vom gemeinsamen Verhalten abzuweichen, verringert werden.

Andererseits können die Kartellvereinbarungen als ein Instrument zur Umsetzung der einseitigen missbräuchlichen Praktiken in den Außenbeziehungen sein. Beispielsweise verdrängen die Mitglieder ihre Konkurrenten mit einheitlichen abgestimmten Preisen oder sie geben Verluste durch niedrige Preise an die Wettbewerber weiter. Ein weiteres Beispiel ist die Veranlas-

---

[3] Vgl. EuGH 16.3.2000, Rs. C-395/96 P und C-396/96 P, Slg. 2000, I-1365, Rn. 44 „Compagnie Maritime Belge“.

[4] Vgl. *Eilmansberger/Bien*, in: Säcker/Bien/Meier-Beck/Montag, Münchener Kommentar zum Wettbewerbsr., Art. 102 AEUV Rn. 32.

[5] Vgl. *Eilmansberger/Bien*, in: Säcker/Bien/Meier-Beck/Montag, Münchener Kommentar zum Wettbewerbsr., Art. 102 AEUV Rn. 802.

sung unabhängiger externer Wettbewerber, Kartellvereinbarungen beizutreten, die von kollektiven marktbeherrschenden Mitgliedern geschlossen wurden, wodurch der externe Wettbewerb weiter eingeschränkt wird.
Bei dem zweiten Szenario des Missbrauchs einer kollektiven Marktbeherrschung durch eine Kartellvereinbarung können die Art. 101 AEUV und Art. 102 AEUV grundsätzlich parallel angewandt werden. Eine kumulative Anwendung beider Vorschriften ist jedoch nicht stets statthaft.[6] Sie kommt nur in Betracht, wenn strenge Voraussetzungen erfüllt sind, d.h. wenn das zu beurteilende Verhalten nicht nur die Tatbestandsvoraussetzungen der beiden Vorschriften erfüllt, sondern auch die unterschiedlichen normativen Zwecke der beiden Vorschriften. In der Regel ist eine Normenkonkurrenz zwischen den beiden Vorschriften in Betracht zu ziehen. Daher ist es wichtig, die Wahl der Durchsetzungsinstrumente für das zweite Szenario zu prüfen. In Rechtsprechung[7] und Literatur[8] wird die Auffassung vertreten, dass der Art. 102 AEUV eingreife, wenn die übrigen Tatbestandsvoraussetzungen für das Missbrauchsverbot eigenständig nachgewiesen werden können (und nicht nur das bloße Vorliegen einer wettbewerbswidrigen Vereinbarung, d. h. die bloße Erfüllung der Tatbestandsmerkmale des Art. 101 AEUV). Es ist anzunehmen, wenn der Abschluss von Kartellvereinbarungen als missbräuchliche Ausschaltung oder Verringerung des Restwettbewerbs betrachtet wird.[9] Es bestehe daher keine Notwendigkeit oder Rechtfertigung für eine weitere Beurteilung dieses Sachverhalts gemäß Art. 101 AEUV, da der Zweck des Kartellverbots (die Verhinderung und Beendigung der Einschränkung des Wettbewerbs durch Absprachen von und mit Mitbewerbern) bei der Anwendung von Art. 102 AEUV vollständig berücksichtigt werde.[10]

---

[6] Vgl. *Eilmansberger/Bien*, in: Säcker/Bien/Meier-Beck/Montag, Münchener Kommentar zum Wettbewerbsr., Art. 102 AEUV Rn. 29.

[7] Vgl. Kommission Entsch. 23.12.1992 – IV/32.448, 32.450, ABl. 1993 L 34/20, Rn. 64 „Cewal"; Kommission Entsch. 16.9.1998 – IV/35.134, ABl. 1999 L 95/1, Rn. 565ff. „TACA".

[8] Vgl. *Eilmansberger/Bien*, in: Säcker/Bien/Meier-Beck/Montag, Münchener Kommentar zum Wettbewerbsr., Art. 102 AEUV Rn. 31.

[9] Vgl. *Eilmansberger/Bien*, in: Säcker/Bien/Meier-Beck/Montag, Münchener Kommentar zum Wettbewerbsr., Art. 102 AEUV Rn. 31.

[10] Vgl. *Eilmansberger/Bien*, in: Säcker/Bien/Meier-Beck/Montag, Münchener Kommentar zum Wettbewerbsr., Art. 102 AEUV Rn. 31.

5.1.2 Bloße Wiederverwendung dieselben Tatbestände für die Sanktionen nach Art. 101 und 102 AEUV?

Art. 101 und Art. 102 AEUV können parallel angewandt werden. Es genügt jedoch nicht, die für den Verstoß gegen Art. 101 AEUV ermittelten Sachverhalte allein wiederzuverwenden, um den Verstoß gegen Art. 102 AEUV zu beweisen.[11]

Der bloße Umstand des Bestehens einer Vereinbarung oder einer abgestimmten Verhaltensweise im Sinne von Art. 101 AEUV kann für sich genommen keine ausreichende Grundlage für eine Feststellung des Vorhandenseins einer kollektiven Einheit sein[12] und schon gar nicht dann für die Feststellung eines Missbrauchs.[13] Die für die Feststellung einer kollektiven Marktbeherrschung erforderlichen Verbindungen müssen über das bloße Bestehen eines Kartells hinausgehen. Denn entscheidend ist nicht die Art der Verbindung zwischen den Unternehmen, sondern ob die Verbindung so stark und eng ist, dass die Unternehmen einheitlich auf dem Markt auftreten können. Wenn das Vorhandensein einer Kartellvereinbarung für sich genommen der Anforderung des einheitlichen Auftretens nicht genügt, kann eine kollektive Marktbeherrschung nicht festgestellt werden. Eine kollektive Marktbeherrschung ist erst festzustellen, wenn es die Durchführung einer Kartellvereinbarung den Oligopolmitgliedern erlauben, gemeinsam unabhängig von ihren Konkurrenten, ihren Abnehmern und den Verbrauchern zu handeln.[14]

---

[11] Vgl. EuG 10.3.1992, Rs. T-68/89, 77/89 und 78/89, Slg. 1992, II-1403, Rn. 360 „Flachglas".

[12] Vgl. EuGH 16.3.2000, Rs. C-395/96 P und C-396/96 P, Slg. 2000, I-1365, Rn. 39 „Compagnie Maritime Belge".

[13] Vgl. *胥*, 比较法研究 2021, 188, 195f.

[14] Vgl. EuGH 16.3.2000, Rs. C-395/96 P und C-396/96 P, Slg. 2000, I-1365, Rn. 44 „Compagnie Maritime Belge".

5.1.3 Anwendung des Art. 102 AEUV aufgrund freigestellter Kartellabsprachen

In der Entscheidungspraxis[15] wie in der Literatur[16] beherrscht die Einigkeit darüber, dass eine nach Art. 101 Abs. 3 freigestellte Vereinbarung die Anwendung von Art. 102 AEUV grundsätzlich nicht ausschließt. Da beide Bestimmungen jedoch dasselbe Ziel des Schutzes eines wirksamen Wettbewerbs verfolgen, macht der Grundsatz der Kohärenz das widersprüchliche Ergebnis bei der Anwendung von Art. 101 Abs. 3 und Art. 102 AEUV in jedem Fall zu einer Ausnahme.[17] Mit anderen Worten: Vereinbarungen, die zwar nach Art. 101 Abs. 3 AEUV freigestellt werden können, aber dennoch einen Missbrauch einer beherrschenden Stellung darstellen, sind die Ausnahme.

Das EuG hat in der Rechtssache *Tetra Pak I* zwischen Einzel- und Gruppenfreistellung unterschieden. Bei der Gewährung der Einzelfreistellung können die relevanten Merkmale des Kartells, die zur Freistellung nach Art. 101 Abs. 3 AEUV führen, als erwiesen gelten und müssen daher bei der Anwendung von Art. 102 AEUV berücksichtigt werden.[18]

In der Rechtssache *Piau* betonte das EuG auch, dass eine Freistellung nach Art. 101 Abs. 3 AEUV bedeutet, dass das betreffende Verhalten keinen Verstoß gegen Art. 102 AEUV darstellen kann.[19]

Im Gegensatz dazu ist nach der Würdigung des Gerichts in der Rechtssache *Tetra Pak I* es bei den Gruppenfreistellungen jedoch nicht erforderlich, dass die Voraussetzungen für eine Freistellung nach dem Unionswettbewerbsrecht in jedem Einzelfall tatsächlich erfüllt sind, sondern sie richten sich nach den in der Gruppenfreistellungsverordnung festgelegten Kriterien.[20] Ob ein Kartell von einer Gruppenfreistellung erfasst ist, hängt davon ab, ob

[15] Vgl. EuGH 13.2.1979, Rs. 85/76, Slg. 1979, 461, Rn. 116 „Hoffmann-La Roche"; EuGH 11.04.1989, Rs. 66/86, Slg. 1989, 803, Rn. 37 „Ahmed Saeed Flugreisen"; EuG 10.3.1992, Rs. T-68/89, 77/89 und 78/89, Slg. 1992, II-1403, Rn. 359 „Flachglas"; EuGH 16.3.2000, Rs. C-395/96 P und C-396/96 P, Slg. 2000, I-1365, Rn. 33 und 44 „Compagnie Maritime Belge"; Vgl. EuG 1.4.1993, Rs. T-65/89, Slg. 1993, II-389, Rn. 75 „BPB".

[16] Vgl. *Whish/Sufrin*, Yearb. Eur. Law 1992, 59, 76; *Monti*, Common Mark. Law Rev. 2001, 131, 138; *Eilmansberger/Bien*, in: Säcker/Bien/Meier-Beck/Montag, Münchener Kommentar zum Wettbewerbsr., Art. 102 AEUV Rn. 35.

[17] Vgl. *Eilmansberger/Bien*, in: Säcker/Bien/Meier-Beck/Montag, Münchener Kommentar zum Wettbewerbsr., Art. 102 AEUV Rn. 36.

[18] Vgl. EuG 10.7.1990, Rs. T-51/89, Slg. 1990, II-309, Rn. 28 „Tetra Pak I".

[19] Vgl. EuG 26.1.2005, Rs. T-193/02, Slg. 2005, II-209, Rn. 119 „Piau".

[20] Vgl. EuG 10.7.1990, Rs. T-51/89, Slg. 1990, II-309, Rn. 29 „Tetra Pak I".

ein Kartell die in der einschlägigen Gruppenfreistellungsverordnung festgelegten Kriterien erfüllt. Eine konkrete positive Bewertung eines Kartells im Hinblick auf die Voraussetzungen des Art. 101 Abs. 3 AEUV findet nicht statt.[21] Die Gruppenfreistellung entbindet das marktbeherrschende Kartell nicht von seiner Verpflichtung zur Einhaltung von dem Art. 102 AEUV, und sein Verhalten unterliegt nach wie vor der Prüfung des Missbrauchsverbots.[22] Es ist also klar, dass sich das Gericht die Möglichkeit der Anwendung von Art. 102 AEUV bei der Gruppenfreistellung vorbehalten hat. So kann eine Vereinbarung, die durch die Gruppenfreistellungsverordnung freigestellt ist, dennoch nach Art. 102 AEUV sanktioniert werden kann.

5.1.4 Keine notwendige Kartellvereinbarung

Nach der herrschenden Auffassung setzt das Vorliegen einer kollektiven Einheit bzw. einer kollektiven Marktbeherrschung nicht voraus, dass die Mitglieder des Oligopols kollusiv zusammenwirken, indem sie ein Kartell im Sinne von Art. 101 Abs. 1 AEUV und § 1 GWB bilden.[23] Dafür gibt es zwei Gründe.

Erstens haben die zur Bejahung einer kollektiven Marktbeherrschung erforderlichen wirtschaftlichen Verbindungen eine umfassendere Bedeutung, die über kooperative oder wirtschaftliche Bindungen zwischen den Beteiligten hinausgeht. Kartellvereinbarungen, legale Vereinbarungen oder oligopolistische Reaktionsverbundenheit können als wirtschaftliche Verbindungen im weiteren Sinne angesehen werden.[24]

Zweitens kann die oligopolistische Reaktionsverbundenheit, genauer gesagt der Mechanismus der stillschweigenden Kollusion auch ein stabiles paralleles Verhalten sinnvoll und vorhersehbar machen, so dass die Oligopolmitglieder daraus eine kollektive beherrschende Marktmacht ableiten können.[25] In diesem Fall müssen die Oligopolmitglieder keine Kartellvereinbarung treffen.

---

[21] Vgl. EuG 10.7.1990, Rs. T-51/89, Slg. 1990, II-309, Rn. 29 „Tetra Pak I“.

[22] Vgl. EuG 10.7.1990, Rs. T-51/89, Slg. 1990, II-309, Rn. 29 „Tetra Pak I“.

[23] Vgl. EuG 25.03.1999, Rs. T-102/96, Slg. 1999, II-753, Rn. 276 „Gencor“; EuGH 16.3.2000, Rs. C-395/96 P und C-396/96 P, Slg. 2000, I-1365, Rn. 45 „Compagnie Maritime Belge“; *Schröter/Bartl*, in: von der Groeben/Schwarze/Hatje, Eur. Unionsr., Art. 102 AEUV Rn. 83; *Töllner*, in: Bunte, Kartellr. Kommentar, § 18 Rn. 185.

[24] Vgl. *胥*, 比较法研究 2021, 188, 196.

[25] Vgl. EuG 25.3.1999, Rs. T-102/96, Slg. 1999, II-753, Rn. 276 „Gencor“.

5.1.5 Unterscheidung zwischen stillschweigender Kollusion und aufeinander abgestimmter Verhaltensweise

Stillschweigende Kollusion im engen Oligopol sollte nicht mit aufeinander abgestimmter Verhaltensweise im Sinne von Art. 101 AEUV und § 1 GWB gleichgesetzt werden.[26]

Stillschweigende Kollusion ergibt sich aus einer Situation, in der die Unternehmen in einem engen oligopolistischen Markt aufgrund der Reaktionsverbundenheit in der Lage sind, ihr jeweiliges Verhalten vorherzusagen und daher ihr Marktverhalten unter starkem Druck aneinander anzupassen.[27] Das daraus resultierende Parallelverhalten ist nicht ein Ergebnis einer kollusiven Zusammenarbeit zwischen den Unternehmen, sondern ein bewusstes, wettbewerbliches Parallelverhalten an den Tag.[28]

Die aufeinander abgestimmte Verhaltensweise bezieht sich auf eine Form der Koordinierung zwischen Unternehmen, die

> „zwar noch nicht bis zum Abschluß eines Vertrages im eigentlichen Sinne gediehen ist, jedoch bewußt eine praktische Zusammenarbeit an die Stelle des mit Risiken verbundenen Wettbewerbs treten läßt".[29]

Für den Nachweis eines abgestimmten Verhaltens im Sinne von Art. 101 AEUV oder § 1 GWB reicht ein Parallelverhalten für sich allein nicht aus. Denn die Unternehmen sind berechtigt, sich dem festgestellten oder erwarteten Verhalten anderer Mitbewerber auf intelligente Weise anzupassen.[30] Nach der Würdigung des Gerichtshofs unterscheidet sich solches rationale Parallelverhalten von der Koordinierung und der Zusammenarbeit, die jede unmittelbare oder mittelbare Fühlungnahme zwischen Unternehmen darstellt,

> „die bezweckt oder bewirkt, entweder das Marktverhalten eines gegenwärtigen oder potentiellen Mitbewerbers zu beeinflussen oder einen solchen Mitbewerber über das Marktverhalten ins Bild zu setzen, das man selbst an den Tag zu legen entschlossen ist oder in Erwägung zieht".[31]

---

[26] Vgl. *胥*, 比较法研究 2021, 188, 196.

[27] Vgl. EuG 25.3.1999, Rs. T-102/96, Slg. 1999, II-753, Rn. 276 „Gencor"; BGH, Beschl. 6.12.2011, KVR 95/10, Total/OMV, BGHZ 192, 18, 32 Rn. 49; *Kühnen*, in: LMRKM, Kartellrecht, § 18 Rn. 115.

[28] Vgl. *Fuchs*, in: Immenga/Mestmäcker, Wettbewerbsrecht, Art. 102 AEUV Rn. 120.

[29] EuGH 14.7.1972, Rs. 48/69, Slg. 1972, 619, Rn. 64/67 „Dyestuffs".

[30] Vgl. EuGH, 40/73 et al., Slg. 1975, 1663, Rn. 173/174 „Suiker Unie".

[31] EuGH, 40/73 et al., Slg. 1975, 1663, Rn. 173/174 „Suiker Unie".

Der EuGH lässt den Rückschluss auf eine abgestimmte Verhaltensweise nur zu, wenn sie die einzige einleuchtende Erklärung für ein Parallelverhalten ist.[32] Es mag einige plausible Erklärungen für dieses parallele Phänomen geben, z.B., wenn es eine vernünftige Reaktion auf die Verringerung der geschäftlichen Risiken in einem langfristigen Markt ist, oder eine unmittelbare Folge der ausgeprägten Transparenz des Marktes und der oligopolistischen Tendenzen des Marktes sowie der besonderen Umstände der einzelnen Zeiträume.[33]

Daraus folgt, dass das EU-Wettbewerbsrecht strenge Bedingungen für die Ableitung von abgestimmtem Verhalten aus Parallelverhalten aufstellt. Dies dient gerade dazu, zwischen einem nicht-kollusiven Parallelverhalten im engen Oligopol und kollusiver abgestimmter Verhaltensweise zu unterscheiden.[34]

Das Parallelverhalten kann jedoch ein wichtiges Indiz für das abgestimmte Verhalten sein, wenn es zu Wettbewerbsbedingungen führt,

> „die im Hinblick auf die Art der Waren, die Bedeutung und Anzahl der beteiligten Unternehmen sowie den Umfang des in Betracht kommenden Marktes nicht den normalen Marktbedingungen entsprechen".[35]

5.1.6 Doppelkontrolle der Gründung eines Gemeinschaftsunternehmens

Die Gründung eines Gemeinschaftsunternehmens kann sowohl durch Fusionskontrolle als auch durch Kartellverbot verboten werden (Doppelkontrolle).[36] Zum einen kann die Gründung des Gemeinschaftsunternehmens als Koordinierungsplattform in engen oligopolistischen Märkten die Koordinierungsanreize und Fähigkeit zwischen Müttern fördern. Dadurch kann es zu einer Verschlechterung der Wettbewerbsbedingungen in Form der Begründung oder Verstärkung einer kollektiven Marktbeherrschung kommen. Zum anderen kann sie zu der Interessenabstimmung führen und damit eine Wettbewerbsbeschränkung im Sinne von Kartellabsprache zwischen Müttern betrachtet werden.[37]

---

[32] Vgl. EuGH. 31.3.1993, Rs. C-89/85 u. a., Slg. 1993, I-1307, Rn. 71 „Ahlström Osakeyhtiö".

[33] Vgl. EuGH. 31.3.1993, Rs. C-89/85 u. a., Slg. 1993, I-1307, Rn. 126 „Ahlström Osakeyhtiö".

[34] Vgl. *胥*, 竞争政策研究 2022, 81, 85.

[35] EuGH 14.7.1972, Rs. 48/69, Slg. 1972, 619, Rn. 64/67 „Dyestuffs".

[36] Vgl. *Thomas*, in: Immenga/Mestmäcker, Wettbewerbsrecht, § 36 GWB Rn. 602f.

[37] Vgl. *Thomas*, in: Immenga/Mestmäcker, Wettbewerbsrecht, § 36 GWB Rn. 603.

In der deutschen Fusionskontrollpraxis gibt es eine Vielzahl von Entscheidungen mit paralleler Anwendung.[38] Die Zulässigkeit in dem Fusionskontrollverfahren muss nicht ipso facto zur Zulässigkeit nach dem Kartellverbot führen. Der Konflikt zwischen den beiden ist jedoch durch die Einführung des SIEC-Tests geringer geworden.[39]

5.2 Abgrenzung von kollektiver Marktbeherrschung und Einzelmarktbeherrschung

5.2.1 Definition und Beurteilungskriterien

Art. 102 AEUV und § 19 GWB verbieten den Missbrauch einer beherrschenden Stellung durch ein oder mehrere Unternehmen. Nach der klassischen Definition von einer marktbeherrschenden Stellung im deutschen und europäischen Kartellrecht verfügt ein marktbeherrschendes Unternehmen über „vom Wettbewerb nicht hinreichend kontrollierte Verhaltensspielräume“[40] und besitzt daher die Fähigkeit,

> „die Aufrechterhaltung eines wirksamen Wettbewerbs auf dem relevanten Markt zu verhindern, indem sie ihm die Möglichkeit verschafft, sich seinen Wettbewerbern, seinen Abnehmern und letztlich den Verbrauchern gegenüber in einem nennenswerten Umfang unabhängig zu verhalten“.[41]

Wichtig ist an dieser Stelle zu fragen, ob die Kriterien für die Beurteilung der marktbeherrschenden Stellung mehrerer Unternehmen dieselben sind wie für die Beurteilung der marktbeherrschenden Stellung eines einzelnen Unternehmens.

Wie aus den vorangegangenen Abschnitten ersichtlich ist, unterscheiden die Unionsrechtsprechungen und die deutschen Kartellvorschriften bei der Feststellung einer kollektiven Marktbeherrschung streng zwischen dem Innenverhältnis der Oligopolgruppe (Fehlen wesentlichen Binnenwettbe-

---

[38] Vgl. BGH, Beschl. 22.6.1981, KVR 7/80, Transportbeton Sauerland, NJW 1981, 2699, 2699ff.; BGH, Beschl. 8.5.2001, KVR 12/99, Ostfleisch, BGHZ 147, 325, 325ff.; BGH, Beschl. 4.3.2008, KVZ 55/07, Nord-KS/Xella, WuW/E DE-R 2361, 2361ff.

[39] Vgl. *Thomas*, in: Immenga/Mestmäcker, Wettbewerbsrecht, § 36 GWB Rn. 612.

[40] BGH, Beschl. 12.12.1978, KVR 6/77, Strom und Gas, NJW 1979, 918, 919; siehe auch BKartA, Leitfaden zur Marktbeherrschung in der Fusionskontrolle, Rn. 8.

[41] EuGH 13.02.1979, Rs. 85/76, Slg. 1979, 461, Rn. 38 „Hoffmann-La Roche“.

werbs) und dem Außenverhältnis (Fehlen wesentlichen Außenwettbewerbs). Die Ermittlung der Marktbeherrschung betrifft eine Überprüfung des Außenverhältnisses.
Um eine marktbeherrschende Stellung zu bejahen, sollen die Oligopolmitglieder nach den Unionsgerichte als eine kollektive Einheit in der Lage sein, weitgehend unabhängig von anderen Wettbewerbern, Kunden und letztlich Verbrauchern zu handeln.[42] Mit anderen Worten: die Inhaber einer kollektiven Marktbeherrschung sind keinem wirksamen externen Wettbewerb ausgesetzt und verfügen in ihren Außenbeziehungen über das gleiche Maß an Marktmacht wie der einzelne Marktbeherrscher selbst.
Ebenso sieht § 18 Abs. 5 Nr. 2 GWB vor, dass mehrere Unternehmen kollektive marktbeherrschend sind, wenn sie in ihrer Gesamtheit die für die Feststellung einer einzelnen marktbeherrschenden Stellung geltenden Voraussetzungen gemäß § 18 Abs. 1 GWB erfüllen.
Dies führt zu der Schlussfolgerung, dass im Prinzip dieselbe Definition von Marktbeherrschung und dieselben Beurteilungskriterien sowohl für individuelle als auch für kollektive Marktbeherrschung (nur in Bezug auf die Beurteilung der Außenbeziehungen der Oligopolmitglieder) gelten.

5.2.2 Unterschiede

Der intuitivste Unterschied zwischen einzelner und kollektiver Marktbeherrschung liegt in der Anzahl der beherrschenden Unternehmen. Die Frage, unter welchen Bedingungen mehrere Unternehmen zu einer beherrschenden Unternehmensgruppe verschmelzen können, ist die zentrale Frage bei der Unterscheidung zwischen der Einzel- und kollektiven Marktbeherrschung. Mit anderen Worten: Die Feststellung, dass kein wesentlicher interner Wettbewerb besteht, ist entscheidend. Die Feststellung einer einzelnen Marktbeherrschung erfordert nur eine Untersuchung der externen Wettbewerbssituation, um festzustellen, dass kein wirksamer externer Wettbewerb besteht.
Wie bereits in Kapitel „C. II. 4. a)“ analysiert, ist der Begriff des Missbrauchs im Falle einzelner und kollektiver Marktbeherrschung grundsätzlich derselbe. Ein Verhalten ist missbräuchlich, wenn es durch die Methoden, die von dem Leistungswettbewerb abweichen, die Verbraucher schädigt und die Aufrechterhaltung oder die Zunahme des bestehenden Wettbewerbs verhindert.[43]

---

[42] Vgl. EuG 10.3.1992, Rs. T-68/89, T-77/89 und T-78/89, Slg. 1992, II-1403, Rn. 358 „Italien Flachglas“.
[43] Vgl. EuGH 27.3.2012, Rs. C-209/10, EuZW 2012, 540, Rn. 24 „Post Danmark I“.

Da das Vorliegen einer kollektiven Marktbeherrschung bedeutet, dass es weder internen noch externen wesentlichen Wettbewerb gibt, unterscheidet sich auch der Missbrauch einer kollektiven Marktbeherrschung von dem Missbrauch einer Einzelmarktbeherrschung. Der Missbrauch einer kollektiven Marktbeherrschung hat eine umfassendere Bedeutung.

Erstens kann ein Missbrauch einer kollektiven Marktbeherrschung entweder durch eine weitere Verschärfung des internen Restwettbewerbs oder durch eine weitere Einschränkung des externen Restwettbewerbs erreicht werden.

Zweitens kann ein Missbrauch einer kollektiven Marktbeherrschung entweder durch ein einzelnes Oligopolmitglied oder durch mehrere oder alle Oligopolmitglieder zusammen begangen werden.

Drittens kann das typische missbräuchliche Verhalten einer Einzelmarktbeherrschung im Falle einer kollektiven Marktbeherrschung seine Missbräuchlichkeit verlieren. Dies ist besonders der Fall, wenn das Verhalten eines Unternehmens so stark von den gemeinsamen oligopolistischen Interessen abweicht, dass es zu internem Wettbewerb kommt.

5.2.3 Einzelmarktbeherrscher und Inhaber einer kollektiven Marktbeherrschung

Eine wichtige Frage ist, ob der Inhaber einer kollektiven beherrschenden Stellung auch eine einzelne beherrschende Stellung haben kann. In dieser Frage gibt es Abweichungen zwischen dem Unionsrecht und dem deutschen GWB.

Nach dem Unionsrecht kann ein Mitglied einer kollektiven beherrschenden Stellung auch eine einzelne beherrschende Stellung haben, muss es aber nicht.

In der Literatur wird die Auffassung vertreten, dass eine kollektive Marktbeherrschung in der Regel durch das Zusammengehen mehrerer Unternehmen entstehe, von denen keines für sich allein einen wirksamen Wettbewerb verhindern könne.[44] Auch ein kleineres Unternehmen, das sich der Geschäftspolitik des marktbeherrschenden Unternehmens anschließe, um an dessen beherrschende Machtposition teilzuhaben, könne eine Fallgruppe für kollektive Marktbeherrschung sein.[45]

In einem anderen Fall haben mehrere Unternehmen, die jeweils einzeln einen wesentlichen Teil des Binnenmarktes beherrschen, gleichzeitig eine

---

[44] Vgl. *Schröter/Bartl*, in: von der Groeben/Schwarze/Hatje, Eur. Unionsr., Art. 102 AEUV Rn. 79.

[45] Vgl. *Schröter/Bartl*, in: von der Groeben/Schwarze/Hatje, Eur. Unionsr., Art. 102 AEUV Rn. 79.

kollektive beherrschende Stellung auf dem Binnenmarkt.[46] Sie entwickeln parallele Strategien, um Unternehmen aus Drittländern am Eintritt in die Union insgesamt zu hindern.[47]
Entscheidend für eine kollektive Marktbeherrschung sei, dass die Oligopolmitglieder als Ganzes die Fähigkeit haben müssen, unabhängig von anderen Marktteilnehmern zu handeln, und dass es unerheblich sei, ob einzelne Oligopolmitglieder diese Fähigkeit besitzen.[48]
Jung argumentiert auch, dass sich die kollektive Marktbeherrschung aus der Akkumulation des Unternehmenspotenzials ergebe, und nicht jedes beteiligte Unternehmen notwendigerweise allein die Voraussetzungen für eine Marktbeherrschung erfüllen müsse.[49] Aber sie alle seien Normadressaten des Missbrauchsverbots.
An dieser Meinung hält die europäische Entscheidungspraxis fest. In der Rechtssache *Irish Sugar* wurde festgestellt, dass Irish Sugar selbst eine einzelne marktbeherrschende Stellung auf dem Markt für Kristallzucker für den Einzelhandel und für gewerbliche Zwecke in Irland einnimmt.[50] Gleichzeitig wird davon ausgegangen, dass Irish Sugar gemeinsam mit seinem Vertriebshändler SDL, eine kollektive beherrschende Stellung auf dem relevanten Markt einnimmt.[51] Der Grund dafür ist, dass zwischen den beiden Unternehmen enge wirtschaftliche Verbindungen in Bezug auf die Kapitalbeteiligung, Vertretung in den Boards, die Struktur der Unternehmensentscheidungen usw. bestehen, die es ihnen ermöglichen, gemeinsam eine beherrschende Stellung gegenüber anderen Marktteilnehmern einzunehmen.
Umstritten ist die Frage nach der Möglichkeit einer parallelen Existenz von Einzelmarktbeherrschung und kollektiver Marktbeherrschung im deut-

---

[46] Vgl. *Schröter/Bartl*, in: von der Groeben/Schwarze/Hatje, Eur. Unionsr., Art. 102 AEUV Rn. 79.
[47] Vgl. *Schröter/Bartl*, in: von der Groeben/Schwarze/Hatje, Eur. Unionsr., Art. 102 AEUV Rn. 79.
[48] Vgl. *Schröter/Bartl*, in: von der Groeben/Schwarze/Hatje, Eur. Unionsr., Art. 102 AEUV Rn. 79.
[49] Vgl. *Jung*, in: Grabitz/Hilf/Nettesheim, Das R. der Eur. Union, Art. 102 AEUV Rn. 72.
[50] Vgl. Kommission Entsch. 14.5.1997 – IV/34.621, 35.059/F-3, ABl. 1997 L 258/1, Rn. 99 „Irish Sugar".
[51] Vgl. Kommission Entsch. 14.5.1997 – IV/34.621, 35.059/F-3, ABl. 1997 L 258/1, Rn. 113 „Irish Sugar".

schen GWB. Es gibt nicht nur Unterschiede in der Praxis und Theorie, sondern auch eine uneinheitliche Vorgehensweise in der Praxis zwischen KG und BGH sowie zwischen den Gerichten und dem BKartA.
Der BGH erkennt in seiner Entscheidung *Reisestellenkarte* das Nebeneinander von zwei Marktbeherrschungstatbeständen an. Der Sachverhalt dieser Rechtssache betraft die Frage, ob die Deutsche Lufthansa AG ihre einzelne Marktbeherrschung auf dem Gestattungsmarkt für den Vorsteuerabzug bei Flug- und Bahnreisen durch die Verweigerung der Gestattung des Umsatzsteuerausweises missbraucht hat. Die beherrschende Stellung der Deutsche Lufthansa AG ergab sich daraus, dass sie durch die Verweigerung der Gestattung einen wirksamen Wettbewerb auf dem nachgelagerten Markt für Reisestellenkarten mit Umsatzsteuerausweis verhindern kann.[52]
Der BGH hat erwähnt, dass es einen weiteren Dienstleister auf dem Gestattungsmarkt gibt, nämlich die Deutsche Bahn AG. Es sei jedoch unerheblich, ob die Deutsche Bahn ebenfalls eine marktbeherrschende Stellung auf dem Gestattungsmarkt habe. Diesbezüglich führte der BGH aus:

> „Haben mehrere Unternehmen neben- und unabhängig voneinander die Möglichkeit, wirksamen Wettbewerb auf einem nachgelagerten Markt zu verhindern, so ist jedes von ihnen marktbeherrschend i.S. des Art. 82 EG".[53]

In der Entscheidungspraxis des BKartA schließt es die Möglichkeit einer Marktbeherrschung sowohl durch Einzelunternehmen als auch durch Gruppe mehrerer Unternehmen ebenfalls nicht aus.
In der Sache *RWE/Energieversorgung Leverkusen* ging es um den beabsichtigten Erwerb von 50 % Anteilen an der Energieversorgung Leverkusen GmbH (EVL) durch Rheinisch-Westfälische Elektrizitätswerk AG (RWE). RWE wurde einerseits als marktbeherrschendes Unternehmen bei der inländischen Stromversorgung auf allen Ebenen, aber andererseits auch als ein Inhaber einer kollektiven Marktbeherrschung angesehen.[54]
Ebenso hat das BKartA in einer Sektoruntersuchung für Stromerzeugung und -großhandel gezeigt, dass im Einzelfall mehrere Anbieter (RWE, E.ON,

---

[52] Vgl. BGH, Beschl. 3.3.2009, KZR 82/07, Reisestellenkarte, NJW-RR 2010, 392, 393 Rn. 25.
[53] BGH, Beschl. 3.3.2009, KZR 82/07, Reisestellenkarte, NJW-RR 2010, 392, 394 Rn. 32.
[54] Vgl. BKartA, Beschl. 30.6.1978, RWE/Energieversorgung Leverkusen, WuW/E BKartA 1727, 1730.

Vattenfall und EnBW) individuell marktbeherrschend sein können.[55] Mehrere Unternehmen wurden jeweils als marktbeherrschend im Sinne von Art. 102 AEUV und § 19 GWB betrachtet, wenn sie unabhängig voneinander oder nebeneinander wirksamen Wettbewerb auf dem Markt verhindern konnten.[56]

Die vorherrschende Meinung in der Literatur ist jedoch, dass sich eine einzelne Marktbeherrschung und eine kollektive Marktbeherrschung gegenseitig ausschließen, da nach der gesetzlichen Dichotomie auf demselben relevanten Markt zur selben Zeit eine Marktbeherrschung entweder von einem Unternehmen oder einer Gruppe von Unternehmen ausgeübt werden kann.[57] Aus der Sicht der ökonomischen Erkenntnis handelt ein Oligopolist nicht unabhängig voneinander, sondern bestimmt seine eigene Strategie unter der Berücksichtigung des Verhaltens anderer Oligopolisten, was als oligopolistische Interdependenz (Reaktionsverbundenheit) bezeichnet wird.[58] Selbst wenn man davon ausgeht, dass das stärkste Mitglied des Oligopols allein eine marktbeherrschende Stellung innehat, bedeutet dies, dass es die schwächeren Unternehmen bei seinen Entscheidungen weitgehend unberücksichtigt lassen könnte, was der oligopolistischen Interdependenz widerspricht.[59] Das zweitgrößte oder kleinste Oligopolmitglied hat mit noch geringerer Wahrscheinlichkeit eine einzelne beherrschende Stellung auf dem Markt.

Dieses Argument für die Unvereinbarkeit von kollektiver Marktbeherrschung und einzelner Marktbeherrschung findet sich auch in deutschen Gerichtsentscheidungen.

Zur Begründung hat der BGH in der Rechtssache *Valium II* ausgeführt, „daß Monopol und Oligopol an sich auf demselben relevanten Markt gleichzeitig nicht vorstellbar sind“.[60]

---

[55] Vgl. BKartA, Sektoruntersuchung Stromerzeugung und -großhandel – Abschlussbericht, S. 96.

[56] Vgl. BKartA, Sektoruntersuchung Stromerzeugung und -großhandel – Abschlussbericht, S. 96.

[57] Vgl. *Kühnen*, in: LMRKM, Kartellrecht, § 18 Rn. 112; *Fuchs*, in: Immenga/Mestmäcker, Wettbewerbsrecht, § 18 GWB Rn. 97 und 161; *Wiedemann*, in: Wiedemann, Handb. des Kartellrechts, § 23 Rn. 29; *Bechtold/Bosch*, in: Bechtold/Bosch, GWB, § 18 Rn. 59.

[58] Vgl. *Fuchs*, in: Immenga/Mestmäcker, Wettbewerbsrecht, § 18 GWB Rn. 97.

[59] Vgl. *Fuchs*, in: Immenga/Mestmäcker, Wettbewerbsrecht, § 18 GWB Rn. 97.

[60] BGH, Beschl. 12.2.1980, KVR 3/79, Valium II, NJW 1980, 1164, 1165.

In ähnlicher Weise wies das KG in *Pillsbury/Sonnen-Bassermann* hin, dass „das gleichzeitige Auftreten eines Monopolisten und eines Oligopols [ist] denkgesetzlich nicht möglich“ ist.[61]
Trotz der Kontroverse sollte der Gedanke, dass ein und derselbe Markt nicht von einem Unternehmen und mehreren Unternehmen gleichzeitig beherrscht werden kann, stärker in den Vordergrund gerückt werden. Im Falle einer kollektiven Marktbeherrschung wird jedes Mitglied eines Oligopols lediglich als marktbeherrschend *angesehen*, um als Normadressaten des Missbrauchsverbots geregelt zu werden.
Der beträchtlichen Unabhängigkeit, ein marktbeherrschendes Unternehmen auf einem relevanten Markt hat, steht grundsätzlich die Tatsache entgegen, dass ein Oligopolmitglied die Reaktionen seiner Wettbewerber berücksichtigen muss (oligopolistische Interdependenz).
Besteht keine oligopolistische Interdependenz zwischen mehreren mächtigen Unternehmen und verfügt jedes Unternehmen über einen erheblichen Einfluss, sollte dies prima facie als eine Frage des Vorhandenseins relativer Marktmacht im Sinne von § 20 Abs. 1 GWB angesehen werden.[62]
Die parallele Existenz der Einzelmarktbeherrschung und kollektiven Marktbeherrschung ist nur unter außergewöhnlichen Umständen denkbar, nämlich wenn der individuelle Marktbeherrscher gleichzeitig eine vertikal kollektive beherrschende Stellung innehat, nicht die übliche horizontale kollektive beherrschende Stellung. In diesem Fall gibt es keinen Konflikt mit der Theorie der oligopolistischen Interdependenz, da die Mitglieder eines Oligopols keine direkten horizontalen Konkurrenten untereinander sind. Dies war bei der Rechtssache *Irish Sugar* der Fall. Eine vertikale kollektive Marktbeherrschung wurde von einem beherrschenden Zuckerlieferant, Irish Sugar, und seinem Vertriebshändler ausgeübt.
Die im Fall *Irish Sugar* festgestellte vertikale kollektive Marktbeherrschung ist jedoch umstritten. Es wurde argumentiert, dass eine kollektive Marktbeherrschung eine Koordinierung zwischen horizontalen Unternehmen *auf demselben relevanten Markt* voraussetze.[63] Da die an einer vertikalen Beziehung beteiligten Marktteilnehmer häufig auf verschiedenen Märkten und nicht mehr auf demselben relevanten Markt tätig seien, gelte

---

[61] KG, Beschl. 7.11.1985, Kart 6/75, Pillsbury/Sonnen-Bassermann, WuW/E OLG 3759, 3765; siehe auch KG, Beschl. 16.1.1980, Kart 14/79, Blei- und Silberhütte Braubach, WuW/E OLG 2234, 2235.
[62] Vgl. *Fuchs*, in: Immenga/Mestmäcker, Wettbewerbsrecht, § 18 GWB Rn. 162.
[63] Vgl. *O'Donoghue/Padilla*, S. 249.

die kollektive Marktbeherrschung nicht für vertikale Beziehungen.[64] Die Beziehung zwischen Irish Sugar und SDL sei nicht wirklich eine vertikale Beziehung, da sie auf demselben Markt tätig seien.[65] *O'Donoghue/Padilla* vertraten daher die Auffassung, dass Irish Sugar und SDL als eine einzige wirtschaftliche Einheit behandelt werden sollten, da die beiden Unternehmen in dem Zeitraum, in dem Irish Sugar 51 % der Anteile an SDL hielt, auf demselben Markt tätig waren.[66]

Es ist jedoch nicht möglich, die vertikale Beziehung zwischen den beiden mit dem Konzept einer einzigen wirtschaftlichen Einheit zu behandeln. Da in diesem Fall strittig war, ob Irish Sugar die Kontrolle über die Geschäftsführung von SDL ausübte,[67] scheint die Annahme einer vertikalen kollektiven Marktbeherrschung die einzige Möglichkeit zu sein, das von SDL allein praktizierte problematische Verhalten, das eine Verstärkung der Marktbeherrschung zur Folge hat, durch das Missbrauchsverbot zu erfassen. Das Szenario, in dem eine vertikale kollektive Marktbeherrschung vorliegt, ist jedoch begrenzt. Der Fall *Irish Sugar* ist – soweit ersichtlich – bisher der einzige Fall.[68] Nach Einschätzung von *O'Donoghue/Padilla* findet die Koordinierung nach wie vor zwischen horizontalen Wettbewerbern statt, während vertikale Faktoren die Koordinierung nur erleichtern.[69] Die strengen Voraussetzungen für eine vertikale kollektive Marktbeherrschung sind, dass die auf verschiedenen wirtschaftlichen Stufen tätigen Unternehmen alle auf demselben relevanten Markt tätig sind und dass sie alle über eine unabhängige wirtschaftliche Entscheidungsfähigkeit verfügen. Außerdem müssen die Unternehmen, die in einer vertikalen Beziehung zueinanderstehen, in der Lage sein, in einer einheitlichen Weise zu handeln.

Der gegenseitige Ausschluss von kollektiver Marktbeherrschung und einzelner Marktbeherrschung sollte deshalb das vorherrschende Prinzip sein, und die Koexistenz der beiden – d. h. vertikale kollektive Marktbeherrschung – sollte die Ausnahme sein.

---

[64] Vgl. *O'Donoghue/Padilla*, S. 250.

[65] Vgl. *O'Donoghue/Padilla*, S. 250.

[66] Vgl. *O'Donoghue/Padilla*, S. 250.

[67] Vgl. Kommission Entsch. 14.5.1997 – IV/34.621, 35.059/F-3, ABl. 1997 L 258/1, Rn. 111 „Irish Sugar".

[68] Vgl. *Faull/Nikpay*, S. 381 Rn. 4.230.

[69] Vgl. *O'Donoghue/Padilla*, S. 250.

6 KOLLEKTIVE MARKTBEHERRSCHUNG IM CHINESISCHEN RECHT

6.1 Überblick über die Rechtsgrundlage

6.1.1 Rechtliche Bestimmungen

Das erste Antimonopolgesetz (nachstehend „AMG“ genannt) von der Volksrepublik China („die VR China“) ist am 1. August 2008 in Kraft getreten. Das wirtschaftliche, technologische und geschäftliche Umfeld hat sich in den letzten zwei Jahrzehnten sowohl im Inland als auch international tiefgreifend verändert. Die digitale Wirtschaft hat sich rasant entwickelt. Es gibt ein wachsendes Problem, dass einige große Plattformen ihre Daten-, Algorithmen- und Kapitalvorteile nutzen, um wettbewerbswidriges Verhalten an den Tag zu legen.

Vor diesem Hintergrund hat die VR China im Jahr 2019 mit der Revision des AMG begonnen. Am 2. Januar 2020 veröffentlichte die Staatliche Verwaltung für Marktaufsicht und -verwaltung (nachstehend „SAMR“ genannt)[1] das „Antimonopolgesetz (Entwurf der Revision) (Entwurf zur öffentlichen Konsultation)“. Am 19. Oktober 2021 wurde das „Antimonopolgesetz (Entwurf der Revision)“ dem Ständigen Ausschuss des Nationalen Volkskongresses zum ersten Mal zur Prüfung vorgelegt. Das Antimonopolgesetz (Entwurf der Revision) wurde erstmals auf der 31. Tagung des Ständigen Ausschusses des 13. Nationalen Volkskongresses im Oktober 2021 behandelt. Im Juni 2022 fand auf der 35. Tagung des Ständigen Ausschusses des 13. Nationalen Volkskongresses eine zweite Überprüfung und endgültige Annahme des überarbeiteten Entwurfs statt. Das neue gefasste AMG ist am 1. August 2022 in Kraft getreten.

In Art. 1 AMG werden die Ziele der Gesetzgebung dargelegt, nämlich die Verhinderung und Unterbindung monopolistischer Praktiken, der Schutz des lauteren Wettbewerbes auf dem Markt, die Förderung von Innovationen, die Verbesserung der Effizienz der Wirtschaftstätigkeit, der Schutz der Interessen der Verbraucher und des öffentlichen Interesses sowie die Förderung der gesunden Entwicklung der sozialistischen Marktwirtschaft.

---

[1] „State Administration for Market Regulation“ ist die offizielle englische Übersetzung auf Englisch.

Zu den so genannten monopolistischen Handlungen gehören nach dem Art. 3 AMG Monopolvereinbarungen von Unternehmen, der Missbrauch einer marktbeherrschenden Stellung durch Unternehmen und Zusammenschlüsse von Unternehmen, die wettbewerbsausschließende oder wettbewerbsbeschränkende Wirkung haben oder haben können.

Unternehmen sind Normadressaten eines Großteils der Vorschriften des AMG.[2] Gemäß Art. 15 Abs. 1 AMG ist ein Unternehmen eine natürliche oder juristische Person oder nicht eingetragene Organisation, die Waren herstellt oder vertreibt oder Dienstleistungen erbringt. Ob ein Subjekt ein Unternehmen ist, beurteilt das AMG anhand seiner Fähigkeit, als rechtlich und wirtschaftlich selbständiges Subjekt am Wirtschaftsleben teilzunehmen, unabhängig von seiner Organisationsform.[3] Unternehmen im chinesischen AMG entspricht dem Begriffsverständnis „Unternehmen" im Unionsrecht und im deutschen Recht.

Der relevante Markt wird gemäß Art. 15 Abs. 2 AMG definiert als sachlich, räumlich und zeitlich relevanter Markt, auf dem Unternehmen bezüglich bestimmter Waren im Wettbewerb zueinanderstehen.

In Art. 22 Abs. 3 AMG wird der Begriff der marktbeherrschenden Stellung definiert. Eine marktbeherrschende Stellung im Sinne dieses Gesetzes ist eine Marktposition, die es Unternehmen ermöglicht, den Preis, die Menge oder andere Handelsbedingungen von Waren auf dem relevanten Markt zu kontrollieren oder andere Unternehmen am Eintritt in den relevanten Markt zu hindern oder zu beeinflussen.

In Art. 22 Abs. 1 AMG werden die sechs Arten des Missbrauchsverhaltens ausdrücklich aufgezählt, während es sich bei der siebten Art um eine Auffangklausel handelt, die andere missbräuchliche Verhalten abdeckt, die von der Antimonopol-Durchsetzungsbehörde des Staatsrats[4] (nachstehende „Durchsetzungsbehörde") festgelegt werden.

Ein Missbrauch liegt insbesondere vor, wenn ein marktbeherrschendes Unternehmen

---

[2] Neben dem Missbrauchsverbot einer marktbeherrschenden Stellung durch Unternehmen verbietet das chinesische AMG auch den Missbrauch von Verwaltungsmacht (Art. 10 AMG). Daher sind Verwaltungsorgane und Organisationen, die durch Gesetze und Verordnungen zur Verwaltung öffentlicher Angelegenheiten ermächtigt sind, auch Normadressaten.

[3] Vgl. *法律出版社法规中心*, S. 11.

[4] Seit März 2018 ist Antimonopol-Durchsetzungsbehörde des Staatsrats die SAMR (die Staatliche Verwaltung für Marktaufsicht und -verwaltung).

die Waren zu einem unangemessen hohen Preis verkauft oder die Waren zu einem unangemessen niedrigen Preis kauft (Art. 22 Abs. 1 Nr. 1);
die Waren zu einem Preis unter den Selbstkosten ohne gerechtfertigten Grund verkauft (Art. 22 Abs. 1 Nr. 2);
sich ohne gerechtfertigten Grund weigert, mit einem Handelspartner Geschäfte zu machen (Art. 22 Abs. 1 Nr. 3);
ohne gerechtfertigten Grund den Handelspartner einschränkt, nur mit ihm oder nur mit dem von ihm benannten Unternehmen Geschäfte zu machen (Art. 22 Abs. 1 Nr. 4);
ohne gerechtfertigten Grund ein Kopplungsgeschäft oder andere unangemessene Handelsbedingungen auferlegt (Art. 22 Abs. 1 Nr. 5);
gleichartigen Handelspartnern in Bezug auf die Transaktionspreise usw. ohne gerechtfertigten Grund unterschiedlich behandelt (Art. 22 Abs. 1 Nr. 6);
andere Verhaltensweisen, soweit die Antimonopol-Durchsetzungsbehörde des Staatsrats sie für einen Missbrauch einer marktbeherrschenden Stellung hält (Art. 22 Abs. 1 Nr. 7).

Auffällig ist, dass das neue AMG das Missbrauchsverbot in der digitalen Wirtschaft durch die Aufnahme eines neuen Art. 22 Abs. 2 AMG modernisiert. Den Unternehmen ist es untersagt, die marktbeherrschende Stellung durch die Nutzung von Daten, Algorithmen, Technologien und Plattform-Regeln zu missbrauchen.

In Art. 23 AMG werden die Faktoren für die Feststellung einer marktbeherrschenden Stellung genannt. Zu berücksichtigen sind zunächst der Marktanteil des Unternehmens auf dem relevanten Markt und die Wettbewerbssituation auf dem relevanten Markt. Die nächste Überlegung betrifft die Fähigkeit des Unternehmens, den Absatzmarkt oder den Markt für die Beschaffung von Rohstoffen zu kontrollieren. Auch die finanziellen und technischen Bedingungen von Unternehmen sowie der Grad der Abhängigkeit anderer Unternehmen von den Transaktionen sind von Bedeutung. Die Leichtigkeit, mit der andere Unternehmen in den relevanten Markt eintreten können (Marktzutrittsschwelle), wirkt sich ebenfalls auf die Feststellung der Marktbeherrschung aus. Schließlich formuliert der Gesetzgeber einen Auffangtatbestand für andere Faktoren, die von den obengenannten typischen Faktoren nicht erfasst werden.

Art. 24 Abs. 1 AMG sieht drei Vermutungsklauseln einer marktbeherrschenden Stellung aufgrund des Marktanteils vor. Die Vermutungsklauseln

wurden mit dem GWB als Referenz entwickelt.[5] Die vorgeschriebenen Marktanteilsschwellen sind jedoch unterschiedlich.
Die erste Klausel betrifft die Vermutung einer Einzelmarktbeherrschung (Art. 24 Abs. 1 Nr. 1 AMG). Dies ist der Fall, wenn ein Unternehmen einen Marktanteil von 50 Prozent hat.
Die zweite und die dritte Klausel beziehen sich auf die Vermutung einer kollektiven Marktbeherrschung (Art. 24 Abs. 1 Nr. 2 und Nr. 3 AMG). Dies ist der Fall, wenn zwei Unternehmen einen gemeinsamen Marktanteil von zwei Dritteln oder drei Unternehmen einen gemeinsamen Marktanteil von drei Vierteln haben.
In Bezug auf diese zwei Vermutungsklauseln für eine kollektive Marktbeherrschung hat der Gesetzgeber ausdrücklich noch eine Klausel mit Ausschlussfunktion in vorgesehen. Nach dem Art. 24 Abs. 2 AMG sollte es nicht davon ausgegangen werden, dass ein Unternehmen eine (kollektive) beherrschende Stellung einnimmt, wenn sein Marktanteil weniger als ein Zehntel beträgt, auch wenn es zusammen mit anderen Unternehmen die Marktanteilsschwelle von Art. 24 Abs. 1 Nr. 2 und Nr. 3 AMG erfüllt.
Art. 24 Abs. 3 AMG sieht eine allgemeine Widerlegungsklausel für die Vermutungsklauseln vor. Die Vermutungsklausen für Einzel- und kollektiven Marktbeherrschung können widerlegt werden, wenn das/die mutmaßliche(n) Unternehmen nachweisen kann/können, dass es/sie keine beherrschende Stellung hat/haben.
Es gibt zwei Methoden der Beweisführung. Die Unternehmen/ein Unternehmen weisen/weist entweder in internen Beziehungen nach, dass ein wesentlicher Wettbewerb zwischen ihnen besteht, oder in externen Beziehungen, dass sie/es keine überragende Marktstellung gegenüber anderen Wettbewerbern einnehmen/einnimmt.[6]

---

[5] Vgl. *法律出版社法规中心*, S. 19.
[6] Vgl. *法律出版社法规中心*, S. 20.

6.1.2 Kollektive Marktbeherrschung

Wie aus den obigen Ausführungen ersichtlich ist, definiert das AMG zwar die marktbeherrschende Stellung, aber nicht ausdrücklich die kollektive marktbeherrschende Stellung. Eine kollektive Marktbeherrschung ist in Art. 24 Abs. 1 Nr. 2 und 3 AMG implizit enthalten, d.h. es wird vermutet, dass zwei oder drei Unternehmen kollektive marktbeherrschend sind, wenn der gemeinsame Marktanteil von Unternehmen eine bestimmte Schwelle erreicht.

Tatsächlich enthielt der erste AMG-Entwurf aus dem Jahr 2006 in Art. 12 Abs. 2 eine Definition von individueller und kollektiver Marktbeherrschung. Nach dem Wortlaut der Vorschrift bedeutet eine marktbeherrschende Stellung eine Marktposition, in der ein oder *mehrere Unternehmen in ihrer Gesamtheit* in der Lage ist/sind, den Preis, die Menge oder andere Handelsbedingungen von Waren auf dem relevanten Markt zu kontrollieren oder andere Unternehmen am Eintritt in den relevanten Markt zu hindern oder zu beeinflussen.[7] Die Formulierung „mehrere Unternehmen in ihrer Gesamtheit" wäre ein klarer Hinweis auf die kollektive Marktbeherrschung gewesen. Diese Formulierung sowie das Wort „einem" vor dem Unternehmen wurden jedoch gestrichen aus dem Art. 17 Abs. 2 des ersten AMG a. F. [= Art. 22 Abs. 3 AMG].

In den letzten Jahren hat eine wachsende Zahl chinesischer Wissenschaftler erkannt, dass die Vermutungsklauseln des AMG in Bezug auf die kollektive Marktbeherrschung verbessert werden müssen.

Hou wies darauf hin, dass die Definition der kollektiven Marktbeherrschung und ihre Ursachen nicht allein aus den drei rechtlichen Vermutungen auf der Grundlage von Marktanteilen (Art. 24 Abs. 1 Nr. 2 und 3 und Art. 24 Abs. 2 AMG) hervorgehen.[8]

Zhang argumentierte, dass weder die Vermutungsklauseln noch die Definition der Marktbeherrschung den „kollektiven" Charakter einer kollektiven Marktbeherrschung widerspiegeln.[9]

Shi argumentierte, dass die Marktanteilsvermutung die Komplexität oligopolistischer Märkte außer Acht lasse, auf denen sowohl Wettbewerbs- als auch konspirative Gleichgewichte auftreten können.[10]

---

[7] Vgl. *王*, 法商研究 2007, 10, 12.

[8] Vgl. *侯*, 法学 2018, 141, 142.

[9] Vgl. *张*, 中国法学 2020, 108, 122.

[10] Vgl. *时*, 中国法学 2020, 89, 95.

Darüber hinaus vertrat *Shi* die Auffassung, dass die Vermutungsklauseln zu einer schwerwiegenden Unausgewogenheit bei der Verteilung der Beweislast führen würden, wobei die beweisbelasteten Unternehmen eine zu schwere Beweislast tragen müssen.[11]
Nach der Meinung von *Jiao* und *Song* könnten die Vermutungsklauseln, die nur den Marktanteil berücksichtigen, den Anwendungsbereich der kollektiven Marktbeherrschung unangemessen ausweiten.[12]
Die Durchsetzungsbehörde[13] ist sich ebenfalls bewusst, dass die Feststellung einer kollektiven Marktbeherrschung allein auf der Grundlage des Marktanteils unzureichend ist. Im Juni 2019 hat die SAMR *Vorläufige Regelungen über das Verbot des Missbrauchs einer marktbeherrschenden Stellung*[14] (nachstehend „ergänzende Regelungen zum AMG" genannt) erlassen. In Art. 13 dieser Regelungen wird ausdrücklich betont, dass bei der Feststellung der kollektiven Marktbeherrschung auch Faktoren wie die Marktstruktur, die Transparenz des relevanten Marktes, der Grad der Homogenität der relevanten Waren und die Einheitlichkeit des Verhaltens der Unternehmen zu berücksichtigen sind.
Die SAMR erkennt eindeutig an, dass das besondere Merkmal der kollektiven Marktbeherrschung im Vergleich zu der Einzelmarktbeherrschung die Einheitlichkeit des Verhaltens mehrerer Unternehmen ist. Daher bezieht die SAMR dieses Element zusammen mit einigen anderen in der Wirtschaftswissenschaft als koordinationsfördernd anerkannten Strukturmerkmalen in die Feststellung einer kollektiven Marktbeherrschung ein.
Bei der Feststellung einer kollektiven Marktbeherrschung sollten neben dem gemeinsamen Marktanteil gemäß Art. 24 Abs. 1 AMG auch die in Art. 13 der ergänzenden Regelungen zum AMG aufgeführten Elemente berücksichtigt werden. Daraus folgt, dass die Kriterien für die Feststellung einer kollektiven Marktbeherrschung durch diese Verordnung bis zu einem gewissen Grad verfeinert werden.
Der Markt für die aktiven pharmazeutischen Wirkstoffe (API) zeichnet sich durch eine oligopolistische Marktstruktur mit hoher Marktkonzentration, hohen Eintrittsbarrieren, hoher Markttransparenz, starker Produkthomogenität und stabiler Marktstruktur aus.[15] Daher hat die Antimonopolkommis-

---

[11] Vgl. *时*, 中国法学 2020, 89, 95.

[12] Vgl. *焦/宋*, 上海财经大学学报 2021, 122, 126.

[13] Seit März 2018 ist die derzeitige Durchsetzungsbehörde die SAMR.

[14] „禁止滥用市场支配地位暂行规定".

[15] Vgl. *应*, 社会科学 2022, 133, 142.

sion des Staatsrats in diesem Bereich speziell auf die kollektive Marktbeherrschung und den gemeinsamen Missbrauch einer kollektiven Marktbeherrschung Bezug genommen. Am 15. November 2021 erließ die Antimonopolkommission des Staatsrats *Antimonopol-Leitlinien für den Bereich der aktiven pharmazeutischen Wirkstoffe* (nachstehend die „Leitlinien für den Bereich API“)[16].

Art. 22 der Leitlinien für den Bereich API legt fest, dass ein gemeinsamer Missbrauch der marktbeherrschenden Stellung vorliegen kann, wenn zwei oder mehr API-Unternehmen ihre Arbeit aufteilen und zusammenarbeiten, um die in diesem Kapitel genannten monopolistischen Handlungen zu begehen. Bei der Feststellung, dass zwei oder mehr API-Unternehmen eine marktbeherrschende Stellung auf dem Markt haben, sollten auch Faktoren wie die Marktstruktur, die Transparenz des relevanten Marktes, der Grad der Homogenität der relevanten Waren und die Einheitlichkeit des Verhaltens der Unternehmen berücksichtigt werden.

Die Faktoren, die bei der Feststellung einer kollektiven Marktbeherrschung in Art. 22 der Leitlinien für den Bereich API berücksichtigt werden, haben sich im Vergleich zu Art. 13 der ergänzenden Regelungen zum AMG nicht geändert.

Durch das neue AMG werden die Vorschriften der kollektiven Marktbeherrschung jedoch in keiner Weise ergänzt oder geändert.

6.1.3 Durchsetzung des Antimonopolgesetzes

In der VR China stehen den Geschädigten der monopolistischen Handlungen zwei Rechtsmittel zur Verfügung. Zum einen kann ein Privater eine zivilrechtliche Antimonopolklage bei Gericht einreichen (privatrechtliche Durchsetzung).

Zum anderen ist die Durchsetzungsbehörde zuständig (öffentliche Durchsetzung). Es ist zu betonen, dass die Durchsetzung des AMG von der öffentlichen Durchsetzung beherrscht wird.[17]

Vor 2018 waren drei Behörden für die Durchsetzung des AMG zuständig: die Nationale Entwicklungs- und Reformkommission (NDRC), das Staatliche Verwaltungsamt für Industrie und Handel (SAIC) und das Handelsministerium (MOFCOM). Die NDRC regulierte die preisbezogenen monopolistischen Handlungen. Das SAIC war für die nichtpreislichen Monopolvereinbarungen, den nichtpreislichen Missbrauch einer marktbeherrschenden Stellung und den nichtpreislichen Missbrauch der Verwaltungs-

---

[16] „国务院反垄断委员会关于原料药领域的反垄断指南“.

[17] Vgl. *江 et. al.*, S. 354.

befugnisse zuständig. Das MOFCOM war für die Zusammenschlusskontrolle zuständig und übernahm die spezifische Arbeit der Antimonopolkommission des Staatsrats. Die Antimonopolkommission des Staatsrats ist keine Durchsetzungsbehörde. Sie hat die Aufgabe, die Durchsetzung des AMG zu organisieren, zu koordinieren und zu leiten.
Im März 2018 unterzog sich der Staatsrat einer institutionellen Reform und die neu gegründete SAMR ist für die einheitliche Durchsetzung des AMG zuständig.

6.2 Kollektive Marktbeherrschung und Missbrauchsverbot

6.2.1 Rechtsprechungen

Es gibt bislang kaum gerichtliche Entscheidungen zum Missbrauch einer kollektiven Marktbeherrschung. Dies liegt zum einen daran, dass es für Kläger bei der privatrechtlichen Durchsetzung schwierig ist, Beweise für monopolistisches Verhalten zu erhalten und die wettbewerbswidrigen Auswirkungen des monopolistischen Verhaltens nachzuweisen.[18] Ein weiterer Grund liegt im rechtlichen Defizit der Doktrin der kollektiven Marktbeherrschung. Das chinesische AMG sieht nur die Vermutungsklauseln einer kollektiven Marktbeherrschung auf der Grundlage eines gemeinsamen Marktanteils vor. Weder die Definition der kollektiven Marktbeherrschung noch die Elemente für ihre Feststellung sind explizit genannt worden. Insgesamt drei zivilrechtliche Entscheidungen haben sich in den letzten Jahren mit der Anwendung der Oligopolvermutung nach Art. 24 AMG befasst.
Der erste Fall ist Gu Fang gegen China Southern Airlines Co.[19] Dem Fall lag folgender Sachverhalt zugrunde: Die Klägerin kaufte am 15. April 2013 um 12:00 Uhr ein Ticket für den Flug CZ3400 der Southern Airlines von Mianyang nach Guangzhou und wurde darüber informiert, dass dieser Flug annulliert worden war, als sie ihn gerade antreten wollte. Die Klägerin wurde durch die unerklärliche Annullierung des Fluges aufgehalten und machte daher geltend, dass die ungerechtfertigte Annullierung der Tickets durch die Beklagte einen Missbrauch einer beherrschenden Stellung darstelle.
Bei diesem Fall handelte es sich im Wesentlichen um den Missbrauch einer einzelnen marktbeherrschenden Stellung. Die Klägerin versuchte jedoch, aus der kollektiven Marktbeherrschung eine einzelne Marktbeherrschung

---

[18] Vgl. 李, 法学研究 2010, 70, 71.
[19] Vgl. 广东省高级人民法院（2014）粤高法民三终 1141 号民事判决书.

abzuleiten, da der Marktanteil der Beklagte zusammen mit zwei anderen stattlichen Fluggesellschaften die Vermutungsschwelle von drei Viertel auf dem nationalen Markt für Fluggastbeförderungsdienste überschritt.
Das Gericht wies die Klage ab und ging nicht auf die Frage der kollektiven Marktbeherrschung ein. Die Entscheidung beinhaltet keine inhaltliche Analyse für die kollektive Marktbeherrschung. Daher werden im Folgenden nur zwei Fälle analysiert.

6.2.1.1 Wang Xinyu gegen China Telecom

Der erste Fall war Wang Xinyu gegen China Telecom.[20] Der Kläger erwarb im März 2013 ein von der damaligen Beklagten angebotenes Mobiltelefonpaket für eine monatliche Mindestgebühr von 79 RMB. Im Jahr 2014 führte die Beklagte China Telecom im September 2014 ein neues 49 RMB-Paket ein. Dieses Paket enthielt längere Ferngesprächszeiten, mehr Datenverkehr, mehr SMS und längere Breitbandzeiten (kabelgebunden und kabellos) als das Paket für 79 RMB, das der Kläger abgeschlossen hatte. Der Kläger behauptete, das neue Paket biete bessere Leistungen und das neue Paket sei sogar noch günstiger. Der Kläger machte geltend, dass der Unterschied in Quantität und Qualität zwischen seinem Paketdienst und dem neuen Paketdienst eine ungerechtfertigte Ungleichbehandlung darstelle.
Das Gericht stellte fest, dass der relevante Markt in diesem Fall der Markt für integrierte Telekommunikationsdienste war. Im Mittelpunkt des Streits stand die Frage, ob China Telecom eine marktbeherrschende Stellung innehatte und ob er sie durch die ungerechtfertigte Ungleichbehandlung gemäß Art. 17 Abs. 1 Nr. 6 AMG a. F. [= Art. 22 Abs. 1 Nr. 6 AMG] missbraucht hatte. Mit anderen Worten, es ist zu prüfen, ob die Beklagte in den Jahren 2013 und 2014 an derselben Universität und für Studenten dieser Universität unterschiedliche Mobiltelefonpakete (unterschiedliche Tarife, unterschiedlicher mobiler Internetverkehr, unterschiedliche Anzahl von SMS-Nachrichten usw.) angeboten hat, eine ungerechtfertigte Ungleichbehandlung darstellte.
In seiner Entscheidung untersuchte das Gericht nicht aktiv, ob China Telecom eine einzelne marktbeherrschende Stellung innehatte. Stattdessen stellte das Gericht fest, dass der landesweite Markt für integrierte Telekommunikationsdienste auf der Grundlage der bekannten Fakten im Wesentlichen von drei Unternehmen, China Mobile, China Unicom und China Telecom bedient wird. Das Gericht vertrat daher die Auffassung, dass die in

[20] Vgl. 南京市中级人民法院（2014）宁知民初 256 号民事判决书.

Art. 19 Abs. 1 Nr. 3 AMG a. F. [= Art. 24 Abs. 1 Nr. 3 AMG] festgelegte Marktanteilsschwelle von drei Vierteln erreicht wurde.
Das Gericht wies weiter darauf hin, dass die Ausschlussklausel gemäß Art. 24 Abs. 2 AMG nicht zur Anwendung kommt, da die Beklagte den Nachweis erbringt, dass ihr Marktanteil mehr als ein Zehntel beträgt.
Auf dieser Grundlage prüfte das Gericht ferner die Anwendbarkeit der Widerlegungsklausel gemäß Art. 24 Abs. 3 AMG. Das Gericht stellte fest, dass davon auszugehen war, dass es sich bei China Telecom um ein marktbeherrschendes Unternehmen handelte. Zur Begründung führte das Gericht aus, dass China Telecom nicht nachweisen konnte, dass er weniger als ein Zehntel des Marktanteils hatte oder keine überragende Marktstellung innehabe.
Das Gericht verneinte jedoch, dass China Telecom seine marktbeherrschende Stellung missbraucht hat, da die Unternehmen sich anpassen und ihr Angebot optimieren müssen, um dem harten Wettbewerb standzuhalten.
Die Herangehensweise des Gerichts ist in gewisser Weise verwirrend. Das Gericht versuchte, aus der Tatsache, dass die drei Unternehmen gemeinsam eine marktbeherrschende Stellung innehatten, zu schließen, dass China Telecom eine einzelne marktbeherrschende Stellung innehatte. Diese Feststellung wurde getroffen, weil sich das Gericht einerseits auf die Vermutungsklausel für die kollektive Marktbeherrschung und den Schwellenwert des Marktanteils von drei Vierteln berief. Andererseits stellte es fest, dass China Telecom ein marktbeherrschendes Unternehmen ist.
Diese Argumentation des Gerichts entspricht nicht ganz den allgemeinen wirtschaftlichen Erkenntnissen. Wie in „E. II. 3“ analysiert, sollen sich einzelne Marktbeherrschung und kollektive Marktbeherrschung im Prinzip gegenseitig ausschließen. Ein Marktbeherrscher kann seine Marktpräsenz weitgehend einseitig und autonom bestimmen, während das Unternehmen mit einer kollektiven Marktbeherrschung im engen Oligopol bei seinen strategischen Entscheidungen die möglichen Reaktionen der Wettbewerber berücksichtigen muss.
Die Argumentation des Gerichts widerspricht auch den widerlegbaren Umständen der Vermutung einer kollektiven Marktbeherrschung. Das AMG räumt ein, dass die Vermutungsklausel für eine kollektive Marktbeherrschung widerlegbar ist. Nach dem Art. 24 Abs. 3 AMG können die beweisbelasteten Unternehmen nachweisen, dass sie keine beherrschende Stellung haben. Nach der Begründung des chinesischen Gesetzgebers (Ständiger Ausschuss des Nationalen Volkskongresses) gibt es zwei Methoden der Beweisführung für die Widerlegung. Die Unternehmen weisen entweder in internen Beziehungen nach, dass ein wesentlicher Wettbewerb zwischen

ihnen besteht, oder in externen Beziehungen, dass sie keine überragende Marktstellung gegenüber anderen Wettbewerbern einnehmen.[21] Daraus folgt, dass eines der wichtigsten Anzeichen für eine kollektive Marktbeherrschung das Fehlen eines wesentlichen Innenwettbewerbs zwischen den Mitgliedern des Oligopols ist. Der interne wesentliche Wettbewerb und das Vorliegen einer kollektiven Marktbeherrschung stehen im Widerspruch zueinander.

Das Gericht hat in seinem Urteil bereits aufgezeigt, dass der Wettbewerb auf dem Markt für integrierte Telekommunikationsdienste immer intensiver wird. Von Zeit zu Zeit führen die drei Unternehmen neue Pakete ein, die in Bezug auf Preis und Inhalt nicht mit ihren bisherigen Paketen identisch sind, um neue Kunden zu gewinnen und die Qualität ihrer Dienste zu verbessern, damit sie auf einem hart umkämpften Markt bestehen können. Das Gericht sprach von einem intensiven Wettbewerb zwischen den drei Unternehmen, stellte aber dennoch eine kollektive marktbeherrschende Stellung zwischen drei Unternehmen aufgrund des gemeinsamen Marktanteils von drei Vierteln fest. Dies ist eindeutig widersprüchlich.

Der vorliegende Fall spiegelt ein Defizit in Rechtsvorschriften wider. Das bloße Vorhandensein eines bestimmten hohen gemeinsamen Marktanteils kann keinen stabilen Zusammenhang mit dem Vorliegen einer kollektiven Marktbeherrschung herstellen, weil intensiver interner Wettbewerb die Annahme einer kollektiven Marktbeherrschung umstoßen kann.

6.2.1.2 Hua Qin gegen Qindu Taxi Passenger Service Department u. a.

Der zweite Fall war Hua Qin gegen Qindu Taxi Passenger Service Department u.a.[22] Der relevante Dienstleistungsmarkt ist der Markt für Taxis in den städtischen Gebieten der Stadt Xianyang, Provinz Shanxi. Der Kläger behauptete, dass die drei Beklagten, das Qindu Service Department, das Weicheng Service Department und das Huaguang Service Department eine marktbeherrschende Stellung innehätten.[23] Der Kläger stützte sich auf die Tatsache, dass die Gesamtzahl der vorhandenen Taxis im Stadtgebiet von Xianyang 1.305 betrug, von denen 1154 von Selbstständigen betrieben wurden. Das Qindu Service Department, das Weicheng Service Department

---

[21] Vgl. *全国人大常委会法制工作委员会经济法室*, S. 113; *法律出版社法规中心*, S. 20.

[22] Vgl. 西安市中级人民法院（2013）西民四初字第 00245 号民事判决, bestätigt durch 陕西省高级人民法院（2014）陕民三终字第 00034 号民事判决书.

[23] Der Kläger fügte dann Gruppe Öffentlicher Verkehr und Division Personenverkehr als Beklagte hinzu, aber das Gericht untersuchte nur die Frage, ob die drei Department eine kollektive Marktbeherrschung hatten.

und das Huaguang Service Department haben den Inhalt des Vertrages ausgenutzt, um mehr als 950 Taxis von Selbstständigen langfristig zu bündeln, was etwa 82,3 % aller Selbstständigen entsprach.
Der Kläger machte daher geltend, die Beklagte hätten gegen Art. 17 Abs. 1 Nr. 4 AMG a. F. [= Art. 22 Abs. 1 Nr. 4 AMG] verstoßen, indem sie die Gewerbefreiheit der Selbstständigen eingeschränkt und den Kläger von der Möglichkeit ausgeschlossen haben, bei der Erbringung von Vermittlungsdienstleistungen in Wettbewerb zu treten.
Bei der Prüfung der kollektiven marktbeherrschenden Stellung stellte das Gericht erster Instanz fest, dass es bis zum April 2013 in den städtischen Gebieten der Stadt Xianyang 1.154 von Selbstständigen betriebenen Taxis gab. Davon verwalteten das Qindu Service Department, das Weicheng Service Department und das Huaguang Service Department jeweils 328, 300 bzw. 322 Taxis. Das Gericht stellte fest, dass eine kollektive Marktbeherrschung vorgelegen habe, da auf die drei Beklagten zusammen mehr als drei Viertel des Marktanteils entfallen und jeder von ihnen mehr als ein Zehntel des Marktanteils hat.
Das Gericht stellte jedoch ferner unter Hinweis auf die Widerlegungsklausel im Sinne von Art. 19 Abs. 3 AMG a. F. [= Art. 24 Abs. 3 AMG] fest, dass drei Beklagten nicht in der Lage sind, die Dienstleistungsgebühren oder die Anzahl der Mietwagen auf dem relevanten Markt zu kontrollieren, und dass sie auch nicht in der Lage sind, andere Unternehmen am Eintritt in den Markt der Mietwagen zu hindern oder zu beeinflussen. Selbst wenn die Marktanteilsschwelle erreicht ist, kann daher die Vermutung für eine kollektive Marktbeherrschung nach Würdigung des Gerichts nicht begründet werden. Das Gericht erster Instanz wies schließlich die Klage des Klägers ab. Das Gericht der zweiten Instanz bestätigte die Entscheidung der ersten Instanz.
Das Gericht wandte in diesem Fall die Vermutungsklausel und die Widerlegungsklausel richtig an. Aus der Entscheidung wird deutlich, dass nach der Einschätzung des Gerichts ein tatsächliches Wettbewerbsgeschehen die Annahme des Vorliegens einer kollektiven Marktbeherrschung widerlegen kann, die sich lediglich auf einen zusammengefassten Marktanteil stützt.
Was den Sachverhalt anbelangt, so war dies der einzige Fall, in dem tatsächlich mehrere enge wirtschaftliche Verbindungen und mehrere einheitliche Handlungen zwischen drei Unternehmen vorlagen. Die gesetzlichen Vertreter der drei Beklagten waren ein und dieselbe Person, und sie verfügten über Geschäftslizenzen für denselben Geschäftsumfang.
Den drei Unternehmen wurde außerdem vorgeworfen, an einer Reihe von einheitlichen Handlungen beteiligt gewesen zu sein. Sie schlossen mit den

Selbstständigen einheitlich „Verantwortungs- und Vollmachtvereinbarungen“ oder „Betriebsverträge“ ab. Sie beantragten die Betriebsdokumente für Taxis auf einheitliche Weise. Sie verlangten von den Selbstständigen einheitlich eine feste monatliche Servicegebühr von 110 RMB. Sie stellten die Rechnungen für Taxis einheitlich mit demselben Stempel aus.

Auch wenn es Verbindungen und einheitliche Verhaltensweisen zwischen den Unternehmen gab, untersuchte das Gericht nicht, ob ein interner Wettbewerb zwischen den Unternehmen bestand. Das Gericht untersuchte nur die Außenbeziehungen der drei Unternehmen und stellte fest, dass sie nicht in der Lage waren, den Marktzutritt zu behindern, so dass das Vorliegen einer kollektiven Marktbeherrschung verneint wurde. Daraus folgt, dass der Zusammenhang zwischen dem kollektiven Charakter der kollektiven Marktbeherrschung und dem Fehlen von internem Wettbewerb von den chinesischen Gerichten nicht berücksichtigt wurde.

6.2.1.3 Zwischenergebnis

Wie aus den obigen Ausführungen hervorgeht, wurde die Vermutungsklauseln der kollektiven Marktbeherrschung in der chinesischen zivilrechtlichen Antimonopolpraxis nur selten angewandt. In den beiden einzigen einschlägigen Fällen wurde der interne Wettbewerbsstatus von Mitgliedern einer kollektiven Marktbeherrschung nicht untersucht. Die Gerichte haben sich nicht mit der Frage befasst, ob ein wesentlicher interner Wettbewerb zwischen den Unternehmen mit einer kollektiven Marktbeherrschung fehlt. Die Frage, warum mehrere wirtschaftlich und rechtlich unabhängige Unternehmen in ihrer Gesamtheit eine marktbeherrschende Stellung einnehmen können, ist daher offen.

Bei der Annahme einer kollektiven Marktbeherrschung haben sich die Gerichte nicht auf die Frage konzentriert, ob ein wesentlicher interner Wettbewerb zwischen den Unternehmen in einer kollektiven Marktbeherrschung besteht. Der Grund für dieses Phänomen ist, dass es Defizite in den Rechtsvorschriften zur kollektiven Marktbeherrschung in chinesisches AMG gibt. Das AMG enthält lediglich die Vermutungsklauseln für kollektive Marktbeherrschung, die auf gemeinsamen Marktanteil beruhen. Ein gemeinsamer hoher Marktanteil ist für sich genommen nur ein positives Indiz für die Vermutung einer kollektiven Marktbeherrschung, führt aber nicht zu einer endgültigen Feststellung. Da das AMG keine Definition der kollektiven Marktbeherrschung und der Tatbestandsmerkmale enthält, fehlt den Gerichten in der Praxis eine klare rechtliche Orientierung.

6.2.2 Behördenspraxis

Die API-Branche[24] in der VR China weist eine stabile oligopolistische Marktstruktur mit hohen Marktschranken auf. Das Geschäftsverhalten der wenigen Oligopolmitglieder weist in der Regel einheitliche Veränderungen auf, wie z. B. erhebliche Preiserhöhungen, Kopplungsgeschäfte und Geschäftsverweigerung.[25] Die einzigen drei öffentlichen Durchsetzungsfälle in Bezug auf kollektive Marktbeherrschung betrafen die API-Branche.

6.2.2.1 Isoniazid-API-Fall

Sachverhalt

Der relevante Markt war in dem Isoniazid-API-Fall[26] der inländische Markt für Isoniazid-API in pharmazeutischer Qualität. Auf dem relevanten Markt gab es nur drei Unternehmen, die Isoniazid-Wirkstoffe herstellen. Die Untersuchung von der NDRC ergab, dass die an dem Fall beteiligten zwei Unternehmen, Second Pharma Co. und Handewei, beide über Jahre hinweg einen wesentlich höheren Marktanteil als das jeweils andere Unternehmen hatten. Der gemeinsame Marktanteil von Second Pharma Co. und Handewei zwischen 2013 und 2016 betrug mehr als zwei Drittel und beide hielten in den letzten Jahren nie weniger als ein Zehntel des relevanten Marktanteils.

Darüber hinaus stellte die NDRC fest, dass die beiden den Markt in hohem Maße kontrollieren können und andere Unternehmen in hohem Maße auf sie angewiesen sind. Nachdem die beiden Unternehmen die direkte Belieferung ihrer ursprünglichen Kunden eingestellt hatten, mussten die nachgelagerten Hersteller von Produktion einstellen.

Die NDRC befand auch, dass eine hohe Markteintrittsbarriere bestand. Die Herstellung von Wirkstoffen erforderte nicht nur einen hohen Kapital- und Technologieaufwand, sondern auch eine Vielzahl von behördlichen Genehmigungen.

Auf der Grundlage der oben genannten Tatsachen stellte die NDRC in *zwei Sanktionsentscheidungen*, von denen eine Entscheidung Second Pharma Co. und die andere Entscheidung Handewei betraf, fest, dass Second Pharma Co. und Handewei eine marktbeherrschende Stellung gemäß Art. 18 und 19

---

[24] API ist eine Abkürzung für „Active Pharmaceutical Ingredient “.

[25] Vgl. *张*, 中国法学 2020, 108, 108.

[26] Sanktionsentscheidung gegen Second Pharma Co., siehe 国家发展和改革委员会行政处罚决定书〔2017〕1 号; Sanktionsentscheidung gegen Handewei, siehe 国家发展和改革委员会行政处罚决定书〔2017〕2 号.

AMG a. F. [= Art. 23 und 24 AMG] auf dem Isoniazid-API-Markt innehatten.[27]

Bei der Untersuchung der missbräuchlichen Handlungen stellte die NDRC fest, dass der Preis für die Isoniazid-Wirkstoffe der beiden Unternehmen erheblich über das normale Ausmaß gestiegen ist, während die Kosten und die Nachfrage weitgehend stabil sind.[28] Keiner der Unternehmen sei in der Lage gewesen, rechtfertigende Gründe für den signifikanten Preisanstieg für Wirkstoffe zu nennen, wie beispielsweise steigende Produktionskosten oder die auf Veränderungen bei Angebot und Nachfrage auf dem Markt zurückzuführen seien.

Die NDRC wies weiter darauf hin, dass die beiden Unternehmen im selben Zeitraum Exklusivvertriebsvereinbarungen mit Longshunhe abgeschlossen hatten, in denen sie Isoniazid-Wirkstoffe nur an Longshunhe und die von ihm benannten Parteien verkauften. Ziel dieser Exklusivvertriebsvereinbarung sei es gewesen, die Preise gemeinsam anzuheben. Zudem weigerten sich zwei Unternehmen aufgrund der Exklusivvertriebsvereinbarungen, Isoniazid-Wirkstoffe an andere Betreiber zu verkaufen.

Die oben genannten zwei einheitlichen Handlungen wurden als missbräuchlich eingestuft, nämlich als Verkauf von Waren zu unangemessen hohen Preisen gemäß Art. 17 Abs. 1 Nr. 1 AMG a. F. [= Art. 22 Abs. 1. Nr. 1 AMG] und ungerechtfertigte Geschäftsverweigerung gemäß Art. 17 Abs. 1 Nr. 3 AMG a. F. [= Art. 22 Abs. 1 Nr. 3 AMG].

Analyse

In diesem Fall ging es um einen gemeinsamen Missbrauch einer kollektiven Marktbeherrschung.

Bei der Feststellung einer kollektiven Marktbeherrschung hat die NDRC die Marktanteilsvermutungsklausel und die Widerlegungsklausel fehlerfrei angewandt. Darüber hinaus analysierte die NDRC die Marktzutrittsschranken und die Fähigkeit zur Marktkontrolle sowie den Grad der Abhängigkeit von anderen Unternehmen. Diese Faktoren sind bei der Bestimmung der dominierenden Merkmale der kollektiven Marktbeherrschung zu berücksichtigen.

---

[27] Vgl. Sanktionsentscheidung gegen Second Pharma Co., siehe 国家发展和改革委员会行政处罚决定书〔2017〕1 号, S. 2; Sanktionsentscheidung gegen Handewei, siehe 国家发展和改革委员会行政处罚决定书〔2017〕2 号, S. 2.

[28] Vgl. Sanktionsentscheidung gegen Second Pharma Co., siehe 国家发展和改革委员会行政处罚决定书〔2017〕1 号, S. 3; Sanktionsentscheidung gegen Handewei, siehe 国家发展和改革委员会行政处罚决定书〔2017〕2 号, S. 3.

Die Herangehensweise der NDRC stellte jedoch eine bedenkliche Vereinfachung dar. Der kollektive Charakter der kollektiven Marktbeherrschung wurde allein damit begründet, dass der gemeinsame Marktanteil eine bestimmte Schwelle überschritten habe.
Hinsichtlich des kollektiven Charakters analysierte die NDRC leider in ihren zwei Sanktionsentscheidungen die internen Beziehungen zwischen den beiden Unternehmen nicht. Tatsächlich stellte die NDRC fest, dass sowohl Second Pharma Co. als auch Handewei exklusive Vertriebsvereinbarungen mit Longshunhe im selben Zeitraum abgeschlossen hatten, was an sich schon darauf hindeutete, dass es eine Art der wirtschaftlichen Partnerschaft zwischen ihnen geben könnte. Die NDRC untersuchte jedoch nicht näher, ob diese Verbindung so eng ist, dass die beiden Unternehmen nicht miteinander im Wettbewerb standen.
In Bezug auf die Frage des Missbrauchs einer kollektiven Marktbeherrschung stellte die NDRC fest, dass das Ausmaß der Preiserhöhung deutlich höher als das normale Ausmaß und daher die Preissetzung missbräuchlich ist.
Da es sich bei dem Isoniazid-API-Markt um eine typische oligopolistische Marktstruktur handelte, konnte der Verkaufspreis selbst aufgrund der oligopolistischen Interdependenz bereits höher gewesen sein als der normale Wettbewerbspreis. Die NDRC hat weder wettbewerbsfähige Marktpreise noch rein oligopolistische Hyperwettbewerbspreise, die per se nicht als Verstoß gegen das Kartellrecht angesehen werden können, analysiert, noch hat die das normale Preiserhöhungsausmaß bestimmt.

6.2.2.2 Paracetamol-API-Fall

Sachverhalt

Der relevante Markt in diesem Fall war der Paracetamol-API-Markt in China. Die Betroffene zu 1 Henan Jiushi war der größte Hersteller von Paracetamol-Wirkstoffen in China, während die Betroffene zu 2 Hunan Erkang die Quelle der Paracetamol-Wirkstoffeinfuhren in China kontrollierte. Die beiden Unternehmen waren die wichtigsten Lieferanten von Paracetamol-API.

Nach der Untersuchung stellte die SAMR zuerst fest, dass die beiden Unternehmen im Jahr 2017 einen gemeinsamen Marktanteil von 96,38 % und von Januar bis Juli 2018 von 88,55 % am Paracetamol-Wirkstoffmarkt in China hatten, wobei der Marktanteil beider Unternehmen mehr als 1/10 betrug.[29]

Darüber hinaus stellte die SAMR fest, dass die beiden Unternehmen die starke Fähigkeit hatten, den Absatzmarkt für Paracetamol-API zu kontrollieren, da sie über einen bedeutenden Marktanteil am chinesischen Paracetamol-API-Markt verfügten und sie die wichtigsten Handelspartner für die nachgelagerten Hersteller von Paracetamol-Medikamenten waren.

Die SAMR wies ferner darauf hin, dass Paracetamol-API ein wesentlicher Rohstoff für die nachgelagerten Hersteller war, die die entsprechenden Arzneimittel herstellen. Das Angebot an Paracetamol-API sei seit langem knapp gewesen. Auf dieser Grundlage wurde davon ausgegangen, dass die nachgelagerten Hersteller der entsprechenden Arzneimittel in hohem Maße von dem Henan Jiushi und Hunan Erkang abhängig waren.

Die SAMR untersuchte anschließend die Schwierigkeiten beim Markteintritt und stellte fest, dass die Herstellung von Paracetamol-API in China eine Wirkstoffzulassung und eine Lizenz zur Herstellung von Arzneimittel erforderte. Dies erschwere es neuen Wettbewerbern, kurzfristig in den chinesischen Paracetamol-API-Markt einzutreten.

Bemerkenswert ist, dass die SAMR in diesem Fall in gewissem Umfang die internen Beziehungen zwischen den beiden Unternehmen analysiert hat, um eine kollektive Marktbeherrschung zu bejahen.

In ihren beiden Sanktionsentscheidungen, die zum einen Hunan Erkang und zum anderen Henan Jiushi betrafen, heißt es, dass Hunan Erkang und Henan Jiushi im Februar 2017 wegen des Anteilserwerbs miteinander in Kontakt

---

[29] Sanktionsentscheidung gegen Hunan Erkang, siehe 国家市场监督管理总局行政处罚决定书国市监处〔2018〕21 号; Sanktionsentscheidung gegen Henan Jiushi, siehe 国家市场监督管理总局行政处罚决定书国市监处〔2018〕22 号.

treten. Aus bestimmten Gründen wurde der Erwerbsplan jedoch auf Eis gelegt. Hunan Erkang und Henan Jiushi begannen im Februar 2018, im Rahmen der strategischen Kooperationsvereinbarung zusammenzuarbeiten. Im September 2018 gab Hunan Erkang seine Absicht bekannt, dass nicht weniger als 51 % der Anteile an Henan Jiushi zu erwerben und die tatsächliche Kontrolle über Henan Jiushi erlangen zu wollen. Die beiden Unternehmen wurden daher von der SAMR als eng miteinander verbunden angesehen.
Auf der Grundlage aller oben genannten Tatsachen kam die SAMR zum Schluss, dass Hunan Erkang aufgrund der potenziellen Erwerbsabsicht und der strategischen Kooperationsvereinbarung eine gewisse Kontrolle über Henan Jiushi ausübte und die beiden Unternehmen miteinander koordinierten und kooperierten, um ein einheitliches Verhalten durchzuführen. Die SAMR stellte weiter fest, dass Hunan Erkang und Henan Jiushi enge Beziehungen hatten und gemeinsam den Paracetamol-API-Markt beherrschten.[30]
In Bezug auf den Missbrauch einer kollektiven marktbeherrschenden Stellung stellte die SAMR drei Arten von Missbrauch fest.
Erstens wurde Hunan Erkang vorgeworfen, seine (kollektive) marktbeherrschende Stellung durch den Verkauf von Waren zu unangemessen hohen Preisen gemäß Art. 17 Abs. 1 Nr. 1 AMG a. F. [= Art. 22 Abs. 1 Nr. 1 AMG] missbraucht zu haben. Die Beurteilung durch die SAMR stützte sich auf die Tatsache, dass Hunan Erkang Paracetamol-API an nachgelagerte Unternehmen zu einem Preis von 2.940 RMB/kg verkaufte, was dem Drei- bis Vierfachen der durchschnittlichen Kosten entsprach. Die Produktions- und Beschaffungskosten für Paracetamol-API hatten sich in dem Zeitraum, in dem die oben genannten Verkaufspraktiken angewandt wurden, jedoch nicht wesentlich verändert.
Die SAMR betonte eindeutig, dass das Ausmaß des Preisanstiegs von Hunan Erkang deutlich höher war als das normale Ausmaß des Preisanstiegs und es keinen rechtfertigenden Grund dafür gab.[31]
Die SAMR war der Ansicht, dass die wettbewerbsfeindliche Wirkung überhöhter Preise zu einem erheblichen Anstieg der Beschaffungskosten für Arzneimittelhersteller führen konnte.
Zweitens ergab die Untersuchung, dass Hunan Erkang und Henan Jiushi wiederholt die Lieferung von Paracetamol-API an nachgelagerte Arzneimittelhersteller mit der Begründung einer „Nichtverfügbarkeit" verweigert.

---

[30] Vgl. 国家市场监督管理总局行政处罚决定书国市监处〔2018〕21 号, S. 5; 国家市场监督管理总局行政处罚决定书国市监处〔2018〕22 号, S. 5.

[31] Vgl. 国家市场监督管理总局行政处罚决定书国市监处〔2018〕21 号, S. 6.

Nach der Ermittlung der SAMR führten die von den beiden gemeinsamen durchgeführten Geschäftsverweigerungen zu einem knappen Angebot an Paracetamol-API auf dem Markt und zu einem raschen Preisanstieg.[32] Einige nachgelagerten Arzneimittelhersteller seien gezwungen gewesen, ihre Produktion zu drosseln oder einzustellen. Die SAMR stellte daher fest, dass die beiden Unternehmen den Handel ohne gerechtfertigten Grund verweigert und damit gegen Art. 17 Abs. 1 Nr. 3 AMG a. F. [= Art. 22 Abs. 1 Nr. 3 AMG] verstoßen hatten.

Drittens stellte die SAMR fest, dass Hunan Erkang und Henan Jiushi ihre beherrschende Stellung ausnutzten, indem sie von den nachgelagerten Unternehmen verlangten, dass sie beim Kauf von Paracetamol-API ihre pharmazeutischen Hilfsstoffe ebenfalls erwarben. Ansonsten weigern sie sich, Paracetamol-API zu liefern.

Die SAMR stellte ferner fest, dass die betroffenen pharmazeutischen Hilfsstoffe in Bezug auf die Produkteigenschaften und die Hauptverwendung nicht direkt mit der Paracetamol-API zusammenhingen und dass es sich um unterschiedliche Waren handelte. Daher wurden diese Kopplungspraktiken von der SAMR als handels- und verbraucherfeindlich angesehen. Bei den Kopplungspraktiken, die von zwei Unternehmen gemeinsam getätigt wurden, ging die SAMR davon aus, dass ein Verstoß gegen Art. 17 Abs. 1 Nr. 5 AMG a. F. [= Art. 22 Abs. 1 Nr. 5 AMG] vorlag.

Analyse

Es ist hervorzuheben, dass die SAMR bis zu einem gewissen Grad die internen Beziehungen zwischen den beiden Unternehmen untersucht hat. Neben dem hohen gemeinsamen Marktanteil, der Fähigkeit, den Markt zu kontrollieren, dem Grad der Abhängigkeit von Wettbewerbern und den hohen Marktzutrittsschranken ließen die engen wirtschaftlichen Beziehungen zwischen den beiden Unternehmen und eine Reihe von einheitlichen Handlungen der SAMR zu der Feststellung kommen, dass sie gemeinsam den relevanten Markt beherrschten.

Der vorliegende Fall ist auch insofern einzigartig, als es nicht nur um den gemeinsamen Missbrauch einer kollektiven Marktbeherrschung ging, sondern auch um den Missbrauch einer kollektiven Marktbeherrschung durch ein einzelnes Unternehmen.

Die SAMR erließ zwei Sanktionsentscheidungen, eine gegen Hunan Erkang und eine gegen Henan Jiuzhi. Da Hunan Erkang an drei missbräuchli-

[32] Vgl. 国家市场监督管理总局行政处罚决定书国市监处〔2018〕21 号, S. 7; 国家市场监督管理总局行政处罚决定书国市监处〔2018〕22 号, S. 6.

chen Praktiken beteiligt war, wurde davon ausgegangen, dass er eine wichtige Rolle bei dem kartellrechtlichen Verstoß gespielt hat. Die SAMR beschlagnahmte die illegalen Einnahmen von Hunan Erkang in Höhe von 2.394.700 RMB und verhängte eine Geldstrafe in Höhe von 8 % des Jahresumsatzes 2017 von 106 Millionen RMB, d. h. 8.479.400 RMB.[33]
Da Henan Jiuzhi nur zwei missbräuchliche Praktiken ausübte, ging die SAMR von einer untergeordneten Rolle aus. Die SAMR verhängte eine Strafe in Höhe von 4 % des Jahresumsatzes 2017 von 38.935.000 RMB, was einem Betrag von 1.557.300 RMB entsprach.[34]
Die Entscheidung zeigt, dass im Fall des gemeinsamen Missbrauchs einer kollektiven Marktbeherrschung jeder Beteiligte entsprechend seiner Beteiligung an dem Missbrauch einer Sanktion unterworfen ist.
Wie im *Isoniazid-API-Fall* bestand auch in diesem Fall das maßgebliche Missbrauchsverhalten in einer überhöhten Preissetzung. Sowohl die NDRC als auch die SAMR wiesen darauf hin, dass das Ausmaß des Preisanstiegs über der normalen Preisentwicklung lag. Allerdings wurde keine der folgenden Kernfragen beantwortet, nämlich welche Preise unter normalen Wettbewerbsbedingungen gelten, was das normale Ausmaß des Preisanstiegs ist, welche Kriterien von den Behörden angewandt wurden und auf welcher Grundlage festgestellt wurde, dass die Preissteigerung das normale Ausmaß des Preisanstiegs übersteigt.
Die obengenannten Indikatoren sind für das Preismissbrauchsverbot gegenüber den kollektiven beherrschenden Unternehmen von entscheidender Bedeutung. Der Grund liegt darin, dass im Falle einer kollektiven Marktbeherrschung die auf einer oligopolistischen Interdependenz beruhende suprakompetitive Preisbildung (stillschweigende Kollusion und die daraus resultierende überhöhte Preisbildung) an sich keinen Verstoß gegen das Kartellrecht darstellen sollte.
Problematisch ist der Grad der „Übermäßigkeit“ (der Inhalt der suprakompetitiven Preise). Die SAMR konzentrierte sich bei ihrer Bewertung allein auf die Frage, ob die Preiserhöhung gerechtfertigt ist, und nicht auf den Zusammenhang zwischen den normalen Wettbewerbspreisen, den oligopolistischen überwettbewerblichen Preise und missbräuchlichen überhöhten Preise.

---

[33] Vgl. 国家市场监督管理总局行政处罚决定书国市监处〔2018〕21 号, S. 10.
[34] Vgl. 国家市场监督管理总局行政处罚决定书国市监处〔2018〕22 号, S. 9.

6.2.2.3 Kalziumglukonat-API-Fall

Sachverhalt

In diesem Fall ging es nicht um die Anwendung der Vermutungsklauseln einer kollektiven Marktbeherrschung. Die Denkweise der SAMR ist jedoch in diesem Fall in gewisser Weise für die kollektive Marktbeherrschung relevant. Aus der Analyse der Durchsetzungsbehörde lässt sich ableiten, wer Normadressat der kollektiven Marktbeherrschung ist. Obwohl es sich in diesem Fall um drei Beteiligte handelte, die gemeinsam monopolistische Handlungen begingen, war die Durchsetzungsbehörde der Ansicht, dass die drei Beteiligte eine „gemeinsame Einheit" bildeten, da zwei Beteiligte von einem von ihnen kontrolliert wurden. Daraus folgt, dass die Unternehmen mit kollektiver Marktbeherrschung in der Lage sein sollten, in wirtschaftlicher Hinsicht selbständig zu handeln.

Die drei Betroffenen in dieser Rechtssache waren Kanghui, Puyunhui und Taiyangshen. Sie vertrieben Kalziumglukonat-API zur Injektion. Der relevante Markt war in diesem Fall der Markt für den Verkauf von Kalziumglukonat-API zur Injektion in der VR China.

Die SAMR begann mit einer Analyse der internen Beziehungen zwischen den drei Betroffenen. Es ist wichtig zu beachten, dass die SAMR die drei Betroffenen als eine „gemeinsame Einheit" behandelt hat,[35] d. h. nur als ein Unternehmen/einen Normadressat des AMG.

Die drei Betroffenen waren in diesem Punkt anderer Meinung. Sie behaupteten, dass sie unabhängig und nicht miteinander verbunden seien, da sie unabhängig voneinander registriert seien und zwischen ihnen keine Beteiligungsverhältnisse bestünden.[36]

Darüber hinaus machten sie geltend, dass die Anteilseigner und Direktoren, Aufsichtspersonen und Führungskräfte der drei Betroffenen nicht miteinander verwandt seien und die Geschäftsbeziehungen zwischen ihnen den Marktregeln entsprachen. Diese Aussagen wurden jedoch nicht von der SAMR nicht als überzeugend angesehen.

Die SAMR stellte zwar fest, dass alle drei als eigenständige juristische Personen registriert sind. Jedoch argumentierte die SAMR, dass Kanghui, Puyunhui und Taiyangshen eine gemeinsame Einheit bilden, und sie eine Reihe von monopolistischen Handlungen begangen hatten.[37] Zur Begründung wurde ausgeführt, dass diese drei Betroffenen einen „einheitlichen

---

[35] Vgl. 国家市场监督管理总局行政处罚决定书（国市监处〔2020〕8 号）, S. 17.

[36] Vgl. 国家市场监督管理总局行政处罚决定书（国市监处〔2020〕8 号）, S. 17.

[37] Vgl. 国家市场监督管理总局行政处罚决定书（国市监处〔2020〕8 号）, S. 17.

und koordinierten Geschäftswillen“ haben.[38] Nach der Feststellung der SAMR standen Puyunhui und Taiyangshen unter der Kontrolle von Kanghui. Mit anderen Worten, die SAMR stellte keine wirtschaftliche Unabhängigkeit von Puyunhui und Taiyangshen fest.

Im Einzelnen stützte sich die SAMR auf die folgenden Tatsachen. Erstens arbeiteten einige der Mitarbeiter von Puyunhui auch für Kanghui, und der Geschäftsführer von Puyunhui hatte ein festes Büro bei Kanghui.[39]

Zweitens wurden betriebliche Entscheidungen über die Wirkstoff- und Formulierungsprodukte von Puyunhui von Konghui getroffen. Die Mitarbeiter von Puyunhui nahmen an den von Konghui organisierten Sitzungen teil und befolgten die betrieblichen Vereinbarungen von Konghui für Puyunhui.[40]

Drittens hatte Puyunhui enge finanzielle Verbindungen zu Konghui. So wurden beispielsweise die Bankkonten von Puyunhui von Konghui kontrolliert. Zudem leistete Puyunhui Zahlungen an Kunden gemäß den Anweisungen von Konghui. Konghui zahlte auch Provisionen an das Verkaufspersonal von Puyunhui.[41]

Vicrtens wurden die Geschäftstätigkeiten von Taiyangshen (Geschäftspartner, Preise, Mengen, Zahlungsmodalitäten usw.) von Konghui bestimmt.

Fünftens gab Taiyangshen den größten Teil seiner Gewinne an Konghui zurück.

In Anbetracht der vorstehenden Feststellungen vertrat die SAMR die Auffassung, dass sowohl Puyunhui als auch Taiyangshen im Laufe des Betriebs der Kontrolle von Kanghui unterlagen und keinen unabhängigen Geschäftswillen besaßen.[42] Die SAMR wies darauf hin, dass die drei Betroffenen eng miteinander verbunden waren und nicht unabhängig voneinander agierten, so dass sie lediglich als eine gemeinsame Einheit/ein Unternehmen/einen Normadressat betrachtet wurden.[43]

Daraus ergabt sich die Frage, ob diese gemeinsame Einheit *eine einzelne marktbeherrschende Stellung* auf dem Markt für den Verkauf von Kalziumglukonat-API zur Injektion in der VR China hat. Die SAMR hat diese Frage bejaht.[44]

---

[38] Vgl. 国家市场监督管理总局行政处罚决定书（国市监处〔2020〕8 号）, S. 6.
[39] Vgl. 国家市场监督管理总局行政处罚决定书（国市监处〔2020〕8 号）, S. 3f.
[40] Vgl. 国家市场监督管理总局行政处罚决定书（国市监处〔2020〕8 号）, S. 4.
[41] Vgl. 国家市场监督管理总局行政处罚决定书（国市监处〔2020〕8 号）, S. 4.
[42] Vgl. 国家市场监督管理总局行政处罚决定书（国市监处〔2020〕8 号）, S. 5.
[43] Vgl. 国家市场监督管理总局行政处罚决定书（国市监处〔2020〕8 号）, S. 5.
[44] Vgl. 国家市场监督管理总局行政处罚决定书（国市监处〔2020〕8 号）, S. 5ff.

Nach der Feststellung der SAMR hielten die drei Betroffenen einen hohen Marktanteil, der im Zeitraum August-Dezember 2015, 2016 und 2017 bei 94 %, 91 % bzw. 87 % liegt.[45] Außerdem seien sie in der Lage gewesen, den Absatzmarkt zu kontrollieren, da der Preis, die Menge und andere Geschäftsbedingungen von ihnen festgelegt wurden.

Die SAMR stellte auch fest, dass die nachgelagerten Hersteller in hohem Maße von den drei Betroffenen abhängig waren, da sie API nur von ihnen kaufen konnten.[46]

Die letzte Grundlage sei die hohe Marktzutrittsschranke.[47] Für die Herstellung von injizierbarem Kalziumglukonat-API waren sowohl eine API-Zulassung als auch ein GMP-Zertifikat und andere Qualifikationen erforderlich. Es dauerte lange, die entsprechenden Zulassungen und ausgereiften technischen Bedingungen zu erhalten.

Die SAMR befand, dass in Bezug auf den Vorwurf des Missbrauchs die drei Betroffenen auch „eng miteinander verbunden und nicht unabhängig voneinander" waren.[48] Kanghui habe eine führende Rolle bei dem Missbrauch gespielt, während Puyunghui nur eine untergeordnete Bedeutung hatte und Taiyangshen lediglich Hilfe leistete. Die missbräuchlichen Praktiken wurden von den drei Betroffenen in enger Zusammenarbeit und Kooperation ausgeübt.

Die SAMR kam zum Schluss, dass diese gemeinsame Einheit von drei Betroffenen eine einzelne marktbeherrschende Stellung missbraucht hatte, indem sie Waren zu unangemessen hohen Preisen verkauften (Art. 17 Abs. 1 Nr. 1 AMG a. F. [= Art. 22 Abs. 1 Nr. 1 AMG]) und unangemessene Geschäftsbedingungen auferlegten (Art. 17 Abs. 1 Nr. 5 a. F. [= Art. 22 Abs. 1 Nr. 5 AMG]).

Analyse

In dieser Rechtssache ähnelt die Rechtsanwendung durch die SAMR sehr stark derjenigen des Unionswettbewerbsrechts.

Nach der europäischen Rechtsprechung können nur mehrere rechtlich voneinander unabhängige wirtschaftliche Einheiten (mehrere Unternehmen) als Inhaber einer kollektiven beherrschenden Stellung auftreten.[49] Eine

[45] Vgl. 国家市场监督管理总局行政处罚决定书（国市监处〔2020〕8号）, S. 10.
[46] Vgl. 国家市场监督管理总局行政处罚决定书（国市监处〔2020〕8号）, S. 10.
[47] Vgl. 国家市场监督管理总局行政处罚决定书（国市监处〔2020〕8号）, S. 11ff.
[48] Vgl. 国家市场监督管理总局行政处罚决定书（国市监处〔2020〕8号）, S. 6.
[49] Vgl. EuGH 16.3.2000, Rs. C-395/96 P und C-396/96 P, Slg. 2000, I-1365, Rn. 36 „Compagnie Maritime Belge ".

wirtschaftliche Einheit setzt die wirtschaftliche Selbständigkeit und eine unabhängige Willensbildung voraus.[50]
Wenn mehrere Betroffene zwar eine eigene Rechtspersönlichkeit, aber keine eigenständige wirtschaftliche Selbstständigkeit haben, werden sie von der chinesischen Durchsetzungsbehörde als ein einziges Unternehmen angesehen bzw. als einen Normadressat des AMG behandelt. Es bedarf nur des Rückgriffs auf den Tatbestand der einzelnen Marktbeherrschung.
Der vorliegende Fall ist für die kollektive Marktbeherrschung relevant, da er zumindest veranschaulicht, dass eine kollektive Marktbeherrschung nur dann in Betracht kommt, wenn die Betroffenen wirtschaftlich unabhängig sind.

6.3 Kollektive Marktbeherrschung und Fusionskontrolle

6.3.1 Überblick

Ein Zusammenschluss durch Unternehmen ist verboten, wenn er die wettbewerbsausschließende oder -einschränkende Wirkung hat oder haben kann (Art. 34 S. 1 AMG). Kann das Unternehmen jedoch nachweisen, dass die positiven Auswirkungen des Zusammenschlusses auf den Wettbewerb die negativen Auswirkungen deutlich überwiegen oder dass der Zusammenschluss im öffentlichen Interesse liegt, kann die Antimonopol-Durchsetzungsbehörde des Staatsrats entscheiden, den Unternehmenszusammenschluss nicht zu untersagen (Art. 34 S. 2 AMG).
Im Falle eines nicht untersagten Unternehmenszusammenschlusses kann die Antimonopol-Durchsetzungsbehörde des Staatsrats beschließen, restriktive Bedingungen aufzuerlegen, um die negativen Auswirkungen des Zusammenschlusses auf den Wettbewerb zu verringern (Art. 35 AMG).
Wettbewerbsausschlüsse und -einschränkungen können sich aus Zusammenschlüssen ergeben, die eine kollektive beherrschende Stellung begründen oder verstärken. Das Konzept der kollektiven Marktbeherrschung spiegelt sich in der chinesischen Zusammenschlusskontrolle als koordinierte Effekte wider. Zusammenschlüsse können größere Möglichkeiten der Koordinierung schaffen, die keine kartellrechtlich unzulässige Absprache oder Verhaltensabstimmung erfordern. Diese Effekte eines Zusammenschlusses werden durch die Konzepte der Begründung oder Verstärkung einer

[50] Vgl. *Säcker/Steffens*, in: Säcker/Bien/Meier-Beck/Montag, Münchener Kommentar zum Wettbewerbsr., Art. 101 AEUV Rn. 50.

kollektiven Marktbeherrschung und der koordinierten Effekte erfasst. Koordinierte Effekte sind die Fähigkeit, der Anreiz und die Möglichkeit mehrerer Unternehmen, den Wettbewerb durch einen Zusammenschluss gemeinsam auszuschließen oder einzuschränken.[51]

Derzeit gibt es in der VR China keine Fälle, in denen der Zusammenschluss aufgrund koordinierter Effekte verboten ist. Mit Stand vom 19. April 2023 gab es seit Inkrafttreten des AMG im Jahr 2008 siebzehn Fälle von Zusammenschlüssen mit koordinierten Effekten, die alle mit restriktiven Bedingungen genehmigt wurden.[52]

Eine Überprüfung dieser 17 Fälle zeigt, dass die Durchsetzungsbehörden ihre Schlussfolgerungen, dass ein Zusammenschluss zur Entstehung oder Verstärkung der koordinierten Effekten führen würde, auf zwei Szenarien stützen.

Das erste Szenario liegt vor, wenn zwischen den an dem Zusammenschluss beteiligten Unternehmen und anderen Wettbewerbern wirtschaftliche Verbindungen bestehen. Zu den wirtschaftlichen Beziehungen gehören unter anderem die Gründung eines Gemeinschaftsunternehmens, Vereinbarungen über die gemeinsame Nutzung, Verkaufsvereinbarungen und Aktienbesitz. Diese wirtschaftlichen Verbindungen stellen ein gemeinsames Interesse der Mitglieder des Oligopols dar, was die Wahrscheinlichkeit erhöht, dass sie sich dafür entscheiden, koordiniert und nicht in Konkurrenz zueinander zu handeln.

Das zweite Szenario betrifft Fälle, in denen die Merkmale der Marktstruktur bei fehlenden wirtschaftlichen Bindungen eine explizite oder stillschweigende Koordinierung begünstigen. Zu den Marktmerkmalen, auf die sich die Durchsetzungsbehörden häufig berufen, gehören hohe gemeinsame Marktanteile, hohe Marktkonzentration/reduzierte Anzahl von Wettbewerbern, hohe Markttransparenz, fehlende Nachfragemarktmacht, Produkthomogenität, Unternehmenssymmetrie usw.

Die obengenannten strukturellen Faktoren werden auch in erstem Szenarium in Betracht gezogen.

Tab. 2: Fallgruppe

Erstes Szenarium	Name des Falls	Arten der Wirtschaftsbeziehungen	Strukturelle Faktoren

[51] Vgl. Vorläufige Regelungen für die Überprüfung von Zusammenschlüssen durch Unternehmen („经营者集中审查暂行规定"), Art. 25.

[52] Die Daten stammen von den offiziellen Websites des MOFCOM (für Fälle von Zusammenschlüssen vor dem 13. März 2018) und der SAMR.

	Gründung eines Gemeinschaftsunternehmens zwischen Shanghai Airport (Group) Company Limited and Eastern Airlines Logistics Co.[53]	Gemeinschafts-unternehmen	Gemeinsamer Marktanteil und Marktkontrolle; Marktkonzentration; Markt(preis)-transparenz; Elastizität der Nachfrage usw.
	Übernahme einer Beteiligung an Aleris durch Novelis[54]	Gemeinschaftsunternehmen im Ausland	Gemeinsamer Marktanteil und Marktkontrolle; Marktkonzentration; Marktzutrittsschranken usw.
	Übernahme einer Beteiligung an Hamburg Südamerikanische Dampfschifffahrts -Gesellschaft KG durch Maersk Line A/S[55]	Vereinbarungen über die gemeinsame Nutzung von Schiffen	Gemeinsamer Marktanteil und Marktkontrolle; Marktkonzentration; Marktzutrittsschranken usw.
	Zusammenschluss von Agrium Inc. und Potash Corporation of Saskatchewan Inc.[56]	Verkauf durch dieselbe Exportfirma	Gemeinsamer Marktanteil und Marktkontrolle; Marktkonzentration; Marktzutrittsschranken usw.
	Gründung eines Gemeinschaftsunternehmens zwischen Hunan Corun New Energy, Toyota China, PEVE, Changshu	Gemeinschafts-unternehmen	Gemeinsamer Marktanteil und Marktkontrolle; Marktkonzentration; Marktzutrittsschranken usw.

[53] SAMR, 13.9.2022.
[54] SAMR, 20.12.2019.
[55] MOFCOM, Order No. 77, 7.11.2017.
[56] MOFCOM, Order No. 75, 6.11.2017.

	Sinogy Venture Capital und Toyota Tsusho[57]		
	Übernahme von Gambro durch Baxter International[58]	OEM[59]-Vereinbarungen	Gemeinsamer Marktanteil und Marktkontrolle; Marktkonzentration; Marktzutrittsschranken usw.
	Übernahme von Savio durch Alpha V[60]	Aktienbesitz	Marktkonzentration; Marktzutrittsschranken usw.
	Übernahme von Alcon durch Novartis[61]	Verkaufs- und Vertriebs-vereinbarungen	Marktanteil und Marktkontrolle; Marktkonzentration; Marktzutrittsschranken usw.
	Übernahme von Sanyo durch Panasonic[62]	Aktienbesitz	Marktanteil und Marktkontrolle; Marktkonzentration; Marktzutrittsschranken; Nachfragemacht usw.
Zweites Szenarium	Name des Falls	Strukturelle Faktoren	
	Erwerb einer Beteiligung an Asiana Airlines Co. durch Korean Air[63]	Gemeinsamer Marktanteil und Marktkontrolle; Marktkonzentration; Reduzierte Anzahl von Wettbewerbern; Markt(preis)transparenz; Marktzutrittsschranken usw.	
	Übernahme einer Beteiligung an	Gemeinsamer Marktanteil und Marktkontrolle; Marktkonzentration;	

[57] MOFCOM, Order No. 49, 2.7.2014.
[58] MOFCOM, Order No. 58, 13.8.2013.
[59] Original Equipment Manufacturer (OEM).
[60] MOFCOM, Order No. 73, 31.10.2011.
[61] MOFCOM, Order No. 53, 13.8.2010.
[62] MOFCOM, Order No. 82, 30.10.2009.
[63] SAMR, 26.12.2022.

	Siltronic durch Globalwafers[64]	Markt(preis)transparenz; Produkthomogenität; Preiselastizität der Nachfrage; Marktzutrittsschranken usw.
	Übernahme eines Teils des Geschäfts der Intel Corpor. durch SK Hynix[65]	Gemeinsamer Marktanteil und Marktkontrolle; Marktkonzentration; Markt(preis)transparenz; Marktzutrittsschranken; reife Technologie usw.
	Gründung eines Gemeinschaftsunternehmens zwischen Zhejiang Garden und DSM[66]	Gemeinsamer Marktanteil und Marktkontrolle; Marktkonzentration; Markt(preis)transparenz; Marktzutrittsschranken usw.
	Übernahme einer Beteiligung an Finisar durch II-VI Co. [67]	Gemeinsamer Marktanteil und Marktkontrolle; Marktkonzentration; Markttransparenz; Grad der Unternehmenssymmetrie; Marktzutrittsschranken usw.
	Übernahme von Hitachi durch Western Digital[68]	Marktkonzentration; Produkthomogenität; Markttransparenz; Marktangebot; Nachfragemacht; Marktzutrittsschranken usw.
	Übernahme des Festplattengeschäfts von Samsung Electronics durch Seagate Technology[69]	Marktkonzentration; Produkthomogenität; Markttransparenz; Kapazitätsreserven; Nachfragemacht; Marktzutrittsschranken usw.
	Zusammenschlusses von Uralkali und Silvinit[70]	Gemeinsamer Marktanteil und Marktkontrolle; Marktkonzentration; Marktzutrittsschranken usw.

[64] SAMR, 20.1.2022.
[65] SAMR, 19.12.2021.
[66] SAMR, 16.10.2019.
[67] SAMR, 18.09.2019.
[68] MOFCOM, Order No. 9, 2.3.2012.
[69] MOFCOM, Order No. 90, 12.12.2011.
[70] MOFCOM, Order No. 33, 2.6.2011.

6.3.2 Koordinierte Effekte im Zusammenhang mit wirtschaftlichen Verbindungen

Wie bereits erwähnt, gibt es derzeit (Stand 19.4.2023) 17 Zusammenschlüsse, die koordinierte Effekte mit sich bringen. Alle diese Zusammenschlüsse sind mit Bedingungen genehmigt worden. In neun dieser Zusammenschlussfälle führten die Durchsetzungsbehörden die Entstehung oder Verstärkung von koordinierten Effekten auf das Vorhandensein wirtschaftlicher Verbindungen zwischen den an dem Zusammenschluss beteiligten Unternehmen oder zwischen den an dem Zusammenschluss beteiligten Unternehmen und anderen Wettbewerbern zurück. Gleichzeitig ließen auch die strukturellen Wettbewerbsbedingungen auf dem Markt nach dem Zusammenschluss den Schluss zu, dass der Wettbewerb beschränkt sein würde. Die Marktstrukturfaktoren, die von den Durchsetzungsbehörden berücksichtigt werden, sind der gemeinsame Marktanteil, die Fähigkeit, den Markt zu kontrollieren, die Marktkonzentration, die Markt(preis)transparenz, die Elastizität der Nachfrage usw.

6.3.2.1 Gemeinschaftsunternehmen

Im Fall der *Gründung eines Gemeinschaftsunternehmens zwischen Shanghai Airport (Group) Company Limited und Eastern Airlines Logistics Co.*[71] war der relevante Markt der Markt für Frachtterminaldienste am Flughafen Shanghai Pudong. Das neue Gemeinschaftsunternehmen sei in diesem Bereich tätig. Nach dem Zusammenschluss werden Shanghai Airport Group und Eastern Airlines Logistics das Gemeinschaftsunternehmen gemeinsam kontrollieren, indem sie 51 % bzw. 49 % der Anteile an dem Gemeinschaftsunternehmen halten.

Die SAMR war der Ansicht, dass die Partnerschaft aufgrund der Gründung eines Gemeinschaftsunternehmens den Wettbewerb zwischen den beiden Unternehmen auf dem relevanten Markt schwächen könnte. Der relevante Markt sei hoch konzentriert, mit wenigen Wettbewerbern und einer relativ transparenten Preisgestaltung gewesen. Es sei schwierig für andere Wettbewerber, wirksamen Wettbewerbsdruck zu erzeugen. Außerdem sei die Nachfrage der nachgelagerten Kunden nach den Frachtterminaldiensten weniger elastisch gewesen. Dieses Zusammenschlussvorhaben könne eine explizite oder implizite Preiskoordinierung fördern, da die Möglichkeit von Preiskoordinierung durch die aus dem Gemeinschaftsunternehmen resultierende gemeinsame Interessenlage noch erhöht werde.

Die SAMR stellte fest, dass das nach dem Zusammenschluss entstehende Gemeinschaftsunternehmen seine Marktkontrolle dazu nutzen könnte, die

---

[71] SAMR, 13.9.2022.

Qualität der Dienstleistungen zu verringern und die Preise zu erhöhen, um den Wettbewerb auf dem relevanten Markt auszuschließen und einzuschränken.

Die SAMR verlangte von Shanghai Airport Group und Eastern Airlines Logistics und dem Gemeinschaftsunternehmen die Einhaltung der folgenden Verpflichtungen, einschließlich, aber nicht beschränkte auf das Verbot des direkten oder indirekten Austauschs von wettbewerbsrelevanten Informationen zwischen den drei Unternehmen. Das Gemeinschaftsunternehmen muss unabhängig operieren, einschließlich, aber nicht beschränkt auf finanzielle Unabhängigkeit, personelle Unabhängigkeit, Unabhängigkeit bei der Beschaffung, Unabhängigkeit bei Forschung und Entwicklung, Unabhängigkeit bei der Preisgestaltung und Unabhängigkeit beim Vertrieb.

6.3.2.2 Aktienbesitz oder andere wirtschaftliche oder vertragliche Bindungen

Im Fall *Übernahme von Savio durch Alpha V*[72] war der relevante Markt der Automatischer Spulmaschinenmarkt für elektronische Garnreiniger. Auf diesem relevanten Markt gab es nur zwei Hersteller, Uster Technologies und Loepfe Brothers Ltd. Eines der an dieser Übernahme beteiligten Unternehmen, Savio, war die Muttergesellschaft von Loepfe. Das andere Unternehmen, Alpha V, war der größte Aktionär von Uster. Das MOFCOM war der Ansicht, dass Uster und Loepfe nach dem Zusammenschluss in der Lage sei, ihre Aktivitäten über Alpha V zu koordinieren, um den Wettbewerb auf dem relevanten Markt auszuschließen oder zu beschränken.

Im Falle *Übernahme von Alcon durch Novartis*[73] stellte das MOFCOM fest, dass das erwerbende Unternehmen nach dem Zusammenschluss einen Marktanteil von fast 20 % auf dem relevanten Markt in China hätte und der zweitgrößte Anbieter wäre. Hydron Contact Lens Co. sei mit einem Marktanteil von über 30 % der größte Herrsteller und Vertreiber auf dem chinesischen Markt. Im Jahr 2008 unterzeichnete eine hundertprozentige Tochtergesellschaft von Novartis eine Verkaufs- und Vertriebsvereinbarung mit Hydron, die Hydron zum alleinigen Vertriebshändler der hundertprozentigen Tochtergesellschaft von Novartis in China machte. Die Vereinbarung begründetete eine strategische Partnerschaft zwischen den beiden Unternehmen. Das MOFCOM war daher der Auffassung, dass diese Vereinbarung zu einer Koordinierung zwischen dem erwerbenden Unternehmen und Hydron beim Verkauf dieser Produkte in Bezug auf Produktpreis, Menge

[72] MOFCOM, Order No. 73, 31.10.2011.

[73] MOFCOM, Order No. 53, 13.8.2010.

und Verkaufsgebiet führen konnte, was den Wettbewerb ausschließen und einschränken konnte.

6.3.3 Koordinierte Effekte im Zusammenhang mit strukturellen Faktoren

Bei der Prüfung, ob ein Zusammenschluss eine den Wettbewerb ausschließende oder beschränkende Wirkung hat oder haben könnte, sollten die folgenden Faktoren berücksichtigt werden: die Marktanteile der am Zusammenschluss beteiligten Unternehmen auf dem relevanten Markt und ihre Marktkontrolle (Art. 33 Nr. 1 AMG), der Marktkonzentrationsgrad (Art. 33 Nr. 2 AMG), ferner der Einfluss des Zusammenschlusses auf den Markteintritt und den technischen Fortschritt (Art. 33 Nr. 3 AMG), auf die Konsumenten und andere betroffene Unternehmen (Art. 33 Nr. 4 AMG) und auf die volkswirtschaftliche Entwicklung (Art. 33 Nr. 5 AMG) sowie andere Kriterien, von denen die Antimonopol-Durchsetzungsbehörde des Staatsrates meint, dass sie zu bedenken sind (Art. 33 Nr. 6 AMG).

6.3.3.1 Gemeinsamer Marktanteil und Marktkontrolle

Im Fall *Erwerb einer Beteiligung an Asiana Airlines Co. durch Korean Air*[74] war der relevante Markt der Markt für Passagierlinienflugdienste auf 17 Strecken zwischen China und Korea (einschließlich Seoul-Zhangjiajie/Xian). Im November 2020 schlug Korean Air vor, die ausgegebenen und ausstehenden Aktienanteile von Asiana Airlines zu erwerben. Nach dem Erwerb würde Korean Air die alleinige Kontrolle über Asiana Airlines übernehmen.

Die SAMR stellte fest, dass auf den Strecken Seoul-Dalian und Busan-Shanghai das erwerbende Unternehmen nach dem Zusammenschluss den zweithöchsten Marktanteil hatte. Auf den anderen 13 Strecken lag dieses Unternehmen nach dem Zusammenschluss an erster Stelle und hatte einen deutlich höheren Marktanteil als sein zweitplatzierter Wettbewerber.

Darüber hinaus war die SAMR der Ansicht, dass der Zusammenschluss die Marktkontrolle des erwerbenden Unternehmens nach dem Zusammenschluss verbessert, da es weiteren Zugang zu Flugzeitressourcen hat. Mehr Flugzeitressourcen bedeuteten, dass das erwerbende Unternehmen nach dem Zusammenschluss die Flugfrequenz weiter erhöhen, die Marktabdeckung erweitern und die Sitzplatzkapazität verbessern konnte.

[74] SAMR, 26.12.2022.

6.3.3.2 Markttransparenz, Konzentrationsgrad und Homogenität

Von den Zusammenschlussfällen, die Festplattenhersteller betreffen, hat das MOFCOM zwei Fälle bearbeitet, nämlich *die Übernahme des Festplattengeschäfts von Samsung Electronics durch Seagate Technology*[75] im Jahr 2011 und *die Übernahme von Hitachi durch Western Digital*[76] im Jahr 2012. Der relevante Markt war in beiden Fällen der Weltmarkt für Festplatten. In beiden Fällen konzentrierte sich das MOFCOM auf die Auswirkungen einer hohen Markttransparenz auf die koordinierten Effekte.

Der Grund für die hohe Markttransparenz war in erster Linie die hohe Marktkonzentration. Das MOFCOM stellte fest, dass es nur fünf Hersteller auf dem Festplattenmarkt gab, nämlich Seagate, Western Digital, Hitachi, Toshiba und Samsung. Das MOFCOM wies darauf hin, dass die Zahl der Festplattenhersteller und Großabnehmer gering war. Die Konzentration würde einen wichtigen Wettbewerber ausschalten und den Wettbewerbsdruck zwischen den Festplattenherstellern im Beschaffungsprozess schwächen.

Der zweite Grund für das hohe Maß an Markttransparenz war die Homogenität der Produkte. Nach Angaben des MOFCOM gab es nur wenige Unterschiede zwischen den Festplattenprodukten der verschiedenen Festplattenhersteller, und die Wettbewerber waren relativ gut über die Technologie, die Kosten, die Produktions- und die Verkaufsbedingungen der jeweils anderen informiert. Die Festplattenhersteller waren in der Lage, den Preis oder die Preisspanne der Produkte ihrer Konkurrenten auf der Grundlage einschlägiger Fakten und Erfahrungen zu bestimmen.

6.3.3.3 Marktzutrittsschranken

Im Fall *Übernahme einer Beteiligung an Finisar durch II-VI Co.*[77] war der relevante Markt der Markt für wellenlängenselektive Schalter in China. Die SAMR stellte fest, dass die wellenlängenselektiven Schalter kapital- und technologieintensive Produkte waren. Die Kunden verlangten eine hohe Produktqualität und Stabilität. Neue Marktteilnehmer brauchten nicht nur Zugang zu der entsprechenden patentierten Technologie, sondern mussten auch viel Geld und Zeit investieren, um ein hochwertiges Produkt herzustellen, das von den nachgelagerten Kunden anerkannt und akzeptiert werden konnte.

---

[75] MOFCOM, Order No. 90, 12.12.2011.

[76] MOFCOM, Order No. 9, 2.3.2012.

[77] SAMR, 18.09.2019.

6.3.3.4 Innovation und Verbraucherwohlfahrt

Im Fall *die Übernahme des Festplattengeschäfts von Samsung Electronics durch Seagate Technology*[78] stellte das MOFCOM fest, dass Innovation ein wichtiger Wettbewerbsfaktor für Festplattenhersteller war. Wer als Erster innovative Produkte auf den Markt bringen konnte, konnte seinen Marktanteil und seine Gewinne erhöhen. Die Verbraucher konnten von innovativen Produkten profitieren.

6.4 Vergleich zwischen China und EU und Deutschland

Das chinesische AMG hat in Bezug auf die gesetzlichen Bestimmungen zur kollektiven Marktbeherrschung und deren Anwendung in der Praxis mehr Gemeinsamkeiten mit dem EU-Wettbewerbsrecht und dem GWB als Unterschiede.

6.4.1 Unterschiede

6.4.1.1 China und EU

Strukturorientierte Vermutungskriterien und verhaltensorientierte Feststellungskriterien

Weder die Vorschriften des Unionswettbewerbsrechts noch die Vorschriften des chinesischen AMG bestimmen eindeutig die Definition und die Tatbestandsvoraussetzungen für die kollektive Marktbeherrschung.

Wie aus der Rechtsprechung hervorgeht, verfolgt das Unionswettbewerbsrecht einen proaktiven Ansatz in Bezug auf kollektive Marktbeherrschung, indem es Kriterien für die Feststellung des Vorliegens einer kollektiven Marktbeherrschung festlegt. Solche Kriterien sind dynamisch und verhaltensorientiert. Die kollektive Marktbeherrschung kann bestimmt werden, wenn mehrere Unternehmen in wirtschaftlicher Hinsicht auf einem bestimmten Markt gemeinsam als kollektive Einheit auftreten oder handeln und diese kollektive Einheit in beträchtlichem Umfang unabhängig von den anderen Wettbewerbern, ihrer Kundschaft und letztlich den Verbrauchern handeln können.

Das chinesische AMG verfolgt hingegen einen vereinfachten und strukturellen Ansatz, der sich lediglich auf ein einziges Kriterium, den gemeinsame Marktanteil, stützt, um eine kollektive Marktbeherrschung anzunehmen.

---

[78] MOFCOM, Order No. 90, 12.12.2011.

Nach dem Art. 24 Abs. 1 Nr. 2 und 3 AMG wird eine kollektive Marktbeherrschung vermutet, wenn der gemeinsame Marktanteil mehrerer Unternehmen eine bestimmte Schwelle überschreitet. Bei einem Unternehmen mit einem Marktanteil von weniger als einem Zehntel kann nicht davon ausgegangen werden, dass er eine kollektive beherrschende Stellung innehat. Das auf dem Marktanteil basierende Vermutungskriterium ist statisch und unterscheidet sich deutlich von dem verhaltensorientierten Ansatz des Unionswettbewerbsrechts.

Auf den ersten Blick scheint die VR China in der Frage der kollektiven Marktbeherrschung strenger zu sein als die Union. Der Grund liegt darin, dass bei der Feststellung der kollektiven Marktbeherrschung nur ein Kriterium nach dem AMG berücksichtigt werden muss, nämlich der gemeinsame Marktanteil. Das Vorliegen einer kollektiven Marktbeherrschung kann vermutet werden, wenn der gemeinsame Marktanteil der mehreren Unternehmen die Vermutungsschwelle erreicht, ohne dass die wirtschaftlichen oder strukturellen Verflechtungen zwischen den Unternehmen, der Stand des internen Wettbewerbs und die Fähigkeit, gemeinsam und unabhängig zu handeln, näher untersucht werden müssen. In diesem Sinne gilt: Je einfacher die Kriterien sind, desto leichter lässt sich kollektive Marktbeherrschung erfassen.

Es kann jedoch nicht generell davon ausgehen, dass die Schwelle für ein Eingreifen des Oligopols in der chinesischen Praxis niedriger ist als in der Union, da die Vermutung einer kollektiven Marktbeherrschung widerlegbar ist. Da das EU-Wettbewerbsrecht keine Vermutungsklausel einer kollektiven Marktbeherrschung und keine Widerlegungsmöglichkeiten vorsieht, können keine allgemeinen Schlussfolgerungen gezogen werden. Es kann daher nicht argumentiert werden, dass das AMG Oligopole strenger behandelt, nur weil es einfacher ist, das Vorliegen einer kollektiven Marktbeherrschung auf der Grundlage des Marktanteils im Sinne von AMG zu vermuten.

Widerlegung der Existenz einer kollektiven Marktbeherrschung

Das chinesische AMG sieht zwei Möglichkeiten vor: den Nachweis eines erheblichen internen Wettbewerbs zwischen Unternehmen oder den Nachweis, dass die Unternehmen im Verhältnis zu seinen Wettbewerbern keine überragende Marktstellung haben. Mit anderen Worten: Entweder wird die Existenz einer kollektiven Einheit aus der Perspektive der internen Beziehungen widerlegt oder die Existenz von Marktbeherrschung aus der Perspektive der externen Beziehungen widerlegt.

Von der ersten Möglichkeit wurde in der gerichtlichen und behördlichen Praxis in der VR China bisher kein Gebrauch gemacht. Bislang wurde in der chinesischen Kartellrechtspraxis nur die zweite Möglichkeit angewandt. In der Rechtssache *Hua Qin gegen Qindu Taxi Passenger Service Department u.a.*[79] stellte das Gericht fest, dass die drei Unternehmen keine Marktkontrolle ausüben konnten, um die Dienstleistungsgebühren oder die Anzahl der Mietwagen auf dem relevanten Markt zu kontrollieren. Auf dieser Grundlage widerlegte das Gericht damit die Vermutung einer kollektiven Marktbeherrschung aufgrund des Marktanteils.

Daraus folgt, dass die chinesische Antimonopolspraxis das Vorhandensein kollektiver Marktbeherrschung widerlegt, indem sie aus der Perspektive der externen Beziehungen das Vorhandensein der Marktbeherrschung bei kollektiver Marktbeherrschung widerlegt.

Im Gegensatz dazu hat der Europäische Gerichtshof in der Rechtssache *Kali+Salz*[80] die Feststellung des Vorliegens einer kollektiven Marktbeherrschung aus der Perspektive der internen Beziehungen widerlegt. Die Kommission stellte fest, dass es auf dem relevanten Markt keinen wirksamen Wettbewerb zwischen K+S und SCPA gab, weil die beiden Unternehmen außergewöhnlich eng miteinander verbunden waren. Der Gerichtshof schloss sich dieser Argumentation jedoch nicht an, da die Verbindungen zwischen den beiden Unternehmen nicht so dicht und schlüssig waren, dass das Bestehen einer kollektiven Einheit in Betracht gezogen werden konnte (kein wirksamer interner Wettbewerb).[81]

---

79 Vgl. 西安市中级人民法院（2013）西民四初字第 00245 号民事判决, bestätigt durch 陕西省高级人民法院（2014）陕民三终字第 00034 号民事判决书.

80 Vgl. EuGH 31.3.1998, Rs. C 68/94 u. C. 30/95, Slg. 1998, I-1375, Rn. 232 „Kali+Salz".

81 Vgl. EuGH 31.3.1998, Rs. C 68/94 u. C. 30/95, Slg. 1998, I-1375, Rn. 232ff. „Kali+Salz".

6.4.1.2 China und Deutschland

Vermutungsklauseln für bis zu drei Unternehmen und für bis zu fünf Unternehmen

Nach dem Vorbild des deutschen GWB sieht das AMG auch eine marktanteilsbezogene Vermutungsklausel vor. Im AMG ist die Vermutung der kollektiven Marktbeherrschung für den Fall von zwei oder drei oligopolistischen Unternehmen vorgesehen, das GWB entscheidet aber auch über den Fall, dass eine größere Anzahl von Unternehmen (bis zu fünf) als kollektiv marktbeherrschend vermutet werden kann. So kann auch bei vier Unternehmen von einer kollektiven marktbeherrschenden Stellung nach GWB ausgegangen werden, was nach AMG nicht möglich ist.

Unterschiedliche Marktanteilsschwellen

Es ist für mehrere Unternehmen relativ schwieriger, unter dem AMG als kollektiv marktbeherrschend eingestuft zu werden als unter dem GWB, weil die Vermutungsschwelle des AMG für den Marktanteil höher ist. Im Falle von zwei Oligopolmitgliedern ist die Vermutungsschwelle für den Marktanteil nach dem AMG höher als die Vermutungsschwelle für den Marktanteil nach dem GWB (2/3>1/2). Dies gilt auch für den Fall von drei Oligopolmitgliedern (3/4>1/2). Wenn also zwei Oligopolmitglieder einen Marktanteil von sieben Zwölfteln haben, kann nach deutschem GWB eine kollektiv marktbeherrschende Stellung vermutet werden. Nach chinesischem AMG kann jedoch nicht davon ausgegangen werden, dass sie gemeinsam eine marktbeherrschende Stellung innehaben.

Generell lässt sich sagen, dass das GWB in Bezug auf Oligopole strengere Vorschriften vorsieht als das AMG. Ein Grund dafür ist, dass das GWB Fälle von bis zu fünf Oligopolmitglieder erfasst, während das AMG nur Konstellationen einer kollektiven Marktbeherrschung von bis zu drei Unternehmen regelt. Mehrere Unternehmen, bei denen eine kollektive Marktbeherrschung vermutet wird, unterliegen einer besonderen Verantwortung, den wirksamen Wettbewerb nicht zu beeinträchtigen.

Der zweite Grund liegt darin, dass das GWB bei zwei oder drei Unternehmen eine niedrigere Eingriffsschwelle für Marktanteile vorsieht als das AMG. Bei zwei oder drei Unternehmen ist es daher wahrscheinlicher, dass eine kollektiv marktbeherrschende Stellung nach GWB vermutet wird und damit dem Kartellrecht unterliegt.

Sowohl das GWB als auch das AMG ermöglichen es, dass die Vermutung einer kollektiven Marktbeherrschung auf der Grundlage des Marktanteils widerlegt werden kann. Es ist jedoch zu beachten, dass es einen Unterschied in der Formulierung zwischen GWB und AMG gibt, wenn es darum geht, die Vermutung einer kollektiven Marktbeherrschung durch interne

Wettbewerbsbeziehungen zu widerlegen. § 18 Abs. 7 Nr. 1 GWB sieht vor, dass es ausreicht, wenn ein interner Wettbewerb erwartet werden kann. Das AMG verlangt jedoch den Nachweis, dass interner Wettbewerb besteht.[82] In diesem Sinne ist die kollektive Marktbeherrschung in der deutschen Praxis leichter zu widerlegen.

6.4.2 Gemeinsamkeiten

6.4.2.1 Widerlegung der Vermutung einer kollektiven Marktbeherrschung

Das chinesische Rechtssystem gehört zum Zivilrechtssystem. Der chinesische Gesetzgeber hat sich bei der Formulierung der Vermutungsklauseln des AMG zur Marktbeherrschung auf das deutsche GWB bezogen.[83]

Um die Vermutung einer kollektiven Marktbeherrschung zu widerlegen, haben die chinesischen Unternehmen im Sinne von Art. 24 Abs. 3 AMG zwei Möglichkeiten. Entweder weisen sie nach, dass ein erheblicher Wettbewerb zwischen ihnen besteht, oder dass sie im Vergleich zu anderen Wettbewerbern keine überragende Marktstellung innehaben.[84] Daraus folgt, dass sich der chinesische Gesetzgeber bewusst ist, dass eine kollektive Marktbeherrschung nur dann festgestellt werden kann, wenn sowohl der interne Wettbewerb zwischen den Mitgliedern des Oligopols als auch der externe Wettbewerb gegenüber den anderen Marktteilnehmern erheblich eingeschränkt ist. Sobald eine Voraussetzung nicht erfüllt ist, ist die Vermutung der kollektiven Marktbeherrschung nicht mehr gegeben.

In dieser Hinsicht sind die Möglichkeiten zur Widerlegung denen des GWB ähnlich. § 18 Abs. 7 GWB enthält auch zwei Widerlegungsgründe für die Vermutung einer kollektiven Marktbeherrschung. Damit soll entweder nachgewiesen werden, dass ein erheblicher Innenwettbewerb zu erwarten ist. Oder die mutmaßlichen Unternehmen weisen nach, dass sie in ihrer Gesamtheit keine überlegene Marktstellung gegenüber Außenstehenden haben.

---

[82] Vgl. *法律出版社法规中心*, S. 20.

[83] Vgl. *全国人大常委会法制工作委员会经济法室*, S. 112; *法律出版社法规中心*, S. 19.

[84] Vgl. *全国人大常委会法制工作委员会经济法室*, S. 113; *法律出版社法规中心*, S. 20.

6.4.2.2 Eignung von Mitgliedern einer kollektiven Marktbeherrschung

In der Abgrenzungsfrage der Normadressaten der kollektiven Marktbeherrschung sind die Kriterien des AMG und des Unionswettbewerbsrechts identisch.

Wie aus dem *Calciumgluconat-API-Fall* hervorgeht, hat die chinesische Durchsetzungsbehörde mehrere Marktteilnehmer mit eigenständiger Rechtspersönlichkeit, aber ohne eigenständigen wirtschaftlichen Handlungswillen, nicht als Inhaber einer kollektiven Marktbeherrschung betrachtet. Vielmehr wird geprüft, ob sie zusammen mit dem kontrollierenden Marktteilnehmen als „eine gemeinsame Einheit" bzw. ein Unternehmen eine einzelne marktbeherrschende Stellung innehaben.

Dies steht im Einklang mit der Anforderung des Unionswettbewerbsrechts und des deutschen GWB, dass nach dem wirtschaftlich-funktionalen Unternehmensbegriff ein Unternehmen die wirtschaftliche Selbständigkeit voraussetzt. Sind mehrere Unternehmen so eng miteinander verflochten, dass einige von ihnen ihr Marktverhalten nicht mehr selbständig bestimmen können, sondern im Wesentlichen der Kontrolle einer oder mehrerer Gesellschaften unterliegen, so liegt nur eine wirtschaftliche Einheit bzw. ein Unternehmen vor.[85] Die Mitglieder einer kollektiven marktbeherrschenden Stellung sind mehrere rechtlich und wirtschaftlich unabhängige Unternehmen.

6.4.2.3 Koordinierte Effekte

Die chinesischen Durchsetzungsbehörden analysieren kollektive Marktbeherrschung oder koordinierte Effekte bei der Fusionskontrolle in einer Weise, die weitgehend dem Unionswettbewerbsrecht und dem GWB entspricht. Es ist festzustellen, inwieweit sich ein Zusammenschluss durch koordiniertes Parallelverhalten, insbesondere in der Weise auf Begründung oder Verstärkung einer kollektiven Marktbeherrschung, eine Wettbewerbsbeschränkung bewirkt.

Checklistenartiger Ansatz

In früheren Fällen verfolgte die Durchsetzungsbehörde des AMG einen ähnlichen Ansatz wie den checklistenartigen Ansatz von der Europäischen Kommission. Sie konzentrierte sich nur auf die statische Beurteilung oligopolistischer Märkte anhand einer Reihe kollusionshemmender oder -fördernder Faktoren, während die negativen Auswirkungen von Abweichungen und Sanktionsmechanismen auf die Kollusionswahrscheinlichkeit und Kollusionsstabilität nur eine untergeordnete Rolle spielten.

---

[85] Vgl. EuGH 21.2.1973, Rs. 6/72, Slg. 1973, 215, Rn. 15 „Continental Can".

Im *Fall der Übernahme von Hitachi durch Western Digital*[86] stellte das MOFCOM ein hohes Maß an Transparenz auf dem Festplattenmarkt und eine erhebliche Produkthomogenität fest, was zu der Schlussfolgerung führte, dass die Festplattenhersteller in der Lage waren, das Verhalten anderer Wettbewerber zu antizipieren. Das MOFCOM analysierte jedoch nicht, ob die beiden Unternehmen von Anfang an einen Anreiz hatten, sich abzustimmen und gemeinsam die Preise zu erhöhen. Schließlich gab es drei starke Wettbewerber auf dem Markt.

In dem Fall *Übernahme des Festplattengeschäfts von Samsung Electronics durch Seagate Technology*[87] stellte das MOFCOM fest, dass aufgrund des hohen Maßes an Transparenz auf dem Festplattenmarkt die Festplattenhersteller in der Lage waren, das Verhalten anderer Wettbewerber zu antizipieren. Das MOFCOM war der Ansicht, dass die Wahrscheinlichkeit steigen würde, dass die Wettbewerber durch eine Koordinierung ein ausschließendes und wettbewerbsbeschränkendes Verhalten praktizierten, da die Übernahme zur Verringerung eines bedeutenden Wettbewerbers auf dem Markt führen würde.

Das MOFCOM prüfte die Marktzutrittsschranken und die Marktmacht des Käufers weiter, um festzustellen, ob die Koordinierungseffekte eingeschränkt würden.

Daraus folgt, dass das MOFCOM die möglichen Reaktionen tatsächlicher und potenzieller Wettbewerber sowie Verbraucher, die erwarteten Ergebnisse der Koordinierung in Frage stellen konnten, bis zu einem gewissen Grad berücksichtigte. Allerdings wurden die einzelnen kollusionshemmenden oder -fördernden Faktoren nur in Form von Checklisten abgehandelt und der Nachweis, ob diese Koordination nachhaltig war, war nicht ersichtlich. Unbeachtet blieben beispielsweise die Fragen nach dem Vorhandensein von den nicht vom gemeinsamen Ansatz abweichenden Anreizen und glaubwürdigen Drohmechanismen.

In der frühen Fusionspraxis legten die Durchsetzungsbehörden des AMG, wie auch die Europäische Kommission, in der wirtschaftlichen Hinsicht besonderen Wert auf die Gefahr einer allzu mechanischen Prüfung der verschiedenen Faktoren, die die Stabilität des Kollusionsverhaltens beeinflussen. Sie verfolgten beide einen Checklistenansatz. Die Bewertung einzelner Faktoren lieferte kein aussagekräftiges Bild, vor allem dann nicht, wenn einzelne Faktoren die Koordinierung förderten, während andere Faktoren sie behinderten.

---

[86] MOFCOM, Order No. 9, 02.03.2012.

[87] MOFCOM, Order No. 90, 12.12.2011.

Mechanismus der stillschweigenden Kollusion

Wie in der EU wird auch in der chinesischen Entscheidungspraxis des AMG die wirtschaftliche Analyse zunehmend in die kartellrechtliche Analyse einbezogen. Der Checklistenansatz wurde durch einen wirtschaftlicheren Ansatz ersetzt. In den letzten drei Jahren hat die Durchsetzungsbehörde des AMG die Spieltheorie und die Erkenntnisse der stillschweigenden Kollusion in die Bewertung der koordinierten Effekte mit eingezogen. Das Potenzial für eine stillschweigende Kollusion und ihre Stabilität werden im Rahmen der erforderlichen Gesamtwürdigung dynamisch berücksichtigt. Die oben genannten Schlussfolgerungen finden sich in der Analyse der Durchsetzungsbehörden des AMG in den drei Fällen wieder.

In dem Fall der *Übernahme einer Beteiligung an Siltronic durch Globalwafers*[88] stellte die SAMR fest, dass die technologische Reife des Produkts, die relative Preistransparenz, die geringe Anzahl von Wettbewerbern und die Möglichkeit, die Preisstrategien der anderen durch die Ergebnisse von Ausschreibungen zu verstehen, allesamt als Marktmerkmale geeignet waren, den Anreiz und die Fähigkeit der Oligopolisten zur expliziten und impliziten Koordinierung erhöhen. Dieser Schritt steht im Einklang mit den Überlegungen in den Fusionskontrollverfahren der Union und Deutschlands hinsichtlich des Erzielens von Übereinstimmung über Koordinierungsmodalitäten.

Die SAMR berücksichtigte auch die relativ geringe Preiselastizität der Nachfrage nach dem relevanten Produkt, so dass Abweichungen von der Koordinierung eher erkannt und geahndet werden konnten. Außerdem stellte die SAMR fest, dass es für neue Wettbewerber schwierig war, kurzfristig auf dem Markt Fuß zu fassen, so dass ein wirksamer Wettbewerbsdruck entstand. Diese beiden Schritte stehen im Einklang mit dem Ansatz, der im Unionswettbewerbsrecht und im deutschen GWB in Bezug auf die Überwachungs- und Abschreckungsmechanismen bei Abweichungen und die Prüfung der externen Reaktionen verfolgt wird. Ziel ist es, festzustellen, ob die Koordinierung der Oligopolmitglieder dem Anreiz zur Abweichung und dem externen Wettbewerbsdruck standhalten kann.

Ein ähnlicher analytischer Ansatz findet sich im Fall der *Übernahme eines Teils des Geschäfts der Intel Corpor. durch SK Hynix.*[89]

---

[88] SAMR, 20.01.2022.

[89] SAMR, 19.12.2021.

In einem aktuellen Fall, bei dem es um den Erwerb einer Beteiligung an Asiana Airlines Co. durch Korean Air ging, berücksichtigte die SAMR ausdrücklich die Auswirkungen von Plattformen und Überwachungsalgorithmen auf die Motivation und die Fähigkeit zur Koordinierung.[90]

Zu der Frage der koordinierten Effekte stellte die SAMR fest, dass das Zusammenschlussvorhaben den Anreiz und die Fähigkeit der Wettbewerber auf dem relevanten Markt, die Preise zu koordinieren, erhöhen konnte. Dies lag einerseits daran, dass eine Verringerung der Zahl der Wettbewerber zu einer weiteren Zunahme der Fähigkeit führen konnte, die Preise zwischen den Wettbewerbern durch explizites oder implizites Verhalten zu koordinieren.

Andererseits war die SAMR der Ansicht, dass Preiserhöhungen sowohl dem erwerbenden Unternehmen als auch den anderen Wettbewerbern zugutekamen, so dass ihre Anreize sinken würden, intern effektiv zu konkurrieren. Andere Wettbewerber seien in der Lage gewesen, durch Preiserhöhungen höhere Gewinne zu erzielen, ohne Kunden zu verlieren, solange sie die Preise nicht stärker erhöhten als das erwerbende Unternehmen.

Die SAMR berücksichtigte insbesondere die Auswirkungen des Algorithmus und stellte fest, dass vor allem die weit verbreitete Nutzung von Preisvergleichsplattformen es den Fluggesellschaften erleichtert hatte, Informationen über die Preise der Wettbewerber zu sammeln und zu verfolgen. Die höhere Frequenz der Flüge zwischen China und Korea könne auch die Überwachung von Preisänderungen erleichtern und es ihnen ermöglichen, Fluggesellschaften, die vom koordinierten Preis abweichen, durch wiederholte kleine Anpassungen der Flugpreise zu bestrafen.

Die SAMR berücksichtigte auch die Unfähigkeit bestehender und potenzieller Wettbewerber. Die Luftverkehrsbranche sei stark reguliert, und es bestehen hohe Schranken für den Markteintritt in Form von Größenvorteilen, Flugrechten und Flugzeitbeschränkungen. Infolgedessen sei es für etablierte Wettbewerber und potenzielle Neueinsteiger schwierig gewesen, externen Wettbewerbsdruck auszuüben. In diesem Sinne sei die Koordinierung stabil und nicht leicht zu stören.

In diesem Fall untersuchte die SAMR bis zu einem gewissen Grad die Frage, ob der Anreiz, nicht von der Koordinierung abzuweichen, durch den Einsatz von Vergleichsplattformen und Überwachungsalgorithmen wirksam unterdrückt werden konnte. In diesem Sinne konnten die Maßnahmen, die der Algorithmus zur Bestrafung von Abweichungen einsetzte, als plausibel angesehen wurden.

---

[90] SAMR, 26.12.2022.

Der Ansatz der chinesischen Durchsetzungsbehörde bei der Analyse von koordinierten Effekten entspricht in diesem Fall bereits weitgehend dem Ansatz der Union und Deutschlands, weil die Markttransparenz, der Anreiz, nicht von der Koordinierung abzuweichen, die Wirksamkeit von Sanktionsinstrumenten und Marktmacht von Außenseitern bewertet werden. Die SAMR untersuchte dynamisch die Auswirkungen von Zusammenschluss auf die Wahrscheinlichkeit und Stabilität der Koordinierung.

6.4.2.4 Gemeinsamer Missbrauch und Einzelmissbrauch

Eine häufige Konstellation des Missbrauchs einer kollektiven Marktbeherrschung ist der gemeinsame Missbrauch. Die überhöhten Preise und die Geschäftsverweigerung durch zwei Unternehmen im *Isoniazid-API-Fall* sind Beispiele dafür. Ein weiteres Beispiel ist die Geschäftsverweigerung und die Kopplung im Fall *Paracetamol-API-Fall.*

Wie aus dem *Paracetamol-API-Fall* hervorgeht, hat das chinesische AMG auch einen Missbrauch einer kollektiven Marktbeherrschung durch ein Unternehmen anerkannt. In diesem Fall hatten die beiden Unternehmen ihre kollektive marktbeherrschende Stellung missbraucht, indem sie ohne gerechtfertigten Grund die Geschäfte verweigerten und ohne gerechtfertigten Grund das Kopplungsgeschäft auferlegten. Darüber hinaus hatte eines der Unternehmen seine kollektive marktbeherrschende Stellung missbraucht, indem es Waren zu unangemessen hohen Preisen verkaufte. Dies steht im Einklang mit den in der Unionsrechtsprechung *Irish Sugar* und in dem deutschen Beschluss *Abwehrbaltt II* aufgestellten Grundsätzen, dass die kollektive Marktbeherrschung nicht notwendigerweise gemeinsam missbraucht werden muss.[91]

Sowohl bei individuellem als auch bei gemeinsamem Missbrauch entsprechen die kartellrechtlichen Sanktionen, die gegen die einzelnen Unternehmen verhängt werden, den Auswirkungen ihres Verhaltens.

---

[91] Vgl. EuG 7.10.1999, Rs. T-228/97, Slg. 1999, II-2969, Rn. 66 „Irish Sugar"; BGH, Beschl. 10.12.1985, KZR 22/85, Abwehrblatt II, BGHZ 96, 337, 337.

6.5 Zwischenergebnis

6.5.1 Gesetzliche Vorgaben

Was die kollektive Marktbeherrschung anbelangt, so enthält das chinesische AMG keine ausdrückliche Definition und die Tatbestandsmerkmale. Die einschlägigen Bestimmungen zur kollektiven Marktbeherrschung sind implizit in der Marktanteilsvermutungsklausel enthalten. Es wird davon ausgegangen, dass zwei Unternehmen (gemeinsam) eine beherrschende Stellung einnehmen, wenn ihr gemeinsamer Marktanteil auf dem relevanten Markt zwei Drittel beträgt, oder drei Unternehmen, wenn ihr gemeinsamer Marktanteil auf dem relevanten Markt drei Viertel beträgt.

Die Doktrin der kollektiven Marktbeherrschung hat in der kartellrechtlichen Praxis in China bisher keine große Rolle gespielt. Das AMG sieht lediglich eine gemeinsame Marktanteilsschwelle für die Vermutung einer kollektiven Marktbeherrschung vor, die das Wesen einer kollektiven Marktbeherrschung nicht widerspiegelt.

Die kollektive marktbeherrschende Stellung besteht aus zwei Elementen: Kollektivität und Marktbeherrschung. Die Vermutung der kollektiven Marktbeherrschung sollte auch eine Vermutung der Kollektivität und eine Vermutung der Marktbeherrschung umfassen. Kollektivität ist ein zentrales Merkmal der kollektiven Marktbeherrschung. Ausschlaggebend für die Feststellung einer kollektiven Marktbeherrschung ist also das Fehlen eines wesentlichen internen Wettbewerbs für den betreffenden Unternehmen, um als kollektive Einheit aufzutreten. Nur in Ermangelung eines wirksamen internen Wettbewerbs können die betreffenden Unternehmen zulassen, dass ein einheitliches Verhalten an die Stelle des Wettbewerbsverhaltens tritt, so dass sie als eine kollektive Einheit auftreten. Der zusammengefasste hohe Markanteil genügt nicht.

Das chinesische AMG weist also ein rechtliches Defizit in der Frage der kollektiven Marktbeherrschung auf. Ein hoher gemeinsamer Marktanteil liefert ein starkes Indiz für kollektive Marktbeherrschung, lässt aber keine überzeugende Schlussfolgerung auf einen Mangel an wirksamem internem Wettbewerb zu.

Art. 13 der von der SAMR im Jahr 2019 herausgegebenen ergänzenden Regelungen zum AMG betont unter anderem, dass bei der Feststellung einer kollektiven marktbeherrschenden Stellung neben den üblichen Erwägungen auch Faktoren wie die Marktstruktur, die Transparenz des relevanten Marktes, der Grad der Homogenität der relevanten Waren und die Einheitlichkeit des Verhaltens des Unternehmens berücksichtigt werden sollten. Diese strukturellen Faktoren sind für den kollektiven Charakter der kollektiven

Marktbeherrschung von Bedeutung. Die SAMR erklärt jedoch nicht die Beziehung zwischen den Faktoren oder ihre Beziehung zu Wettbewerbsinitiative.
Solange kein hinreichender Kausalzusammenhang zwischen den bestimmten strukturellen Merkmalen und Verzicht auf Innenwettbewerb im tatsächlichen Wettbewerbsgeschehen bewiesen ist, bedeutet die Sichtweise der chinesischen Antimonopol-Durchsetzungsbehörde immer noch eine problematische Vereinfachung.
Die Feststellung einer kollektiven Marktbeherrschung allein aufgrund gemeinsamer hoher Marktanteile oder oligopolistischer Strukturmerkmale, insbesondere im Hinblick auf das Fehlen eines wirksamen internen Wettbewerbs, widerspricht dem Gesetzeszweck des AMG und den wirtschaftlichen Erkenntnissen über stillschweigende Kollusion. Das chinesische Antimonopolgesetz ist reformbedürftig.
Die Definition der Marktbeherrschung (Art. 22 Abs. 3 AMG) sollte dahingehend geändert werden, dass auch Fälle kollektiver Marktbeherrschung erfasst werden. Es wird vorgeschlagen, Art. 22 Abs. 3 AMG wie folgt zu ändern:
„Eine marktbeherrschende Stellung im Sinne dieses Gesetzes ist eine Marktposition, in der ein Unternehmen *oder mehrere Unternehmen in ihrer Gesamtheit* in der Lage ist/sind, den Preis, die Menge oder andere Handelsbedingungen von Waren auf dem relevanten Markt zu kontrollieren oder andere Unternehmen am Eintritt in den relevanten Markt zu hindern oder zu beeinflussen."
Darüber hinaus wird vorgeschlagen, Art. 23 AMG um einen neuen Absatz 2 zu ergänzen, der wie folgt formuliert ist:
„Bei der Feststellung einer kollektiven marktbeherrschenden Stellung wird berücksichtigt, dass zwischen den Unternehmen kein wesentlicher interner Wettbewerb in Bezug auf Preise, Mengen oder andere Handelsbedingungen besteht und dass sie in ihrer Gesamtheit die Anforderungen von Art. 22 Abs. 3 AMG erfüllen."

6.5.2 Entscheidungspraxis

Das Erfahrungsmaterial aus der chinesischen Entscheidungspraxis zur kollektiven Marktbeherrschung ist sehr begrenzt. Die behördliche Praxis zur kollektiven Marktbeherrschung ist vergleichsweise ausführlicher als die Entscheidungspraxis der Gerichte. Während sich die Gerichte in Missbrauchsverfahren mechanisch auf die Überlagerung von Marktanteilen stützen, um eine kollektive Marktbeherrschung festzustellen, haben die Durchsetzungsbehörden begonnen, die internen Beziehungen zwischen den Unternehmen zu untersuchen, z. B. potenzielle Übernahmeabsichten und strategische Partnerschaftsvereinbarungen.

Wirtschaftliche Verbindungen zwischen den Unternehmen in einem oligopolistischen Markt können zwar eine Kollusion fördern, zwingen sie aber nicht dazu. Die Durchsetzungsbehörde des AMG muss untersuchen, ob diese wirtschaftlichen Verbindungen zusammen mit gemeinsamen hohen Marktanteilen und anderen Merkmalen einer oligopolistischen Marktstruktur eindeutig auf einen Mangel an wesentlichem internem Wettbewerb hindeuten. In diesem Punkt sind die behördlichen Untersuchungen noch unzureichend.

In Fusionskontrollverfahren stehen unilaterale Effekte bei der Analyse der wettbewerblichen Auswirkungen von Zusammenschluss im Vordergrund, während koordinierte Effekte wenig untersucht werden. Der jüngste behördliche Fall Erwerb einer Beteiligung an Asiana Airlines Co. durch Korean Air[92] hat gezeigt, dass sich die Kriterien und die Denkweise der Durchsetzungsbehörde bei der Ermittlung von koordinierten Effekten weitgehend der Praxis in der Union und in Deutschland angeglichen haben. Eine ausreichende Markttransparenz, Motivation für die dauerhafte Teilnahme an einem gemeinsamen Vorgehen und die beschränkte Marktmacht oligopolistischer Außenseiter spielen hier eine große Rolle.

Obwohl die Durchsetzungsbehörde den Beitrag von Straf- und Drohmechanismen zur Motivation für die Koordinierung bis zu einem gewissen Grad analysiert hat, sind ihre Argumente für die Wirksamkeit von Straf- und Drohmechanismen nicht ausreichend. Das bloße Vorhandensein eines Drohmechanismus, aber die Tatsache, dass die Drohung nicht glaubwürdig oder nicht wirksam durchsetzbar ist, würde die Feststellung einer kollektiven Marktbeherrschung verhindern. Die Durchsetzungsbehörde sollte sich bei ihrer Analyse darauf konzentrieren, wie schnell die Bedrohung umgesetzt werden kann, ob der durch die Bedrohung verursachte potenzielle

---

[92] SAMR, 26.12.2022.

Schaden den Gewinn aus der kurzfristigen Abweichung überwiegt, ob es eine algorithmische Unterstützung gibt, usw.

6.5.3 Vergleich mit der Union und Deutschland

Das chinesische AMG ist weitgehend dem Unionswettbewerbsrecht und dem deutschen GWB nachempfunden.[93]

Wie das Unionswettbewerbsrecht enthält auch das chinesische AMG keine Definition der kollektiven Marktbeherrschung oder der Tatbestandsmerkmale für die Feststellung einer kollektiven Marktbeherrschung.

Eine wichtige Gemeinsamkeit zwischen dem AMG und dem Unionswettbewerbsrecht in der Frage der kollektiven Marktbeherrschung besteht darin, dass sie beide rechtlich und wirtschaftlich unabhängige Unternehmen als Inhaber einer kollektiven Marktbeherrschung ansehen. Bei mehreren Marktteilnehmern mit eigener Rechtspersönlichkeit, die keine eigenen wirtschaftlichen Entscheidungen treffen können, gehen die Kartellbehörden von einer wirtschaftlichen Einheit aus.

Was die Frage des Missbrauchs betrifft, so erkennt das AMG ebenso wie das Unionswettbewerbsrecht und das deutsche GWB an, dass eine kollektive Marktbeherrschung von einem oder mehreren Unternehmen missbraucht werden kann.

Bei der Frage der Anwendung kollektiver Marktbeherrschung in der Fusionskontrolle (koordinierte Effekte) hat sich sowohl im AMG als auch im Unionswettbewerbsrecht ein Wechsel von einem Checklisten-Ansatz zu einem stärker ökonomisch geprägten Ansatz vollzogen. Die heutige Antimonopol-Durchsetzungsbehörde hat sich für einen ähnlichen analytischen Rahmen wie die FKVO entschieden, indem sie untersuchen, ob ein Zusammenschluss den Anreiz und die Fähigkeit der Unternehmen zur Koordinierung in Form der Begründung oder Verstärkung einer kollektiven Marktbeherrschung beeinflusst. In diesem Zusammenhang sollten die Fähigkeit der Unternehmen zur Koordinierung, die Überwachungs- und Abschreckungsmechanismen für Abweichungen und die externen Reaktionen untersucht werden.

Es gibt auch Ähnlichkeiten zwischen AMG und GWB, was die kollektive Marktbeherrschung betrifft. Nach dem Vorbild des GWB sieht das chinesische AMG die Vermutungsklauseln einer kollektiven Marktbeherrschung auf der Grundlage des Marktanteils vor (Art. 24 Abs. 1 Nr. 2 und 3 AMG).[94]

---

[93] Vgl. *李*, 中国法学 2014, 138, 138; *金*, 法商研究 2017, 71, 74; *焦*, 南大法学 2022, 1, 6.

[94] Vgl. *全国人大常委会法制工作委员会经济法室*, S. 112; *法律出版社法规中心*, S. 19.

Das AMG unterscheidet sich aus einer Vielzahl historischer, politischer, wirtschaftlicher und rechtlicher Gründe in seinen rechtlichen Bestimmungen und seiner kartellrechtlichen Praxis vom Unionswettbewerbsrecht und dem GWB.
Was die rechtlichen Bestimmungen anbelangt, sieht das deutsche GWB einen niedrigeren Schwellenwert für die Marktanteilsvermutung vor. So kann in der gleichen Situation, in der der gemeinsame Marktanteil der drei Oligopolisten fünf Achtel beträgt, von einer kollektiven Marktbeherrschung nach § 18 Abs. 6 Nr. 1 GWB ausgegangen werden (fünf Achtel sind mehr als die Hälfte), nicht aber nach Art. 24 Abs. 1 Nr. 3 AMG (fünf Achtel sind weniger als drei Viertel).
Außerdem kann nach dem GWB eine höhere Anzahl von Unternehmen als Inhaber einer kollektiven Marktbeherrschung vermutet werden. Die fünf Oligopolisten können auch als kollektive marktbeherrschend im Sinne des GWB gelten und damit besonderen Verantwortung für den wirksamen Wettbewerb unterliegen, aber nicht als kollektive marktbeherrschend im Sinne des AMG gelten (bis zu drei Unternehmen).
In diesem Sinne kann vorläufig gefolgert werden, dass das deutsche GWB das Oligopol *strenger* als das chinesische AMG behandelt.
Allein aus der Tatsache, dass das GWB in mehr Unternehmen im engen Oligopol eingreifen kann und das GWB eine niedrigere Marktanteilsschwelle für die Vermutung hat, kann jedoch nicht gänzlich geschlossen werden, dass das GWB zwangsläufig strenger mit dem Oligopol umgeht als das AMG. Der Grund liegt darin, dass das AMG höhere Anforderungen an die Widerlegung der Vermutung einer kollektiven Marktbeherrschung stellt. Zur Widerlegung der Vermutung einer kollektiven Marktbeherrschung verlangt das GWB nur, dass ein erheblicher interner Wettbewerb zu erwarten ist, während das AMG *den Nachweis eines erheblichen internen Wettbewerbs* verlangt. Der Nachweis, dass wesentlicher Wettbewerb besteht, ist schwieriger als der Nachweis, dass wesentlicher Wettbewerb zu erwarten ist.
Während es also für mehrere Oligopolisten schwieriger ist, unter den gleichen Umständen eine kollektive marktbeherrschende Stellung nach dem AMG zu vermuten, ist die Vermutung jedoch auch schwieriger zu widerlegen, sobald die Marktanteilsschwelle erreicht ist. Es ist daher nicht möglich, allgemeine Schlussfolgerungen darüber zu ziehen, wer strenger mit dem Oligopol umgeht, AMG oder GWB.
Abstrakt lässt sich auch *keine Aussage* darüber treffen, ob die chinesische Rechtspraxis strenger oder milder ist als die der Union.

Auf den ersten Blick legen die Unionsorgane einen verhaltensorientierten Standard für die Feststellung einer kollektiven Marktbeherrschung fest. Um eine kollektive Einheit zu bejahen, muss ein einheitliches Verhalten im engen Oligopol hinreichend vorhersehbar sein und ein gewisses Maß an Stabilität aufweisen. Um den beherrschenden Charakter der kollektiven Einheit zu bejahen, muss eine Unternehmensgruppe in der Lage sein, weitgehend unabhängig von anderen Marktteilnehmern zu handeln.
Das chinesische AMG sieht hingegen lediglich vor, dass die Unternehmen nur bestimmte Marktanteilsschwellen erreichen müssen, um als Mitglieder einer kollektiven marktbeherrschenden Stellung zu gelten.
Im Vergleich zu einem einzigen Marktanteilskriterium von dem AMG sind die verhaltensorientierten Standards der Union detaillierter. Daher ist es für Unternehmen auch schwieriger, sie zu erfüllen. Da die chinesische Vermutungsklausel eine Vereinfachung darstellt, kann man *vorläufig* davon ausgehen, dass das chinesische AMG das Oligopol strenger behandelt als die Europäische Union. Denn je einfacher die Kriterien sind, desto wahrscheinlicher ist es, dass das Unternehmen eine kollektive beherrschende Stellung einnimmt.
Diese vorläufige Auffassung ist jedoch unhaltbar. Dies ist vor allem darauf zurückzuführen, dass es nur sehr wenige chinesische Praxiserfahrungen in Bezug auf die kollektive Marktbeherrschung gibt. Derzeit gibt es nur zwei Gerichtsentscheidungen und zwei Entscheidungen der Durchsetzungsbehörden, die sich auf kollektive Marktbeherrschung beziehen.
Darüber hinaus kann das Verständnis der Gerichte und Antimonopol-Durchsetzungsbehörden für das Wesen der kollektiven Marktbeherrschung *in dem einzigen verfügbaren Praxismaterial* kaum als ausreichend und angemessen angesehen werden. Der Zusammenhang zwischen dem kollektiven Charakter der kollektiven Marktbeherrschung und dem Fehlen eines wirksamen internen Wettbewerbs wird nur unzureichend dargelegt. In der Rechtssache *Wang Xinyu gegen China Telecom*.[95] wurde zwar das Bestehen eines intensiven Wettbewerbs zwischen den drei Unternehmen anerkannt, aber dennoch das Vorliegen einer kollektiven Marktbeherrschung festgestellt, da der gemeinsame Marktanteil die Vermutungsschwelle erreichte.
Es ist daher nicht möglich, die Haltung des AMG gegenüber Oligopolen aus der begrenzten Anzahl der verfügbaren Fälle und der im Vergleich zur

[95] Vgl. 南京市中级人民法院（2014）宁知民初 256 号民事判决书.

EU und Deutschland relativ unzureichenden Analyse der Fälle zu beurteilen.

Eine Gesetzesreform ist notwendig. Der Schwerpunkt der Reform sollte auf der Einbeziehung des bislang fehlenden wesentlichen internen Wettbewerbs in das Bewertungssystem liegen.

Erstens könnte die Definitionsklausel eindeutig auf individuelle und kollektive Marktbeherrschung hinweisen. Art. 22 Abs. 3 AMG könnte wie folgt geändert werden:

„Eine marktbeherrschende Stellung im Sinne dieses Gesetzes ist eine Marktposition, in der ein Unternehmen *oder mehrere Unternehmen in ihrer Gesamtheit* in der Lage ist/sind, den Preis, die Menge oder andere Handelsbedingungen von Waren auf dem relevanten Markt zu kontrollieren oder andere Unternehmen am Eintritt in den relevanten Markt zu hindern oder zu beeinflussen.“

Zweitens könnte ein zweiter Absatz in den Art. 23 AMG aufgenommen werden, in dem die Faktoren aufgeführt sind, die für die Feststellung einer Marktbeherrschung berücksichtigt werden sollen. Hier kann auf die gesetzliche Formulierung des § 18 Abs. 5 GWB verwiesen werden. Der geänderte Art. 23 Abs. 2 AMG könnte wie folgt formuliert werden:

„Bei der Feststellung einer kollektiven marktbeherrschenden Stellung wird berücksichtigt, dass zwischen den Unternehmen kein wesentlicher interner Wettbewerb in Bezug auf Preise, Mengen oder andere Handelsbedingungen besteht und dass sie in ihrer Gesamtheit die Anforderungen von Art. 22 Abs. 3 AMG erfüllen.“

7 ZUSAMMENFASSUNG

Die gefundenen Ergebnisse lassen sich wie folgt in Thesen zusammen- fassen:

I. Die Lehre der kollektiven marktbeherrschenden Stellung ergibt sich aus dem Oligopolproblem. Unter dem Einfluss der oligopolistischen Interdependenz gibt eine kleine Anzahl von Unternehmen die Wettbewerbsinitiative im Innenverhältnis auf und erwirbt durch eine stillschweigende Zusammenarbeit (stillschweigende Kollusion) gemeinsam die Fähigkeit, unabhängig von anderen Marktteilnehmern zu handeln. Dies führt dazu, dass sie als eine kollektive Einheit gemeinsam eine marktbeherrschende Stellung einnehmen, als wären sie ein einziges Unternehmen.

II. Eine kollektive Marktbeherrschung kann nicht mit oligopolistischen Marktstrukturen gleichgesetzt werden. Eine Oligopolstruktur bzw. oligopolistische Interdependenz können starke Indizien für kollektive Marktbeherrschung sein, rechtfertigen jedoch keine zwingenden Schlussfolgerungen. Eine kollektive Marktbeherrschung kann nur dann entstehen, wenn das aus der oligopolistischen Interdependenz resultierende Parallelverhalten eine gewisse Stabilität aufweist. Mit anderen Worten: oligopolistische Marktbedingungen ermöglichen das Funktionieren von Mechanismen der stillschweigenden Kollusion.

III. Eine kollektive Marktbeherrschung kann nicht mit einer stillschweigenden Kollusion gleichgesetzt werden. Die kollektive Marktbeherrschung ist eine wirtschaftliche Machtstellung mehrerer Unternehmen in einem statischen Sinne. Die stillschweigende Kollusion ist ein Gleichgewicht, das die Wettbewerber in einem dynamischen Sinne im Rahmen wiederholter Interaktionen erreichen. Außerdem ist die stillschweigende Kollusion nur eine der Ursachen für das Entstehen einer kollektiven Marktbeherrschung. Wirtschaftliche Verbindungen zwischen Unternehmen können auch dazu führen.

IV. Die praktische Bedeutung der kollektiven Marktbeherrschung erstreckt sich auf die drei „Säulen" des Kartellrechts. Die Einnahme einer kollektiven Marktbeherrschung kann auf stillschweigender Kollusion oder auf wirtschaftlichen bzw. strukturellen Verbindungen zwischen den Unternehmen beruhen, unabhängig davon, ob die Verbindungen ein Kartell im Sinne von Art. 101 AEUV oder § 1 GWB bilden oder nicht.

Um ein nicht-kollusives Parallelverhalten im engen Oligopol (stillschweigende Kollusion) zu erfassen, das nicht unter das Kartellverbot fällt, hat sich die kollektive Marktbeherrschung sowohl im Rahmen des Missbrauchsverbots als auch im Rahmen der Fusionskontrolle entwickelt. In der Fusionskontrolle kann ein Zusammenschluss verboten werden, der die Schaffung oder Verstärkung der Wahrscheinlichkeit einer künftigen stillschweigenden Kollusion bewirkt, insbesondere in einer Weise der Begründung oder Verstärkung einer kollektiven Marktbeherrschung. Das Missbrauchsverbot greift ein, wenn die kollektive Marktbeherrschung missbraucht wird. Ein Missbrauch liegt vor, wenn ein oder mehrere Unternehmen das Fehlen eines wesentlichen internen und externen Wettbewerbs, das sich bereits aus dem Bestehen einer kollektiven marktbeherrschenden Stellung ergibt, ausnutzen, um den Wettbewerb weiter einzuschränken.

V. Die kollektive Marktbeherrschung hat in der digitalen Wirtschaft große Praxisrelevanz, da die Besonderheiten der digitalen Wirtschaft die Begründung und Verstärkung einer kollektiven Marktbeherrschung begünstigen.

VI. Die Wettbewerbsbedingungen auf dem Markt der digitalen Wirtschaft entwickeln sich in eine Richtung, die stillschweigende Kollusion begünstigt. Positive Netzwerkeffekte, Skaleneffekte und Großfusionen führen unweigerlich zu einer erhöhten Marktkonzentration. Die Entwicklung der Plattformen (wachsende Nutzerzahlen) hat zu einem zunehmenden Netzwerkeffekt geführt, der wiederum die Plattformen stärker macht. Wenn eine bestimmte kritische Masse an Nutzern der Plattformen erreicht ist, wird der Markt in Richtung einer oder weniger Plattformen kippen. Infolgedessen weisen die Märkte der digitalen Wirtschaft in der Regel oligopolistische Marktstrukturen auf.

Die drei Tatbestandsvoraussetzungen der stillschweigenden Kollusion sind hohe Markttransparenz, das Bestehen der Anreize für die dauerhafte Aufrechterhaltbarkeit des einheitlichen Vorgehens und das Fehlen von Wettbewerbsdruck von außerhalb des Oligopols. Die Besonderheiten der digitalen Wirtschaft haben sich erheblich auf diese drei Faktoren ausgewirkt. Die explosionsartige Zunahme von Daten und der Einsatz hochintelligenter Algorithmen haben die Markttransparenz erheblich erhöht. Dies ermöglicht, Abweichungen genauer zu erkennen und zu bestrafen. Die Motivation, von konsistentem Verhalten abzuweichen, wird gehemmt. Der Markt der digitalen Wirtschaft hat sich zugunsten einiger weniger großer etablierter Plattformen mit erheblichen Informationsvorteilen und Datenmacht gegenüber anderen Marktteilnehmern verschoben. Es ist für andere Marktteilnehmer schwierig, einen wirksamen Wettbewerbsdruck auszuüben. Es ist daher denkbar, dass eine kollektive Marktbeherrschung auf die Grundlage der stillschweigenden Kollusion wahrscheinlich häufiger auf Märkten der Digitalwirtschaft vorkommen wird.

VII. Das Unionswettbewerbsrecht hat das Konzept und die Tatbestandsvoraussetzungen einer kollektiven Marktbeherrschung durch eine Reihe von gerichtlichen und behördlichen Entscheidungen sowohl im Rahmen des Missbrauchsverbots als auch der Fusionskontrolle entwickelt. Eine kollektive Marktbeherrschung kann sich aus wirtschaftlichen Verbindungen zwischen Unternehmen oder aus oligopolistischer Interdependenz (genauer gesagt, aus Mechanismen der stillschweigenden Kollusion) ergeben. Ob die wirtschaftliche Verbindung eine Kartellvereinbarung darstellt, ist unerheblich. Wichtig ist, dass die Unternehmen durch wirtschaftliche oder oligopolistische Verflechtungen so eng miteinander verbunden sind, dass sie keinen wirksamen internen Wettbewerb haben und auf dem Markt als kollektive Einheit auftreten oder handeln. Diese kollektive Einheit muss auch in der Lage sein, ein erhebliches Maß an Unabhängigkeit von ihren Wettbewerbern, Kunden und letztlich den Verbrauchern zu genießen, d. h. sie muss eine beherrschende Stellung haben.

VIII. Nach der ständigen Unionsrechtsprechung ist davon auszugehen, dass die Feststellung einer kollektiven Marktbeherrschung im Rahmen der Missbrauchs- und Fusionskontrolle nach einheitlichen Kriterien zu beurteilen ist. Da jedoch die Fusionskontrolle eine Ex-ante-Regelung ist, während das Missbrauchsverbot eine Ex-post-Regelung darstellt, sollten die Kriterien für die Feststellung einer kollektiven Marktbeherrschung im Missbrauchsverfahren strenger sein. Es reicht nicht aus, lediglich die Möglichkeit des Bestehens einer stillschweigenden Kollusion für die Zwecke des Missbrauchsverbots zu beweisen. Es muss nachgewiesen werden, dass die Unternehmen tatsächlich so einheitlich gehandelt haben. Nur wenn eine kollektive Marktbeherrschung tatsächlich vorliegt und dann missbraucht wird, greift das Missbrauchsverbot ein.

IX. Im Gegensatz zum Unionswettbewerbsrecht sieht das deutsche GWB eine Regelung der kollektiven Marktbeherrschung und die auf dem gemeinsamen Marktanteil basierenden Vermutungsklauseln vor.

X. Die Kriterien für die Feststellung einer kollektiven Marktbeherrschung, die sich in der Entscheidungspraxis der Organe der Union hierzu herausgebildet haben, sind der Definition einer kollektiven Marktbeherrschung im § 18 Abs. 5 GWB sehr ähnlich. Übergeordnetes Kriterium ist das Fehlen des wirksamen Innenwettbewerbs. Außerdem müssen die Mitglieder der kollektiven marktbeherrschenden Stellung insgesamt eine marktbeherrschende Stellung einnehmen, d. h. sie müssen keinem wirksamen Außenwettbewerb ausgesetzt sein.

XI. In der Regel kann argumentiert werden, dass das deutsche GWB sowohl im Rahmen des Missbrauchsverbots als auch der Fusionskontrolle bei Oligopol und der kollektiven Marktbeherrschung strenger vorgeht als die EU. Die Oligopolvermutungsklausel in § 18 Abs. 6 GWB ist der Hauptunterschied zwischen dem europäischen Wettbewerbsrecht und dem deutschen GWB. Die strengere deutsche Oligopolkontrolle ist hauptsächlich auf die Oligopolvermutung zurückzuführen.
Die Vermutungsklausel stellt eine Vereinfachung für die Feststellung einer kollektiven Marktbeherrschung dar. Das Vorliegen einer kollektiven Marktbeherrschung kann im Missbrauchsverbot und im Fusionskontrollverfahren angenommen werden, wenn eine bestimmte Schwelle des gemeinsamen Marktanteils erreicht wird. Bei einer Vermutung ist die Schwelle für das Eingreifen in eine kollektive Marktbeherrschung niedriger als bei der Feststellung einer kollektiven Marktbeherrschung auf der Grundlage einer Definition (z. B. § 18 Abs. 5 GWB).
Im Hinblick auf die sich aus der Vermutungsklausel ergebende Umkehr der Beweislast müssen Unternehmen beweisen, dass keine Gefahr eines marktbeherrschenden Oligopols besteht. Zumindest bei der Anwendung der Oligopolvermutung kann das mehrdeutige Verhalten der Oligopolmitgliedern nach der deutschen Entscheidungspraxis die Annahme eines einheitlichen Verhaltens aufgrund der Strukturanalyse nicht in Frage stellen.[1] Aufgrund der Oligopolvermutungsklausel ist es nicht nur wahrscheinlicher, dass Oligopolisten eine kollektiv marktbeherrschende Stellung im Sinne von GWB innehaben, weil nur ein Kriterium, nämlich der gemeinsame Marktanteil, berücksichtigt wird, sondern sie unterliegen auch einer strengen Beweislast. Die Vermutung einer kollektiven Marktbeherrschung kann nur widerlegt werden, wenn nachgewiesen wird, dass die tatsächlichen Wettbewerbsbedingungen darauf hindeuten, dass ein erheblicher interner Wettbewerb zu erwarten ist oder dass sie keine überragende Marktstellung haben.
In Fusionskontrollverfahren umfassen die deutschen Untersagungen die Begründung oder Verstärkung einer kollektiven marktbeherrschenden Stellung von zwei bis fünf Oligopolmitgliedern. Im Vergleich dazu haben sich unionsrechtliche Untersagungen auf Fälle der Begründung oder Verstärkung eines marktbeherrschenden Duopols beschränkt. So könnte die deutsche Fusionspraxis mehr Fälle von oligopolistischen Zusammenschlüssen regeln.
Darüber hinaus ist die Eingriffsschwelle für die deutsche Fusionskontrolle zu berücksichtigen. Ein Zusammenschluss wird nach dem GWB bereits

---

[1] Vgl. BGH, Beschl. 6.12.2011, KVR 95/10, Total/OMV, BGHZ 192, 18, 35f. Rn. 58.

durch eine geringfügige Verschlechterung der Wettbewerbsbedingungen im Falle einer Verstärkung einer bereits bestehenden kollektiven Marktbeherrschung verboten.

XII. In der Literatur wird der Wert des Missbrauchsverbots einer kollektiven Marktbeherrschung mit der Begründung in Frage gestellt, dass Art. 102 AEUV im Vergleich zur Anwendung von Art. 101 AEUV nur einen geringen Mehrwert habe.[2] Dies liege darin, dass die kollektive Marktbeherrschung nur die nicht-kollusiven Verhalten (stillschweigende Kollusion) erfassen könne.[3] Zudem haben die meisten einschlägigen Fälle gezeigt, dass eine kollektive Marktbeherrschung aus den wirtschaftlichen Beziehungen zwischen Unternehmen resultiert,[4] die vom Kartellverbot erfassen können.[5]

Um das Argument zu widerlegen, dass das Verbot des Missbrauchs einer kollektiven Marktbeherrschung nur ein ergänzendes Instrument zum Kartellverbot ist, muss das Verhältnis zwischen den Tatbestandsmerkmalen von Art. 101 AEUV und den Tatbestandsmerkmalen der kollektiven Marktbeherrschung in Art. 102 AEUV geklärt werden.

1. Kartellvereinbarungen können dazu führen, dass die Mitglieder eines Oligopols so eng miteinander verbunden sind, dass sie gemeinsam eine kollektive Marktbeherrschung innehaben. Ausdrückliche Kartellabsprachen können daher die Grundlage für die Feststellung einer kollektiven Marktbeherrschung bilden.

2. Das Bestehen einer Kartellvereinbarung ist jedoch keine notwendige Voraussetzung für die Feststellung einer kollektiven Marktbeherrschung.

3. Neben der Kartellabsprache können Vereinbarungen, die vom Kartellverbot freigestellt sind, und die stillschweigende Kollusion, die nicht in den Anwendungsbereich des Kartellverbots fallen, können ebenso zu kollektiver Marktbeherrschung führen.

4. Bei der stillschweigenden Kollusion handelt es sich um eine Form der Verhaltenskoordinierung, bei der sich Unternehmen auf wettbewerbsübersteigende Preise oder andere wettbewerbsschädigenden Konditionen eini-

---

[2] Vgl. *Eilmansberger/Bien*, in: Säcker/Bien/Meier-Beck/Montag, Münchener Kommentar zum Wettbewerbsr., Art. 102 AEUV Rn. 220ff.

[3] Vgl. *Eilmansberger/Bien*, in: Säcker/Bien/Meier-Beck/Montag, Münchener Kommentar zum Wettbewerbsr., Art. 102 AEUV Rn. 220ff.

[4] Vgl. *O'Donoghue/Padilla*, S. 237.

[5] Vgl. *Gormsen*, e-Competitions, N° 72449 2016, 1, 2.

gen, ohne miteinander zu kommunizieren. Im Vergleich dazu ist eine abgestimmte Verhaltensweise im Sinne von Art. 101 AEUV und § 1 GWB eine Form der Abstimmung, die durch Kontaktaufnahme erreicht wird.
5. Eine kollektive Marktbeherrschung kann durch eine Kartellabsprache missbraucht werden, wenn überhöhte Preise nicht nur das Ergebnis einer Kollusion sind, sondern auch die Schwelle zum Missbrauch überschreiten.
6. Das bloße Vorliegen der Tatbestandsmerkmale von Art. 101 AEUV reicht nicht aus, um einen Missbrauch zu begründen. Wenn eine Kartellvereinbarung zur Feststellung einer kollektiven Marktbeherrschung verwendet wird, kann sie nicht wiederholt verwendet werden, um einen Missbrauch festzustellen.
XIII. Das Argument, dass die Bedeutung der kollektiven Marktbeherrschung im Rahmen des Missbrauchsverbots in Frage steht, liegt auch in der Tatsache begründet, dass die kollektive Marktbeherrschung bisher noch nicht auf eine bloße stillschweigende Kollusion im Rahmen eines Missbrauchsverbotsverfahrens angewandt wurde.[6]
Das Gegenargument zu dieser Sichtweise findet sich in den Thesen V. und VI., nämlich, dass die digitale Wirtschaft das Entstehen einer (algorithmischen) stillschweigenden Kollusion begünstigen kann. Eine kollektive Marktbeherrschung auf der Grundlage einer stillschweigenden Kollusion ist daher auf dem Markt der digitalen Wirtschaft durchaus wahrscheinlicher.
XIV. Eine beherrschende Stellung kann von einem oder mehreren Unternehmen eingenommen werden. Der Hauptunterschied zwischen der Feststellung einer einzelnen Marktbeherrschung und der Feststellung einer kollektiven Marktbeherrschung besteht darin, dass letztere eine zweistufige Prüfung erfordert: das Fehlen eines wirksamen internen Wettbewerbs und das Fehlen eines wirksamen externen Wettbewerbs. Im ersten Fall muss lediglich festgestellt werden, dass im Außenverhältnis kein wesentlicher Wettbewerb besteht.
XV. Der Begriff des Missbrauchs ist im Fall einzelner und kollektiver Marktbeherrschung grundsätzlich derselbe. Der Missbrauch einer kollektiven Marktbeherrschung umfasst jedoch eine umfassendere Konstellation von Missbräuchen. Erstens kann ein Missbrauch der kollektiven Marktbeherrschung entweder durch eine weitere Beschränkung des internen Restwettbewerbs oder durch eine weitere Beschränkung des externen Restwettbewerbs erreicht werden. Zweitens kann ein Missbrauch einer kollektiven Marktbeherrschung entweder durch ein Unternehmen oder durch

[6] Vgl. *O'Donoghue/Padilla*, S. 237.

mehrere oder alle Unternehmen begangen werden. Drittens kann das typische missbräuchliche Verhalten einer Einzelmarktbeherrschung im Fall einer kollektiven Marktbeherrschung seine Missbräuchlichkeit verlieren. So kann beispielsweise die Durchsetzung einseitiger Treuerabatte oder Verdrängungspreise durch ein Mitglied eines Oligopols wettbewerbsfördernd sein, wenn dadurch der Wettbewerb innerhalb eines nicht wettbewerbsfähigen Oligopols eingeführt wird.

XVI. Eine kollektive Marktbeherrschung ist per se nicht kartellrechtlich problematisch. Verboten ist der Missbrauch einer kollektiven Marktbeherrschung.

XVII. Die rechtlichen Tests zur Feststellung einer kollektiven Marktbeherrschung und ihres Missbrauchs im Unionswettbewerbsrecht und im GWB sind allgemein anwendbar, auch unter Berücksichtigung der Besonderheiten der digitalen Wirtschaft. Es besteht kein Regelungsdefizit. Etablierte Theorien über kollektive Marktbeherrschung und deren Missbrauch können sogar noch besser auf einige der Wettbewerbsbedenken in der digitalen Wirtschaft eingehen (siehe Thesen XXI bis XXXI). Das Problem mit der Doktrin der kollektiven Marktbeherrschung ist, dass sie in der Praxis relativ zu wenig angewandt wurde.

XVIII. In Bezug auf die internen Wettbewerbsbeziehungen wirkt sich die digitale Wirtschaft auf die Feststellung einer kollektiven Marktbeherrschung dahingehend aus, dass das Vorhandensein einer oligopolistischen Struktur weniger wichtig sein dürfte. Dies liegt daran, dass die kombinierte Nutzung von Algorithmen und Daten das Risiko einer stillschweigenden Koordinierung, das ursprünglich auf oligopolistischen Märkten besteht, auf Marktumgebungen ausweiten kann, in denen Algorithmen der künstlichen Intelligenz weit verbreitet sind. Algorithmische stillschweigende Kollusion wird wahrscheinlich zunehmend häufiger auftreten.

Was die externen Wettbewerbsbeziehungen betrifft, so können positive Netzwerkeffekte und unumkehrbares Marktkippen die bestehende kollektive Marktbeherrschung verfestigen.

Der Besitz von wettbewerbsrelevanten Daten oder Technologien durch Konkurrenten kann jedoch das Oligopol im Hinblick auf die Außenbeziehungen destabilisieren und damit die Feststellung einer kollektiven Marktbeherrschung verhindern. Darüber hinaus darf nicht außer Acht gelassen werden, dass Oligopole durch den Innovationsdruck und den dynamischen Wettbewerb kontrolliert und ausgeglichen werden.

XIX. Das Problem mit der Lehre der kollektiven Marktbeherrschung ist, dass sie in der Praxis vergleichlicherweise selten angewendet wird. Voraussetzungen und Erscheinungsformen des Missbrauchs einer kollektiven

Marktbeherrschung sind noch nicht befriedigend geklärt. Dies zeigt sich in den folgenden drei Punkten.

Erstens wird die Missbrauchsverbotspraxis von der einzelnen Marktbeherrschung und deren Missbrauch beherrscht, während die kollektive Marktbeherrschung nicht im Mittelpunkt der Aufmerksamkeit steht.[7]

Zweitens sind die Rechtsprechung und die Literatur zur kollektiven Marktbeherrschung darauf ausgerichtet, die Tatbestandsvoraussetzungen der kollektiven Marktbeherrschung zu untersuchen und weniger zu analysieren, wie der Missbrauch der kollektiven Marktbeherrschung festgestellt wird.[8]

Drittens basiert die überwiegende Mehrheit der aktuellen Forschungen bezüglich der kollektiven Marktbeherrschung auf traditionellen industriellen Kontexten, ohne die neuen Herausforderungen zu berücksichtigen, die sich die Besonderheiten der digitalen Wirtschaft für das Kartellrecht mitbringt.[9]

XX. Die von dieser Arbeit untersuchten Missbräuche einer kollektiven Marktbeherrschung in der digitalen Wirtschaft beziehen sich auf Plattformen, Algorithmen und Daten.

XXI. Die Fallgruppe des Missbrauchs einer kollektiven Marktbeherrschung durch Hebelverhalten der Plattformen, d. h. durch die Übertragung von Marktmacht von einem Primärmarkt auf andere komplementäre Märkte, wodurch der Wettbewerb eingeschränkt wird, spielt in der Digitalwirtschaft eine große Rolle. Die Hebelverhalten liegen z. B. in Kosten-Preis-Schere, Selbstbevorzugung sowie in Kopplung und Bündelung. Die Plattform hat einen starken Anreiz, ihre Marktmacht zu hebeln. Der Grund dafür ist, dass die Ausweitung von Kernmärkten auf andere Märkte und damit die Schaffung eines eigenen Ökosystems wichtige Merkmale des Plattformwettbewerbs sind. Das vertikal integrierte Geschäftsmodell der Plattformen ermöglicht es ihnen, ihre bereits vorhandene Marktmacht zu nutzen, um weitere Märkte zu erschließen. Die virtuelle Natur von Daten und Algorithmen erleichtert die Übertragung von Marktmacht auf kosteneffiziente Weise. Entscheidend ist auch, dass die Besonderheiten des digitalen Marktes die Grenzen der Theorie des einzigen Monopolgewinns aufzeigen. Dies kann daher erklären, dass es für marktbeherrschende Plattformen profitabel ist, eine Hebelwirkung auszuüben.

XXII. Im Fall einer preisbezogenen Kosten-Preis-Schere kann der Missbrauch einer kollektiven marktbeherrschenden Stellung nur festgestellt werden, wenn die Kosten-Preis-Schere von allen Unternehmen mit einer

[7] Vgl. *胥*, 竞争政策研究 2022, 81, 81.
[8] Vgl. *胥*, 竞争政策研究 2022, 81, 81.
[9] Vgl. *胥*, 竞争政策研究 2022, 81, 81.

kollektiven Marktbeherrschung gemeinsam begangen wird. Dies ist der Fall, wenn der niedrigste vorgelagerte Preis (Preis A), der von einem Mitglied in einer kollektiven beherrschenden Stellung angeboten wird, höher bleibt als der höchste nachgelagerte Preis (Preis B), so dass tatsächliche oder potenziell ebenso effiziente Wettbewerber ganz vom Markt ausgeschlossen werden. Ist der Preis A hingegen niedriger als der Preis B, bedeutet dies, dass der Wettbewerber die Möglichkeit hat, mit mindestens einem Wettbewerber auf dem nachgelagerten Markt zu konkurrieren. In diesem Fall wird ein Missbrauch nicht als erwiesen angesehen.
XXIII. In der digitalen Wirtschaft kann sich die von den Plattformen auferlegte Kosten-Preis-Schere eher in Form einer nicht-preisbasierten Selbstbevorzugung manifestieren. Die Selbstbevorzugung an sich stellt keinen Verstoß gegen das Kartellrecht dar. Der AEC-Test („as-efficient competitor test") vergleicht das Verhältnis zwischen Preis und Kosten und kann nicht auf nicht-preisliche Fälle angewendet werden. Um die Missbräuchlichkeit der Selbstbevorzugung zu bejahen, muss es nachgewiesen werden, dass die Selbstbevorzugung eine Abweichung von einem normalen und erfolgreichen Geschäftsmodell darstellt. Mit anderen Worten: die Selbstbevorzugung stellte eine gewisse Anormalie („certain form of abnormality") dar. Darüber hinaus muss die Wettbewerbsbehörde wettbewerbswidrige Wirkungen von Selbstbevorzugung nachweisen. Die Missbräuchlichkeit ergibt sich aus diskriminierenden Ungleichheiten bei den Wettbewerbsbedingungen für den eigenen nachgelagerten Sektor der marktbeherrschenden Plattform und andere nachgelagerte Wettbewerber. Derzeit gibt es drei Möglichkeiten. Die erste basiert auf dem AEC-Grundsatz und dem Konzept des Leistungswettbewerbs. Die zweite stützt sich auf einigen von der Kommission vorgeschlagenen allgemeinen Referenzindikatoren. Die dritte besteht darin, den AEC-Test beizubehalten, ihm aber weniger Gewicht zu geben und ihn nur als eines der Prüfungsinstrumente zu verwenden.
Die Selbstbevorzugung kann in die Fallgruppe des Missbrauchs einer kollektiven Marktbeherrschung durch weitere Einschränkung des externen Wettbewerbs eingeordnet werden. Die Selbstbevorzugung von Oligopolmitgliedern schafft einen Wettbewerbsvorteil für die eigenen Dienste, der nicht auf wirtschaftlicher Leistung beruht, und benachteiligt gleichzeitig die Konkurrenten. Dies hat zur Folge, dass die Wettbewerbsmacht der externen Wettbewerber verringert und der von außen ausgeübte Wettbewerbsdruck begrenzt wird, was zur Stabilisierung der entstandenen kollektiven beherrschenden Stellung beiträgt.

XXIV. In der digitalen Wirtschaft sollten Bündelung und Kopplung als Gefahren ernst genommen werden. Aufgrund des virtuellen Charakters digitaler Produkte und Dienstleistungen ist eine technische Bündelung und Kopplung leichter zu erreichen. Plattformen nutzen Verbrauchergewohnheiten, Voreingenommenheit, Trägheit, Informations- und technologische Asymmetrien, um die Verbraucher zu veranlassen, sich für gekoppelte Produkte zu entscheiden („Nudging") und so eine Hebelwirkung zu erzielen. In der digitalen Wirtschaft kann das gekoppelte Produkt kostenlos sein, und die Plattform subventioniert es mit ihren Monopolgewinnen auf dem Primärmarkt. Wenn der gekoppelte Markt zweiseitig ist, kann das marktbeherrschende Unternehmen diesen auch mit den Gewinnen subventionieren, die es von den Nutzern der anderen Seite erhält. Missbräuchlichkeit ergibt sich daraus, dass beherrschende Plattformen künstlich Netzwerkeffekte in den gekoppelten Markt einführen, um eine nicht wettbewerbsfähige Leistung für ihre eigenen Produkte zu schaffen.
XXV. Eine zweite bemerkenswerte Fallgruppe des Missbrauchs einer kollektiven Marktbeherrschung in der digitalen Wirtschaft ist die „Facilitating Practices". Dies ist der Fall, wenn der bestehende wirksame Wettbewerb durch das Bestehen einer kollektiven Marktbeherrschung bereits geschwächt wird und die „Facilitating Practices" weiter zur Aufrechterhaltung dieses Status quo beitragen. Zusätzliche Maßnahmen zur weiteren Erhöhung der Transparenz, zur Verstärkung der Anreize für die dauerhafte Aufrechterhaltbarkeit einer stillschweigenden Koordinierung, und Maßnahmen zur Steigerung der Wirksamkeit von Droh- und Sanktionsmechanismen gegen Abweichungen sind Beispiele dafür. Die weiteren Beispiele sind Minderheitsbeteiligung und der Einsatz der Meistbegünstigungsklauseln, die die Verflechtungen zwischen Unternehmen verstärken und die Wiederherstellung eines wirksamen internen Wettbewerbs einschränken können.
Wenn die „Facilitating Practices" von einem Algorithmus durchgeführt werden, ist die Gefahr und das Ausmaß einer Schädigung des Wettbewerbs wahrscheinlich größer. Überwachungsalgorithmen, Signalisierungsalgorithmen und Sanktionsalgorithmen können die drei Elemente, die das Entstehen und die Stabilisierung stillschweigender Kollusion begünstigen, erheblich verbessern. Hochintelligente Algorithmen können sogar die Entscheidung treffen, in bestimmten Fällen auf Sanktionen für Abweichungen zu verzichten, um Gewinneinbußen aufgrund von Fehleinschätzungen oder Preiskämpfen zu vermeiden.

XXVI. Das Missbrauchsverbot einer kollektiven Marktbeherrschung kann freilich nicht alle durch Oligopole verursachten Marktversagen beheben. Es ist jedoch ein wirksames rechtliches Instrument für die digitale Wirtschaft.
XXVII. Die Lehre der kollektiven Marktbeherrschung kann den Schwierigkeiten bei der Marktabgrenzung in der digitalen Wirtschaft, die durch die Vielschichtigkeit der Plattformen verursacht werden, besser gerecht werden. Dies liegt daran, dass das Spektrum der Tätigkeiten von Unternehmen in einer beherrschenden kollektiven Stellung breite ist. Kollektive marktbeherrschende Unternehmen können in der Produktionskette auf vor- und nachgelagerten wirtschaftlichen Stufen tätig sein, oder sie können auch in verschiedenen unabhängigen räumlich begrenzten Regionen tätig sein. In diesem Sinne weist die Lehre der kollektiven Marktbeherrschung eine gewisse Flexibilität auf, dass die Kontroverse um die angemessene Marktdefinition bezüglich der mehrseitigen Plattformen etwas abmildern kann.
XXVIII. In der Konstellation der kollektiven Marktbeherrschung ist das Spektrum der Verhaltensweisen, die als missbräuchlich angesehen werden können, viel breiter. Sowohl gemeinsames Verhalten durch mehrere Unternehmen als auch individuelles Verhalten durch ein Unternehmen kann den Vorwurf des Missbrauchs begründen. Missbräuchliches Verhalten kann durch weitere Einschränkung des internen Wettbewerbs oder durch weitere Einschränkung des externen Wettbewerbs erreicht werden.
XXIX. Für die Einstufung als Normadressaten des Missbrauchsverbots ist der Schwellenwert für die Marktmacht im Fall der kollektiven Marktbeherrschung niedriger als im Falle der Einzelmarktbeherrschung. Wenn mehrere Oligopolmitglieder in ihrer Gesamtheit eine marktbeherrschende Stellung einnehmen, kann die Kartellbehörde gegen jedes einzelne von ihnen ein Missbrauchsverfahren einleiten, auch wenn keines von ihnen hinreichend eine individuelle marktbeherrschende Stellung hat.
XXX. Beim Umgang mit der (algorithmischen) stillschweigenden Kollusion liegt der Vorteil des Missbrauchsverbots einer kollektiven Marktbeherrschung vor allem darin, dass der Nachweis jeder unmittelbaren oder mittelbaren Fühlungnahme nicht erforderlich ist. Der Missbrauch ist ein objektiver Begriff, der impliziert, dass die Absichten oder Motive von Unternehmen für die Bewertung eines solchen Verhaltens irrelevant sind.
XXXI. Eine (algorithmische) stillschweigende Kollusion an sich stellt noch keinen Missbrauch dar. Jedoch kann das Ausmaß der anschließenden Preiserhöhung bei der Beurteilung des Missbrauchs berücksichtigt werden. Maßnahmen, die die bestehende stillschweigende Kollusion von Algorithmen fördern, können als missbräuchlich angesehen werden, wenn sie eine

bestehende kollektive Marktbeherrschung verstärken und die Wiederherstellung eines wirksamen Wettbewerbs weiter einschränken.
XXXII. Das chinesische AMG enthält keine Definition und keine Kriterien für die Feststellung einer kollektiven Marktbeherrschung. Die einschlägigen Bestimmungen zur kollektiven Marktbeherrschung sind implizit in der Marktanteilsvermutungsklausel enthalten.
XXXIII. Allein im Hinblick auf die Vermutungsklausel einer kollektiven Marktbeherrschung behandelt das deutsche GWB das Oligopol strenger als das chinesische AMG. Der Grund dafür ist, dass das GWB einen niedrigeren Schwellenwert des Marktanteils für die Oligopolvermutung vorsieht. Außerdem kann eine größere Anzahl von Unternehmen nach dem GWB vermutet werden.
Für die Widerlegung der Vermutung einer kollektiven Marktbeherrschung stellt das AMG höhere Anforderungen als das GWB. Während das AMG den Nachweis eines wesentlichen Wettbewerbs verlangt, muss nach dem GWB nur ein wesentlicher Wettbewerb zu erwarten sein. So ist es zwar wahrscheinlicher, dass bei mehreren Unternehmen unter denselben Umständen eine kollektive Marktbeherrschung nach dem GWB vermutet wird, doch ist diese Vermutung im Vergleich zum AMG auch leichter zu widerlegen.
XXXIV. Allein was die Methode zur Feststellung des Vorliegens einer kollektiven Marktbeherrschung anbelangt, so behandelt das chinesische AMG das Oligopol strenger als die Union. Der Grund dafür ist, dass das AMG ein vereinfachtes strukturorientiertes Kriterium anwendet, bei dem nur der kollektive Marktanteil berechnet wird, während die Union ein verfeinertes verhaltensorientiertes Kriterium zur Bestimmung der kollektiven Marktbeherrschung verwendet. Je einfacher die Kriterien sind, desto wahrscheinlicher ist es, dass mehrere Unternehmen in die kollektive marktbeherrschende Stellung einbezogen werden und somit den Regeln des Kartellrechts unterliegen.
Bei der Widerlegung der Vermutung einer kollektiven Marktbeherrschung gibt es Unterschiede zwischen der chinesischen Kartellrechtspraxis und der EU-Kartellrechtspraxis. Es ist daher schwierig, zu beurteilen, welche der beiden die Oligopole strenger regelt. In der chinesischen Rechtssache *Hua Qin gegen Qindu Taxi Passenger Service Department u.a.* verneinte das Gericht das Vorliegen einer kollektiven Marktbeherrschung im Hinblick auf die Außenbeziehungen, indem es die Marktkontrollsmacht mehrerer Unternehmen verneinte. In der EU-Entscheidung *Kali+Salz* wird dagegen mit den internen Beziehungen argumentiert, dass die Verbindungen zwi-

schen den Unternehmen nicht so dicht und schlüssig sind, dass eine kollektive Einheit entstehen kann, womit das Vorliegen einer kollektiven Marktbeherrschung widerlegt wird.

XXXV. Zusammenfassend ist es nicht möglich, abstrakt und pauschal zu schließen, dass die chinesische Rechtspraxis in Bezug auf die kollektive Marktbeherrschung strenger oder gemäßigter ist als die der Union und Deutschlands. Dies ist vor allem auf das sehr begrenzte Erfahrungsmaterial und die unzureichende Analyse durch chinesische Gerichte und Behörden zurückzuführen.

Derzeit gibt es nur zwei Gerichtsentscheidungen und zwei Entscheidungen von Durchsetzungsbehörden, die sich mit kollektiver Marktbeherrschung befassen. Es gibt nur eine Gerichtsentscheidung, die eine Widerlegung der Vermutungsklausel zum Gegenstand hat.

Bei der Analyse der kollektiven Marktbeherrschung wird in der chinesischen Kartellrechtspraxis der kollektive Charakter der kollektiven Marktbeherrschung nicht in den Mittelpunkt der Analyse gestellt. Mit anderen Worten, die Untersuchung des internen Wettbewerbs (ob es an wesentlichem Wettbewerb mangelt) zwischen mehreren Unternehmen ist unzureichend.

XXXVI. Das chinesische AMG bedarf einer gesetzlichen Reform. Gemeinsame Marktanteile spiegeln nicht das Wesen einer kollektiven Marktbeherrschung wider, d. h. das Fehlen eines wesentlichen Innenwettbewerbs. Die Reform besteht darin, die Definition der Marktbeherrschung (Art. 22 Abs. 3 AMG) um die kollektive Marktbeherrschung zu erweitern, d. h. die Situation zu spezifizieren, in der die Normadressaten des Missbrauchsverbots aus einem oder mehreren Unternehmen in ihrer Gesamtheit bestehen. Außerdem wird in Art. 23 AMG ein neuer Abs. 2 eingefügt, der besagt, dass bei der Feststellung einer kollektiven Marktbeherrschung zu prüfen ist, ob zwischen den Unternehmen kein wesentlicher Wettbewerb besteht und ob sie in ihrer Gesamtheit keinen wesentlichen externen Wettbewerb haben (d. h. die Definition der Marktbeherrschung ist erfüllt).

XXXVII. Derzeit wird der theoretischen und praktischen Bedeutung der kollektiven Marktbeherrschung sowohl in der Europäischen Union als auch in Deutschland und China, insbesondere im Rahmen des Missbrauchsverbotsverfahrens, nicht genügend Aufmerksamkeit geschenkt. In Anbetracht der Rechtsunsicherheit und der wettbewerblichen Herausforderungen, die die digitale Wirtschaft mit sich bringt, muss der analytische Rahmen für den Missbrauch einer kollektiven Marktbeherrschung verfeinert werden.

8 LITERATUR

Affeldt, Pauline / Kesler, Reinhold: Big Tech Acquisitions — Towards E mpirical Evidence, Journal of European Competition Law and Practice 20 21, 471 ff.

Aigner, Gisela / Budzinski, Oliver / Christiansen, Arndt: The Analysis of Coordinated Effects in EU Merger Control: Where Do We Stand After So ny/BMG and Impala?, European Competition Journal 2006, 311 ff.

Akman, Pinar: The Theory of Abuse in Google Search: A Positive and No rmative Assessment Under EU Competition Law, Journal of Law, Technol ogy & Policy 2017, 301 ff.

Albors-Llorens, Albertina: Collective Dominance in EC Competition Law: Trojan Horse or Useful Tool?, in: Cambridge Yearbook of European Lega l Studies, Hrsg. Bell, John u.a., Oxford u.a. 2003, S. 151 ff. (zitiert: *Albors -Llorens*, in: Cambridge Yearb. Eur. Leg. Stud., S.)

Amstutz, Marc: Kollektive Marktbeherrschung im europäischen Wettbewe rbsrecht: eine evolutorische Perspektive, Tübingen 1999 (zitiert: *Amstutz*, S.)

Argentesi, Elena / Buccirossi, Paolo / Calvano, Emilio / Duso, Tomaso / M arrazzo, Alessia / Nava, Salvatore: Merger Policy in Digital Markets: An E x Post Assessment, Journal of Competition Law and Economics 2021, 95f f.

Armstrong, Mark / Huck, Steffen: Behavioral Economics and Antitrust, in: The Oxford Handbook of International Antitrust Economics, Hrsg. Blair, Roger D. / Sokol, D. Daniel, Oxford u.a. 2014, S. 205 ff. (zitiert: *Armstro ng/Huck*, in: Oxford Handb. Int. Antitrust Econ., S.)

Art, Jean-yves: Developments in EC Competition Law in 1988: An Overvi ew, Common Market Law Review 1999, 971 ff.

Bain, Joe S.: Relation of Profit Rate to Industry Concentration: American Manufacturing, 1936–1940, Quarterly Journal of Economics 1951, 293 ff.

Baker, Jonathan: Market Definition: An Analytical Overview, Antitrust La w Journal 2007, 129 ff.

Bamberger, Kenneth A. / Lobel, Orly: Platform Market Power, Berkeley T echnology Law Journal 2017, 1051 ff.

Barwise, Patrick / Watkins, Leo: The Evolution of Digital Dominance: Ho w and Why We Got to GAFA, in: Digital Dominance: The Power of Goog le, Amazon, Facebook, and Apple, Hrsg. Moore, Martin / Tambini, Damia

n, New York 2018, S. 21 ff. (zitiert: *Barwise/Watkins*, in: Digit. Domin. P ower Google, Amaz. Facebook, Apple, S.)
Bechtold, Rainer / Bosch, Wolfgang (Hrsg.): Gesetz gegen Wettbewerbsb eschränkungen, 10. Auflage, München 2021 (zitiert: *Bearbeiter*, in: Becht old/Bosch, GWB, § Rn.)
Bechtold, Rainer / Bosch, Wolfgang / Brinker, Ingo (Hrsg.): EU-Kartellre cht, 4. Auflage, München 2023 (zitiert: *Bearbeiter*, in: Bechtold/Bosch/Bri nker, EU-Kartellrecht, Art. Rn.)
Beneke, Francisco / Mackenrodt, Mark-Oliver: Remedies for Algorithmic Tacit Collusion, Journal of Antitrust Enforcement 2021, 152 ff.
Bennett, Matthew / Fingleton, John / Fletcher, Amelia / Hurley, Liz / Ruc k, David: What Does Behavioural Economics Mean for Competition Polic y, Competition Policy International 2010, 111 ff.
Benson, Bruce L.: Are Roads Public Goods, Club Goods, Private Goods, o r Common Pools?, in: Explorations in Public Sector Economics: Essays by Prominent Economists, Hrsg. Hall Joshua, Cham 2017, S. 171 ff. (zitiert: *Benson*, in: Explor. Public Sect. Econ. Essays by Promin. Econ., S.)
Bester, Helmut: Theorie der Industrieökonomik, 7. Auflage, Berlin, Heide lberg 2017 (zitiert: *Bester*, S.)
Böni, Franz / Palzer, Christoph: Kollektive Marktbeherrschung – Sinnbild für „Des Kaisers neue Kleider?“, Wirtschaft und Wettbewerb 2009, 477 ff.
Bork, Robert H.: The Antitrust Paradox: A Policy at War with Itself, New York 1978 (zitiert: *Bork*, S.)
Bork, Robert H. / Gregory Sidak, J.: What does the Chicago School teach about Internet Search and the Antitrust Treatment of Google?, Journal of C ompetition Law and Economics 2012, 663 ff.
Bostoen, Friso / Mândrescu, Daniel: Assessing Abuse of Dominance in the Platform Economy: A Case Study of App Stores, European Competition J ournal 2020, 431 ff.
Bostoen, Friso: Online Platforms and Vertical Integration: the Return of M argin Squeeze?, Journal of Antitrust Enforcement 2018, 355 ff.
Briones, Juan / Padilla, Atilano J.: The Complex Landscape of Oligopolies under EU Competition Policy: Is Collective Dominance Ripe for Guidelin es?, World Competition 2001, 307 ff.
Bruc, Édouard: Data as an Essential Facility in European Law: how to defi ne the “target” Market and Divert the Data Pipeline?, European Competiti on Journal 2019, 177 ff.
Bunte, Hermann-Josef (Hrsg.): Kartellrecht Kommentar, 14. Auflage, Mü nchen 2022 (zitiert: *Bearbeiter*, in: Bunte, Kartellr. Kommentar, Art. / § R n.)

Caillaud, Bernard / Jullien, Bruno: Chicken & Egg: Competition among In termediation Service Providers, The RAND Journal of Economics 2003, 3 09 ff.
Callery, Craig: Considering the Oligopoly Problem, in: Dominance and M onopolization, Hrsg. Greaves, Rosa, 2. Auflage, New York 2012, S. 243 f f. (zitiert: *Callery*, in: Domin. Monop., S.)
Calliess, Christian / Ruffert, Matthias (Hrsg.): EUV/AEUV, 6. Auflage, M ünchen 2022 (zitiert: *Bearbeiter*, in: Calliess/Ruffert, EUV/AEUV, Art. R n.)
Calvano, Emilio / Calzolari, Giacomo / Denicolò, Vincenzo / Pastorello, S ergio: Artificial Intelligence, Algorithmic Pricing, and Collusion, America n Economic Review 2020, 3267 ff.
Calvano, Emilio / Calzolari, Giacomo / Denicolò, Vincenzo / Pastorello, S ergio: Algorithmic Pricing What Implications for Competition Policy?, Re view of Industrial Organization 2019, 155 ff.
Carlton, Dennis W. / Perloff, Jeffrey M.: Modern Industrial Organization, 4. Auflage, Boston 2015 (zitiert: *Carlton/Perloff*, S.)
Carlton, Dennis W. / Waldman, Michael: The Strategic Use of Tying to Pr eserve and Create Market Power in Evolving Industries, The RAND Journ al of Economics 2002, 194 ff.
Chamberlin, Edward Hastings: The Theory of Monopolistic Competition: A Re-orientation of the Theory of Value, 6. Auflage, Cambridge (MA) 19 48 (zitiert: *Chamberlin*, S.)
Chamberlin, Edward Hastings: Duopoly: Value Where Sellers Are Few, Q uarterly Journal of Economics 1929, 63 ff.
Choi, Jay Pil / Jeon, Doh-Shin: A Leverage Theory of Tying in Two-Sided Markets with Nonnegative Price Constraints, American Economic Journa l: Microeconomics 2021, 283 ff.
Choi, Jay Pil / Stefanadis, Christodoulos: Tying, Investment, and the Dyna mic Leverage Theory, The RAND Journal of Economics 2001, 52 ff.
Crane, Daniel A.: Tying and Consumer Harm, Competition Policy Internat ional 2012, 27 ff.
Crocioni, Pietro: Leveraging of Market Power in Emerging Markets: A Re view of Cases, Literature, and A Suggested Framework, Journal of Compe tition Law and Economics 2008, 449 ff.
Cunningham, Colleen / Ederer, Florian / Ma, Song: Killer Acquisitions, Jo urnal of Political Economy 2021, 649 ff.
Devlin, Alan: A Proposed Solution to the Problem of Parallel Pricing in Ol igopolistic Markets, Stanford Law Review 2007, 1111 ff.

Dibadj, Reza: Conscious Parallelism Revisited, San Diego Law Review 20 10, 589 ff.
Director, Aaron / Levi, Edward H.: Law and the Future: Trade Regulation, Northwestern University Law Review 1956, 281 ff.
Dixit, Avinash K. / Nalebuff, Barry J.: Thinking Strategically: The Compe titive Edge in Business, Politics, and Everyday Life, New York 1991 (zitie rt: *Dixit/Nalebuff*, S.)
Easley, David / Kleinberg, Jon: Networks, Crowds, and Markets: Reasoni ng About a Highly Connected World, New York 2010 (zitiert: *Easley/Klei nberg*, S.)
Eisenmann, Thomas / Parker, Geoffery / Van Alstyne, Marshall: Platform Envelopment, Strategic Management Journal 2011, 1270 ff.
Eisenmann, Thomas / Parker, Geoffrey / Van Alstyne, Marshall: Strategie s for Two-sided Markets, Harvard Business Review 2006, 92 ff.
Elhauge, Einer: Tying, Bundled Discounts, and the Death of the Single M onopoly Profit Theory, Harvard Law Review 2009, 397 ff.
Enchelmaier, Stefan: Europäische Wettbewerbpolitik im Oligopol: Eine U ntersuchung der Behandlung von Oligopolfällen durch die Kommission un d den Gerichtshof der Europäischen Gemeinschaften, Baden-Baden 1997 (zitiert: *Enchelmaier*, S.)
Etter, Boris: The Assessment of Mergers in the EC under the Concept of C ollective Dominance: An Analysis of the Recent Decisions and Judgments —by an Economic Approach, World Competition 2000, 103 ff.
Evans, David S.: The Antitrust Economics of Multi-Sided Platform Mark ets, Yale Journal on Regulation 2003, 325 ff.
Evans, David S. / Schmalensee, Richard: Matchmakers: The New Econom ics of Multisided Platforms, Boston 2016 (zitiert: *Evans/Schmalensee*, S.)
Evans, David S. / Schmalensee, Richard: The Industrial Organization of M arkets with Two-Sided Platforms, Competition Policy International 2007, 151 ff.
Ezrachi, Ariel / Gilo, David: EC Competition Law and the Regulation of P assive Investments Among Competitors, Oxford Journal of Legal Studies 2006, 327 ff.
Ezrachi, Ariel / Stucke, Maurice E.: Sustainable and Unchallenged Algorit hmic Tacit Collusion, Northwestern Journal of Technology and Intellectua l Property 2020, 217 ff.
Ezrachi, Ariel / Stucke, Maurice E.: Virtual Competition: The Promise and Perils of the Algorithm-driven Economy, Cambridge (MA) 2016 (zitiert: *Ezrachi/Stucke*, S.)

Faull, Jonathan / Nikpay, Ali: The EU Law of Competition, 3. Auflage Ox ford 2014 (zitiert: *Faull/Nikpay*, S. Rn.).
Fellner, William: Competition Among the Few: Oligopoly and Similar Ma rket Structures, New York 1965 (zitiert: *Fellner*, S.)
Fisher, Franklin M.: Games Economists Play: A Noncooperative View, Th e RAND Journal of Economics 1989, 113 ff.
Flint, David: Abuse of A Collective Dominant Position, Legal Issues of Ec onomic Integration 1978, 21 ff.
Friederiszick, Hans W. / Maier-Rigaud, Frank P.: Triggering Inspections ex officio: Moving Beyond A Passive EU Cartel Policy, Journal of Compe tition Law and Economics 2008, 89 ff.
Friedman, James W.: A Non-cooperative Equilibrium for Supergames, Re view of Economic Studies 1971, 1 ff.
Fudenberg, Drew / Maskin, Eric: The Folk Theorem in Repeated Games w ith Discounting or with Incomplete Information, Econometrica 1986, 533 f f.
Gabrielsen, Tommy Staahl / Hjelmeng, Erling / Sørgard, Lars: Rethinking Minority Share Ownership and Interlocking Directorships: The Scope for Competition Law Intervention, European Law Review 2011, 837 ff.
Gaudin, Germain / Mantzari, Despoina: Google Shopping and the As-Effi cient-Competitor Test: Taking Stock and Looking Ahead, Journal of Euro pean Competition Law and Practice 2022, 125 ff.
Gautier, Axel / Lamesch, Joe: Mergers in the Digital Economy, Informatio n Economics and Policy 2021, 1 ff.
Geiger, Rudolf / Khan, Daniel-Erasmus / Kotzur, Markus / Kirchmair, Lan do (Hsrg.): EUV/AEUV, 7. Auflage, München 2023 (zitiert: *Bearbeiter*, i n: Geiger/Khan/Kotzur/Kirchmair, EUV/AEUV, Art. Rn.)
Geradin, Damien / O'Donoghue, Robert: The Concurrent Application of C ompetition Law and Regulation: The Case of Margin Squeeze Abuses in t he Telecommunications Sector, Journal of Competition Law and Economi cs 2005, 355 ff.
Gjendemsjø, Ronny / Hjelmeng, Erling J. / Sørgard, Lars: Abuse of Collec tive Dominance: The Need for a New Approach, World Competition 2013, 355 ff.
González de Zárate Catón, Pablo: Endorsement of the 'Crossed' Test for A lleged Margin Squeeze as an Abuse of Collective Dominance (Spain), Jou rnal of European Competition Law and Practice 2020, 267 ff.
Gormsen, Liza Lovdahl: Collective Dominance: An Overview of National Case Law, e-Competitions, N° 72449 2016, 1 ff.

Grabitz, Eberhard / Hilf, Meinhard / Nettesheim, Martin (Hrsg.): Das Recht der Europäischen Union, 78. Auflage, München 2023, Stand: 78. Ergänzungslieferung, Januar 2023 (zitiert: *Bearbeiter*, in: Grabitz/Hilf/Nettesheim, Das R. der Eur. Union, Art. / § Rn.)
Graf, Thomas / Mostyn, Henry: Do We Need to Regulate Equal Treatment? The Google Shopping Case and the Implications of Its Equal Treatment Principle for New Legislative Initiatives, Journal of European Competition Law and Practice 2020, 561 ff.
Hansen, Karsten T. / Misra, Kanishka / Pai, Mallesh M.: Collusive Outcomes via Pricing Algorithms, Journal of European Competition Law and Practice 2021, 334 ff.
Haupt, Heiko: Kollektive Marktbeherrschung in der europäischen Mißbrauchs- und Fusionskontrolle, Baden-Baden 2004 (zitiert: *Haupt*, S.)
Haupt, Heiko: Kollektive Marktbeherrschung in der europäischen Missbrauchs- und Fusionskontrolle nach dem Airtours-Urteil des Gerichts Erster Instanz, Europäisches Wirtschafts- und Steuerrecht 2002, 361 ff.
Haupt, Heiko: Collective Dominance Under Article 82 E.C. and E.C. Merger Control in the light of the Airtours Judgment, European Competition Law Review 2002, 434 ff.
Hemphill, C. Scott / Wu, Tim: Parallel exclusion, Yale Law Journal 2013, 1182 ff.
Holzweber, Stefan: Tying and Bundling in the Digital Era, European Competition Journal 2018, 342 ff.
Höppner, Thomas / Werber, Jan Markus: Die Modernisierung der Missbrauchskontrolle nach dem Referentenentwurf für eine 10. GWB-Novelle, Kommunikation und Recht 2020, 24 ff.
Hovenkamp, Herbert: Antitrust and Platform Monopoly, Yale Law Journal 2021, 1952 ff.
Hutchinson, Christophe Samuel: Potential Abuses of Dominance by Big Tech Through Their Use of Big Data and AI, Journal of Antitrust Enforcement 2022, 1 ff.
Hylton, Keith N. / Salinger, Michael: Tying Law and Policy: A Decision-theoretic Approach, Antitrust Law Journal 2001, 469 ff.
Iacobucci, Edward / Ducci, Francesco: The Google Search Case in Europe: Tying and the Single Monopoly Profit Theorem in Two-sided Markets, European Journal of Law and Economics 2019, 15 ff.
Illik, J. Anton: Electronic Commerce – Eine systematische Bestandsaufnahme, in: HMD - Praxis der Wirtschaftsinformatik, Band 199, Heidelberg 1998, S. 10ff. (zitiert: *Illik*, in: HMD - Prax. der Wirtschaftsinformatik, S.)

Immenga, Ulrich / Mestmäcker, Ernst-Joachim (Hrsg.): Wettbewerbsrecht, 6. Auflage, München 2019 ff. (zitiert: *Bearbeiter*, in: Immenga/Mestmäck er, Wettbewerbsrecht, Art. / § Rn.)
Jacobides, Michael G. / Cennamo, Carmelo / Gawer, Annabelle: Towards A Theory of Ecosystems, Strategic Management Journal 2018, 2255 ff.
Jungermann, Frank: Kollektive Marktbeherrschung durch interdependente s Parallelverhalten und deren Missbrauch, Köln/München 2007 (zitiert: *Ju ngermann*, S.)
Kantzenbach, Erhard / Kottmann, Elke / Krüger, Reinald: Kollektive Mark tbeherrschung: Neue Industrieökonomik und Erfahrungen aus der Europäi schen Fusionskontrolle, Baden-Baden 1996 (zitiert: *Kantzenbach/Kottma nn/Krüger*, S.)
Kantzenbach, Erhard / Kruse, Jörn: Kollektive Marktbeherrschung: das Ko nzept und seine Anwendbarkeit für die Wettbewerbspolitik, Luxemburg 1 987 (zitiert: *Kantzenbach/Kruse*, S.)
Kaplow, Louis: Extension of Monopoly Power through Leverage, Columb ia Law Review 1985, 515 ff.
Katz, Michael L. / Shapiro, Carl: Network Externalities, Competition, and Compatibility, The American Economic Review 1985, 424 ff.
Kelly, Richard: The Oligopoly Problem in EC Competition Law: Is a Solu tion Possible, University College Dublin Law Review 2008, 84 ff.
Khan, Lina M: Amazon´s Antitrust Paradox, Yale Law Journal 2016, 710 ff.
Klees, Andrea / Hauser, Max Sebastian: Oligopolistische Reaktionsverbun denheit im Anwendungsbereich des Art. 82 EG, Europäisches Wirtschafts - und Steuerrecht 2008, 7 ff.
Kokkoris, Ioannis: The Development of the Concept of Collective Domina nce in the ECMR. From its Inception to its Current Status, World Competi tion 2007, 419 ff.
Kollmann, Tobias: Grundlagen der Digitalen Wirtschaft, in: Handbuch Di gitale Wirtschaft, Hrsg. Kollmann, Tobias, Wiesbaden 2020, S. 21ff. (zitie rt: *Kollmann*, in: Handb. Digit. Wirtschaft, S.)
Körber, Torsten: Common Errors regarding Search Engine Regulation – a nd How to Avoid Them, European Competition Law Review 2015, 239 ff.
Lacobucci, Edward M. / Winter, Ralph A.: Abuse of Joint Dominance in C anadian Competition Policy, The University of Toronto Law Journal 2010, 219 ff.
Langer, Jurian: Tying and Bundling as a Leveraging Concern under EC C ompetition Law, Alphen an den Rijn 2007 (zitiert: *Langer*, S.)

Lemley, Mark A. / McGowan, David: Legal Implications of Network Eco nomic Effects, California Law Review 1998, 479 ff.
Loewenheim, Ulrich / Meessen, Karl M. / Riesenkampff, Alexander / Kers ting, Christian / Meyer-Lindemann, Hans Jürgen (Hrsg.): Kartellrecht, 4. Auflage, München 2020 (zitiert: *Bearbeiter*, in: LMRKM, Kartellrecht, Ar t. / § Rn.)
Malueg, David A.: Collusive Behavior and Partial Ownership of Rivals, In ternational Journal of Industrial Organization 1992, 27 ff.
Mandrescu, Daniel: Tying and Bundling by Online Platforms – Distinguis hing between Lawful Expansion Strategies and Anti-competitive Practices, Computer Law and Security Review 2021, 1 ff.
Massey, Patrick / Mcdowell, Moore: Joint Dominance and Tacit Collusion: Some Implications for Competition and Regulatory Policy, European Co mpetition Journal 2010, 427 ff.
Maynard Smith, John: Evolution and the Theory of Games, Cambridge 19 82 (zitiert: *Maynard Smith*, S.)
Mehra, Salil K.: Antitrust and the Robo-Seller: Competition in the Time of Algorithms, Minnesota Law Review 2016, 1323 ff.
Mestmäcker, Ernst-Joachim / Schweizer, Heike (Hrsg.): Europäisches Wet tbewerbsrecht, 3. Auflage, München 2014 (zitiert: *Bearbeiter*, in: Mestmä cker/Schweitzer, Eur. Wettbewerbsr., § Rn.)
Mezzanotte, Félix E.: The Anti-Collusion Toolkit: Limits of a Policy that Combats the Facilitation of Collusion, European Law Journal 2011, 495 ff.
Mezzanotte, Félix E.: Using Abuse of Collective Dominance in Article 10 2 TFEU to Fight Tacit Collusion: The Problem of Proof and Inferential Er ror, World Competition 2010, 77 ff.
Mezzanotte, Félix E.: Tacit Collusion as Economic Links in Article 82 EC Revisited, European Competition Law Review 2009, 137 ff.
Mezzanotte, Félix E.: Direct versus Indirect Proof of the Airtours Criterion in Impala, World Competition 2008, 523 ff.
Monti, Giorgio: The Scope of Collective Dominance Under Articles 82 E C, Common Market Law Review 2001, 131 ff.
Münchener Kommentar zum Wettbewerbsrecht: Hrsg. Säcker, Franz-Jürg en / Bien, Florian / Meier-Beck, Peter / Montag, Frank, 3. Auflage, Münch en 2020 (zitiert: *Bearbeiter*, in: Säcker/Bien/Meier-Beck/Montag, Münche ner Kommentar zum Wettbewerbsr., Art. / § Rn.)
Möschel, Wernhard: Der Oligopolmissbrauch im Recht der Wettbewerbsb eschränkungen, Tübingen 1974 (zitiert: *Möschel*, S.)
Nalebuff, Barry: Bundling as an Entry Barrier, The Quarterly Journal of E conomics 2004, 159 ff.

Nazzini, Renato: The Foundations of European Union Competition Law: The Objective and Principles of Article 102, Oxford 2011 (zitiert: *Nazzini*, S.)

Niels, Gunnar: Collective Dominance: More Than Just Oligopolistic Interdependence, European Competition Law Review 2001, 168 ff.

O'Donoghue, Robert / Padilla, Jorge: The Law and Economics of Article 102 TFEU, 3. Auflage, Oxford 2020 (zitiert: *O'donoghue/Padilla*, S.)

Petit, Nicolas: The Oligopoly Problem in EU Competition Law, in: Handbook on European Competition Law: Substantive Aspects, Hrsg. Lianos, Ioannis / Geradin, Damien, Cheltenham 2013, S. 259ff. (zitiert: *Petit*, in: Handb. Eur. Compet. Law Subst. Asp., S.)

Petit, Nicolas: Re-Pricing through Disruption in Oligopolies with Tacit collusion: A Framework for Abuse of Collective Dominance, World Competition 2016, 119 ff.

Petit, Nicolas / Henry, David: Why the EU Merger Regulation should not Enjoy A Monopoly over Tacit Collusion, in: Changes in Competition Policy over the Last Two Decades, Hrsg. Krasnodębska-Tomkiel, Malgorzata, Warsaw 2010, S. 181ff. (zitiert: *Petit/Henry*, in: Chang. Compet. Policy over Last Two Decad., S.)

Petit, Nicolas / Neyrinck, Norman: Collective Dominance: An Overview of National Case Law, e-Competitions, N° 39129 2011, 1 ff.

Petit, Nicolas / Neyrinck, Norman: Behavioral Economics and Abuse of Dominance: A Fresh Look at the Article 102 TFEU Case-Law, ÖZK 2010, 203 ff.

Pini, Gian Diego: Passive – Aggressive Investments: Minority Shareholdings and Competition Law, European Business Law Review 2012, 575 ff.

Podszun, Rupprecht / Franz, Benjamin: Was ist ein Markt? — Unentgeltliche Leistungsbeziehungen im Kartellrecht, Neue Zeitschrift für Kartellrecht 2015, 121 ff.

Posner, Richard A.: Oligopoly and the Antitrust Law: A Suggested Approach, Stanford Law Review 1968, 1562 ff.

Posner, Richard A.: The Chicago School of Antitrust Analysis, University of Pennsylvania Law Review 1979, 925 ff.

Posner, Richard A.: Oligopoly and the Antitrust Laws: A Suggested Approach, Stanford Law Review 1968, 1562 ff.

Posner, Richard A. / Easterbrook, Frank H.: Antitrust: Cases, Economic Notes, and Other Materials, 2. Auflage, St. Paul 1981 (zitiert: *Posner*, S.)

Pozdnakova, Alla: Excessive Pricing and the Prohibition of the Abuse of a Dominant Position, World Competition 2010, 121 ff.

Raffaelli, Enrico Adriano: Oligopolies and Antitrust Law, Fordham International Law Journal 1995, 915 ff.
Rahman, K. Sabeel: The New Utilities: Private Power, Social Infrastructure, and the Revival of the Public Utility Concept, Cardozo Law Review 2017, 1621 ff.
Reimsbach-Kounatze, Christian: Enhancing Access to and Sharing of Data: Striking the Balance between Openness and Control over Data, in: Data Access, Consumer Interests and Public Welfare, Hrsg. Bundesministerium der Justiz und für Verbraucherschutz Max-Planck-Institut für Innovation und Wettbewerb, Baden-Baden 2021, S. 27ff. (zitiert: *Reimsbach-Kounatze*, in: Data Access, Consum. Interes. Public Welf., S.)
Reumann, Anna Sofia / Weber, Felix: Selbstbegünstigung im Kartellrecht – Marktmachtmissbrauch superdominanter Plattformen?, NZKart 2022, 314 ff.
Reverdin, Vladya M.K.: Abuse of Dominance in Digital Markets: Can Amazon's Collection and Use of Third-Party Sellers' Data Constitute an Abuse of a Dominant Position Under the Legal Standards Developed by the European Courts for Article 102 TFEU?, Journal of European Competition Law and Practice 2021, 181 ff.
Reynolds, Robert J. / Snapp, Bruce R.: The Competitive Effects of Partial Equity Interests and Joint Ventures, International Journal of Industrial Organization 1986, 141 ff.
Ridyard, Derek: Economic Analysis of Single Firm and Oligopolistic Dominance under the European Merger Regulation, European Competition Law Review 1994, 255 ff.
Rodger, Barry J: The Oligopoly Problem and the Concept of Collective Dominance: EU Developments in the Light of US Trends in Antitrust Law and Policy, Columbia Journal of European Law 1996, 25 ff.
Sagi, Guy: The Oligopolistic Pricing Problem: A Suggested Price Freeze Remedy, Columbia Business Law Review 2008, 269 ff.
Samuelson, Paul A.: Diagrammatic Exposition of a Theory of Public Expenditure, The Review of Economics and Statistics 1955, 350 ff.
Samuelson, Paul A.: The Pure Theory of Public Expenditure, The Review of Economics and Statistics 1954, 387 ff.
Saueressig, Thomas / Oswald, Gerhard: Digitale Transformation aus Perspektive der Wirtschaft, in: Digitale Transformation: Fallbeispiele und Branchenanalysen, Hrsg. Oswald, Gerhard / Saueressig, Thomas / Krcmar, Helmut, 2. Auflage, Wiesbaden 2022, S. 7 ff. (zitiert: *Saueressig/Oswald*, in: Digit. Transform. Fallbeispiele und Branchenanalysen, S.)

Scherer, F. M. / Ross, David: Industrial Market Structure and Economic P erformance, 3. Auflage, Boston 1990 (zitiert: *Scherer/Ross*, S.)
Schmidt, Sebastian: Das Online-Erfolgsmodell digitaler Produkte: Strategi sche Wirkungspotenziale und operative Handlungsoptionen, Wiesbaden 2 007 (zitiert: *Schmidt*, S.)
Schödermeier, Martin: Collective Dominance Revisited: An Analysis of E C Commission's New Concepts of Oligopoly Control, European Competit ion Law Review 1990, 28 ff.
Schuchmann, Fritz: Die Behandlung von tacit collusion im europäischen u nd deutschen Kartellrecht, Baden-Baden 2017 (zitiert: *Schuchmann*, S.)
Schwalbe, Ulrich / Zimmer, Daniel: Kartellrecht und Ökonomie: Moderne ökonomische Ansätze in der europäischen und deutschen Zusammenschlu sskontrolle, Frankfurt am Main 2021 (zitiert: *Schwalbe/Zimmer*, S.)
Shao, Shili: Antitrust in the Consumer Platform Economy: How Apple Ha s Abused Its Mobile Platform Dominance, Berkeley Technology Law Jour nal 2021, 353 ff.
Shapiro, Carl: Theories of Oligopoly Behavior, in: Handbook of Industrial Organization, Hrsg. Schmalensee, Richard / Willig, Robert, Amsterdam 1 989, S. 329ff. (zitiert: *Shapiro*, in: Handb. Ind. Organ., S.)
Shelanski, Howard A.: Information, Innovation, and Competition Policy f or the Internet, University of Pennsylvania Law Review 2013, 1663 ff.
Sivinski, Greg / Okuliar, Alex / Kjolbye, Lars: Is Big Data a Big Deal? A Competition Law Approach to Big Data, European Competition Journal 2 017, 199 ff.
Sokol, D. Daniel / Comerford, Roisin: Antitrust and Regulating Big Data, George Mason Law Review 2016, 1129 ff.
Stigler, George J.: A Theory of Oligopoly, Journal of Political Economy 1 964, 44 ff.
Streinz, Rudolf (Hrsg.): EUV/AEUV, 3. Auflage, München 2018 (zitiert: *Bearbeiter*, in: Streinz, EUV/AEUV, Art. Rn.)
Stroux, Sigrid: Is EC Oligopoly Control Outgrowing Its Infancy?, World C ompetition 2000, 3 ff.
Stroux, Sigrid: US and EC Oligopoly Control, Den Haag 2004 (zitiert: *Str oux*, S.)
Stucke, Maurice E. / Grunes, Allen: Big Data and Competition Policy, Oxf ord 2016 (zitiert: *Stucke/Grunes*, S.)
Tanimoto, Jun: Fundamentals of Evolutionary Game Theory and its Appli cations, Tokyo 2015 (zitiert: *Tanimoto*, S.)
Tirole, Jean: Theory of Industrial Organization, Cambridge (MA) 1988 (zi tiert: *Tirole*, S.)

Troncoso-Valverde, Cristián: Meet-the-competition Clauses and the Strate gic Disclosure of Product Quality, The B.E. Journal of Economic Analysis &Policy 2016, 20160140 ff.
Van Damme, Eric: Game Theory: The Next Stage, in: Economics Beyond the Millennium, Hrsg. Kirman, Alan P. / Gérard-Varet, Louis-André, New York 1999, S. 184 ff. (zitiert: *Van Damme*, in: Econ. Beyond Millenn., S.)
Van den Bergh, Roger: Comparative Competition Law and Economics, C heltenham 2017 (zitiert: *Van den Bergh*, S.)
Van den Bergh, Roger / Camesasca, Peter D.: European Competition Law and Economics: A Comparative Perspective, 2. Auflage, London 2001 (zit iert: *Van den Bergh/Camesasca*, S.)
Vecchi, Teresa: Unilateral Conduct in an Oligopoly according to the Discu ssion Paper on Art. 82: Conscious Parallelism or Abuse of Collective Dom inance?, World Competition 2008, 385 ff.
Veljanovski, Cento: Margin Squeeze and Competition Law: An Overview of EU and National Case Law, e-Competitions, N° 46442 2012, 1 ff.
Venit, James S.: Two Steps Forward and No Steps Back: Economic Analy sis and Oligopolistic Dominance After Kali & Salz, Common Market Law Review 1998, 1101 ff.
Vesterdorf, Bo / Fountoukakos, Kyriakos: An Appraisal of the Remedy in the Commission's Google Search (Shopping) Decision and A Guide to Its Interpretation in Light of An Analytical Reading of the Case Law, Journal of European Competition Law and Practice 2018, 3 ff.
Vickers, John: Strategic Competition Among the Few-some Recent Devel opments in the Economics of Industry, Oxford Review of Economic Polic y 1985, 39 ff.
Viljoen, Roelie P.: Microeconomics, Pretoria 2002 (zitiert: *Viljoen*, S.)
von der Groeben, Hans / Schwarze, Jürgen / Hatje, Armin (Hrsg.): Europäi sches Unionsrecht, 7. Auflage, Baden-Baden 2015 (zitiert: *Bearbeiter*, in: von der Groeben/Schwarze/Hatje, Eur. Unionsr., Art. Rn.)
Waelbroeck, Danis / Ibáñez Colomo, Pablo: Case C-171/05 P, Laurent Pia u, Order of the Court of Justice (Third Chamber) of 23 February 2006, [20 06] ECR I-37, Common Market Law Review 2006, 1743 ff.
Waltman, Ludo / Kaymak, Uzay: Q-learning Agents in A Cournot Oligop oly Model, Journal of Economic Dynamics and Control 2008, 3275 ff.
Weibull, Jörgen W.: Evolutionary Game Theory, Cambridge (MA) 1995 (zitiert: *Weibull*, S.)
Weidenbach, Georg / Leupold, Henning: Das Impala-Urteil des EuG – Ge meinsame Marktbeherrschung „letzter Akt“?, Europäisches Wirtschafts- u nd Steuerrecht 2006, 433 ff.

Werden, Gregory J.: Economic Evidence on the Existence of Collusion: Reconciling Antitrust Law with Oligopoly Theory, Antitrust Law Journal 2004, 719 ff.
Whinston, Andrew B. / Stahl, Dale O. / Choi, Soon-Yong: The Economics of Electronic Commerce, London 1997 (zitiert: *Whinston/Stahl/Choi*, S.)
Whinston, Michael D.: Tying, Foreclosure, and Exclusion, The American Economic Review 1990, 837 ff.
Whish, Richard / Sufrin, Brenda: Oligopolistic Markets and EC Competition Law, Yearbook of European Law 1992, 59 ff.
Whish, Richard / Bailey, David: Competition Law, 10. Auflage, Oxford 2021 (zitiert: *Whish/Bailey*, S.)
Wiedemann, Gerhard (Hrsg.): Handbuch des Kartellrechts, 4. Auflage München 2020 (zitiert: *Bearbeiter*, in: Wiedemann, Handb. des Kartellrechts, § Rn.)
Wied-Nebbeling, Susanne: Preistheorie und Industrieökonomik, 5. Auflage, Berlin, Heidelberg 2009 (zitiert: *Wied-Nebbeling*, S.)
Winckler, Antoine / Hansen, Marc: Collective Dominance Under the EC Merger Control Regulation, Common Market Law Review 1993, 787 ff.
Withers, Chris / Jephcott, Mark: Where to Now for E.C. Oligopoly Control?, European Competition Law Review 2001, 295 ff.
Zheng, Guan / Wu, Hong: Collusive Algorithms as mere Tools, Super-tools or Legal Persons, Journal of Competition Law and Economics 2019, 123 ff.
Zimmer, Daniel / Göhsl, Jan-Frederick: Vom New Competition Tool zum Digital Markets Act: Die geplante EU-Regulierung für digitale Gatekeeper, Zeitschrift für Wettbewerbsrecht 2021, 29 ff.
Zimmer, Daniel / Paul, Thomas: Entwicklungstendenzen der europäischen und der deutschen Kartellrechtspraxis – Teil 2, Juristen Zeitung 2008, 673 ff.
法律出版社法规中心：中华人民共和国反垄断法注释本，2. Auflage, Beijing 2017 (zitiert: *法律出版社法规中心*, S.)
高, 薇: 平台监管的新公用事业理论, 法学研究 2021, 84 ff.
侯, 利阳: 共同市场支配地位法律分析框架的建构, 法学 2018, 141 ff.
江, 帆 / 叶, 明 / 盛, 学军 / 谭, 贵华 / 马, 勇: 竞争法, Beijing 2019 (zitiert: *江*et. al., S.)
金, 善明: 中国反垄断法研究进路的反思与转型, 法商研究 2017, 71 ff.
焦, 海涛: 反垄断法上的竞争损害与消费者利益标准, 南大法学 2022, 1 ff.

焦, 海涛 / 宋, 亭亭: 数字时代共同市场支配地位的认定标准, 上海财经大学学报 2021, 122 ff.
李, 剑: 中国反垄断法实施中的体系冲突与化解, 中国法学 2014, 138 ff.
李, 剑: 反垄断私人诉讼困境与反垄断执法的管制化发展, 法学研究 2011, 70 ff.
全国人大常委会法制工作委员会经济法室:《中华人民共和国反垄断法》条文说明、立法理由及相关规定，1. Auflage, Beijing 2007 (zitiert: *全国人大常委会法制工作委员会经济法室*, S.)
时, 建中: 共同市场支配地位制度拓展适用于算法默示共谋研究, 中国法学 2020, 89 ff.
王, 先林: 论滥用市场支配地位行为的法律规制——《中华人民共和国反垄断法（草案）》相关部分评析, 法商研究 2007, 10 ff.
谢, 识予: 有限理性条件下的进化博弈理论, 上海财经大学学报 2001, 3 ff.
胥, 智仁: 共同市场支配地位“共同实体”要件之认定研究 ——寡头垄断成员内部竞争状态的解构, 比较法研究 2021, 188 ff.
胥, 智仁: 共同市场支配地位制度的理论演变与发展, 竞争政策研究 2022, 81 ff.
应, 品光：共同市场支配地位的理论解构与制度调适, 社会科学 2022,133 ff.
张, 晨颖: 公共性视角下的互联网平台反垄断规制, 法学研究 2021, 149 ff.
张, 晨颖: 共同市场支配地位的理论基础与规则构造, 中国法学 2020, 108 ff.
张, 谦 / 李, 冰晶: 数字平台捆绑销售策略的垄断动机研究: 基于交叉网络外部性视角, 管理学刊 2021, 65 ff.

9 INTERNETQUELLEN

Asia-Pacific Economic Cooperation (APEC): APEC Privacy Framework, https://www.apec.org/publications/2005/12/apec-privacy-framework (3.4. 2023) (zitiert: APEC, APEC Privacy Framework)

Australian Competition & Consumer Commission (ACCC): Digital Platfo rms Inquiry — Preliminary Report, https://www.accc.gov.au/by-industry/d igital-platforms-and-services/digital-platforms-inquiry-2017-19/preliminar y-report (3.4.2023) (zitiert: ACCC, Digital Platforms Inquiry, S.)

Autoriteit Comsument & Markt (ACM): Market Study into Mobile App St ores, https://www.acm.nl/sites/default/files/documents/market-study-into-mobile-app-stores.pdf (3.4.2023) (zitiert: ACM, Market Study into Mobile App Stores, S.)

Bundeskartellamt: Bundeskartellamt untersucht Fälle der Behinderung frei er Tankstellen, Presseerklärung 2012/04/04, https://www.bundeskartellam t.de/SharedDocs/Meldung/DE/Prcssemittcilungcn/2012/04_04_2012_Frei e_Tankstellen.html (3.4.2023) (zitiert: BKartA, Bundeskartellamt untersuc ht Fälle der Behinderung freier Tankstellen)

Bundeskartellamt: Sektoruntersuchung Kraftstoffe – Abschlussbericht, htt ps://www.bundeskartellamt.de/SharedDocs/Publikation/DE/Sektoruntersu chungen/Sektoruntersuchung%20Kraftstoffe%20-%20Abschlussbericht.ht ml (3.4.2023) (zitiert: BKartA, Sektoruntersuchung Kraftstoffe – Abschlu ssbericht, S.)

Bundeskartellamt: Sektoruntersuchung Stromerzeugung und -großhandel – Abschlussbericht, https://www.bundeskartellamt.de / SharedDocs/Publik ation/DE/Sektoruntersuchungen/Sektoruntersuchung%20Stromerzeugung% 20Stromgrosshandel%20-%20Abschlussbericht.html (3.4.2023) (zitiert: B KartA, Sektoruntersuchung Stromerzeugung und -großhandel – Abschluss bericht, S.)

Bundeskartellamt / Autorité de la concurrence: Algorithms and Competitio n, https://www.bundeskartellamt.de/SharedDocs/Publikation/EN/Berichte/ Algorithms_and_Competition_Working-Paper.html (3.4.2023) (zitiert: BK artA/Autorité de la concurrence, Algorithms and Competition, S.)

Bundeskartellamt / Autorité de la concurrence: Competition Law and Data, https://www.bundeskartellamt.de/SharedDocs/Publikation/DE/Berichte/B ig%20Data%20Papier.html (3.4.2023) (zitiert: BKartA/Autorité de la conc urrence, Competition Law and Data, S.)

China Academy for Information and Communications Technology (CAIC T): Bericht über die Auswirkungen von WeChat auf die Beschäftigung 20

19-2020 („中国信息通讯研究院: 2019-2020微信就业影响力报告“) http://www.caict.ac.cn/kxyj/qwfb/ztbg/202005/P020200514604388340272.pdf (3.4.2023) (zitiert: CAICT, Bericht über die Auswirkungen von WeChat auf die Beschäftigung 2019-2020, S.)
Competition & Markets Authority (CMA): Mobile Ecosystems: Market Study Final Report, https://www.gov.uk/government/publications/mobile-ecosystems-market-study-final-report (3.4.2023) (zitiert: CMA, Mobile Ecosystems, S.)
Competition & Markets Authority (CMA): Pricing Algorithms: Economic Working Paper on the Use of Algorithms to Facilitate Collusion and Personalised Pricing, https://www.gov.uk/government/publications/pricing-algorithms-research-collusion-and-personalised-pricing (3.4.2023) (zitiert: CMA, Pricing Algorithms, S.)
Condorelli, Daniele / Padilla, Jorge: Data-driven Envelopment with Privacy-Policy Tying, https://papers.ssrn.com/sol3/papers.cfm?abstract_id=3600725 (14.3.2023) (zitiert: *Condorelli/Padilla*, Data-Driven Envelopment with Privacy-Policy Tying, S.)
Crémer, Jacques / Montjoye, Yves-Alexandre de / Schweitzer, Heike: Competition Policy for the Digital Era, https://ec.europa.eu/competition/publications/reports/kd0419345enn.pdf (14.3.2023) (zitiert: *Crémer/Montjoye/Schweitzer*, Competition Policy for the Digital Era, S.)
European Commission: Digital Markets Act: Impact Assessment Support Study: Executive Summary and Synthesis Report, https://op.europa.eu/en/publication-detail/-/publication/0a9a636a-3e83-11eb-b27b-01aa75ed71a1/language-en (4.4.2023) (zitiert: Europäische Kommission, Digital Markets Act - Impact Assessment Support Study, S.)
European Commission: Report from the Commission to the Council and the European Parliament: Final Report on the E-commerce Sector Inquiry https://competition-policy.ec.europa.eu / system/files/2021-10/2017_ecommerce_SI_final_report_en.pdf (4.4.2023) (zitiert: Europäische Kommission, Final Report on the E-commerce Sector Inquiry, 2017, S.)
Europäische Kommission: Pressemitteilung: Kommission leitet Untersuchung zu möglichen wettbewerbswidrigen Praktiken von Facebook ein, 4.6.2021, https://ec.europa.eu/commission/presscorner/detail/de/ip_21_2848 (3.4.2023) (zitiert: Europäische Kommission, Pressemitteilung: Kommission leitet Untersuchung zu möglichen wettbewerbswidrigen Praktiken von Facebook ein, 2021)
Europäische Kommission: Pressemitteilung: Kommission übermittelt Apple Mitteilung der Beschwerdepunkte zu App-Store-Regeln für Musikstreaming-Anbieter, 30.4.2021, https://ec.europa.eu/commission/presscorner/

detail/de/ip_21_2061(3.4.2023) (zitiert: Europäische Kommission, Presse mitteilung: Kommission übermittelt Apple Mitteilung der Beschwerdepun kte zu App-Store-Regeln für Musikstreaming-Anbieter, 2021)
Europäische Kommission: Pressemitteilung: Kommission richtet Mitteilun g der Beschwerdepunkte an Amazon wegen Nutzung nichtöffentlicher Dat en unabhängiger Verkäufer und leitet zweite Untersuchung der E-Commer ce-Geschäftspraxis des Unternehmens ein, 10.11.2020, https://ec.europa.e u /commission/presscorner/detail/de/ip_20_2077 (3.4.2023) (zitiert: Europ äische Kommission, Pressemitteilung: Kommission richtet Mitteilung der Beschwerdepunkte an Amazon wegen Nutzung nichtöffentlicher Daten un abhängiger Verkäufer, 2020)
Europäische Kommission: Pressemitteilung: Kommission leitet Untersuch ung möglicher wettbewerbswidriger Verhaltensweisen von Amazon ein, 1 7.7.2019, https://ec.europa.eu/commission/presscorner/detail/de/ip_19_42 91(3.4.2023) (zitiert: Europäische Kommission, Pressemitteilung: Kommi ssion leitet Untersuchung möglicher wettbewerbswidriger Verhaltensweis en von Amazon ein, 2019)
Europäische Kommission: Pressemitteilung: Kommission schließt Untersu chung gegen Microsoft mit Abhilfemaßnahmen und Geldbuße ab, 24.3.20 04, https://ec.europa.eu/commission/presscorner/detail/de/IP_04_382 (3.4. 2023) (zitiert: Europäische Kommission, Pressemitteilung: Kommission sc hließt Untersuchung gegen Microsoft mit Abhilfemaßnahmen und Geldbu ße ab, 2004)
Evans, David S. / Schmalensee, Richard: The Antitrust Analysis of Multi-sided Platform Businesses, https://www.nber.org/papers/w18783 (14.3.20 23) (zitiert: *Evans/Schmalensee*, The Antitrust Analysis of Multi-sided Pla tform Businesses, S.)
G20: G20 Digital Economy Development and Cooperation Initiative, http s://www.mofa.go.jp/files/000185874.pdf (3.4.2023) (zitiert: G20, G20 Dig ital Economy Development and Cooperation Initiative, S.)
Hawk, Barry E. / Motta, Giorgio A.: Oligopolies and Collective Dominanc e: A Solution in Search of a Problem, https://papers.ssrn.com/sol3/papers.c fm?abstract_id=1301693 (4.4.2023) (zitiert: *Hawk/Motta*, Oligopolies and Collective Dominance: A Solution in Search of a Problem, S.)
ICN Unilateral Conduct Working Group: Report on the Results of the ICN Survey on Dominance/Substantial Market Power in Digital Markets, http s://www.internationalcompetitionnetwork.org/wp-content/uploads/2020/0 7/UCWG-Report-on-dominance-in-digital-markets.pdf (3.4.2023) (zitiert: ICN, Report on the Results of the ICN Survey on Dominance/Substantial Market Power in Digital Markets, S.)

Italianer, Alexander: Competition Policy in the Digital Age, https://ec.europa.eu/competition/speeches/text/sp2014_01_en.pdf (4.5.2023) (zitiert: *Italianer*, Competition Policy in the Digital Age, S.)
Ittoo, Ashwin / Petit, Nicolas: Algorithmic Pricing Agents and Tacit Collusion: A Technological Perspective, https://papers.ssrn.com/sol3/papers.cfm?abstract_id=3046405 (14.3.2023) (zitiert: *Ittoo/Petit*, Algorithmic Pricing Agents and Tacit Collusion: A Technological Perspective, S.)
Ivaldi, Marc / Jullien, Bruno / Rey, Patrick / Seabright, Paul / Tirole, Jean: The Economics of Tacit Collusion, https://ec.europa.eu/competition/mergers/studies_reports/the_economics_of_tacit_collusion_en.pdf (14.3.2023) (zitiert: *Ivaldi/Jullien/Rey/Seabright/Tirole*, The Economics of Tacit Collusion, S.)
Kamepalli, Sai Krishna / Rajan, Raghuram / Zingales, Luigi: Kill Zone, https://papers.ssrn.com/sol3/papers.cfm?abstract_id=3555915 (14.3.2023) (zitiert: *Kamepalli/Rajan/Zingales*, Kill Zone, S.)
Khemani, R. Shyam / Shapiro, Daniel M.: Glossary of Industrial Organisation Economics and Competition Law, https://www.oecd.org/regreform/sectors/2376087.pdf (31.1.2023) (zitiert: *Khemani/Shapiro*, Glossary of Industrial Organisation Economics and Competition Law, S.)
Latzer, Michael / Schmitz, Stefan W.: Literaturbericht zu übergreifenden ökonomischen Konzepten und Fragestellungen des elektronischen Handels, https://www.researchgate.net /publication/260674747_Literaturbericht_zu_ubergreifenden_okonomischen_Konzepten_und_Fragestellungen_des_elektronischen_Handels (14.3.2023) (zitiert: *Latzer/Schmitz*, Literaturbericht zu übergreifenden ökonomischen Konzepten und Fragestellungen des elektronischen Handels, S.)
OECD: Abuse of Dominance in Digital Markets, 2020, https://www.oecd.org/daf/competition/abuse-of-dominance-in-digital-markets.htm (3.4.2023) (zitiert: OECD, Abuse of Dominance in Digital Markets, S.)
OECD: Start-ups, Killer Acquisitions and Merger Control, 2020, https://one.oecd.org/document/DAF/COMP(2020)5/en/pdf (3.4.2023) (OECD, Start-ups, Killer Acquisitions and Merger Control, S.)
OECD: Rethinking Antitrust Tools for Multi-Sided Platforms, 2018, https://www.oecd.org/daf/competition/Rethinking-antitrust-tools-for-multi-sided-platforms-2018.pdf (3.4.2023) (zitiert: OECD, Rethinking Antitrust Tools for Multi-Sided Platforms, S.)
OECD: Algorithms and Collusion: Competition Policy in the Digital Age, 2017, https://www.oecd.org/daf/competition/Algorithms-and-colllusion-competition-policy-in-the-digital-age.pdf (3.4.2023) (zitiert: OECD, Algorithms and Collusion, S.)

OECD: Data-Driven Innovation: Big Data for Growth and Well-Being, 2015, https://www.oecd.org/sti/data-driven-innovation-9789264229358-en.htm (3.4.2023) (OECD, Data-Driven Innovation, S.)

OECD: The OECD Privacy Framework, 2013, https://www.oecd.org/sti/ieconomy/oecd_privacy_framework.pdf (3.4.2023) (zitiert: OECD, The OECD Privacy Framework)

OECD: Competition Policy Roundtable: Margin Squeeze, 2009, https://www.oecd.org/daf/competition/46048803.pdf (3.4.2023) (OECD, Competition Policy Roundtable: Margin Squeeze, S.)

OECD: Roundtable Minority Shareholdings, 2008, https://www.oecd.org/daf/competition/41774055.pdf (3.4.2023) (OECD, Roundtable Minority Shareholdings, S.)

Office of Management and Budget der Vereinigten Staaten: Federal Data Strategy 2020 Action Plan, https://strategy.data.gov/assets/docs/2020-federal-data-strategy-action-plan.pdf (3.4.2023) (zitiert: OMB der Vereinigten Staaten, Federal Data Strategy 2020 Action Plan, S.)

RTR, Zur Offenheit des Internets Betriebssysteme, Apps und App Stores, 2019, https://www.rtr.at /TKP/aktuelles/publikationen/publikationen/OffenesInternetApps2019.de.html (zitiert: RTR, Zur Offenheit des Internets Betriebssysteme, Apps und App Stores, S.)

Schweitzer, Heike / Haucap, Justus / Kerber, Wolfgang / Welker, Robert: Modernisierung der Missbrauchsaufsicht für marktmächtige Unternehmen, https://www.bmwk.de / Redaktion/DE /Publikationen/Wirtschaft/modernisierung-der-missbrauchsaufsicht-fuer-marktmaechtige-unternehmen.pdf?__blob=publicationFile&v=12 (14.3.2023) (zitiert: *Schweitzer/Haucap/Kerber/Welker*, Modernisierung der Missbrauchsaufsicht für marktmächtige Unternehmen, S.)

Statcounter, U.S. Browser Market Share, https://gs.statcounter.com/browser-market-share/all/united-states-of-america (3.4.2023) (zitiert: Statcounter, U.S. Browser Market Share)

Statt, Nick: Google Matches Apple by Reducing Play Store Fee for Android App Subscriptions: From 30 Percent to 15 Percent, https://www.theverge.com/2017/10/19/16502152/google-play-store-android-apple-app-store-subscription-revenue-cut (14.3.2023) (zitiert: *Statt*, The Verge)

Stigler Center for the Study of the Economy and the State: Stigler Committee on Digital Platforms Final Report, 2019 (zitiert: Stigler Center, Stigler Committee on Digital Platforms Final Report, S.)

Tencent: Tencent Announces 2022 First Quarter Results, 2022, https://static.www.tencent.com/uploads/2022/05/18/f403326038a641b20465a17eff3

567ce.pdf (zitiert: Tencent, Tencent Announces 2022 First Quarter Results, S.)
UK Digital Competition Expert Panel: Unlocking Digital Competition, https://assets.publishing.service.gov.uk/government/uploads/system/uploads/attachment_data/file/785547/unlocking_digital_competition_furman_review_web.pdf (3.4.2023) (zitiert: UK Digital Competition Expert Panel, Unlocking Digital Competition, S.)
UNCTAD: Digital Economy Report 2019 — Value Creation and Capture: Implications for Developing Countries, https://unctad.org/publication/digital-economy-report-2019 (3.4.2023) (zitiert: UNCTAD, Digital Economy Report 2019, S.)
UNCTAD: Restoring Competition in „winner-took-all“ Digital Platform Markets, https://unctad.org/publication/restoring-competition-winner-took-all-digital-platform-markets (3.4.2023) (UNCTAD, Restoring Competition in „winner-took-all“ Digital Platform Markets, S.)
United States Congress/House of Representatives/Committee on the Judiciary, Investigation of Competition in Digital Markets: Majority Staff Report and Recommendations, https://www.govinfo.gov/content/pkg/CPRT-117HPRT47832/pdf/CPRT-117HPRT47832.pdf (3.4.2023) (zitiert: United States Congress/House of Representatives/Committee on the Judiciary, Investigation of Competition in Digital Markets, S.)

10 WEITERE MATERIALIEN

Bundeskartellamt: Tätigkeitsbericht 2015/2016 (zitiert: BKartA, Tätigkeit bericht 2015/2016, Ds. 18/12760, S.)
Bundeskartellamt: Tätigkeitsbericht 1989/90 (zitiert: BKartA, Tätigkeitsbe richt 1989/90, Ds. 12/847, S.)
Bundeskartellamt: Tätigkeitsbericht 1983/1984 (zitiert: BKartA, Tätigkeit sbericht 1983/1984, Ds. 10/3550, S.)
Bundeskartellamt: Tätigkeitsbericht 1978 (zitiert: BKartA, Tätigkeitsberic ht 1978, Ds. 8/2980, S.)
Bundeskartellamt: Tätigkeitsbericht 1967 (zitiert: BKartA, Tätigkeitsberic ht 1967, Ds. V/2841, S.)
European Commission: CONDRINET-Studie: Inhalt- und handelgetrieben e Strategien in globalen Netzen – Aufbau der Network Economy in Europ a, Luxembourg 1998 (zitiert: Europäische Kommission, Inhalt- und handel getriebene Strategien in globalen Netzen – Aufbau der Network Economy in Europa, S.)
European Commission: Sixteenth Report on Competition Policy, Luxemb ourg 1990 (zitiert: Europäische Kommission, Sixteenth Report on Compet ition Policy, Rn.)
Monopolkommission: Missbrauchsaufsicht in der Plattformwirtschaft, Ein zelkapitel aus dem XXIII. Hauptgutachten, 2020 (zitiert: Monopolkommis sion, Missbrauchsaufsicht in der Plattformwirtschaft, S.)
Monopolkommission: Algorithmen und Kollusion, Einzelkapitel aus dem XXII. Hauptgutachten, 2018 (zitiert: Monopolkommission, Algorithmen u nd Kollusion, S.)
Monopolkommission: Sondergutachten 68 – Wettbewerbspolitik: Herausf orderung digitale Märkte, 2015 (zitiert: Monopolkommission, Sonderguta chten 68, S.)
Monopolkommission: Neunzehntes Hauptgutachten der Monopolkommiss ion 2010/2011, Drucksache 17/10365, (zitiert: Monopolkommission, 19. H auptgutachten der Monopolkommission 2006/2007, Ds. 16/10140, Rn.)
Monopolkommission: Siebzehntes Hauptgutachten der Monopolkommissi on 2006/2007, 16. Wahlperiode, Drucksache 16/10140, 19.8.2008 (zitiert: Monopolkommission, 17. Hauptgutachten der Monopolkommission 2006/ 2007, Ds. 16/10140, Rn.)

11 ABKÜRZUNGSVERZEICHNIS

Chinesischer Yuan Renminbi: RMB
Comisión Nacional de los Mercados y la Competencia: Die CNMC
Das chinesische Antimonopolgesetz: Das AMG
Das Handelsministerium der Volksrepublik China: Das MOFCOM
Das staatliche Verwaltungsamt für Industrie und Handel der Volksrepubli k China: Das SAIC
Die nationale Entwicklungs- und Reformkommission der Volksrepublik C hina: Die NDRC
Die staatliche Verwaltung für Marktaufsicht und -verwaltung der Volksrep ublik China: Die SAMR
Die Volksrepublik China: Die VR China
The Spanish Competition Act: LDC

Schriften zum Wettbewerbsrecht

hrsg. von Prof. Dr. Christian Alexander (Universität Jena), Prof. Dr. Jörg Fritzsche (Universität Regensburg) und Prof. Dr. Tobias Lettl (Universität Potsdam)

Andreas Scheffold
Der Missbrauch einer marktbeherrschenden Stellung durch Hybridplattformen
Hybridplattformbetreiber wie Amazon und Google nehmen in einer immer digitaler werdenden Gesellschaft eine zentrale Rolle ein. Damit gehen besondere und neuartige Gefahren für den Wettbewerb einher.
Die Arbeit thematisiert die Möglichkeiten zum Missbrauch einer marktbeherrschenden Stellung durch Hybridplattformen. Hierbei werden insbesondere die Fallgruppen der Selbstbevorzugung und der Behinderung von Wettbewerbern durch Datenverarbeitung näher beleuchtet. Daneben wird untersucht, wie sich die Einführung plattformbezogener Vorschriften auf das Vorgehen der Wettbewerbshüter auswirkt.
Bd. 12, 2025, 366 S., 44,90 €, br., ISBN 978-3-643-15686-0

Aurel-Damian Roscher
Regulierte Selbstregulierung als Gegenstand des Marktverhaltensrechts
Eine Untersuchung zu gesetzlichen und nicht gesetzlichen Marktverhaltensregelungen im öffentlichen Medienrecht am Beispiel des NetzDG, JMStV und JuSchG
Welche Bedeutung haben durch regulierte Selbstregulierung entstandene gesetzliche und nicht gesetzliche Verhaltensregelungen im Marktverhaltensrecht? Die vorliegende Arbeit untersucht das Konzept der regulierten Selbstregulierung sowie spiegelbildlich die Merkmale der gesetzlichen und nicht gesetzlichen Marktverhaltensregelungen. Sie unterzieht die Ergebnisse einer praktischen Kontrolle mithilfe von Anwendungsbeispielen regulierter Selbstregulierung aus drei Referenzbereichen des öffentlichen Medienrechts: NetzDG, JMStV und JuSchG. Die Untersuchung schließt mit der Erkenntnis, das Marktverhaltensrecht könne de lege lata im Bereich der regulierten Selbstregulierung zwar zur Durchsetzung gesetzlicher, jedoch kaum zur Durchsetzung nicht gesetzlicher Verhaltensregelungen beitragen.
Bd. 11, 2022, 296 S., 44,90 €, br., ISBN 978-3-643-15290-9

Sandra Gyamfi
Verhaltenskodizes im UWG, Corporate Social Responsibility Standards und Rahmenwerke für die nichtfinanziielle Erklärung nach HGB
Verhaltenskodizes werden in verschiedener Ausgestaltung von vielen Unternehmen genutzt, sei es, dass solche Kodizes von Unternehmen selbst formuliert werden oder ein Verweis auf existierende Kodizes erfolgt. Seit dem Jahr 2008 ist der Begriff des Verhaltenskodex im UWG legal definiert und das UWG benennt unlautere Verhaltensweisen und Rechtsfolgen im Zusammenhang mit Verhaltenskodizes. Die Verfasserin geht der Frage nach, was unter dem Begriff des Verhaltenskodex im Sinne des UWG zu verstehen ist und ob auch CSR Standards und Rahmenwerke im Sinne von § 289d HGB hierzu zählen.
Bd. 10, 2022, 212 S., 29,90 €, br., ISBN 978-3-643-25068-1

Daniel Higer
Offenlegung von Beweismitteln nach der 9. GWB-Novelle
Die Eignung der §§33g, 89b-d GWB zur Verbesserung der privaten Rechtsdurchsetzung im Kartellrecht
Kläger in einem Kartellschadensersatzverfahren sehen sich zumeist einem Informationsdefizit ausgesetzt. Sie sind auf Informationen aus der Sphäre des vermeintlichen Kartellanten angewiesen, um ihren Anspruch substantiiert darlegen zu können. Gelingt ihnen das nicht, kann dies zu einem Prozessverlust führen. Hieran setzen die im Zuge der 9. GWB-Novelle geschaffenen Offenlegungsansprüche an. Die vorliegende Arbeit untersucht die gesetzlichen Vorschriften vor dem Hintergrund der Richtlinie 2014/104/EU und der früheren Rechtslage. Hierbei werden regelungstechnische Defizite identifiziert und durch einen Gesetzgebungsvorschlag beseitigt.
Bd. 9, 2020, 294 S., 59,90 €, br., ISBN 978-3-643-14774-5

LIT Verlag Berlin – Münster – Wien – Zürich – London
Auslieferung Deutschland / Österreich / Schweiz: siehe Impressumsseite

Massimo Bellitto-Grillo
Ausnutzen oder Beeinträchtigen der Wertschätzung durch Produktnachahmung in Deutschland, England und den Vereinigten Staaten
Produktdesign wird in Deutschland nicht nur marken- und designrechtlich vor Nachahmungen geschützt, sondern auch über § 4 Nr. 3 UWG. Dieser ergänzende wettbewerbsrechtliche Nachahmungsschutz ist geprägt von einer sich stetig ändernden Entwicklung und – auch wegen der stets erforderlichen Interessenabwägung – einer Einzelfallrechtsprechung. In den Vereinigten Staaten ist auch der ergänzende Schutz des Produktdesigns markenrechtlich verankert. Die englische Lösung sieht hingegen ergänzend nur einen deliktsrechtlichen Schutz vor. Die vorliegende Untersuchung zeigt die Gemeinsamkeiten und Unterschiede zwischen den drei untersuchten Jurisdiktionen beim Schutz des Produktdesigns gegen Nachahmung außerhalb eines Sonderrechtsschutzes auf.
Bd. 8, 2017, 600 S., 54,90 €, br., ISBN 978-3-643-13717-3

Philipp Kopp
Selbstkontrolle durch Verhaltenskodizes im europäischen und deutschen Lauterkeitsrecht
Mit der Richtlinie gegen unlautere Geschäftspraktiken hat der Unionsgesetzgeber die Selbstkontrolle der Wirtschaft durch Verhaltenskodizes in das europäische Lauterkeitsrecht eingeführt. Die Umsetzung in das deutsche Lauterkeitsrecht erfolgte mit dem UWG 2008. Jedoch blieb die Selbstregulierung durch Verhaltenskodizes in der Rechtsprechung und Literatur weitgehend unbeachtet. Die vorliegende Arbeit untersucht die gesetzlichen Vorschriften und bisherige Rechtsprechung zu Verhaltenskodizes, ihre Rechtswirkungen inner- und außerhalb des Lauterkeitsrechts sowie deren kartellrechtliche Relevanz.
Bd. 7, 2016, 278 S., 34,90 €, br., ISBN 978-3-643-13582-7

Kansak Bejrananda
Die kartellrechtliche Beurteilung unternehmerischer Strategien gegen den Markteintritt konkurrierender Arzneimittel
Bd. 6, 2016, 276 S., 39,90 €, br., ISBN 978-3-643-90835-3

Claudia Lehrfeld
Die Verkaufsförderung im europäischen und deutschen Lauterkeitsrecht
Bd. 5, 2015, 336 S., 63,90 €, br., ISBN 978-3-643-13017-4

Barbara Zecca-Jobst
Informationspflichten im Lauterkeits- und im Vertragsrecht
Bd. 4, 2015, 236 S., 39,90 €, br., ISBN 978-3-643-12992-5

Amel Sarić
Einsatz vertrauenswürdiger Dritter in der Werbung
Lauterkeitsrechtliche Beurteilung der Einsetzung von Laienwerbern und fremden Autoritäten in der Werbung
Bd. 3, 2015, 364 S., 44,90 €, br., ISBN 978-3-643-12989-5

Andrew Stanka
Die vertikale Haftungszurechnung wettbewerbsrechtlicher Zuwiderhandlungen im Konzern
Eine Betrachtung der Konzepte „wirtschaftliche Einheit“ und „Einflussnahmevermutung“ unter rechtsstaatlichen Gesichtspunkten und unter besonderer Berücksichtigung gemeinsam kontrollierter Unternehmen
Bd. 2, 2015, 248 S., 39,90 €, br., ISBN 978-3-643-12857-7

Philipp Maier
Die lauterkeitsrechtliche Beurteilung der Laienwerbung
Bd. 1, 2014, 264 S., 34,90 €, br., ISBN 978-3-643-12723-5